WORKBOOK FOR KOINE GREEK GRAMMAR:
A BEGINNING-INTERMEDIATE EXEGETICAL AND PRAGMATIC HANDBOOK

WORKBOOK FOR KOINE GREEK GRAMMAR:
A BEGINNING-INTERMEDIATE EXEGETICAL AND PRAGMATIC HANDBOOK

FREDRICK J. LONG

GLOSSAHOUSE
WILMORE, KY
www.glossahouse.com

WORKBOOK FOR KOINE GREEK GRAMMAR:
A BEGINNING-INTERMEDIATE EXEGETICAL AND PRAGMATIC HANDBOOK

© 2016 by GlossaHouse

All rights reserved. No part of this work may be reproduced or transmitted in any form or by any means, electronic or mechanical, including photocopying and recording, or by means of any information storage or retrieval system, except as may be expressly permitted by the 1976 Copyright Act or in writing from the publisher. Requests for permission should be addressed in writing to:

> GlossaHouse, LLC
> 110 Callis Circle
> Wilmore, KY 40390

Publisher's Cataloging-in-Publication Data

Long, Fredrick J., 1966-
Workbook for Koine Greek grammar : a beginning-intermediate exegetical and pragmatic handbook / Fredrick J. Long. – Wilmore, KY : GlossaHouse, ©2016.

xiv, 323 pages ; 28 cm. – (Accessible Greek resources and online studies series. Tiers 1-3)

ISBN 978-1942697312 (paperback)

1. Greek language, Biblical – Grammar – Problems, exercises, etc. 2. Greek language, Hellenistic (300 B.C.-600 A.D.) – Grammar – Problems, exercises, etc. 3. Bible. – New Testament –Language, style – Problems, exercises, etc.   I. Title. II. Series.

Library of Congress Control Number: 2016915165

Scripture quotations identified by NASB95 are from the NEW AMERICAN STANDARD Bible, © Copyright The Lockman Foundation 1960, 1962, 1963, 1968, 1971, 1972, 1973, 1975, 1977, 1995. Used by permission.

The fonts used to create this work are available from www.linguistsoftware.com/lgku.htm.

Book Design by Fredrick J. Long

Cover Design is by T. Michael W. Halcomb. Cover image is "Man with a Wax Tablet." Original is from Douris (ca. 500 BCE). Image is public domain and is accessed at http://tiny.cc/ivi42x. The image has been slightly modified.

I dedicate KOINE GREEK GRAMMAR *and its* WORKBOOK AND ANSWER KEY & GUIDE *to my Greek instructors. First, my beginning Greek instructor, now Dr. Richard Boone, whose kindness and constant encouragement provided the best environment for learning Greek. Second, to my Greek exegesis professors, Dr. Joseph Wang, for teaching me how to gather and weigh biblical evidence and illustrating the important exegetical principle CAP––Consider All Possibilities! and, in fond memory, Dr. Robert Lyon, for conveying to me his love for textual-criticism (which still inspires me) and the important exegetical principle CIE––Context is Everything! Indeed!*

Contents

The AGROS Series — viii
Acknowledgements — x
How to Use this Workbook — xii
Exercises Ch. 1 — 3
Exercises Ch. 2 — 8
Exercises Ch. 3 — 14
Exercises Ch. 4 — 19
Exercises Ch. 5 — 25
Exercises Ch. 6 — 32
Exercises Ch. 7 — 40
Exercises Ch. 8 — 48
Exercises Ch. 9 — 57
Exercises Ch. 10 — 66
Exercises Ch. 11 — 76
Exercises Ch. 12 — 86
Exercises Ch. 13 — 94
Exercises Ch. 14 — 102
Exercises Ch. 15 — 111
Exercises Ch. 16 — 124
Exercises Ch. 17 — 135
Exercises Ch. 18 — 151
Exercises Ch. 19 — 165
Exercises Ch. 20 — 176
Exercises Ch. 21 — 187
Exercises Ch. 22 — 200
Exercises Ch. 23 — 211
Exercises Ch. 24 — 225
Exercises Ch. 25 — 237
Exercises Ch. 26 — 251
Exercises Ch. 27 — 271
Appendices §§ 0-30 — 281
Vocabulary 20 Times or More — 306

AGROS
ACCESSIBLE GREEK RESOURCES AND ONLINE STUDIES

SERIES EDITORS

T. Michael W. Halcomb
Fredrick J. Long

GlossaHouse
Wilmore, KY
www.glossahouse.com

AGROS

The Greek term ἀγρός is a field where seeds are planted and growth occurs. It also can denote a small village or community that forms around such a field. The type of community envisioned here is one that attends to Holy Scripture, particularly one that encourages the use of biblical Greek. Accessible Greek Resources and Online Studies (AGROS) is a tiered curriculum suite featuring innovative readers, grammars, specialized studies, and other exegetical resources to encourage and foster the exegetical use of biblical Greek. The goal of AGROS is to facilitate the creation and publication of innovative, accessible, and affordable print and digital resources for the exposition of Scripture within the context of the global church. The AGROS curriculum includes five tiers, and each tier is indicated on the book's cover: Tier 1 (Beginning I), Tier 2 (Beginning II), Tier 3 (Intermediate I), Tier 4 (Intermediate II), and Tier 5 (Advanced). There are also two resource tracks: Conversational and Translational. Both involve intensive study of morphology, grammar, syntax, and discourse features. The conversational track specifically values the spoken word, and the enhanced learning associated with speaking a language in actual conversation. The translational track values the written word, and encourages analytical study to aide in understanding and translating biblical Greek and other Greek literature. The two resource tracks complement one another and can be pursued independently or together.

ACKNOWLEDGEMENTS

This grammar and workbook have been in the making for 22 years. It was first a small manual *Kairos Greek Grammar*; then it grew into a fully integrated and hyperlinked CD that has been published by Logos Bible Software (2005). Now, this current handbook—*KOINE GREEK GRAMMAR: A BEGINNING-INTERMEDIATE EXEGETICAL AND PRAGMATIC HANDBOOK*—has been thoroughly expanded to include my more explicit description of emphatic and pragmatic features of Greek, ideas that were nascent in *KAIROS*, but now grounded in a communication theory informed by relevance theory (Dan Sperber and Deirdre Wilson), prominence theory with reference to translation (Kathleen Callow), and discourse grammar and pragmatics (Stephen Levinsohn and Steven Runge). To see my approach to Greek discourse in action, please refer to my *2 CORINTHIANS: A HANDBOOK ON THE GREEK TEXT* (Baylor University Press, 2015), for which many thanks are due to Marty Culy, the series editor, for assisting me with that project which has informed this current revision.

There are many people to thank for their participation in this present undertaking. First and foremost would be the hundreds of Greek students over the years—first seminary at Asbury Theological Seminary, then one year at Trinity Evangelical Divinity School's extension campus in Milwaukee, WI, and then undergraduate and graduate students at Bethel College in Mishawaka, IN. Since returning back to Asbury, I have had the privilege of teaching and learning from dozens more students in my classes on Greek Exegesis, Intermediate Greek, Advanced Greek, Textual Criticism of the Greek NT, Independent Studies on Verbal Aspect and on Classic Greek, and informally in Greek reading groups. At Asbury 2013, we began *Gamma Rho Kappa*, the first ever (International) Greek Honor Society to promote and encourage Greek language and cultural study. In all, these students knew that they were and continue to be affectionately my "guinea pigs"; a handful were ever so glad to point out dozens of typos solicited and unsolicited. Thank you! It is the students who have inspired me to continue to improve this handbook and ultimately to publish it in print. Special thanks go to Gregory Neumayer, who was an excellent beginning student at Bethel College, who produced a fine word study that he generously allowed me to include as an example of what can be done in such word studies (see CH. 27).

Then there are the people who actually worked on the project because they needed to. (God bless their souls!) First is Bethel College's Religion and Philosophy School's office assistant, Mrs. Renee Kaufman, who helped retype the whole grammar portion of the manuscript when it only existed in a word processing format run from MS-DOS. This took her a good portion of a summer in early 2000s. Also, Matt Eaton as a research assistant during the summer 2004 helped me to correlate grammatical topics with Daniel Wallace's intermediate grammar among other things. Thanks to each of them. Also, I am extremely grateful for Dr. Jim Stump, then VP of Academic Services at Bethel College, for awarding me a Bethel Summer Research Grant over the summer 2004 to cover expenses in the final preparation of the manuscript for electronic publishing. Since then, there have been many graduate and post-graduate students who have helped discuss and look over chapters in various degrees of completion: Kei Hiramatsu, Na Lim Heo,

Acknowledgements

Benson Goh, Shawn Craigmilles, Jake Neal, Klay Harrison, Isaiah Allen, Caleb Wang, Cliff Winters, Andrew Coutras, Ryan Giffin, Lindsay Arthur, Sue Liubinskas, Adesola Akala, Matt Spangler, Daniel Johnson, David McAbee, Kevin Southerland, Jesse Moffitt, Mark Porterfield, Taylor Zimmerman, and many others. Forgive me for forgetting to mention you! Jenny Read-Heimerdinger also read through two portions of my grammar attempting to summarize her and Stephen Levinsohn's work regarding the discourse pragmatic use of the article; I greatly appreciate her timely feedback. Then there is my colleague at GlossaHouse, Michael Halcomb, who has urged me to finish this project on a number of occasions and who has helped form ideas and to edit portions. We learn much from each other.

The last group to thank include those who have encouraged and inspired me. Here my wife, Shannon, and our five children have urged me on in the project at different points, although it has not come without some cost for certain intense weeks here and there affecting our family time (okay, maybe more than a few weeks). Also, I would want to mention here my first instructors of Greek, Dr. Richard Boone, Dr. Joseph Wang, Dr. David Bauer, and Dr. Robert Lyon, all at Asbury Theological Seminary. Each played such inspiring roles as instructors and mentors of Greek. Dr. Julian Hills at Marquette University was a great help to me personally, helping me to obtain teaching assistantships there in my doctoral studies, largely on the merit of my abilities in Greek (invisible on application forms). I attribute my taking his exegetical seminar on the Psalms of Solomon my first semester there as indeed providential. His excellent understanding of Greek inspired and spurred me on. Thanks to all of you!

To God be the glory! I can honestly say that His strength and grace have and motivated and sustained me.

HOW TO USE THIS WORKBOOK

and its accompanying ANSWER KEY & GUIDE

As you prepare to use this WORKBOOK, I would like you to know that I have joyfully labored to make it the most effective possible in conjunction with KOINE GREEK GRAMMAR: A BEGINNING-INTERMEDIATE EXEGETICAL AND PRAGMATIC HANDBOOK. This WORKBOOK has been carefully designed. You will be translating New Testament (NT) verses and paragraphs as quickly as possible in order to begin reaping the benefits of your labor. Let me briefly explain about it:

- ❖ The chapter exercises were made that would exercise the vocabulary presented in each particular chapter.
- ❖ NT verses were sought out that would appropriately exercise the vocabulary and grammar presented in each chapter.
- ❖ NT verses are used as soon as possible to encourage students to learn how best to study the NT in Greek. That is the goal of our study!
- ❖ The WORKBOOK contains actual idioms that were (painstakingly) ferreted out from the Greek NT, so that, even before translating biblical verses and paragraphs, you will be working with *actual biblical phrases and expressions.*
- ❖ Some sentences for the translation exercises are also taken from the Septuagint (LXX), the Greek translation of the Old Testament. This is valuable for many reasons, not least of which is the fact the NT writers often allude to or quote from the LXX. Indeed, the influence of the LXX translation on the NT writers is very great.
- ❖ Although the student will be formally presented with every word occurring 50 times or more in the GNT, in actuality a larger vocabulary will be learned, because the exercises contain many words that are not formally presented, but are defined on the spot. The meanings of these "extra" words are often given at the end of the sentence in parentheses. Moreover, many words like these have English cognates and could be sounded out and understood in context.
- ❖ More exercises (okay, *many more*) are included in the Workbook than can be completed in any given week's assignments. But this was done intentionally, in order that students could return to a lesson to review and find fresh new sentences to review before their next quizzes or tests. Also, these numerous exercises provide instructors ample material to create study guides, quizzes, and tests. These "extra" exercises are especially valuable because of the available ANSWER KEY & GUIDE for the WORKBOOK.
- ❖ The WORKBOOK exercises for each chapter typically contain six sections:

A. OVERVIEW is mainly for the student to entertain questions and to fill in pivotal charts of endings. It asks straightforward questions to make sure students understand what the *main points* are *to be learned in each chapter*. If one can answer these questions and fill in the charts (or be heading in that direction), then the core material has been learned.

B. VOCABULARY will contain *crossword puzzles in Greek for each chapter*; additionally, old vocabulary is progressively reviewed in this process. Crosswords may not be your cup of tea, but they might. Give it a try.

C. REVIEW *reiterates the grammar of the previous chapter* by providing further short translation, parsing exercises, and other types of short assignments. This will help students continue reviewing, since learning a language is cumulative and requires constant review of the previously learned materials.

D. FOCUS *is designed to concentrate on the material presented in the current chapter*. The purpose here is to exercise students in their understanding of specific points of grammar with greater focus, rather than to have students only see a particular point of grammar a few times in a few sentences. By the end of the FOCUS sections, students should understand the main concepts of each chapter.

E. SENTENCES contain *carefully chosen sentences or verses that will encapsulate the grammar learned to that point in the HANDBOOK*. The most current concepts and grammar, however, are given a more gracious showing. In the earlier chapters, the sentences may be "adapted" (i.e. slightly modified) from actual NT or LXX verses; these will be so identified. However, after these earlier chapters, students will soon be surprised at how well they will be able to understand and translate biblical Greek.

F. READING gives the students *an opportunity to read biblical Greek within a larger discursive context in paragraph units*. Reading and interpreting the NT in this way is the ultimate goal of *KOINE GREEK GRAMMAR*. By working through paragraph sized READINGS, students can begin to see nuances of word order, the importance of conjunctions, and other pragmatic features of discourses as a whole such as repetitions of sounds and words, the development of themes, and rhetorical developments and patterns. In CH.27, students will find reading guides for two legends about the prophet Daniel; they are short, entertaining stories involving problems or mysteries that Daniel in his wisdom must solve. I think you will enjoy them: the first episode involves an idol Bel (Is Bel a living God who eats food or not?) and a firs belching dragon; the second story shows Daniel intervening in an attempt to help a seemingly virtuous, beautiful wife from accusation of sexual misconduct.

❖ Included at the back are the APPENDICES §§ 0-30 that contain overviews of all the grammatical forms and VOCABULARY 20 TIMES OR MORE.

❖ An accompanying ANSWER KEY & GUIDE is available separately (or combined) for these *WORKBOOK* exercises. All answers are provided except for the OVERVIEW and VOCABULARY exercises—students must do some of their own work after all! These answers and guides are intended to help students "not to spin their wheels" and thus to get frustrated on any given assignment or tough sentence. However, students should not let the *Answer Key & Guide* become a crutch. After all, students will still need to pass quizzes, tests, and competency exams. So, students should plan on struggling with the exercises a bit before consulting the *Answer Key & Guide*; if they should need to consult it, then they are advised to study carefully the translation or parsing or whatever else was provided as an answer and as a guide.

❖ Lastly, the Workbook contains deductive and inductive features. Let me explain:

  ➢ Certain exercises will drill a very specific point of Greek grammar that is presented, such as "Demonstrative pronouns" or "These sentences contain 2nd Aorist verbs."
  ➢ Words that have not been covered and yet whose meaning can be derived from its component or cognate Greek stems are occasionally left for the student to figure out. This is truer in the latter half of the Workbook. The definitions for many such words will often be found in the Vocabulary: Words Occurring 20 Times or More, which is conveniently included at the back of both the Grammar and the Workbook.
  ➢ Sometimes a grammatical construction that is covered in a future chapter is briefly encountered in the *immediately preceding* exercises. This should help students develop an intuitive grasp of the language by giving them some initial exposure to a new grammatical construction even before they actually come to it in the Grammar.

Four final comments are in order for you, the student. First, as you are learning and memorizing and studying, ***engage as many senses as you are able to in the process—sight, touch, smell, hearing, taste***. Why? To do so will greatly increase retention. I recommend getting a purple, sweet grape smelling pen (or whatever your favorite smell and color is) to write things down on nice clean paper. Do your review while walking. All this will help your brain retain information. Second, ***encourage each another and work together, but don't let others do the work for you***. Moral support is great; yet, understand that each person will learn a bit differently. Some students love to use vocabulary cards on rings to memorize then, others not. Work together, but find your own path. Third, be sure to ***memorize the vocabulary words for a particular chapter before doing the exercises*** in the Workbook. If you do this, then the exercises will ***reinforce your vocabulary learning*** and you will complete your exercises much faster, since you will not need to be looking up every other Greek word. Fourth, learning Greek is a cumulative process. ***Daily work reviewing and doing exercises is the best plan.*** It is generally not possible to "cram in" the material right before the quiz or exam and do well. After all, students still have midterms, finals, or competency exams to pass. So, in the end, it is best to maintain a healthy daily diet of Greek reviewing, memorizing, and reading from the Greek NT or LXX. *Bon appetite!*

Fredrick J. Long
Ordinary Time, September 2016

Workbook

for Koine Greek Grammar:
A Beginning-Intermediate Exegetical
and Pragmatic Handbook

Exercises Ch. 1

1A. Overview
1B. Focus
1C. Sentences

1A. Overview

1. What are the 8 parts of speech? What are their essential characteristics?

2. How would you define a "clause" as opposed to a "phrase"? Give an example of each.

3. How would distinguish between an "independent" and "dependent" clause? What other name does each have? Give an example of each.

4. Define *conjunction*. How would you distinguish between a "coordinating" and "subordinating" conjunction? Give examples of each.

5. What components are there in the construction of a basic sentence?

6. How do you mark up the following words?
   a. adverbs

   b. subjects and verbs

   c. indirect objects

   d. a pronoun (with antecedent or postcedent).

   e. subordinate clauses (how do you identify more than one?).

   e. conjunctions and interjections

   f. direct objects

   g. prepositions and their phrases

7. Can you identify what sentence component belongs to each numbered slot in the sentence diagram below? Put the diagram number with the word function on the left

Word Function	Sentence Diagram
__Subject __Verb __Initial Conjunction __Direct Address __Direct Object __Indirect Object __Adverbial Modifier __Adjectival Modifier __Coordinating Conjunction	(diagram with slots 1–9)

1B. Focus

I. Identify the basic components in the following sentences by placing the corresponding designation above the word.

S=Subject	M=Modifier
V=Verb	C=Conjunction
DO=Direct Object	DA=Direct Address
IO=Indirect Object	

II. Then, mark up each sentence using these conventions.

adverbs
conjunctions and interjections
subjects and verbs
direct objects

indirect objects
(prepositions and their phrases)
{direct address}

EXERCISES CH. 1

III. Then diagram each sentence using the Reed-Kellogg method.

Example: Acts 7:2a Hear me, brethren and fathers! The God of Glory appeared to our father

	V	DO	DA	C	DA	M	S	M	V	M	IO
Acts 7:2a	Hear	me,	brethren	and	fathers!	The	God	of glory	appeared	to our	father

Marking= Acts 7:2a Hear me, {brethren and fathers}! The God (of glory) appeared to our father

Reed-Kellogg Diagram=

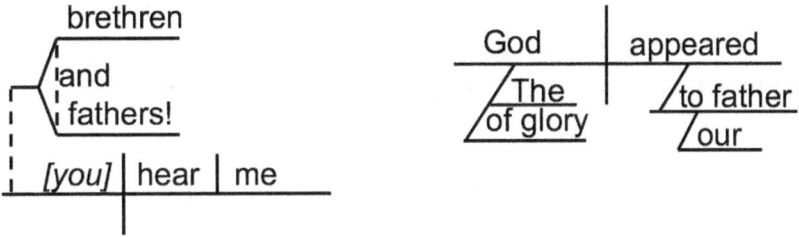

1. Matt 9:2a And, behold, they were bringing to Him a paralytic.

2. John 5:41 I do not receive glory from men;

3. John 4:3 He left Judea, and departed again into Galilee.

4. Matt 25:11b Lord, lord, open up for us.

5. Matt 20:30b Lord, have mercy on us, Son of David!

6. John 3:24 For John had not yet been thrown into prison.

7. John 6:15 So Jesus...withdrew again to the mountain by Himself alone.

8. John 5:43a I have come in My Father's name, and you do not receive Me

9. Matt 6:33 But seek first His kingdom and His righteousness; and all these things shall be added to you.

10. John 3:25 Therefore, there arose a discussion on the part of John's disciples with a Jew about purification.

11. Matt 7:22 Lord, Lord, did we not prophesy in Your name, and in Your name cast out demons, and in Your name perform many miracles?

1C. Sentences

In one or more of the verses below, identify the English *parts of speech* in John 3:16-21. Look up words in the dictionary, if need be, to find out this information. (There is no need to do this repeatedly for the same word.)

C= Conjunction; N=Noun; V=Verb; I=Interjection; ADV=Adverb; PREP=Preposition
ADJ=Adjective; PN=Pronoun

John 3:16-21	List Word and Its Part of Speech
16 For God so loved the world, that He gave His only begotten Son, that whoever believes in Him should not perish, but have eternal life.	**Example**: 16 For [C] God [N] so [ADV] loved [V] the [ADJ] world [N], that [C] He [PN] gave [V] His [PN] only [ADV] begotten [ADJ] Son [N], that [C] whoever [PN] believes [V] in [PREP] Him [PN] should [V] not [ADV] perish [V], but [C] have [V] eternal [ADJ] life [N].
17 For God did not send the Son into the world to judge the world, but that the world should be saved through Him.	
18 He who believes in Him is not judged; he who does not believe has been judged already, because he has not believed in the name of the only begotten Son of God.	
19 And this is the judgment, that the light is come into the world, and men loved the darkness rather than the light; for their deeds were evil.	
20 For everyone who does evil hates the light, and does not come to the light, lest his deeds should be exposed.	
21 But he who practices the truth comes to the light, that his deeds may be manifested as having been wrought in God.	

EXERCISES CH. 2

2A. OVERVIEW
2B. VOCABULARY 2
2C. REVIEW
2D. FOCUS
2E. SENTENCES

2A. OVERVIEW

1. What larger language family does Greek belong to? Where is Koine within the Greek languages?

2. How many characters does Greek have in its alphabet? How many vowels are there?

3. Following the writing suggestions in CHAPTER 2.3, practice writing the Greek Alphabet below in minuscule and uncial forms two or three times each. You will write the lower case forms more frequently. Then write each letter's pronunciation value.

Greek Letter	Lower Case	Upper Case	Pron. Value	Greek Letter	Lower Case	Upper Case	Pron. Value
ἄλφα	--------	--------		νῦ	--------	--------	
βῆτα	--------	--------		ξῖ	--------	--------	
γάμμα	--------	--------		ὂ μικρόν	--------	--------	
δέλτα	--------	--------		πῖ	--------	--------	
ἒ ψιλόν	--------	--------		ῥῶ	--------	--------	
ζῆτα	--------	--------		σίγμα	--------	--------	
ἦτα	--------	--------		ταῦ	--------	--------	
θῆτα	--------	--------		ῦ ψιλόν	--------	--------	
ἰῶτα	--------	--------		φῖ	--------	--------	
κάππα	--------	--------		χῖ	--------	--------	
λάμβδα	--------	--------		ψῖ	--------	--------	
μῦ	--------	--------		ὦ μέγα	--------	--------	

4. Which letter has two minuscule forms, one for the beginning or middle of a word and one for the end of the word? What are these forms?

5. Explain when γάμμα has the pronunciation value of "n."

6. What are diphthongs? List them below and their pronunciation values:

7. What are five punctuation markers in Greek sentences? _____, _____,

_____, _____, and _____.

2B. Vocabulary 2

Using Greek letters and the rough breathing mark when present, fill in the spaces of the crossword puzzle.

Across
3. Paul
5. Abraham
6. Israel
7. Christ, Messiah
8. Peter
9. David
10. Pilate

Down
1. Jerusalem
2. James
4. Pharisee

2C. Review

I. Identify the basic components in the following sentences by placing the corresponding designation above the word.

S=Subject	M=Modifier
V=Verb	C=Conjunction
DO=Direct Object	DA=Direct Address
IO=Indirect Object	

II. Then perform Constituent Marking in each sentence using these conventions.

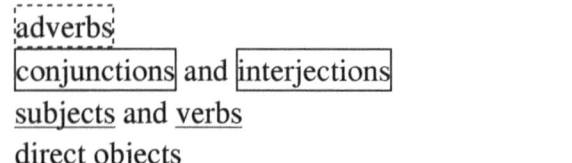

III. Then diagram each sentence using the Reed-Kellogg method.

Example: Acts 7:2a Hear me brethren and fathers! The God of glory appeared to our father…

	V	DO	DA	C	DA	M	S	M	V	M	IO
Acts 7:2a	Hear	me,	brethren	and	fathers!	The	God	of glory	appeared	to our	father

Marking= Acts 7:2a Hear me, brethren and fathers! The God (of glory) appeared to our father

Reed-Kellogg Diagram=

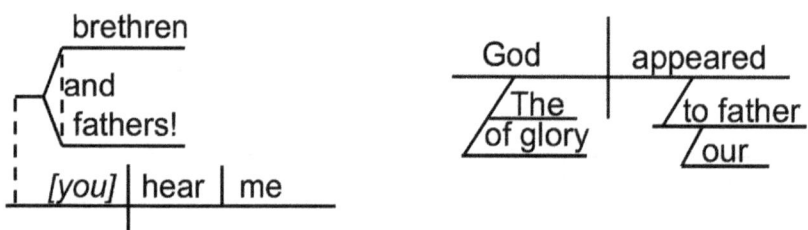

1. John 3:2a This man came to Him by night

2. John 5:30a I can do nothing on My own initiative.

3. Matt 6:24c You cannot serve God and mammon.

4. Acts 7:2a Hear me, brethren and fathers!

5. John 7:5 For not even His brothers were believing in Him.

6. Matt 7:20 So then, you will know them by their fruits.

7. Heb 1:3b He sat down at the right hand of the Majesty on high

8. John 6:3 Then Jesus went up on the mountain, and there He sat down with His disciples.

9. John 6:13a So they gathered them up, and filled twelve baskets with fragments from the five barley loaves.

10. Acts 6:3a But select from among you, brethren, seven men of good reputation, full of the Spirit and of wisdom,

11. Matt 18:27 And the lord of that slave felt compassion and released him and forgave him the debt.

2D. Focus

1. Memorize the order and name of the Greek characters. Observe how closely the Greek alphabet follows our English alphabet. Where does it differ? Are there any patterns that may assist your memorization of the order? Explain below.

2. Punctuate this word-for-word English translation of the Greek sentence immediately below. Be able to explain all other marks found among the Greek words.

Τί	ὁ κύριος	ἔφη,	Ἐγώ	εἰμι	ὁ διδάσκαλος	ζωῆς;	εἶπε	τοῦτο
Why	did the Lord	say	I	am	the teacher	of life	he said	this

ἵνα	ἡ σάρξ	μὴ καυχήσηται	ἐνώπιον θεοῦ	ἐν τῇ βασιλείᾳ	τοῦ οὐρανοῦ.
so that	the flesh	would not boast	before God	in the Kingdom	of heaven

3. Practice pronouncing the Greek words from the sentence above by *first* breaking them into syllables and *then* pronouncing them.
4. Practice forming Greek characters by rewriting the Greek sentence above in the space below.

2E. Sentences

1. Below is a paragraph from Luke 1:24-28. Look closely at the endings on each word. First, find those words that are loan words to Greek. (Read again §2.6 PROPER NOUNS AND BORROWED NON-GREEK WORDS if needed.) Second, find similar endings and make a list of them. These "end-ings" are indicated in most words by a slash (|). Notice that this slash is NOT a syllabification marker.

   24 Μετὰ δὲ ταύτ|ας τ|ὰς ἡμέρ|ας συνέλαβ|εν Ἐλισάβετ ἡ γυν|ὴ αὐτ|οῦ καὶ περιέκρυβ|εν ἑαυτὴν μῆν|ας πέντε λέγουσ|α

   25 ὅτι Οὕτως μ|οι πεποίηκ|εν κύρι|ος ἐν ἡμέρ|αις αἷς ἐπεῖδ|εν ἀφελεῖν ὄνειδ|ός μ|ου ἐν ἀνθρώπ|οις.

   26 Ἐν δὲ τ|ῷ μην|ὶ τ|ῷ ἕκτ|ῳ ἀπεστάλη ὁ ἄγγελ|ος Γαβριὴλ ἀπὸ τ|οῦ θε|οῦ εἰς πόλιν τ|ῆς Γαλιλαί|ας ᾗ ὄνομα Ναζαρὲθ

   27 πρὸς παρθέν|ον ἐμνηστευμέν|ην ἀνδρ|ὶ ᾧ ὄνομα Ἰωσὴφ ἐξ οἴκ|ου Δαυίδ, καὶ τὸ ὄνομα τ|ῆς παρθέν|ου Μαριάμ.

   28 καὶ εἰσελθὼν πρὸς αὐτὴν εἶπ|εν, Χαῖρε, κεχαριτωμένη, ὁ κύρι|ος μετὰ σ|οῦ.

2. Work on pronouncing the words from Luke 1:24-28. First, break the words into syllables, as is done using the slash (/) in 1:24 below. Then, practice reading more than one word at a time. Be sure you understand all the marks in the text. Note which words are capitalized. Why might they be capitalized?

   24 Με/τὰ δὲ ταύ/τας τὰς ἡ/μέ/ρας συ/νέ/λα/βεν Ἐ/λι/σά/βετ ἡ γυ/νὴ αὐ/τοῦ καὶ πε/ρι/έ/κρυ/βεν ἑ/αυ/τὴν μῆ/νας πέν/τε λέ/γου/σα

   25 ὅτι Οὕτως μοι πεποίηκεν κύριος ἐν ἡμέραις αἷς ἐπεῖδεν ἀφελεῖν ὄνειδός μου ἐν ἀνθρώποις.

   26 Ἐν δὲ τῷ μηνὶ τῷ ἕκτῳ ἀπεστάλη ὁ ἄγγελος Γαβριὴλ ἀπὸ τοῦ θεοῦ εἰς πόλιν τῆς Γαλιλαίας ᾗ ὄνομα Ναζαρὲθ

   27 πρὸς παρθένον ἐμνηστευμένην ἀνδρὶ ᾧ ὄνομα Ἰωσὴφ ἐξ οἴκου Δαυίδ, καὶ τὸ ὄνομα τῆς παρθένου Μαριάμ.

   28 καὶ εἰσελθὼν πρὸς αὐτὴν εἶπεν, Χαῖρε, κεχαριτωμένη, ὁ κύριος μετὰ σοῦ.

EXERCISES CH. 3

3A. OVERVIEW
3B. VOCABULARY 3
3C. REVIEW
3D. FOCUS
3E. SENTENCES
3F. READING

3A. OVERVIEW

1. Explain the difference between a *root* and a *stem*.

2. What is meant by the phrase, "Greek is an *inflectional* language"?

3. What are the five characteristics of a verb? Explain them.

4. What are the Present Active Indicative Endings? List Them.

Present A

	sg.	pl.
1		
2		
3		

5. What are the Present Middle/Passive Endings? List them.

Present M/P

	sg.	pl.
1		
2		
3		

6. What is a Middle-Formed verb?

7. What does it mean *to parse* a verb?

8. Verb accents are recessive. Briefly explain what this means.

Exercises Ch. 3

3B. Vocabulary 3

Fill in the spaces of the crossword puzzle using Greek for the corresponding English gloss.

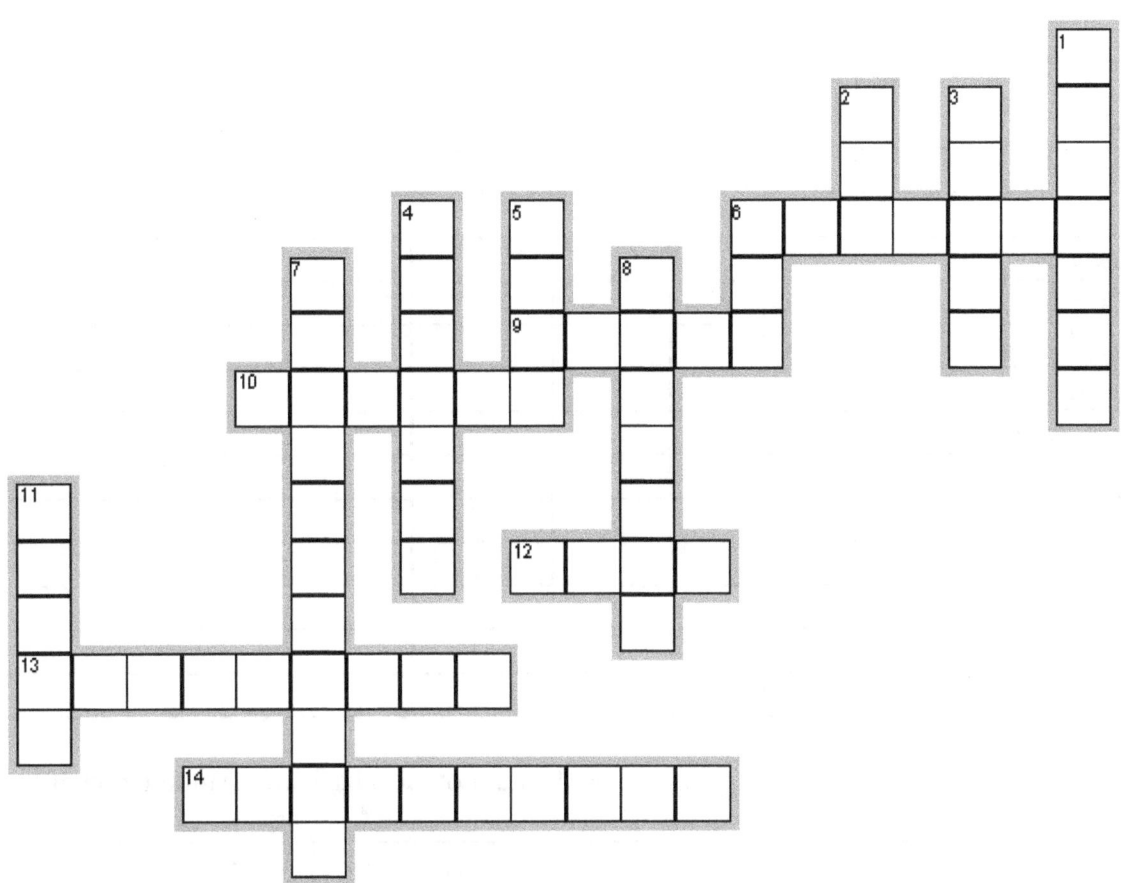

Across
6. I come, I go
9. I write
10. I glorify, honor, esteem
12. I save, rescue; I preserve
13. I go, walk
14. I announce the good news

Down
1. I find, discover
2. no, not
3. I send, dispatch
4. I teach, instruct
5. I say, speak
6. I have; I am
7. I pray, offer prayer
8. I soak, submerge, wash; I baptize
11. I see, observe

3C. Review

1. Write the Greek Alphabet below.

2. List the Greek vowels. Which may be long in length? Which are short?

3. Write out the most common monophthongs and diphthongs. Can you pronounce them?

3D. Focus

I. Parse these Verbs.

	Tense	Voice	Mood	Person	Number	Lexical Form & Meaning
1. βλέπομεν						
2. βαπτίζουσιν						
3. γράφεται						
4. ἐρχόμεθα						
5. δοξάζεις						
6. εὐαγγελίζεσθε						
7. πορεύομαι						
8. προσεύχονται						
9. σῴζει						
10. πεμπόμεθα						
11. εὑρίσκῃ						
12. λέγει						
13. ἔχουσιν						
14. διδάσκεσθε						

II. Place the proper verb ending (3S, 1P, & 3P) onto each verb and provide a basic translation below it.

	3 S (third singular)	1 P (first plural)	3 P (third plural)
Example: βλέπω	βλέπει he is seeing	βλέπομεν we are seeing	βλέπουσι(ν) they are seeing
ἔρχομαι			
δοξάζω			
προσεύχομαι			
πέμπω			
πορεύομαι			

3E. Sentences

"Chop off" the verb ending by placing a line before the ending; then translate these short sentences.

1. βλέπ|ω. οὐ βλέπ|ω. βλέπ|ομεν. οὐ βλέπ|ομεν.

2. βαπτίζετε. βαπτίζεσθε. οὐ βαπτίζονται.

3. ἔχομεν. οὐκ ἔχουσι. Φαρισαῖος ἔχει. γράφεις.

4. ἔρχονται. οὐκ ἔρχῃ. Πέτρος λέγει, Χριστὸς ἔρχεται.

5. λέγεται. οὐ λέγετε. γράφομεν.

6. εὑρίσκεις. οὐχ εὑρίσκετε. εὑρίσκονται.

7. Ἰάκωβος διδάσκει. σῴζονται. τί οὐ σῳζόμεθα; (τί = why?)

In these last three exercises, translate the Middle/Passive verbs as middles. However, beware of Middle-Formed verbs.

8. βαπτίζετε. βαπτίζεσθε. οὐ βαπτίζονται.

9. οὐ δοξάζομεν. δοξάζονται. σῴζομαι. οὐ σῴζεσθε.

10. προσεύχεσθε; οὐ προσευχόμεθα. Πιλᾶτος οὐ σῴζεται. πέμπῃ.

3F. Reading

1. Read aloud the following verses using your own Greek NT, if available. **You will not be able to translate these sentences.**
2. Next, cut off and underline all the Present Indicative endings in the verses below.
3. Finally, circle all forms of punctuation below and provide the English equivalent.

Matt 6:26 ἐμβλέψατε εἰς τὰ πετεινὰ τοῦ οὐρανοῦ ὅτι οὐ σπείρουσιν οὐδὲ θερίζουσιν οὐδὲ συνάγουσιν εἰς ἀποθήκας, καὶ ὁ πατὴρ ὑμῶν ὁ οὐράνιος τρέφει αὐτά· οὐχ ὑμεῖς μᾶλλον διαφέρετε αὐτῶν;

Matt 12:45a τότε πορεύεται καὶ παραλαμβάνει μεθ' ἑαυτοῦ ἑπτὰ ἕτερα πνεύματα πονηρότερα ἑαυτοῦ καὶ εἰσελθόντα κατοικεῖ ἐκεῖ· καὶ γίνεται τὰ ἔσχατα τοῦ ἀνθρώπου ἐκείνου χείρονα τῶν πρώτων.

Mark 4:20 καὶ ἐκεῖνοί εἰσιν οἱ ἐπὶ τὴν γῆν τὴν καλὴν σπαρέντες, οἵτινες ἀκούουσιν τὸν λόγον καὶ παραδέχονται καὶ καρποφοροῦσιν ἐν τριάκοντα καὶ ἐν ἑξήκοντα καὶ ἐν ἑκατόν.

Luke 20:21 καὶ ἐπηρώτησαν αὐτὸν λέγοντες, Διδάσκαλε, οἴδαμεν ὅτι ὀρθῶς λέγεις καὶ διδάσκεις καὶ οὐ λαμβάνεις πρόσωπον, ἀλλ' ἐπ' ἀληθείας τὴν ὁδὸν τοῦ θεοῦ διδάσκεις·

John 3:8 τὸ πνεῦμα ὅπου θέλει πνεῖ καὶ τὴν φωνὴν αὐτοῦ ἀκούεις, ἀλλ' οὐκ οἶδας πόθεν ἔρχεται καὶ ποῦ ὑπάγει· οὕτως ἐστὶν πᾶς ὁ γεγεννημένος ἐκ τοῦ πνεύματος.

Rom 2:17-18 Εἰ δὲ σὺ Ἰουδαῖος ἐπονομάζῃ καὶ ἐπαναπαύῃ νόμῳ καὶ καυχᾶσαι ἐν θεῷ 18 καὶ γινώσκεις τὸ θέλημα καὶ δοκιμάζεις τὰ διαφέροντα κατηχούμενος ἐκ τοῦ νόμου,

2 Cor 1:13 οὐ γὰρ ἄλλα γράφομεν ὑμῖν ἀλλ' ἢ ἃ ἀναγινώσκετε ἢ καὶ ἐπιγινώσκετε· ἐλπίζω δὲ ὅτι ἕως τέλους ἐπιγνώσεσθε,

Exercises Ch. 4

4A. Overview
4B. Vocabulary 4
4C. Review
4D. Focus
4E. Sentences
4F. Reading

4A. Overview

1. Word Order is flexible in Greek. T or F ?

2. Place these into the default unmarked Greek Word order if present: Subject, Conj., Object, Verb

3. Change in default word order is for three possible reasons: _____, _____, _____

4. The three characteristics of a noun in Greek are:
   _____, _____, _____.

5. Match the five cases below to the following items.

N) Nominative	i. indirect object ___
Δ) Dative	ii. subject ___
Γ) Genitive	iii. direct address ___
A) Accusative	iv. direct object ___
Φ) Vocative	v. possession ___
	vi. instrumentation ___
	vii. description ___
	viii. location ___
	ix. separation ___
	x. designation ___
	xi. for these 1st Declension endings:
	-ων ___ -αις ___ -ην ___ -αν ___
	-αι ___ -α ___ -η ___ -α ___
	-η ___ -ου ___ -ης ___, ___
	-ας ___, ___

6. Noun accents try to remain in the same location when different endings are used. T or F ?

4B. Vocabulary 4

Fill in the spaces of the crossword puzzle using Greek for the corresponding English gloss.

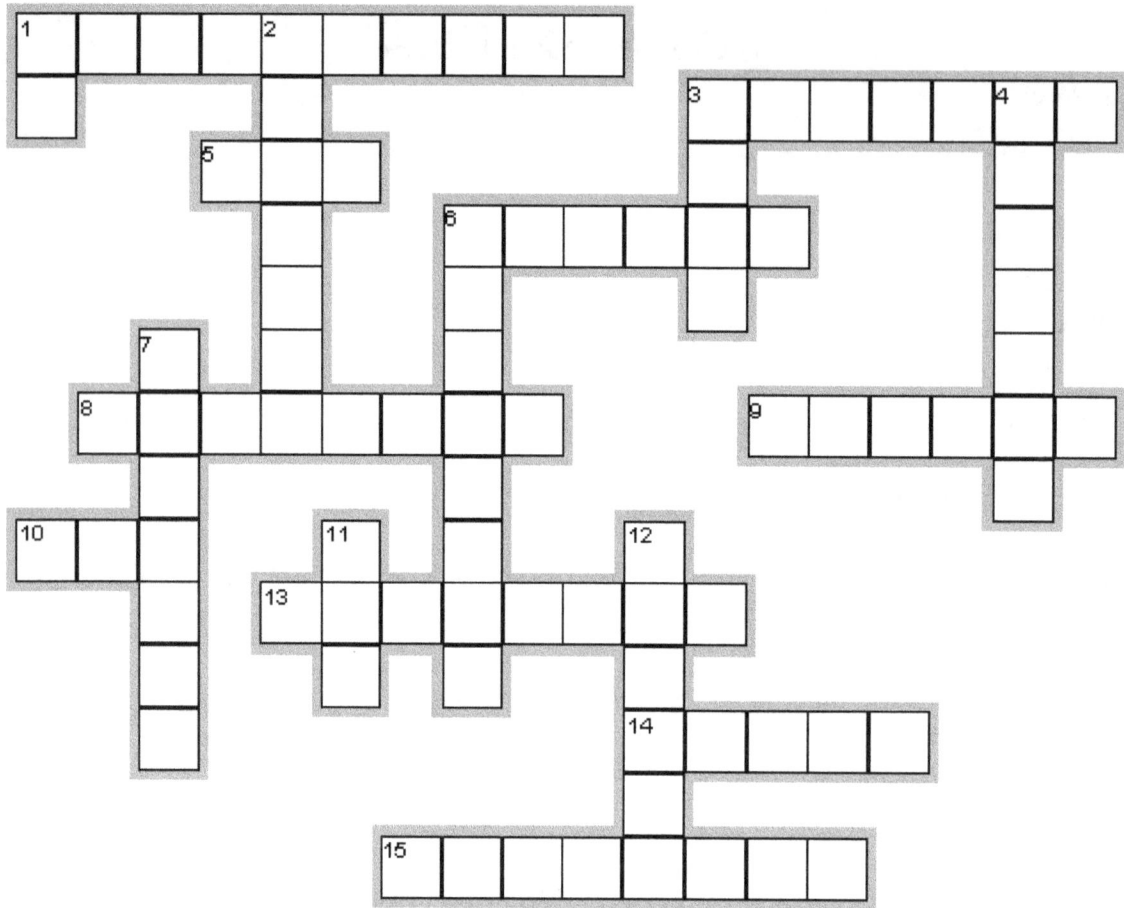

Across

1. righteousness, justice
3. truth, reality
5. therefore (postpositive)
6. commandment, order
8. parable
9. Herod
10. life; existence
13. kingdom, reign
14. day
15. prophet

Down

1. and, but (postpositive)
2. Judea
3. but (a *correction*)
4. John
6. assembly, church
7. disciple, student
11. and; also, even
12. peace; well-being

4C. Review

Parse these verbs and translate them in the space below them.

	Tense	Voice	Mood	Person	Number	Lexical Form & Meaning
1. βλέπετε						
2. βαπτίζονται						
3. γράφω						
4. ἔρχεται						

5. λέγεις						
6. εὐαγγελιζόμεθα						
7. πορεύεται						
8. σῴζει						
9. διδασκόμεθα						
10. ἔχουσιν						
11. προσεύχεσθε						
12. εὑρίσκομαι						
13. δοξάζεται						
14. πέμπομεν						

4D. Focus

I. Parse these nouns and give a literal translation.

		Gender	Case	Number	Literal Translation
1.	ἐκκλησίαι				
2.	ἡμέραις				
3.	προφητοῦ				
4.	ζωῆς				
5.	μαθητής				
6.	βασιλεία				
7.	ἐντολήν				
8.	παραβολῶν				
9.	Ἡρώδη				
10.	ἀληθείας				
11.	δικαιοσύνη				
12.	εἰρήνην				
13.	Ἰουδαία				
14.	Ἰωάννου				

II. Translate these short phrases into English or Greek.

1. Γράφεις ταῖς ἐκκλησίαις τῆς Ἰουδαίας.

2. Ἔχει τὰς παραβολὰς τῆς ἀληθείας.

3. τὴν δικαιοσύνην τῶν προφητῶν διδάσκουσιν;

4. Ἔχομεν καὶ εἰρήνην καὶ ζωήν.

5. ἀλλὰ αἱ ἡμέραι τῆς εἰρήνης ἔρχονται.

6. The commandments of (the) Judea

7. both Christ and the Prophet

8. the truth of a parable

9. Therefore, the kingdom of Herod

10. of the church of life

4E. SENTENCES

1. αἱ ἡμέραι ἔρχονται....

2. λέγετε τὴν δικαιοσύνην τῶν προφητῶν.

3. Χριστὸς δοξάζεται;

4. ἔχουσι τὴν ζωὴν καὶ τὴν ἀλήθειαν.

5. λέγω παραβολήν, ἐντολὰς δὲ λέγουσιν.

6. καὶ πορεύομαι καὶ εὐαγγελίζομαι.

7. Ἡρώδης οὖν οὐκ εὑρίσκει Χριστόν. (Χριστόν is in the accusative case.)

8. Πέτρος δὲ διδάσκει τὰς παραβολὰς τῇ ἐκκλησίᾳ.

9. οὐ σῴζεται Πιλᾶτος· οὐκ οὖν προσεύχεται.

10. Ἰωάννης καὶ βαπτίζει καὶ προσεύχεται.

11. πορευόμεθα οὖν τῇ Ἰερουσαλὴμ καὶ εὐαγγελίζομεν τὴν ἀλήθειαν.

12. ἡ δὲ βασιλεία καὶ διδάσκεται καὶ σῴζει μαθητάς.

13. αἱ ἐκκλησίαι τὰς ἡμέρας δικαιοσύνης βλέπουσιν.

14. γράφει μαθητὴς τῇ ἐκκλησίᾳ, ἀλλὰ οὐκ ἔρχονται τῇ ἀληθείᾳ.

15. ἔχεις εἰρήνην ἀλλὰ οὐ σῴζῃ.

16. πέμπει τὴν ἐντολὴν καὶ τοῖς μαθηταῖς καὶ ταῖς ἐκκλησίαις προφήτης.

17. τὴν βασιλείαν οὐχ εὑρίσκουσιν, ἀλλὰ διδάσκονται τὰς παραβολάς.

18. ἡ δικαιοσύνη ταῖς ἐκκλησίαις τῆς Ἰουδαίας εὐαγγελίζεται;

4F. Reading

1. Mark up the sentences using the Constituent Marking from §4.6 Constituent Marking for Navigating a Greek Sentence.
2. Translate the paragraph into the space provided. Translation helps are provided below.

line 1	αἱ ἐκκλησίαι τῆς Ἰουδαίας δοξάζουσι τὸν θέον τοῦ Ἰσραήλ, ὅτι καὶ προσεύχονται πάντοτε καὶ τὴν βασιλείαν τοῦ θεοῦ εὐαγγελίζονται ταῖς συναγωγαῖς.

Πολλοὶ δὲ μαθηταὶ οὐ ταράσσονται, ἀλλὰ παρρησίᾳ λέγουσιν τὴν ἀλήθειαν.

Πολλαὶ οὖν ψυχαὶ εὑρίσκουσιν τὴν ἀλήθειαν καὶ βαπτίζονται· καὶ οὕτως ἔχουσιν τὴν

line 5 δικαιοσύνην καὶ τὴν ζωήν. ὁ δὲ Ἡρῴδης οὐ πιστεύει καὶ οὕτως οὐ βαπτίζεται·

ἀλλὰ ἡ ἡμέρα ἔρχεται, ὅτε Ἡρῴδης τὴν δόξαν ὄψεται τοῦ θέου καὶ φρίξει.

καὶ οὐ πᾶσα Ἰερουσαλέμ καὶ πιστεύει. οἱ οὖν προφῆται τῆς ἐκκλησίας

οὐ διδάσκουσι τὰς ἐντολάς τῆς Ἰερουσαλέμ, ἀλλὰ τοῦ Ἰησοῦ τὰς παραβολάς.

Line 1: ὁ θεός= *God* (τὸν θέον is accusative)
    τοῦ Ἰσραήλ genitive (sound out name)
    ὅτι = *because* (starts a subordinate clause)
Line 2: πάντοτε= *always* (adverb)
    ἡ συναγωγή= *synagogue*
    πολλοί= *many* (adjective agreeing with μαθηταί in gender, case, & number)
Line 3: ταράσσω= *I trouble; I frighten*
    παρρησίᾳ= *boldness* (acting adverbally, *in boldness*— this is a "dative of manner")
    πολλαί= *many* (adjective agreeing w/ ψυχαί)
    ἡ ψυχή= *soul; life*

Line 4: οὕτως= *thus* (adverb); also in line 5.
Line 5: πιστεύω= *I believe*
Line 6: ὅτε= *when* (introduces a subordinate clause)
    ὄψεται= "he will see"
    ἡ δόξα= *glory* (hint: discontinuous)
    τοῦ θέου = "of God" (in the genitive case)
    φρίξει= "he will shudder"
    πᾶσα= *all* (an adjective; it is fem.nom.sg. What is it modifying?)
Line 7: πιστεύω= *I believe*
    οἱ= *the* (masc. nom. pl. article. It belongs to what noun?)
    τοῦ Ἰησοῦ = *Jesus* (in the genitive case)

EXERCISES CH. 5

5A. OVERVIEW
5B. VOCABULARY 5
5C. REVIEW
5D. FOCUS
5E. SENTENCES
5F. READING: JESUS'S CALLING OF HIS DISCIPLES

5A. OVERVIEW

1. The three characteristics of the Greek noun are: _____, _____, _____.

2. Match the five cases below to the following items (i-vi):

N) Nominative	i. indirect object ___
Γ) Genitive	ii. subject ___
Δ) Dative	iii. direct address ___
A) Accusative	iv. direct object ___
Φ) Vocative	v. possession ___
	vi. these Second Declension endings:
	-ων ___ -οις ___ -ον ___ -οι ___ -ος ___
	-α ___ -ῳ ___ -ους ___ -ου ___

3. What is a verb of *being*?

4. What is a predicate nominative? How can one identify the subject versus the predicate nominative?

5. Give the full set of case endings for Jesus' name in the space provided below.

6. Briefly describe an appositional construction. Create one below in an English sentence.

7. Describe punctuation conventions used in the major editions of the GNT.

5B. VOCABULARY 5

Fill in the spaces of the crossword puzzle using Greek for the corresponding English gloss.

Across

1. teacher, master
9. delegate, apostle
10. good news, gospel
11. road, way, path
12. Lord; master, owner
13. son
14. heaven; sky
15. demon, spirit
16. Jesus
17. God; god

Down

2. messenger; angel
3. Christ, Messiah
4. word, speech; matter
5. brother
6. law; the Law
7. child
8. I am, exist
9. person, human
12. world

5C. REVIEW

I. Parse these Verbs.

	Tense	Voice	Mood	Person	Number	Lexical Form & Meaning
1. βαπτιζόμεθα						
2. εἶ						
3. ἔρχονται						
4. λέγει						
5. ἔχεις						

6. πορεύεσθε						
7. ἔρχῃ						
8. δοξάζομεν						
9. σῴζεται						
10. διδάσκετε						

II. Parse these nouns and provide a literal translation.

	Gender	Case	Number	Literal Translation
1. ἐκκλησίαις				
2. ἡμέρας				
3. προφῆται				
4. ζωῆς				
5. μαθητῶν				
6. βασιλείας				
7. ἐντολή				
8. παραβολῆς				
9. Ἡρῴδῃ				
10. ἀληθείας				

5D. Focus

I. Parse these nouns and provide a literal translation.

	Gender	Case	Number	Literal Translation
1. θεόν				
2. κυρίῳ				
3. ἄνθρωποι				
4. υἱῶν				
5. ἀδελφοίς				
6. λόγος				
7. οὐρανούς				
8. νόμου				
9. κόσμος				
10. ἀγγέλοις				

11. διδασκάλῳ				
12. Ἰησοῦ				
13. ὁδόν				
14. ἀποστόλων				
15. εὐαγγέλιον				
16. δαιμόνια				
17. τέκνα				

II. Translate these short phrases into English and Greek.

1. ὁ υἱὸς τοῦ θεοῦ

2. εἰμὶ Παῦλος ὁ ἀπόστολος

3. τῷ κυρίῳ τῶν οὐρανῶν

4. ἡ ὁδὸς τῆς ζωῆς

5. τοὺς λόγους τῆς δικαιοσύνης

6. to the demons

7. The person is an angel.

8. The disciples are brothers.

9. of the Law of God.

10. to Jesus Christ

III. Match the following (1-10).

1. ___ ἔρχῃ
2. ___ εἶ
3. ___ ἐστέ
4. ___ ἔχω
5. ___ ἐστί(ν)
6. ___ ἔρχονται
7. ___ ἐσμέν
8. ___ ἔρχεται
9. ___ εἰσίν
10. ___ εἰμί

α. we are
β. I have
γ. there is
δ. you come/go (sg.)
ε. I am
ζ. he comes/goes
η. they are
θ. you are (pl.)
ι. they come/go
κ. you are (sg.)

IV. Translate these short sentences with the verb εἰμί.

1. εἰμὶ ἀπόστολος.

2. ἀπόστολος εἰμί.

3. οὐκ εἰμὶ ἀπόστολος.

4. ἀπόστολος οὐκ εἰμί.

5. Ἰησοῦς ἐστιν ὁ Χριστός.

6. ὁ Χριστὸς Ἰησοῦς ἐστιν.

7. ἔστιν ὁ Ἰησοῦς ὁ Χριστός;

8. ὁ Ἰησοῦς ὁ Χριστός.

9. διδάσκολος ὁ Παῦλος ἐστίν.

10. ἡ βασιλεία ζωή ἐστίν.

11. ζωή ἐστιν ἡ βασιλεία.

12. ζωή ἡ βασιλεία.

13. υἱοὶ θεοῦ εἰσιν.

14. υἱοί εἰσιν θεοῦ.

5E. SENTENCES

Perform Constituent Marking on these sentences (see in §4.6 CONSTITUENT MARKING FOR NAVIGATING A GREEK SENTENCE) **OR** diagram each sentence using the Reed-Kellogg method (see CHAPTER 1.6 and CHAPTER 5.3.E). Then translate.

1. Mark 8:24b Βλέπω τοὺς ἀνθρώπους....

2. John 6:48 ἐγώ εἰμι ὁ ἄρτος τῆς ζωῆς. (ὁ ἄρτος= bread; ἐγώ= I)

3. Matt 24:5b Ἐγώ εἰμι ὁ Χριστός,... (ἐγώ= I)

4. Rev 1:17d ἐγώ εἰμι ὁ πρῶτος καὶ ὁ ἔσχατος. (ἐγώ= I; πρῶτος= first; ἔσχατος= last)

5. ὁ δὲ Ἰησοῦς λέγει, Ἐγώ εἰμι, καὶ ὄψεσθε τὸν υἱὸν τοῦ ἀνθρώπου...(ἐγώ= I; ὄψεσθε= "you will see")

6. Rom 1:6b ἐστε καὶ ὑμεῖς κλητοὶ Ἰησοῦ Χριστοῦ, (ὑμεῖς= you; κλητοί= "called")

7. 1 John 3:2a Ἀγαπητοί, νῦν τέκνα θεοῦ ἐσμεν, (ἀγαπητοί= beloved; νῦν= now)

8. John 21:20a ὁ Πέτρος βλέπει τὸν μαθητήν....

9. ὁ ἀδελφὸς ἔχει τὸν λόγον τῆς ζωῆς.

10. καὶ ὁ διάβολος λέγει αὐτῷ, Εἰ υἱὸς εἶ τοῦ θεοῦ, βάλε σεαυτὸν κάτω· (διάβολος=devil; αὐτός= he/him; εἰ= if; βάλε σεαυτὸν κάτω= "cast yourself down!")

11. καὶ οἱ φαρισαῖοι λέγουσιν, Δαιμόνιον ἔχει.

12. οὐκ ἔχω ἄνεσιν, ὅτι οὐχ εὑρίσκω Τίτον τὸν ἀδελφόν μου. (ἄνεσιν = "relief"; ὅτι=because)

13. Matt 9:6b ἐξουσίαν ἔχει ὁ υἱὸς τοῦ ἀνθρώπου ἐπὶ τῆς γῆς... (ἡ ἐξουσία= authority; ἐπὶ τῆς γῆς= "upon the earth")

14. ὁ Μωϋσῆς καὶ οἱ προφῆται διδάσκουσιν ὅτι ἡ βασιλεία τοῦ θεοῦ ἔρχεται. (ὅτι=that)

15. Ὁ νόμος καὶ οἱ προφῆται εὐαγγελίζονται τοῖς ἀνθρώποις τοῦ Ἰσραήλ.

16. καὶ ὁ Ἰησοῦς ἔρχεται καὶ εὑρίσκει αὐτοὺς καθεύδοντας, καὶ λέγει τῷ Πέτρῳ, Σίμων, καθεύδεις; (αὐτοὺς καθεύδοντας= "them sleeping"; καθεύδω= I sleep)

5F. Reading: Jesus's Calling of his Disciples

Translate this paragraph, which is adapted from John 1:41-45. Words underlined are given a gloss below.

41 εὑρίσκει οὖν ὁ Ἀνδρέας τὸν ἀδελφὸν Σίμωνα καὶ λέγει <u>αὐτῷ</u>, <u>Εὑρήκαμεν</u> τὸν Μεσσίαν, <u>ὃ ἐστιν μεθερμηνευόμενον</u> Χριστόν· 42 ὁ δὲ Ἀνδρέας πέμπει <u>αὐτὸν</u> τῷ Ἰησοῦ· καὶ ὁ Ἰησοῦς λέγει, <u>Σὺ εἶ</u> Σίμων ὁ υἱὸς Ἰωάννου, <u>σὺ κληθήσῃ</u> Κηφᾶς <u>ὃ ἑρμηνεύεται</u> Πέτρος. 43 καὶ εὑρίσκει Φίλιππον. καὶ λέγει <u>αὐτῷ</u> ὁ Ἰησοῦς, <u>Ἀκολούθει μοι</u>. 44-45 ὁ οὖν Φίλιππος καὶ ἔρχεται καὶ εὑρίσκει τὸν Ναθαναὴλ καὶ λέγει <u>αὐτῷ</u>, Ὁ νόμος καὶ οἱ προφῆται λέγουσιν <u>ὅτι</u> <u>Μεσσίας</u> ἔρχεται· <u>εὑρήκαμεν</u> τὸν Χριστόν, Ἰησοῦν υἱὸν τοῦ Ἰωσὴφ <u>τὸν ἀπὸ</u> Ναζαρέτ.

Note: There are many proper names that need to be sounded out to translate into English.

Verse 41: αὐτῷ= "to him"
    εὑρήκαμεν= "we have found"
    ὃ ... μεθερμηνευόμενον = "which is interpreted"
Verse 42: αὐτόν= "him"
    σύ= "you" (sg.)
    σὺ κληθήσῃ= "you will be called"
    ὃ ἑρμηνεύεται= "which is interpreted"

Verse 43: αὐτῷ= "to him"
    ἀκολούθει μοι= "Follow me!"
Verses 44-45: αὐτῷ= "to him"
    ὅτι= that
    Μεσσίας, ου, ὁ = nom. case; 1st decl.
    εὑρήκαμεν= "we have found"
    τὸν ἀπό= "the one from"

Exercises Ch. 6

6A. Overview
6B. Vocabulary 6
6C. Review
6D. Focus
6E. Sentences
6F. Reading: Slightly adapted from 1 John 2:15-18

6A. Overview

1. What are the basic elements in a prepositional phrase? _____ and _____

2. Prepositional phrases can be located only before verbs. True or false?

3. Prepositional phrases can modify verbs or nouns-substantives. True or false?

4. Verbs with prepositions added onto their stems are called _____ verbs.

5. The combined meaning of preposition and verb is always obvious and clear. True or false?

6. Explain Agency, Means, and Source and describe ways in which these grammatical relations may be formed in Greek.

   Agency:

   Means:

   Source:

7. Describe "divine passive":

8. Match the prepositions to the case(s) of their objects:

   γ. genitive
   δ. dative
   α. accusative

   i. ἀπό, ἀφ', ἀπ' ___
   ii. ἐν ___
   iii. εἰς ___
   iv. ἐκ, ἐξ ___
   v. ἐνώπιον ___
   vi. πρός ___
   vii. σύν ___
   viii. ὑπό, ὑφ', ὑπ' ___, ___
   ix. διά, δι' ___, ___

6B. Vocabulary 6

Fill in the spaces of the crossword puzzle using Greek for the corresponding English gloss.

Across

1. under
3. I go out, exit
5. into, to; for
7. from, out of
8. with, along with
11. on account of
12. I pass through/over
13. I answer back
14. I come/go to

Down

1. by (means of)
2. towards, to; with
4. I go away, depart
5. before, face to face
6. I go into, enter
9. I release, send away; I pardon
10. from
12. through
15. in, among, with

6C. Review

I. Parse these verbs.

	Tense	Voice	Mood	Person	Number	Lexical Form & Meaning
1. εὐαγγελίζεσθε						
2. πέμπονται						
3. εἰσιν						
4. ἔρχεται						
5. γράφεις						
6. δοξάζουσι						
7. πορεύεσθε						

II. Parse these nouns and give a literal translation.

	Gender	Case	Number	Literal Translation
1. θεούς				
2. κυρίου				
3. ἀνθρώποις				
4. υἱῷ				
5. ἡμέραις				
6. ἐντολῆς				
7. εἰρήνῃ				

III. Translate these short phrases.

1. Πέτρον οὖν σῴζει ὁ κύριος.

2. καὶ Πέτρον καὶ Παῦλον σῴζει ὁ κύριος.

3. καὶ Πέτρον καὶ Παῦλον σῴζουσι καὶ ὁ κύριος καὶ οἱ ἄγγελοι.

4. καὶ σῴζει τοὺς ἀποστόλους ὁ κύριος καὶ πέμπει.

5. οὐκ εἰσὶν ἄγγελοι. ἔσμεν ἀπόστολοι. ἔστε ἡ ἐκκλησία.

6. ἡ ἐντολή ἐστιν ἡ ἀλήθεια.

7. τὸ εὐαγγέλιον ἀλήθεια.

8. τὸ εὐαγγέλιον ἡ ἀλήθεια.

6D. Focus

I. Translate these short sentences.

1. τοὺς ἀνθρώπους ἀπολύουσιν σὺν τοῖς τέκνοις.

2. οἱ ἄνθρωποι ἀπολύονται ὑπὸ τοῦ Ἰησοῦ.

3. οἱ ἄνθρωποι διέρχονται δι' Ἰουδαίας πρὸς Ἰερουσαλήμ.

4. οἱ ἄνθρωποι ἀπέρχονται ἀπ' Ἰουδαίας.

5. εἰσέρχῃ εἰς τὴν ἐκκλησίαν.

6. ἐξ οὐρανοῦ οἱ ἄγγελοι ἐξέρχονται.

7. ἀποκρίνεται Ἰησοῦς τοῖς Φαρισαίοις.

8. Ἰησοῦ ἀποκρίνονται οἱ Φαρισαῖοι.

9. The children come to Jesus.

10. Jesus comes to the children.

11. You (pl.) go out in front of the brothers.

12. I release the teacher to the masters.

13. We are not under the law.

14. We teach the truth under (the) heaven(s).

II. Translate and identify the grammatical construction (e.g. means, agency, intermediate means/agency, predicate nominative, source, divine passive, or apposition).

1. σῴζονται ὑπὸ θεοῦ τοῦ κυρίου.

2. σῴζονται τοῖς λόγοις τῆς ζωῆς.

3. ὁ προφήτης ἐστιν διδάσκαλος ἐκ τῆς ἐκκλησίας.

4. δοξάζεται ὁ υἱὸς τοῦ ἀνθρώπου διὰ τοῦ εὐαγγελίου.

5. ἀπολύονται τὰ δαιμόνια τῇ βασιλείᾳ τοῦ θεοῦ.

6. ἀπολύονται τὰ δαιμόνια ὑπὸ τοῦ κυρίου.

7. τὸ εὐαγγέλιον ὑπὸ τοῦ υἱοῦ τοῦ ἀνθρώπου εὐαγγελίζεται.

8. ὑπὸ τοῦ προφητοῦ οἱ λόγοι τῆς ἀληθείας λέγονται.

9. εἰς τὸν κόσμον πέμπονται οἱ ἀπόστολοι.

10. εἰς τὸν κόσμον πέμπονται οἱ ἀπόστολοι τῇ ἐντολῇ τοῦ Ἰησοῦ.

11. ὁ Χριστὸς δοξάζεται διὰ τῆς ἐκκλησίας ἀπ' Ἰερουσαλήμ.

12. αἱ ἐκκλησίαι σῴζονται ἀπὸ τοῦ κόσμου.

6E. SENTENCES

1. 1 Cor 16:5b Μακεδονίαν γὰρ διέρχομαι, (γάρ= For; this is placed second in a sentence)

2. John 12:23a ὁ δὲ Ἰησοῦς ἀποκρίνεται αὐτοῖς. (αὐτός= he; "they" in the plural)

3. ἔρχεται εἰς τὸν οἶκον καὶ δοξάζει τὸν θεὸν τῶν οὐρανῶν. (ὁ οἶκος= house)

4. ὁ Ἰησοῦς διδάσκει τὰς παραβολὰς ἐνώπιον τῶν μαθητῶν αὐτοῦ. (αὐτός= he)

5. Ἰωάννης βαπτίζει σὺν τοῖς μαθηταῖς αὐτοῦ, ἀλλὰ οὐχ εὑρίσκει Ἰησοῦν. (αὐτός= he)

6. Τότε προσέρχονται Ἰησοῦ οἱ μαθηταὶ Ἰωάννου. (τότε= then)

7. Rom 6:14b οὐ γὰρ ἐστε ὑπὸ νόμον ἀλλὰ ὑπὸ χάριν. (γάρ= For; χάριν [acc. case]= grace)

8. λέγει τῷ Ἰησοῦ ἡ γυνή, Κύριε, θεωρῶ ὅτι προφήτης εἶ σύ. (ἡ γυνή= woman; θεωρέω= I behold; ὅτι= that; σύ= you sg.)

9. εὑρίσκει τὴν δικαιοσύνην ἐνώπιον τῶν ἀγγέλων τοῦ θεοῦ τὸ τέκνον.

10. [1 Cor 1:12] λέγετε, Ἐγὼ μέν εἰμι Παύλου, Ἐγὼ δὲ Ἀπολλῶ, Ἐγὼ δὲ Κηφᾶ, Ἐγὼ δὲ Χριστοῦ. (ἐγώ= I; μέν here starts a sequence of items, having the equivalence of a comma; here δέ is best translated "or")

11. λέγει δὲ Αβραμ, Κύριε, τί μοι δώσεις; εἰμὶ ἄτεκνος. (τί μοι δώσεις= "what will you give to me"; ἄτεκνος= childless)

12. Matt 15:1 Τότε προσέρχονται τῷ Ἰησοῦ ἀπὸ Ἱεροσολύμων Φαρισαῖοι καὶ γραμματεῖς..., (τότε= then; γραμματεῖς= "scribes" [nominative case])

13. ἐγὼ δὲ ἀποκρίνομαι, Τίς εἶ, κύριε; λέγει δὲ πρός με, Ἐγώ εἰμι Ἰησοῦς ὁ Ναζωραῖος. (ἐγώ = I; τίς= who?)

14. ἀποκρίνεται Ἰησοῦς καὶ λέγει τῷ Νικοδήμῳ, Σὺ εἶ ὁ διδάσκαλος τοῦ Ἰσραὴλ καὶ ταῦτα οὐ γινώσκεις; (σύ= you sg.; ταῦτα= these things; γινώσκω= I know)

15. Rev 1:8 Ἐγώ εἰμι τὸ Ἄλφα καὶ τὸ Ὦ, λέγει κύριος ὁ θεός,

16. οἱ δὲ φαρισαῖοι δοξάζονται ὑπὸ τῶν ἀνθρώπων, ἀλλὰ οἱ μαθηταὶ ὑπὸ τῶν υἱῶν τοῦ θεοῦ.

17. ἀποκρίνονται οἱ Ἰουδαῖοι καὶ λέγουσιν αὐτῷ, Οὐ καλῶς λέγομεν ἡμεῖς ὅτι Σαμαρίτης εἶ σὺ καὶ δαιμόνιον ἔχεις; (αὐτός= he/him; καλῶς= well; ἡμεῖς= we; ὅτι= that; σύ= you sg.)

18. John 14:6 λέγει αὐτῷ [ὁ] Ἰησοῦς, Ἐγώ εἰμι ἡ ὁδὸς καὶ ἡ ἀλήθεια καὶ ἡ ζωή· οὐδεὶς ἔρχεται πρὸς τὸν πατέρα εἰ μὴ δι' ἐμοῦ. (αὐτός= he/him; οὐδείς= no one; εἰ μὴ δι' ἐμοῦ= "except through me")

6F. READING: SLIGHTLY ADAPTED FROM 1 JOHN 2:15-18

15 Μὴ ἀγαπᾶτε τὸν κόσμον μηδὲ τὰ ἐν τῷ κόσμῳ. εἰ ἔχεις ἀγαπὴν πρὸς τὸν κόσμον, οὐκ ἔστιν ἡ ἀγάπη τοῦ πατρὸς ἐν σοί· 16 ὅτι πᾶν τὸ ἐν τῷ κόσμῳ, ἡ ἐπιθυμία τῆς σαρκὸς καὶ ἡ ἐπιθυμία τῶν ὀφθαλμῶν καὶ ἡ ἀλαζονεία τοῦ βίου, οὐκ ἔστιν ἐκ τοῦ πατρὸς ἀλλ' ἐκ τοῦ κόσμου ἐστίν. 17 καὶ ὁ κόσμος παράγεται καὶ ἡ ἐπιθυμία αὐτοῦ, ὁ δὲ ποιῶν τὸ θέλημα τοῦ θεοῦ μένει εἰς τὸν αἰῶνα. 18 Τέκνα, ἐσχάτη ὥρα ἐστίν, καὶ καθὼς ἠκούσατε ὅτι ἀντίχριστος ἔρχεται, καὶ νῦν ἀντίχριστοι πολλοὶ γεγόνασιν, ὅθεν γινώσκομεν ὅτι ἐσχάτη ὥρα ἐστίν.

Note: New repeating words are underlined but are not given twice in the vocabulary list below.

verse 15: Μὴ ἀγαπᾶτε= "Do not love…!"
    μηδὲ= nor
    τὰ= "the things…"
    εἰ= if
    ἡ ἀγάπη = love
    ὁ πατήρ, πατρός= father
    σοί= you [sg. dative case]
verse 16: ὅτι= because
    πᾶν = all [accusative case]
    ἡ ἐπιθυμία= lust
    ἡ σάρξ, σαρκὸς= flesh
    ὁ ὀφθαλμός= eye
    ἡ ἀλαζονεία= boasting
    ὁ βίος= physical life
verse 17: παράγομαι= I pass away
    αὐτοῦ= "its" [genitive case]

ὁ ποιῶν= "the one doing"
τὸ θέλημα= will
μένω= I remain
αἰῶνα= "age"; here it means "forever"
ἡμῖν= "us" [dative case]
verse 18: ἐσχάτη= "last" [an adjective]
ἡ ὥρα= hour
καθὼς= just as
ἠκούσατε= "you heard"
ὅτι= that
ὁ ἀντίχριστος= antichrist
νῦν= now
πολλοί= many
γεγόνασιν= "have come"
ὅθεν= whence
γινώσκω= I know

Exercises Ch. 7

7A. Overview
7B. Vocabulary 7
7C. Review
7D. Focus
7E. Sentences
7F. Reading: Slightly Adapted from 1 John 1:6-10

7A. Overview

1. Imagine explaining to your Uncle Earl what an adverb and an adjective is. What would you say?

2. Adjective endings show First and Second Declension noun endings. True or False?

3. An adjective, if modifying a noun, must agree with that noun in what three ways?
   _____, _____, _____

4. Match these four adjective to the following grammatical situations (i.-vii.):

   A) Attributive   i. ___ art. adj. noun   v. ___ adj. art. noun
   Σ) Substantive   ii. ___ art. adj.   vi. ___ noun art. adj.
   Π) Predicative   iii. ___ noun εἰμί adj.   vii. ___ neuter sg. adj.
   Δ) Adverbial   iv. ___ art. noun art. adj.

5. Briefly describe the four uses of the adjective presented in this chapter:

6. Describe *ellipsis*. Create an English sentence with ellipsis.

7. Ἀκούω always takes the genitive case for its direct object. True or false? Explain.

8. What is special about πιστεύω? Also, what is the significance of the prepositional phrase that can be used to indicate its direct object?

7B. Vocabulary 7

Fill in the spaces of the crossword puzzle using Greek for the corresponding English gloss.

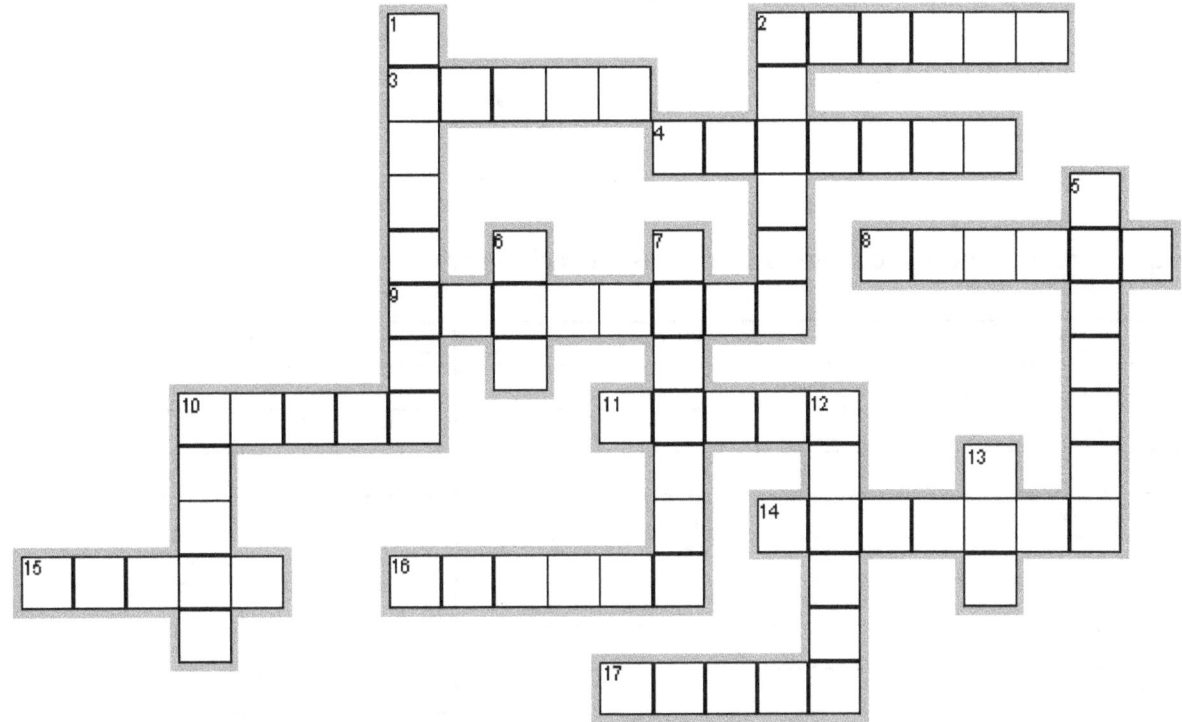

Across

2. first; prominent
3. I hear; I obey
4. I trust; I believe
8. good, beneficial
9. Judaean, Jewish
10. holy; devout
11. again
14. each
15. one's own
16. different; another
17. good; beautiful; noble

Down

1. blessed, happy
2. faithful; certain
5. wicked, evil; sick
6. now, currently
7. righteous, just, fair
10. other; another
12. dead
13. yet, still

7C. Review

I. Translate these short phrases.

1. σὺν Χριστῷ
2. ἐν ἡμέρᾳ
3. ὑπὸ τῶν ἀνθρώπων
4. ἀπὸ Ναζαρέτ
5. ἐνώπιον τῶν ἀγγέλων τοῦ θεοῦ
6. πρὸς τοὺς Ἰουδαίους
7. ἐν τῷ Ἰσραήλ
8. ἐνώπιον Κυρίου
9. διὰ Ἰησοῦ Χριστοῦ
10. ἐκ τοῦ πονηροῦ

11. σὺν Μαριάμ

12. ἐκ τῶν οὐρανῶν

13. διὰ δικαιοσύνην

14. ἐν Χριστῷ

15. εἰς εἰρήνην

16. ἐν τοῖς ἀποστόλοις

17. διὰ τῶν προφητῶν

18. ἐν τῇ βασιλείᾳ τοῦ θεοῦ

19. ἀπὸ τῶν νεκρῶν

20. ὑπὸ νόμον

II. Put these words in the appropriate case or cases for each preposition; then translate them.

Preposition	Χριστός	βασιλεία
1. πρός		
2. ἐκ		
3. εἰς		
4. ἐνώπιον		
5. ἀπό		
6. σύν		
7. ἐν		
8. ὑπό		
9. διά		

III. Parse these verbs.

	Tense	Voice	Mood	Person	Number	Lexical Form & Meaning
1. διέρχεσθε						
2. ἀποκρίνονται						
3. δοξάζεται						
4. ἔρχεται						
5. πέμπομεν						

7D. Focus

I. Translate these short sentences that feature uses of the adjective or adjective like modifiers.

1. 2 Cor 1:18   πιστὸς ὁ θεός.

2. Phil 4:5   ὁ κύριος ἐγγύς.   (ἐγγύς [adv.] = near)

3. Acts 19:34   Ἰουδαῖός ἐστιν.

EXERCISES CH. 7

4. Acts 19:28 μεγάλη ἡ Ἄρτεμις Ἐφεσίων. (μεγάλος, -η, -ον = great)

5. *John 19:39* Νικόδημος ἔρχεται πρὸς Ἰησοῦν ... τὸ πρῶτον.

6. Rev 1:4a Ἰωάννης ταῖς ἑπτὰ ἐκκλησίαις ταῖς ἐν τῇ Ἀσίᾳ· (ἑπτὰ [adj.] = seven; the verb "is writing" is implied)

7. *Rev 1:4b-5* εἰρήνη ἀπὸ θεοῦ ... καὶ ἀπὸ τῶν ἑπτὰ πνευμάτων... **5** καὶ ἀπὸ Ἰησοῦ Χριστοῦ, ὁ μάρτυς, ὁ πιστός, ὁ πρωτότοκος τῶν νεκρῶν καὶ ὁ ἄρχων τῶν βασιλέων τῆς γῆς. (ἑπτὰ = seven; πνευμάτων = "spirits"; ὁ μάρτυς = witness; πρωτότοκος, ον = first born; ὁ ἄρχων τῶν βασιλέων = ruler of the kings; ἡ γῆ = land or earth)

II. Match the adjectives below to their appropriate context/sentence. It will be helpful to **translate** each sentence or phrase and **indicate** the use of the adjective (attributive, substantive, or predicate). Remember that adjectives must agree in gender, case, and number with the noun they modify. **Each adjective below is used only once**.

    a. πρῶτοι   d. μακάριοι   g. ἕτερον   j. πονηραί   m. ἀγαθή   p. δικαία
    b. ἴδιον   e. ἁγίοις   h. νεκρῶν   k. ἅγιος   n. Ἰουδαίας   q. καλή
    c. ἄλλην   f. ἑκάστη   i. πιστοῖς   l. πρῶτοι   o. πιστῆς

1. εἴσιν οἱ ἔσχατοι _____ καὶ οἱ _____ ἔσχατοι.

2. τοῖς _____ καὶ _____ ἀδελφοῖς ἐν Χριστῷ

3. _____ παραβολὴν Ἰησοῦς πάλιν διδάσκει ἀνθρώποις.

4. ὁ νόμος _____, καὶ ἡ ἐντολὴ _____ καὶ _____ καὶ _____.

5. νῦν _____ ἔχει τὸν _____ ἄνδρα (=husband; accusative case).

6. Ἰησοῦς ἔτι ἔρχεται πρὸς τὸν _____ μαθητήν.

7. Τιμόθεός ἐστιν υἱὸς _____ _____. (hint: two genitives with same gender & number)

8. σωζόμεθα ἐκ _____.

9. αἱ ἡμέραι _____ εἰσιν.

10. ἔστε _____ ἐν Χριστῷ Ἰησοῦ.

III. Translate these short sentences.

1. οἱ μαθηταὶ πιστεύουσιν τῷ Ἰησοῦ.

2. οἱ μαθηταὶ πιστεύουσιν εἰς τὸν Ἰησοῦν.

3. πιστεύουσιν εἰς τὸν Ἰησοῦν οἱ μαθηταί.

4. τῷ Ἰησοῦ οἱ μαθηταὶ πιστεύουσιν.

5. Ἰησοῦς οὐ πιστεύει τοῖς ἀνθρώποις.

6. Ἰησοῦς οὐ πιστεύει εἰς τοὺς ἀνθρώπους.

7. οἱ πονηροὶ οὐκ ἀκούουσιν παραβολήν.

8. παραβολῆς οὐκ ἀκούουσιν οἱ πονηροί.

9. ἀκούει ὁ διδάσκαλος τῆς ἀληθείας.

10. τὴν ἀλήθειαν ὁ διδάσκαλος ἀκούει.

IV. Translate these phrases and sentences with different uses of the definite article:

1. Rom 2:14a τὰ τοῦ νόμου

2. Rom 7:10c ἡ ἐντολὴ ἡ εἰς ζωήν.

3. Matt 5:16b τὸν πατέρα ... τὸν ἐν τοῖς οὐρανοῖς. (τὸν πατέρα = the father)

4. Matt 13:28a ὁ δὲ ἔφη αὐτοῖς, (ἔφη= "he said"; αὐτοῖς = "to them")

5. Matt 7:14b ἡ ὁδὸς ἡ ἀπάγουσα εἰς τὴν ζωήν (ἀπάγουσα = "leading")

6. Matt 5:12b οὕτως γὰρ ἐδίωξαν τοὺς προφήτας τοὺς πρὸ ὑμῶν. (οὕτως= *thus*; ἐδίωξαν =*they persecuted*)

7. Matt 14:33a οἱ δὲ ἐν τῷ πλοίῳ προσεκύνησαν αὐτῷ (τὸ πλοῖον= boat; προσεκύνησαν = "they worshiped" [takes dative d.o.])

8. Matt 16:23b οὐ φρονεῖς τὰ τοῦ θεοῦ ἀλλὰ τὰ τῶν ἀνθρώπων. (φρονέω= I am mindful of)

9. John 21:2b καὶ Θωμᾶς ὁ λεγόμενος Δίδυμος καὶ Ναθαναὴλ ὁ ἀπὸ Κανὰ τῆς Γαλιλαίας καὶ οἱ τοῦ Ζεβεδαίου καὶ ἄλλοι ἐκ τῶν μαθητῶν αὐτοῦ δύο. (λεγόμενος = "called"; δύο= two)

7E. Sentences

1. πιστεύω οὖν τῷ θεῷ.

2. Col 4:1b καὶ ὑμεῖς ἔχετε κύριον ἐν οὐρανῷ. (ὑμεῖς= you [pl.])

3. οὐ εἰσέρχεσθε εἰς τὴν βασιλείαν τῶν οὐρανῶν.

4. ἀποκρίνεται Ἰησοῦς, Ἡ βασιλεία ἡ ἐμὴ οὐκ ἔστιν ἐκ τοῦ κόσμου τούτου· (ἐμός,-ά,-όν= my; τούτου= "this")

5. John 9:35b Σὺ πιστεύεις εἰς τὸν υἱὸν τοῦ ἀνθρώπου; (σύ= you [sg.])

6. εἰρήνην δὲ ἀγαθὴν ἔχομεν διὰ τοῦ Χριστοῦ πρὸς τὸν θεόν.

7. Rom 7:23a βλέπω δὲ ἕτερον νόμον ἐν τοῖς μέλεσίν μου.... (μέλεσίν μου= "my members")

8. Μωϋσέως καὶ τῶν προφητῶν οὐκ ἀκούουσιν.... (Μωϋσέως is a proper noun in the genitive case)

9. Rev 22:11b καὶ ὁ δίκαιος δικαιοσύνην ποιησάτω ἔτι καὶ ὁ ἅγιος ἁγιασθήτω ἔτι. (ποιησάτω= "let him do"; ἁγιασθήτω="let him be holy")

10. Rom 10:5a Μωϋσῆς γὰρ γράφει τὴν δικαιοσύνην τὴν ἐκ [τοῦ] νόμου (γάρ= for; for a smoother translation, translate γράφει "writes about")

11. John 14:1b πιστεύετε εἰς τὸν θεόν καὶ εἰς ἐμὲ πιστεύετε. (ἐμέ [acc.case]= me)

12. ὁ υἱὸς τοῦ ἀνθρώπου ἐκ νεκρῶν ἐγείρεται. (ἐγείρω= I raise)

13. καὶ εὑρίσκομαι ἐν αὐτῷ καὶ οὐκ ἔχω τὴν δικαιοσύνην τὴν ἐκ νόμου ἀλλὰ τὴν <u>διὰ πίστεως</u> Χριστοῦ, τὴν ἐκ θεοῦ δικαιοσύνην <u>ἐπὶ τῇ πίστει</u>, (διὰ πίστεως= "through faith or faithfulness"; ἐπὶ τῇ πίστει= "for (the) faith")

14. Rom 11:13b ἐφ' ὅσον μὲν οὖν εἰμι ἐγὼ ἐθνῶν ἀπόστολος, τὴν διακονίαν μου δοξάζω. (ἐφ' ὅσον μὲν= "how much indeed"; ἐγώ= "I"; ἐθνῶν= "of gentiles"; διακονία= ministry; μου= my)

15. Matt 13:38 ὁ δὲ ἀγρός ἐστιν ὁ κόσμος, τὸ δὲ καλὸν σπέρμα οὗτοί εἰσιν οἱ υἱοὶ τῆς βασιλείας· τὰ δὲ ζιζάνιά εἰσιν οἱ υἱοὶ τοῦ πονηροῦ, (ὁ ἀγρός= field; σπέρμα= seed; οὗτοι= these; τὸ ζιζάνιον= weed)

16. Matt 22:32 Ἐγώ εἰμι ὁ θεὸς Ἀβραὰμ καὶ ὁ θεὸς Ἰσαὰκ καὶ ὁ θεὸς Ἰακώβ· οὐκ ἔστιν [ὁ] θεὸς νεκρῶν ἀλλὰ ζώντων. (Ἐγώ= I; ζώντων= "of [the] living")

17. 1 Cor 14:33 οὐ γάρ ἐστιν ἀκαταστασίας ὁ θεὸς ἀλλὰ εἰρήνης· ὡς ἐν πάσαις ταῖς ἐκκλησίαις τῶν ἁγίων (γάρ= for; ἡ ἀκαταστασία= confusion; ὡς= as; πᾶσα=all)

18. Jas 2:19 σὺ πιστεύεις ὅτι εἷς ἐστιν ὁ θεός, καλῶς ποιεῖς· καὶ τὰ δαιμόνια πιστεύουσιν καὶ φρίσσουσιν. (σύ= you; ὅτι= that; εἷς= one; καλῶς= well; ποιέω= I do; φρίσσω= I shudder)

7F. Reading: Slightly Adapted from 1 John 1:6-10

⁶ <u>εἰ</u> λέγομεν <u>ὅτι</u> <u>κοινωνίαν</u> ἔχομεν σὺν τῷ θεῷ καὶ ἐν τῷ <u>σκότει</u> <u>περιπατοῦμεν</u>, <u>ψευδόμεθα</u> καὶ οὐ <u>ποιοῦμεν</u> τὴν ἀλήθειαν· ⁷ <u>εἰ</u> δὲ ἐν τῷ <u>φωτὶ</u> <u>περιπατῶμεν</u> <u>ὡς</u> ὁ θεὸς ἐστιν ἐν τῷ <u>φωτί</u>, κοινωνίαν ἔχομεν σὺν <u>ἀλλήλοις</u> καὶ <u>τὸ αἷμα</u> Ἰησοῦ τοῦ υἱοῦ <u>αὐτοῦ</u> <u>καθαρίζει</u> <u>ἡμᾶς</u> ἀπὸ <u>πάσης</u> <u>ἁμαρτίας</u>. ⁸ <u>εἰ</u> λέγομεν <u>ὅτι</u> <u>ἁμαρτίαν</u> οὐκ ἔχομεν, <u>ἑαυτοὺς</u> <u>πλανῶμεν</u> καὶ ἡ ἀλήθεια οὐκ ἔστιν ἐν <u>ἡμῖν</u>. ⁹ <u>εἰ</u> <u>ὁμολογοῦμεν</u> τὰς <u>ἁμαρτίας</u> ἡμῶν, πιστός ἐστιν καὶ δίκαιος, ἵνα <u>ἀφῇ</u> <u>ἡμῖν</u> τὰς <u>ἁμαρτίας</u> καὶ <u>καθαρίσῃ</u> <u>ἡμᾶς</u> ἀπὸ <u>πάσης</u> <u>ἀδικίας</u>. ¹⁰ <u>εἰ</u> λέγομεν <u>ὅτι</u> οὐχ <u>ἡμαρτήκαμεν</u>, <u>ψεύστην</u> <u>ποιοῦμεν</u> θεὸν καὶ ὁ λόγος τοῦ θεοῦ οὐκ ἔστιν ἐν <u>ἡμῖν</u>.

Note: New words that are repeated are underlined, but are not given twice in the vocabulary list.

verse 6: εἰ = if
    ὅτι = that
    ἡ κοινωνία = fellowship
    τὸ σκότος = darkness
    περιπατοῦμεν = "we walk"
    ψευδόμαι = I lie
    ποιοῦμεν = "we do"
verse 7: τὸ φῶς, φῶτος = light
    ὡς = as
    ἀλλήλοις = "one another"
    τὸ αἷμα = blood
    καθαρίζω = I cleanse
    ἡμᾶς = "us" [accusative case]
    πάσης = "all" [genitive case]
    ἡ ἁμαρτία = sin

verse 8: ἑαυτοὺς = "ourselves" [accusative case]
    πλανῶμεν = "we deceive"
    ἡμῖν = "us" [dative case]
verse 9: ὁμολογοῦμεν = "we confess"
    ἡμῶν = "our" [genitive case]
    ἵνα = in order that
    ἀφῇ = "he would forgive"
    ἡμῖν = "our"
    καθαρίσῃ = "he would cleanse"
    ἡ ἀδικία = unrighteousness
verse 10: ἡμαρτήκαμεν = "we have not sinned"
    ὁ ψεύστης = liar
    ποιοῦμεν = "we make"

Exercises Ch. 8

8A. Overview
8B. Vocabulary 8
8C. Review
8D. Focus
8E. Sentences
8F. Reading: Jesus sends out the Twelve

8A. Overview

1. What are the five possible ways that verb tense can be indicated?

2. Describe how these five ways pertain (or not) to the formation of the Imperfect tense.

3. What verbal aspect does the Imperfect Tense have? What is a basic way that this tense can be translated using, e.g., the verb "to say"?

4. The Imperfect Active and Middle/Passive endings are:

Active	sg.	pl.
1		
2		
3		

Middle/Passive	sg.	pl.
1		
2		
3		

5. Describe what simple augmentation looks like:

6. Describe what happens when you add an augment to verb stems beginning with these vowels or diphthongs:

$\varepsilon + \alpha \rightarrow$ $\varepsilon + \alpha\upsilon \rightarrow$

$\varepsilon + \varepsilon \rightarrow$ $\varepsilon + \varepsilon\upsilon \rightarrow$

$\varepsilon + o \rightarrow$ $\varepsilon + o\iota \rightarrow$

$\varepsilon + \alpha\iota \rightarrow$

7. An augment is found <u>before or after</u> a prepositional compound. (Circle one.)

8. The Imperfect forms of εἰμί are:

	sg.	pl.
1		
2		
3		

Exercises Ch. 8

9. What two conjunctions can be used to support previous material? Which one introduces a subordinate clause, and which one an independent clause?

10. What are the five uses of ὅτι? Describe each briefly.

11. How does the conjunction εἰ function?

8B. Vocabulary 8

Fill in the spaces of the crossword puzzle using Greek for the corresponding English gloss.

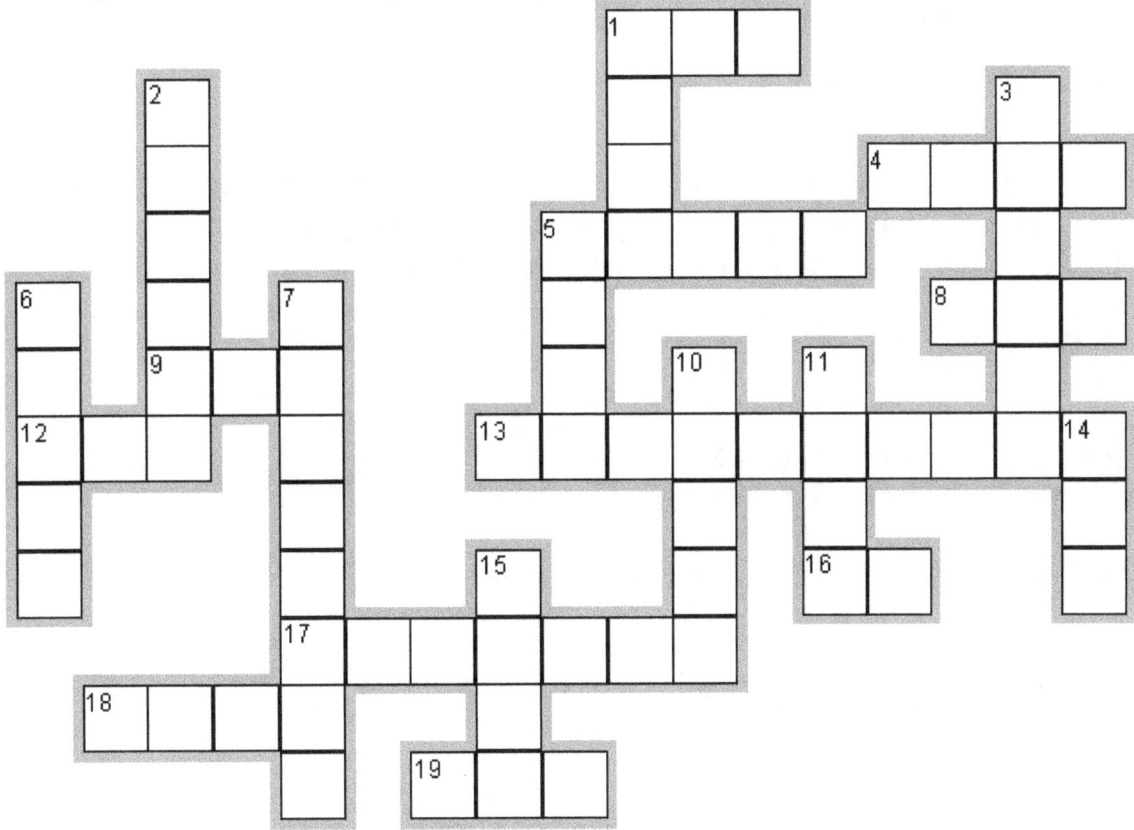

Across

1. after, behind
4. I bear, carry; I bring
5. I suffer
8. that; because
9. for (postpositive)
12. I lead; I bring, carry
13. righteousness, justice
16. if, whether
17. I throw out, expel
18. above; superior to
19. against; down from

Down

1. with
2. I gather together
3. first; before
5. around; about
6. I depart, go away
7. I bring to; I offer
10. I cast, throw; I place
11. then, at that time
14. already; now
15. according to

8C. Review

I. Translate these short phrases.

1. διὰ δικαιοσύνην
2. ἐν τῇ βασιλείᾳ τῶν οὐρανῶν
3. τοὺς ἐν κυρίῳ πιστούς
4. ἐνώπιον τοῦ θεοῦ τῆς δικαιοσύνης
5. ἀπὸ τῶν ἁγίων προφητῶν
6. οἱ ἐν οὐρανῷ μακάριοι
7. τοῖς νεκροῖς σὺν τῷ Ἰησοῦ
8. ὑπ' ἀγγέλου ἁγίου
9. τὸ εὐαγγέλιον ἀγαθόν.
10. ἐκ τῶν λόγων τῶν καλῶν

II. Perform Constituent Marking on these sentences (see §4.6 CONSTITUENT MARKING FOR NAVIGATING A GREEK SENTENCE) **and/or** diagram them using the Reed-Kellogg method (see §1.6 THE BASICS OF REED-KELLOGG SENTENCE DIAGRAMMING) and then translate.

1. εἰρήνην ἔχεις ἐν τῇ ζωῇ τοῦ Χριστοῦ ἔτι;

2. οἱ πρῶτοι ἐξέρχονται ἐκ νεκρῶν.

3. διδάσκομαι ὑπὸ τῆς ἐκκλησίας καὶ τῶν ἀποστόλων.

4. πιστεύετε εἰς τὴν βασιλείαν τῶν οὐρανῶν;

5. νῦν οἱ ἕτεροι ἀδελφοὶ πορεύονται πρὸς τὸν Παῦλον.

6. οἱ σὺν τῷ Ἰωάννῃ μαθηταὶ πάλιν βαπτίζονται;

7. ὁ πονηρὸς ἀπολύεται ἀπὸ τοῦ δαιμονίου.

8. ὁ Ἡρῴδης οὐκ ἔτι ἔστιν ἐν τῇ βασιλείᾳ.

9. ταῖς πισταῖς ὁ ἄλλος διδάσκαλος λέγει ἐν παραβολαῖς.

10. δοξαζόμεθα πάλιν τὸν θεὸν τὸν ἅγιον ἐνώπιον τῶν ἀνθρώπων.

8D. FOCUS

I. Translate these sentences and parse each verb.

1. πρῶτον ἐξέβαλλον τὸν πονηρόν, τότε συνῆγον.

2. ἐσῳζόμεθα διὰ τὸ εὐαγγελίον· ὁ γὰρ θεὸς ἔλεγε διὰ τῶν προφητῶν.

3. ὁ διδάσκαλος ἐδίδασκε περὶ τῆς βασιλείας θεοῦ.

4. κατὰ τῶν πιστῶν οἱ λόγοι ἐλέγοντο ὑπὸ τῶν Ἰουδαίων.

5. ὁ κόσμος πάσχει· οὐ γὰρ ἀκούει τοῦ λόγου τοῦ θεοῦ.

6. οἱ ἀπόστολοι μετὰ τῶν ἄλλων προσέφερον τὴν νεκρὰν τῷ Ἰησοῦ.

7. ἄγεις τοὺς ἑτέρους τοῖς Φαρισαίοις ὑπὲρ τῶν ἄλλων;

8. ὁ Ἰησοῦς ὑπῆγε δι' ἄλλης ὁδοῦ, ὅτι οἱ Ἰουδαῖοι ἤδη οὐκ ἐπίστευον.

II. Place each of these words in the appropriate case for each preposition. Then translate.

Preposition	νόμος	Χριστός	βασιλεία
1. διά a. genitive b. accusative			
2. κατά a. genitive b. accusative			
3. μετά a. genitive b. accusative			
4. περί a. genitive b. accusative			
5. ὑπέρ a. genitive b. accusative			

III. Translate these sentences with or without ὅτι and <u>identify</u> the use of ὅτι.

1. λέγει ὅτι πιστὸς μαθητής ἐστιν.

2. εὐαγγελίζεται, ὅτι πιστὸς μαθητής ἦν.

3. ἔλεγεν ὅτι πιστὸς μαθητής ἐστιν.

4. ἔλεγεν ὅτι Πιστὸς μαθητής εἰμι.

5. ἔλεγε, Πιστὸς μαθητής ἐστιν.

6. ἀκούει ὅτι εἴσι μακάριοι.

7. λέγει τὴν ἀλήθειαν, ὅτι πιστὸς μαθητής ἐστιν.

8. ἐπίστευον ὅτι εἴσι μακάριοι.

9. ὁ ἄγγελος ἀπεκρίνετο ὅτι ὁ κύριος ἅγιος.

10. ὁ ἄγγελος ἀπεκρίνετο ὅτι Ὁ κύριος ἅγιος.

IV. Translate these short sentences with various forms of εἰμί.

1. ἦτε καλοί.

2. ἔσμεν πιστοί.

3. ἐστέ ἴδια τέκνα. (Take *God* as governing ἴδια.)

4. ἦς μακάριος.

5. εἴσιν δίκαιαι.

6. Ἰωάννης ἦν πρῶτος.

7. ἅγιοι ἦσαν οἱ προφῆται.

8. ἔστιν ὁ Χριστός.

9. ἤμην τότε πονηρός, ἀλλὰ νῦν δίκαιος.

10. ἤμεθα καὶ τότε μαθηταὶ τοῦ κυρίου.

8E. Sentences

1. Matt 21:28b ἄνθρωπος εἶχεν τέκνα δύο. (δύο= two)

2. Mark 5:31a καὶ ἔλεγον αὐτῷ οἱ μαθηταὶ αὐτοῦ, Βλέπεις τὸν ὄχλον...; (αὐτός= he; ὁ ὄχλος=crowd)

3. ἄγγελος γὰρ κυρίου κατέβαινε ἐξ οὐρανοῦ καὶ προσήρχετο τῷ λίθῳ. (καταβαίνω= I come down; ὁ λίθος= stone)

4. ὁ Ἰησοῦς ἔλεγε, Ἄνθρωπός κατέβαινεν ἀπὸ Ἱερουσαλὴμ εἰς Ἱεριχώ...

5. Rom 4:13 Οὐ γὰρ διὰ νόμου ἡ ἐπαγγελία τῷ Ἀβραάμ...ἀλλὰ διὰ δικαιοσύνης πίστεως. (ἡ ἐπαγγελία= promise; πίστεως= "of faith")

6. 2 Chr 2:5b (NIV 2:6b) ὁ οὐρανὸς καὶ ὁ οὐρανὸς τοῦ οὐρανοῦ οὐ φέρουσιν αὐτοῦ τὴν δόξαν...
(αὐτοῦ="his")

7. καὶ ὁ Ἰησοῦς λέγει, Οὐ μακρὰν εἶ ἀπὸ τῆς βασιλείας τοῦ θεοῦ. (μακράν= far)

8. John 12:11 ...ὅτι πολλοὶ δι' αὐτὸν ὑπῆγον τῶν Ἰουδαίων καὶ ἐπίστευον εἰς τὸν Ἰησοῦν. (πολλοί= "many"; αὐτός= he)

9. ἐξήρχοντο δὲ τὰ δαιμόνια ἀπὸ τοῦ ἀνθρώπου καὶ εἰσήρχοντο εἰς τοὺς χοίρους. (ὁ χοῖρος= pig)

10. ἐξήρχοντο δὲ καὶ δαιμόνια ἀπὸ πολλῶν...καὶ ἔλεγον ὅτι Σὺ εἶ ὁ υἱὸς τοῦ θεοῦ. (πολλῶν= "many"; Σύ = "you")

11. Matt 12:35 ὁ ἀγαθὸς ἄνθρωπος ἐκ τοῦ ἀγαθοῦ θησαυροῦ ἐκβάλλει ἀγαθά, καὶ ὁ πονηρὸς ἄνθρωπος ἐκ τοῦ πονηροῦ θησαυροῦ ἐκβάλλει πονηρά. (ὁ θησαυρός= treasure)

12. Ἐγίνωσκε οὖν ὁ ὄχλος πολὺς ἐκ τῶν Ἰουδαίων ὅτι ἐκεῖ ἐστιν, καὶ ἤρχοντο οὐ διὰ τὸν Ἰησοῦν μόνον, ἀλλὰ καὶ διὰ τὸν Λάζαρον. (γινώσκω= I know; ὁ ὄχλος=crowd; πολύς= great; ἐκεῖ= there; μόνον =only)

13. Mark 6:4a καὶ ἔλεγεν αὐτοῖς ὁ Ἰησοῦς ὅτι Οὐκ ἔστιν προφήτης ἄτιμος εἰ μὴ ἐν τῇ πατρίδι αὐτοῦ καὶ ἐν τοῖς συγγενεῦσιν αὐτοῦ καὶ ἐν τῇ οἰκίᾳ αὐτοῦ. (αὐτός= he/they; ἄτιμος= without honor; εἰ μή= except; ἡ πατρίς=homeland; ὁ συγγενής= family)

14. Gal 1:1 Παῦλος ἀπόστολος οὐκ ἀπ' ἀνθρώπων οὐδὲ δι' ἀνθρώπου ἀλλὰ διὰ Ἰησοῦ Χριστοῦ καὶ θεοῦ πατρὸς τοῦ ἐγείραντος αὐτὸν ἐκ νεκρῶν (πατρός (gen.case)= (of) father; τοῦ ἐγείραντος= "the one who raised…"; αὐτός= he)

15. Ὁ νόμος καὶ οἱ προφῆται ἐκηρύσσοντο μέχρι Ἰωάννου· ἀπὸ τότε ἡ βασιλεία τοῦ θεοῦ εὐαγγελίζεται καὶ πᾶς εἰς αὐτὴν βιάζεται. (κηρύσσω= I preach; μέχρι= until; τότε= then; πᾶς (nom. sg.)= every one; αὐτή= it; βιάζομαι= I enter forcibly)

16. Gen 37:25b (LXX) καὶ…Ἰσμαηλῖται ἤρχοντο ἐκ Γαλααδ καὶ αἱ κάμηλοι αὐτῶν ἔγεμον θυμιαμάτων καὶ ῥητίνης καὶ στακτῆς ἐπορεύοντο δὲ…εἰς Αἴγυπτον. (ἡ κάμηλος= camel; αὐτῶν= "their"; γέμω= I contain (*with genitive*); θυμιαμάτων καὶ ῥητίνης καὶ στακτῆς= incenses, balm, and myrrh"; Αἴγυπτος= Egypt; sound out the first two proper nouns)

17. 2 Chr 17:9 (LXX) καὶ ἐδίδασκον ἐν Ἰούδα καὶ μετ' αὐτῶν [ἦν] βύβλος νόμου κυρίου… καὶ ἐδίδασκον τὸν λαόν. (Ἰούδα= Judah; αὐτῶν=them; ὁ βύβλος= book; ὁ λαός= people)

18. ἠκούετε ὅτι ὁ θεὸς ἔπεμπε τὸν λόγον τοῖς υἱοῖς Ἰσραὴλ καὶ εὐηγγελίζετο εἰρήνην διὰ Ἰησοῦ Χριστοῦ, ὅτι οὗτός ἐστιν πάντων κύριος. (οὗτος= this one; πάντων= "of all")

8F. Reading: Jesus sends out the Twelve

This is *adapted* from *Mark 6:12-18*.

12 Καὶ οἱ μαθηταὶ ἐξήρχοντο καὶ ἐκήρυσσον τὸ εὐαγγέλιον, 13 καὶ δαιμόνια πολλὰ ἐξέβαλλον, καὶ ἤλειφον ἐλαίῳ πολλοὺς ἀρρώστους καὶ ἐθεραπεύοντο. 14 Καὶ ἤκουεν ὁ βασιλεὺς Ἡρῴδης, περὶ τοῦ ὀνόματος τοῦ Ἰησοῦ, καὶ ἔλεγον ὅτι Ἰωάννης ὁ βαπτίζων ἐγήγερται ἐκ νεκρῶν καὶ διὰ τοῦτο ἐνεργοῦσιν αἱ δυνάμεις ἐν Ἰησοῦ. 15 ἄλλοι δὲ ἔλεγον ὅτι Ἡλίας ἐστίν· ἄλλοι δὲ ἔλεγον ὅτι προφήτης ὡς εἷς τῶν προφητῶν. 16 ἀκούσας δὲ ὁ Ἡρῴδης λέγει, Ὁ Ἰωάννης ἠγείρετο ἐκ νεκρῶν. 17 ὁ γὰρ Ἡρῴδης ἔβαλλε τὸν Ἰωάννην ἐν φυλακῇ διὰ Ἡρῳδιάδα τὴν γυναῖκα Φιλίππου τοῦ ἀδελφοῦ αὐτοῦ, ὅτι αὐτὴν ἐγάμησεν· 18 ἔλεγεν γὰρ ὁ Ἰωάννης τῷ Ἡρῴδῃ ὅτι Οὐκ ἔξεστίν σοι ἔχειν τὴν γυναῖκα τοῦ ἀδελφοῦ σου.

verse 12: κηρύσσω= I preach
verse 13: πολλά/πολλούς= "many"
    ἀλείφω= I anoint
    τὸ ἔλαιον= olive oil
    ἄρρωστος,-ον= sick
    θεραπεύω= I heal
verse 14: ὁ βασιλεύς= king
    τὸ ὄνομα= name
    ὁ βαπτίζων= The baptizer/Baptist
    ἐγήγερται= "he had been raised"
    διὰ τοῦτο= "on account of this"
    ἐνεργέω= I am displayed; I work
    αἱ δυνάμεις= powers

verse 15: ὡς εἷς= "as one"
verse 16: ἀκούσας= "after hearing [these things]…"
    ἐγείρω= I raise up
verse 17: ἡ φυλακή= prison
    Ἡρῳδιάδα= Herodias
    τὴν γυναῖκα= "the wife…"
    αὐτός= he (or *his* in genitive case)
    αὐτὴν ἐγάμησεν= "he married her"
verse 18: Οὐκ ἔξεστίν σοι ἔχειν= "It is not lawful for you to have"
    σου= "your" (sg.)

EXERCISES CH. 9

9A. OVERVIEW
9B. VOCABULARIES 9 AND 2
9C. REVIEW
9D. FOCUS
9E. SENTENCES
9F. READING: DISCERNING THE REPLACEMENT-CHRISTS

9A. OVERVIEW

1. Give a brief definition of pronouns and how they function in a sentence.

2. The antecedent is:
   a) Your deceased Aunt;
   b) The referent immediately before the pronoun;
   c) The referent in the prior context for which the pronoun stands;
   d) the last referent in the sentence before the pronoun.

3. The postcedent is found after its pronoun. True or False.

4. In Greek, the pronoun and its referent must agree in what two ways?

5. One difference between a personal and relative pronoun is that a relative pronoun always begins a subordinate/relative clause. True or false?

6. Fill in the 1st and 2nd person Personal Pronouns here:

FIRST PERSON		
	sg.	pl.
nom.		
gen.		
dat.		
acc.		

SECOND PERSON		
	sg.	pl.
nom.		
gen.		
dat.		
acc.		

7. The 3rd person Personal Pronoun and Relative Pronoun basically use the First and Second Declension noun endings. True or false?

8. How can one stress the subject by using personal pronouns in Greek?

9. Relative Pronouns create a subordinate clause. True or False?

10. Briefly describe these uses of the relative pronoun:
    a) restrictive:

    b) continuative-elaborative:

    c) appositional:

9B. Vocabularies 9 and 2

Fill in the spaces of the crossword puzzle using Greek for the corresponding English gloss.

Across
3. Pharisee
5. and I
8. eye
10. bread, loaf; food
11. place, position
12. season, time; opportunity
14. you (pl.)
16. we
19. Christ, Messiah
20. Pilate
23. death
25. slave; servant
27. people, populace
28. Paul

Down
1. James
2. I
4. who, which
6. Abraham
7. Peter
9. they (masculine)
13. Jerusalem
15. work, activity; accomplishment
17. Israel
18. house, dwelling; family
21. she
22. David
24. you (sg.)
26. crowd, multitude (of people)

9C. REVIEW

I. Translate these prepositional phrases.

1. κατὰ ἑκάστην ἡμέραν
2. ὑπὸ τῶν ἰδίων
3. ἐνώπιον τῶν υἱῶν Ἰσραήλ
4. πρὸς τὸν θεόν
5. σὺν τοῖς Ἰουδαίοις
6. διὰ παραβολῆς
7. ἐν ἀνθρώποις
8. ἀπ' Ἱεροσολύμων
9. ἐκ τοῦ ἀνθρώπου
10. ἀπὸ τοῦ οὐρανοῦ
11. ἐκ τῶν μαθητῶν Ἰωάννου
12. ἐν νόμῳ κυρίου
13. περὶ τὴν ἀλήθειαν
14. μετὰ τῶν ἀγγέλων τῶν ἁγίων
15. ὑπὲρ ἡμῶν
16. ὑπὸ τῶν ἁγίων προφητῶν
17. εἰς τοὺς ἁγίους
18. ἐν ἡμέραις
19. εἰς τὸν ἕτερον
20. κατὰ τὰ ἔργα ὑμῶν
21. εἰς ἡμέραν τοῦ Χριστοῦ
22. δι' ἄλλης ὁδοῦ
23. ἐξ ὁδοῦ
24. διὰ Ἰησοῦν
25. κατὰ τοῦ υἱοῦ τοῦ ἀνθρώπου
26. ὑπὸ Χριστοῦ Ἰησοῦ
27. ἐν Ἱερουσαλήμ
28. μετὰ δύο ἡμέρας
29. ὑπὲρ τὸν διδάσκαλον
30. περὶ τοῦ ἀγαθοῦ

II. Parse these verbs.

	Tense	Voice	Mood	Person	Number	Lexical Form & Meaning
1. συνήγεσθε						
2. προσέφερον						
3. ἦσαν						
4. ἔλεγον						
5. ὑπάγεις						
6. ἀπεκρινόμην						
7. ἦν						
8. ἔπασχε						
9. ἀπελύομεν						
10. ἐξεβάλλομεν						

9D. Focus

I. Translate these phrases and clauses containing Personal Pronouns.

1. τὸν λαὸν αὐτοῦ
2. αὐτοῦ τὸν λαόν
3. τὰ ἔργα αὐτῶν
4. ὁ δοῦλος μου
5. ὁ δοῦλος ἐμοῦ
6. ὁ δοῦλος ἐξ ἐμοῦ
7. ἔρχεται ὑμῖν
8. ὑμεῖς ἐπάσχετε διὰ τὸν θάνατον αὐτοῦ.
9. κατὰ τὸν θάνατον αὐτοῦ ἐπάσχετε.
10. ὁ ὀφθαλμὸς τοῦ ἀδελφοῦ σού.
11. ἡ βασιλεία αὐτῶν ἐστιν ἡ βασιλεία αὐτοῦ.
12. σὺ εἶ ὁ Χριστός;
13. ἐγὼ οὐκ εἰμὶ ὁ Χριστός.
14. ἤρχοντο σὺν ἡμῖν.

II. Translate these short sentences with relative pronouns.

1. ὁ θεὸς ἔπεμπε τὸν ἄγγελον ὃς ἔλεγε τοῖς ἁγίοις.

2. προσευχόμεθα τῷ θεῷ ὃς ἐδοξάζετο ὑφ' υἱοῦ αὐτοῦ Ἰησοῦ.

3. τὰ ἔργα ἃ βλέπουσίν εἰσιν οὐκ ἐκ τοῦ κόσμου, ἀλλ' ἐξ οὐρανοῦ.

4. διδάσκομεν τὸν Χριστὸν δι' οὗ σωζόμεθα ἐν τῇ δικαιοσύνῃ τοῦ θεοῦ.

5. ἡ ἀλήθεια ἧς ἤκουον ἀπολύει αὐτοὺς ἀπὸ τῶν δαιμονίων.

6. εὐαγγελιζόμεθα τὸ εὐαγγέλιον δι' ὃ πάσχομεν τὰ πονηρά.

7. ἡ ἐντολὴ ἥ ἐστιν ἐν ἡμῖν ἐστιν ἀγαθή.

III. Translate these sentences.

1. τότε Γολγοθὰ ἦν τόπος θανάτου, ἀλλὰ νῦν ζωῆς.

2. βλέπεις τὰ ἔργα αὐτοῦ; κἀγὼ βλέπω αὐτά.

3. σὺ ἔφερες δούλους αὐτῷ· ἐγὼ γὰρ ἔβλεπον δούλους σού.

4. αὐτὸς βλέπω τὸν υἱὸν τοῦ ἀνθρώπου. σού ἐστιν ἀδελφός;

5. ἔπασχον αὐτά, ὅτι ἐπίστευον εἰς τὸν θεὸν Ἰσραήλ.

6. προσεύχεσθε τῷ θεῷ ἡμῶν· ἔτι δὲ ὁ ὄχλος καὶ προσεύχεται αὐτῷ.

7. ἐξέβαλλον τὰ δαιμόνια αὐτοῦ. τότε ὁ ἄνθρωπος προσηύχετο.

9E. SENTENCES

Perform Constituent Marking on these sentences as described in §4.6 CONSTITUENT MARKING FOR NAVIGATING A GREEK SENTENCE and then translate.

1. Rom 3:5d κατὰ ἄνθρωπον λέγω.

2. Gal 3:21a Ὁ οὖν νόμος κατὰ τῶν ἐπαγγελιῶν [τοῦ θεοῦ]; (ἡ ἐπαγγελία= promise)

3. John 7:5 οὐδὲ γὰρ οἱ ἀδελφοὶ αὐτοῦ ἐπίστευον εἰς αὐτόν. (οὐδέ= neither)

4. Rom 2:6 ... ὃς ἀποδώσει ἑκάστῳ κατὰ τὰ ἔργα αὐτοῦ· (antecedent to ὅς is θεός; ἀποδώσει= "he will give")

5. Matt 10:24 Οὐκ ἔστιν μαθητὴς ὑπὲρ τὸν διδάσκαλον οὐδὲ δοῦλος ὑπὲρ τὸν κύριον αὐτοῦ.

6. Mark 2:13b καὶ πᾶς ὁ ὄχλος ἤρχετο πρὸς αὐτόν, καὶ ἐδίδασκεν αὐτούς. (πᾶς= all)

7. Rom 2:16 ἐν ἡμέρᾳ ὅτε κρίνει ὁ θεὸς τὰ κρυπτὰ τῶν ἀνθρώπων κατὰ τὸ εὐαγγέλιόν μου διὰ Χριστοῦ Ἰησοῦ. (ὅτε= when; κρίνω= I judge; κρυπτός,-ή,-όν= secret)

8. John 7:6a λέγει οὖν αὐτοῖς ὁ Ἰησοῦς, Ὁ καιρὸς ὁ ἐμὸς οὔπω πάρεστιν (ἐμός= my; οὔπω= not yet; πάρεστιν= "it is present")

9. John 17:11a καὶ οὐκέτι εἰμὶ ἐν τῷ κόσμῳ, καὶ αὐτοὶ ἐν τῷ κόσμῳ εἰσίν, κἀγὼ πρὸς σὲ ἔρχομαι. (οὐκέτι= no longer)

10. John 4:2 καίτοιγε Ἰησοῦς αὐτὸς οὐκ ἐβάπτιζεν ἀλλ' οἱ μαθηταὶ αὐτοῦ (καίτοιγε= although indeed)

11. Deut 32:12 (LXX) κύριος μόνος ἦγεν αὐτοὺς καὶ οὐκ ἦν μετ' αὐτῶν θεὸς ἀλλότριος. (μόνος,-η,-ον= only; alone; ἀλλότριος,-α,-ον= foreign, strange)

12. 1 John 4:5 αὐτοὶ ἐκ τοῦ κόσμου εἰσίν, διὰ τοῦτο ἐκ τοῦ κόσμου λαλοῦσιν καὶ ὁ κόσμος αὐτῶν ἀκούει. (τοῦτο [acc.case]= this; λαλέω= I speak)

13. Luke 4:15 καὶ αὐτὸς ἐδίδασκεν ἐν ταῖς συναγωγαῖς αὐτῶν δοξαζόμενος ὑπὸ πάντων. (δοξαζόμενος [nom.case]= "being glorified"; πάντων [gen.pl]= all)

14. 2 Tim 1:1 Παῦλος ἀπόστολος Χριστοῦ Ἰησοῦ διὰ θελήματος θεοῦ κατ' ἐπαγγελίαν ζωῆς τῆς ἐν Χριστῷ Ἰησοῦ (θελήματος [gen.sg.]= will)

15. 1 John 2:7 Ἀγαπητοί, οὐκ ἐντολὴν καινὴν γράφω ὑμῖν ἀλλ' ἐντολὴν παλαιὰν ἣν εἴχετε ἀπ' ἀρχῆς· ἡ ἐντολὴ ἡ παλαιά ἐστιν ὁ λόγος ὃν ἠκούσατε. (ἀγαπητός,-ή,-όν= beloved; καινός,-ή,-όν= new; παλαιός,-ή,-όν= old; ἡ ἀρχή= beginning; ἠκούσατε= "you heard")

16. Matt 26:18b Ὁ διδάσκαλος λέγει, Ὁ καιρός μου ἐγγύς ἐστιν, πρὸς σὲ ποιῶ τὸ πάσχα μετὰ τῶν μαθητῶν μου. (ἐγγύς= near; πρός here meaning "with"; ποιέω= I make; keep; τὸ πάσχα= passover)

17. Mark 10:1 Καὶ ἐκεῖθεν ἀναστὰς ἔρχεται εἰς τὰ ὅρια τῆς Ἰουδαίας [καὶ] πέραν τοῦ Ἰορδάνου, καὶ συμπορεύονται πάλιν ὄχλοι πρὸς αὐτόν, καὶ <u>ὡς εἰώθει</u> πάλιν ἐδίδασκεν αὐτούς. (ἐκεῖθεν= from there; ἀναστάς= "after rising up"; τὸ ὅριον= region; πέραν= beyond; συμπορεύομαι= I go with; ὡς εἰώθει= "as was his custom")

18. Mark 9:31a ἐδίδασκεν γὰρ τοὺς μαθητὰς αὐτοῦ καὶ ἔλεγεν αὐτοῖς ὅτι Ὁ υἱὸς τοῦ ἀνθρώπου παραδίδοται εἰς χεῖρας ἀνθρώπων, (παραδίδοται= "he is being betrayed; ἡ χείρ= hand)

19. Neh 8:8 (LXX) καὶ ἀνέγνωσαν ἐν βιβλίῳ νόμου τοῦ θεοῦ καὶ ἐδίδασκεν Ἐσδρας καὶ διέστελλεν ἐν ἐπιστήμῃ κυρίου καὶ συνῆκεν ὁ λαὸς ἐν τῇ ἀναγνώσει. (ἀνέγνωσαν= "They read"; ὁ βιβλίος= book; διαστέλλω= I command/instruct; ἡ ἐπιστήμη= understanding; συνῆκεν= "they understood"; ὁ λαὸς= the people; ἡ ἀνάγνωσις= reading)

20. Gen 4:9 (LXX) καὶ εἶπεν ὁ θεὸς πρὸς Καιν ποῦ ἐστιν Ἀβελ ὁ ἀδελφός σου; ὁ δὲ εἶπεν Οὐ γινώσκω. μὴ φύλαξ τοῦ ἀδελφοῦ μού εἰμι ἐγώ; (εἶπεν= "he said"; ποῦ= where?; μή= a word that introduces a question expecting a negative answer; ὁ φύλαξ= guard, keeper)

9F. Reading: Discerning the Replacement-christs

This reading is directly from 1 John 4:2-6.

2 ἐν τούτῳ γινώσκετε τὸ πνεῦμα τοῦ θεοῦ· πᾶν πνεῦμα ὃ ὁμολογεῖ Ἰησοῦν Χριστὸν ἐν σαρκὶ ἐληλυθότα ἐκ τοῦ θεοῦ ἐστιν, 3 καὶ πᾶν πνεῦμα ὃ μὴ ὁμολογεῖ τὸν Ἰησοῦν ἐκ τοῦ θεοῦ οὐκ ἔστιν· καὶ τοῦτό ἐστιν τὸ τοῦ ἀντιχρίστου, ὃ ἀκηκόατε ὅτι ἔρχεται, καὶ νῦν ἐν τῷ κόσμῳ ἐστὶν ἤδη. 4 ὑμεῖς ἐκ τοῦ θεοῦ ἐστε, τεκνία, καὶ νενικήκατε αὐτούς, ὅτι μείζων ἐστὶν ὁ ἐν ὑμῖν ἢ ὁ ἐν τῷ κόσμῳ. 5 αὐτοὶ ἐκ τοῦ κόσμου εἰσίν, διὰ τοῦτο ἐκ τοῦ κόσμου λαλοῦσιν καὶ ὁ κόσμος αὐτῶν ἀκούει. 6 ἡμεῖς ἐκ τοῦ θεοῦ ἐσμεν· ὁ γινώσκων τὸν θεὸν ἀκούει ἡμῶν, ὃς οὐκ ἔστιν ἐκ τοῦ θεοῦ οὐκ ἀκούει ἡμῶν. ἐκ τούτου γινώσκομεν τὸ πνεῦμα τῆς ἀληθείας καὶ τὸ πνεῦμα τῆς πλάνης.

verse 2: τοῦτο= this
γινώσκω= I know
τὸ πνεῦμα= spirit
πᾶν= all; every
ὁμολογέω= I confess
ἐν σαρκὶ ἐληλυθότα "coming in (the) flesh"
verse 3: μή= no; not
τοῦτο= this
ἀκηκόατε= "you have heard"

verse 4: τὸ τεκνίον= little child
νενικήκατε= "you have conquered"
μείζων= greater
ἤ= than

verse 5: λαλέω= I speak
verse 6: ὁ γινώσκων= "the one who knows"
ἡ πλάνη= error; deception

EXERCISES CH. 10

10A. OVERVIEW
10B. VOCABULARIES 10 AND 3
10C. REVIEW
10D. FOCUS
10E. SENTENCES
10F. READING: JOHN 8:34-41 WHO ARE THE SEED OF ABRAHAM?

10A. OVERVIEW

1. What are the five possible ways that verb tense can be indicated?

2. Describe how these five ways pertain (or not) to the formation of the Aorist Tense and the Future Tense.

3. What verbal aspect does the Aorist Tense have? What is a basic way that this tense can be translated using, e.g., the verb "to say"?

4. Place the Future Active and Middle Tense endings onto the verb λύω:

Future Active		
	sg.	pl.
1		
2		
3		

Future Middle		
	sg.	pl.
1		
2		
3		

5. Place the Aorist Active and Middle Tense endings onto the verb λύω:

Aorist Active		
	sg.	pl.
1		
2		
3		

Aorist Middle		
	sg.	pl.
1		
2		
3		

6. List the Mute Consonants below. Adding a σίγμα to them yields what?
   a. Labials: _____ + σ =
   b. Dentals: _____ + σ =
   c. Palatals: _____ + σ =

7. Describe as best you can the idea of "Principal Part."

8. In what Principal Part are the Future Passive and Aorist Passive Tenses found?

9. The verb οἶδα, although basically using the Secondary Tense Endings, is nevertheless translated as a Present Tense verb. True or false?

10. What is a metacomment? What interpretive significance does a metacomment have?

Exercises Ch.10

10B. Vocabularies 10 and 3

Fill in the spaces of the crossword puzzle using Greek for the corresponding English gloss.

Across

2. from
3. I see, observe
6. I send, dispatch
7. along
8. I proclaim, announce, preach
9. no, not
10. I know, understand
11. I soak, submerge; I baptize
12. I loosen, untie; I destroy
13. I say, I speak
15. I open
17. I write
19. I announce the good news
21. I persuade
24. I make ready, prepare
25. I find, discover
26. I glorify, honor, esteem
27. I cry out, call out
28. I teach, instruct
29. I weep (for), lament

Down

1. I heal; I serve
4. I pursue; I persecute
5. on
6. I pray, offer prayer
8. I sit; I seat; I stay
14. I draw near, approach
16. I save, rescue; I preserve
18. I go, walk
19. I come, go
20. in
22. to
23. I wonder, I am amazed
25. I have; I am

10C. Review

I. Translate and identify significant grammatical constructions by matching the following to the number of available spaces. A construction may be used more than once.

AG= agency	ID= indirect discourse	AP= attributive position
M= means	DD= direct discourse	PA= predicate adjective
EP= emphatic pronoun	RO= recitative Ὅτι	SP= substantive position
EL= ellipsis	SB= substantiation	GE= Genitival Emphasis
PN= predicate nominative	A= apposition	DE= Discontinuous Element

1. ἅγιος ὁ ἄρτος τῆς ζωῆς. ___ ___

2. οἱ πιστοὶ βαπτίζονται ὑπ᾽ Ἰωάννου. ___ ___

3. οὐ βλέπουσι τοῖς ὀφθαλμοῖς. ___

4. οἱ Ἰουδαῖοι οἱ πρωτοὶ συνῆγον κατὰ Παύλου. ___ ___

5. ἔλεγεν ὅτι Ἐγώ εἰμι. ___ ___ ___

6. λέγει αὐτοῖς ὅτι ὁ θεός ἡμῶν κύριός ἐστιν ἀγαθός. ___ ___ ___

7. αὐτοὶ ἐξέβαλλον τὰ ἕτερα δαιμόνια μετ᾽ Ἰησοῦ. ___ ___

8. ὑμεῖς οὐ πιστεύετε, ὅτι οὐκ ἐμοῦ ἐστὲ μαθηταί. ___ ___ ___ ___ ___

II. Match the case of the object with the preposition and give the meaning the space provided.

                Γ. genitive   Δ. dative   Α. accusative

1. σύν ___
2. ἐν ___
3. περί ___
4. ὑπέρ ___
5. ὑπό, ὑφ᾽, ὑπ᾽ ___
6. ἀπό, ἀφ᾽, ἀπ᾽ ___

7. εἰς ___
8. ἐνώπιον ___
9. διά ___
10. κατά ___
11. μετά ___
12. ἐκ, ἐξ ___

III. Mark up and translate these Sentences with Relative Pronouns.

1. Matt 3:17b οὗτός ἐστιν ὁ υἱός μου ὁ ἀγαπητός, ἐν ᾧ εὐδόκησα. (οὗτός= "this one"; εὐδοκέω= I am pleased)

2. λέγει αὐτῷ ἡ γυνή, Οἶδα ὅτι Μεσσίας ἔρχεται ὃς λέγεται Χριστός· (ἡ γυνή= woman)

3. Acts 3:25a ὑμεῖς ἐστε οἱ υἱοὶ τῶν προφητῶν καὶ τῆς διαθήκης ἧς διέθετο ὁ θεὸς πρὸς τοὺς πατέρας ὑμῶν... (ἡ διαθήκη= covenant; διέθετο = "he established")

4. Matt 10:38 καὶ ὃς οὐ λαμβάνει τὸν σταυρὸν αὐτοῦ καὶ ἀκολουθεῖ ὀπίσω μου, οὐκ ἔστιν μου ἄξιος. (ὁ σταυρός= cross; ἀκολουθέω = I follow; ὀπίσω = after (w/ gen.); ἄξιος, -α, -ον worthy)

5. 2 Cor 8:18 συνεπέμψαμεν δὲ μετ᾽ αὐτοῦ τὸν ἀδελφὸν οὗ ὁ ἔπαινος ἐν τῷ εὐαγγελίῳ διὰ πασῶν τῶν ἐκκλησιῶν, (συνπέμπω = I send with; ὁ ἔπαινος= praise; πασῶν= "all"; <u>hint</u>: supply an implied ἐστίν)

10D. Focus

I. Parse these verbs and then provide a basic translation.

		Tense	Voice	Mood	Person	Number	Lexical Form & Meaning
1.	ἔκραζον						
2.	ἔλυσε						
3.	ἤνοιξαν						
4.	εἰσίν						
5.	κλαύσουσιν						
6.	ἤγγισε						
7.	πείσω						
8.	κηρύξομεν						
9.	ἐδίωξας						
10.	θαυμάσετε						

11. ἤκουσαν							
12. ἔπεμψα							
13. ἔλεγον							
14. ἔγραψας							
15. εὐηγγελίσατο							
16. ἦν							
17. προσηυξάμεθα							
18. ἐπορεύσαντο							

II. Translate these short sentences.

1. ἐκάθισεν ἐν δεξιᾷ τοῦ θεοῦ. (ἐν δεξιᾷ= "at the right hand")

2. καὶ ἤγγισεν τῷ οἴκῳ.

3. ἤκουσεν ὁ Ἡρῴδης τὴν ἀκοὴν Ἰησοῦ. (ἡ ἀκοή= report, fame)

4. ὁ κύριος ἀπέλυσεν τὸν δοῦλον αὐτοῦ.

5. ὑμεῖς οὖν οὐκ ἐπιστεύσατε αὐτῷ;

6. ἐκήρυξαν τὸν λόγον.

7. John 15:20 εἰ ἐμὲ ἐδίωξαν, καὶ ὑμᾶς διώξουσιν.

8. Heb 11:16b ἡτοίμασεν γὰρ αὐτοῖς πόλιν. (πόλιν [acc.]= city)

9. κἀγὼ ἐνίκησα καὶ ἐκάθισα μετὰ τοῦ πατρός μου ἐν τῷ θρόνῳ. (νικάω= I conquer; πατρός= "father"; ὁ θρόνος= throne)

10. Matt 15:31b καὶ ἐδόξασαν τὸν θεὸν Ἰσραήλ.

11. John 12:28b καὶ ἐδόξασά [σε] καὶ πάλιν δοξάζω.

12. ἐγὼ Παῦλος ἔγραψα σοι, ἐγὼ ἀποτίσω. (cf. Phlm 1:9; ἀποτίνω= I repay)

13. ἀπεκρίνετο αὐτοῖς, Εἶπον ὑμῖν ἤδη καὶ οὐκ ἠκούσατε· (εἶπον= "I spoke")

14. Luke 1:20b οὐκ ἐπίστευσας τοῖς λόγοις μου

15. Matt 26:65b νῦν ἠκούσατε τὴν βλασφημίαν· (ἡ βλασφημία= blasphemy)

16. Mark 14:64a ἠκούσατε τῆς βλασφημίας·

17. Luke 1:41a ἤκουσεν τὸν ἀσπασμὸν τῆς Μαρίας ἡ Ἐλισάβετ, (ὁ ἀσπασμός= greeting)

18. 1 John 2:7 Ἀγαπητοί,...ἡ ἐντολὴ ἡ παλαιά ἐστιν ὁ λόγος ὃν ἠκούσατε. (παλαιός,-ή,-όν= old)

19. Matt 5:12c οὕτως γὰρ ἐδίωξαν τοὺς προφήτας τοὺς πρὸ ὑμῶν. (οὕτως=thus; πρό= before)

20. Matt 26:19 καὶ ἐποίησαν οἱ μαθηταὶ ὡς συνέταξεν αὐτοῖς ὁ Ἰησοῦς καὶ ἡτοίμασαν τὸ πάσχα. (ποιέω= I do; ὡς= as; συντάσσω= I instruct; τὸ πάσχα= Passover)

10E. Sentences

1. Luke 22:71b ἠκούσαμεν ἀπὸ τοῦ στόματος αὐτοῦ. (τὸ στόμα= mouth)

2. John 2:11b ὁ Ἰησοῦς...ἐφανέρωσεν τὴν δόξαν αὐτοῦ καὶ ἐπίστευσαν εἰς αὐτὸν οἱ μαθηταὶ αὐτοῦ. (φανερόω= I show)

3. John 12:50a καὶ οἶδα ὅτι ἡ ἐντολὴ αὐτοῦ ζωὴ αἰώνιός ἐστιν. (αἰώνιος [fem.nom.sg.]= eternal)

4. οἱ δὲ μαθηταὶ ἔλεγον ὅτι Φάντασμά ἐστιν, καὶ ἀπὸ τοῦ φόβου ἔκραξαν. (τὸ φάντασμα= ghost; ὁ φόβος= fear)

5. John 10:26 ἀλλὰ ὑμεῖς οὐ πιστεύετε, ὅτι οὐκ ἐστὲ ἐκ τῶν προβάτων τῶν ἐμῶν. (τὸ πρόβατον= sheep; ἐμός,-ή,-όν= my)

6. οἴδαμεν δὲ ὅτι τὸ κρίμα τοῦ θεοῦ ἐστιν κατὰ ἀλήθειαν ἐπὶ τοὺς πονηρούς. (τὸ κρίμα= judgment)

7. John 11:24 λέγει αὐτῷ ἡ Μάρθα, Οἶδα ὅτι ἀναστήσεται ἐν τῇ ἀναστάσει ἐν τῇ ἐσχάτῃ ἡμέρᾳ. (ἀναστήσεται= "he will be raised"; ἡ ἀνάστασις= resurrection; ἔσχατος,-η,-ον= last)

8. Mark 1:8 ἐγὼ ἐβάπτισα ὑμᾶς ὕδατι, αὐτὸς δὲ βαπτίσει ὑμᾶς ἐν πνεύματι ἁγίῳ. (ὕδατι [dative sg.]= water; πνεύματι [dative sg.]= spirit)

9. Matt 7:2 ἐν ᾧ γὰρ κρίματι κρίνετε κριθήσεσθε, καὶ ἐν ᾧ μέτρῳ μετρεῖτε μετρηθήσεται ὑμῖν. (κρίμα= judgment; μέτρον = measure; μετρέω= I measure)

10. Eph 2:17 καὶ ἐλθὼν εὐηγγελίσατο εἰρήνην ὑμῖν τοῖς μακρὰν καὶ εἰρήνην τοῖς ἐγγύς· (ἐλθὼν= "after coming"; μακρὰν= far; ἐγγύς= near)

11. 1 John 2:21 οὐκ ἔγραψα ὑμῖν ὅτι οὐκ οἴδατε τὴν ἀλήθειαν ἀλλ' ὅτι οἴδατε αὐτήν καὶ ὅτι πᾶν ψεῦδος ἐκ τῆς ἀληθείας οὐκ ἔστιν. (πᾶν [neut.acc.sg.]= "every"; τὸ ψεῦδος= falsehood)

12. John 4:50 λέγει αὐτῷ ὁ Ἰησοῦς, Πορεύου, ὁ υἱός σου ζῇ. ἐπίστευσεν ὁ ἄνθρωπος τῷ λόγῳ ὃν εἶπεν αὐτῷ ὁ Ἰησοῦς καὶ ἐπορεύετο. (Πορεύου= "Go!"; ζῇ= "he lives"; εἶπεν= "he said")

13. ἀπεκρίνετο οὖν αὐτῷ ὁ ὄχλος, Ἡμεῖς ἠκούσαμεν ἐκ τοῦ νόμου ὅτι ὁ Χριστὸς μένει εἰς τὸν αἰῶνα (μένω= I remain; εἰς τὸν αἰῶνα= "forever"; lit. "into the age")

14. Acts 11:1 Ἤκουσαν δὲ οἱ ἀπόστολοι καὶ οἱ ἀδελφοί...κατὰ τὴν Ἰουδαίαν ὅτι καὶ τὰ ἔθνη ἐδέξαντο τὸν λόγον τοῦ θεοῦ. (κατά here means "throughout"; τὰ ἔθνη= "the gentiles"; δέχομαι= I receive)

15. Gal 4:13 οἴδατε δὲ ὅτι δι' ἀσθένειαν τῆς σαρκὸς εὐηγγελισάμην ὑμῖν τὸ πρότερον (ἡ ἀσθένεια= weakness; ἡ σάρξ= flesh; τὸ πρότερον= "formerly")

16. John 5:32 ἄλλος ἐστὶν ὁ μαρτυρῶν περὶ ἐμοῦ, καὶ οἶδα ὅτι ἀληθής ἐστιν ἡ μαρτυρία ἣν μαρτυρεῖ περὶ ἐμοῦ. (ὁ μαρτυρῶν= "the one testifying"; ἀληθής [nom.adj.]= "true"; μαρτυρέω= I testify)

17. [Matt 27:25-26] [25] καὶ ἀπεκρίνετο ὁ λαὸς καὶ ἔλεγεν, Τὸ αἷμα αὐτοῦ ἐφ' ἡμᾶς καὶ ἐπὶ τὰ τέκνα ἡμῶν. [26] τότε ὁ Πιλᾶτος ἀπέλυσεν αὐτοῖς τὸν Βαραββᾶν, τὸν δὲ Ἰησοῦν ἐφραγέλλωσεν καὶ ἐσταύρωσεν. (τὸ αἷμα= blood; φραγελλόω= I scourge; σταυρόω= I crucify)

18. 1 Cor 15:1-2 Γνωρίζω δὲ ὑμῖν, ἀδελφοί, τὸ εὐαγγέλιον ὃ εὐηγγελισάμην ὑμῖν, ὃ καὶ παρελάβετε, ἐν ᾧ καὶ ἑστήκατε, 2 δι' οὗ καὶ σῴζεσθε, τίνι λόγῳ εὐηγγελισάμην ὑμῖν εἰ κατέχετε, ἐκτὸς εἰ μὴ εἰκῇ ἐπιστεύσατε. (γνωρίζω= I make known; παρελάβετε= "you received; ἑστήκατε= "you stand"; τίνι= "what"; κατέχω= I hold fast; ἐκτὸς εἰ μὴ εἰκη= "unless in vain")

10F. READING: JOHN 8:34-41 WHO ARE THE SEED OF ABRAHAM?

Jesus talks to the Religious Authorities about sin in John 8:34-41:

34 ἀπεκρίθη αὐτοῖς ὁ Ἰησοῦς, Ἀμὴν ἀμὴν λέγω ὑμῖν ὅτι πᾶς ὁ ποιῶν τὴν ἁμαρτίαν δοῦλός ἐστιν τῆς ἁμαρτίας. 35 ὁ δὲ δοῦλος οὐ μένει ἐν τῇ οἰκίᾳ εἰς τὸν αἰῶνα, ὁ υἱὸς μένει εἰς τὸν αἰῶνα. 36 ἐὰν οὖν ὁ υἱὸς ὑμᾶς ἐλευθερώσῃ, ὄντως ἐλεύθεροι ἔσεσθε. 37 οἶδα ὅτι σπέρμα Ἀβραάμ ἐστε· ἀλλὰ ζητεῖτέ με ἀποκτεῖναι, ὅτι ὁ λόγος ὁ ἐμὸς οὐ χωρεῖ ἐν ὑμῖν. 38 ἃ ἐγὼ ἑώρακα παρὰ τῷ πατρὶ λαλῶ· καὶ ὑμεῖς οὖν ἃ ἠκούσατε παρὰ τοῦ πατρὸς ποιεῖτε. 39 Ἀπεκρίθησαν καὶ εἶπαν αὐτῷ, Ὁ πατὴρ ἡμῶν Ἀβραάμ ἐστιν. λέγει αὐτοῖς ὁ Ἰησοῦς, Εἰ τέκνα τοῦ Ἀβραάμ ἐστε, τὰ ἔργα τοῦ Ἀβραὰμ ἐποιεῖτε· 40 νῦν δὲ ζητεῖτέ με ἀποκτεῖναι ἄνθρωπον ὃς τὴν ἀλήθειαν ὑμῖν λελάληκα ἣν ἤκουσα παρὰ τοῦ θεοῦ· τοῦτο Ἀβραὰμ οὐκ ἐποίησεν. 41 ὑμεῖς ποιεῖτε τὰ ἔργα τοῦ πατρὸς ὑμῶν. εἶπαν [οὖν] αὐτῷ, Ἡμεῖς ἐκ πορνείας οὐ γεγεννήμεθα· ἕνα πατέρα ἔχομεν τὸν θεόν.

verse 34: ἀπεκρίθη= "he answered"
ἀμήν= truly
πᾶς ὁ ποιῶν= "every one doing"
ἡ ἁμαρτία= sin
verse 35: μένω= I remain
εἰς τὸν αἰῶνα= "forever"
verse 36: ἐάν = if
ἐλευθερώσῃ= "he frees"
ὄντως ἐλεύθεροι ἔσεσθε= "you are truly free"
verse 37: σπέρμα Ἀβραάμ= "seed of Abraham"
ζητεῖτέ με ἀποκτεῖναι= "you seek to kill me"
ἐμός,-ή,-όν= my
χωρέω= I find room (space)
verse 38: ἑώρακα= "I have seen"
ὁ πατήρ= father
λαλέω= I speak
ποιέω= I do

verse 39: Ἀπεκρίθησαν καὶ εἶπαν= "they answered and said"
ὁ πατήρ= father
ἐποιεῖτε = "you would be doing"
verse 40: ζητεῖτέ με ἀποκτεῖναι= "You want to kill me"
λελάληκα= "I have spoken"
τοῦτο [acc.sg.]= this
verse 41: ποιέω= I do
ὁ πατήρ= father
εἶπαν= "they said"
ἡ πορνεία= adultery; sexual immorality
γεγεννήμεθα= "we have been born"
ἕνα πατέρα [acc.sg.]= "one father"

EXERCISES CH. 11

11A. OVERVIEW
11B. VOCABULARIES 11 AND 4
11C. REVIEW
11D. FOCUS
11E. SENTENCES
11F. READING: JOHN 9:15-21 HOW CAN HE SEE NOW?!

11A. OVERVIEW

1. "2nd Aorist verbs" are formed within which Principal Part?

2. 2nd Aorist verbs have the same verbal aspect and basic translation as 1st Aorist verbs. True or false?

3. Describe how a verb is formed in the 2nd Aorist Tense.

4. Create the verb λαμβάνω in all the 2nd Aorist endings.

	sg.	pl.
1		
2		
3		

5. Learn the most frequently occurring 2nd Aorist verbs. What are their 2nd Aorist stems?

βάλλω   γίνομαι   γινώσκω   ἔρχομαι

λαμβάνω   λέγω   ὁράω

6. Which uses of the Genitive Case are "quite common," "very common," and "common"? List them below and create an English equivalent for each of these common uses.

"Quite Common"   "Very Common"   "Common"

11B. VOCABULARIES 11 AND 4

Fill in the spaces of the crossword puzzle using Greek for the corresponding English gloss.

Across

4. I take along
6. until
7. I die
10. Judea
12. I take; I receive
14. righteousness, justice
16. therefore (postpositive)
20. I know about; I understand
24. I go down, descend
25. I see; I perceive
27. disciple, student
28. but
29. truth, reality

Down

1. Herod
2. day
3. life; existence
4. parable, illustration
5. assembly, church
6. I eat, consume
8. prophet
9. and; also, even
11. and, but, moreover
13. peace; well-being
15. I go up, ascend
17. I know, understand
18. kingdom, reign
19. commandment, order
21. I drink
22. I become, am; I come; I happen
23. I fall, collapse
26. John

11C. Review

I. Translate these prepositional phrases.

1. σὺν τοῖς ἀποστόλοις
2. ὑπὲρ τὸν διδάσκαλον
3. κατ' ἀλήθειαν
4. ἐν οὐρανοῖς
5. περὶ αὐτοῦ
6. ἐκ τοῦ νόμου
7. ἐν τῷ κόσμῳ
8. ἐπὶ κύριον τὸν θεὸν αὐτῶν
9. παρὰ κυρίου
10. διὰ τῆς ἐντολῆς
11. ἐν ὁδῷ δικαιοσύνης
12. ἐνώπιον τῶν μαθητῶν
13. μεθ' ἡμῶν
14. εἰς τὸ εὐαγγέλιον
15. ὑπὲρ οὗ
16. περὶ ὧν
17. ἐπὶ τέκνα
18. παρὰ θεῷ καὶ ἀνθρώποις

II. Translate these short sentences and parse these verbs.

1. Mark 8:9b καὶ ἀπέλυσεν αὐτούς.

2. Matt 8:7b Ἐγὼ...θεραπεύσω αὐτόν.

3. 2 Cor 4:13b Ἐπίστευσα...καὶ ἡμεῖς πιστεύομεν

4. Gal 2:16b καὶ ἡμεῖς εἰς Χριστὸν Ἰησοῦν ἐπιστεύσαμεν

5. Acts 28:28b αὐτοὶ καὶ ἀκούσονται.

6. John 12:44 Ἰησοῦς δὲ ἔκραξεν καὶ εἶπεν...

7. Acts 8:38c καὶ ἐβάπτισεν αὐτόν.

8. Rev 14:2a καὶ ἤκουσα φωνὴν ἐκ τοῦ οὐρανοῦ (ἡ φωνή = voice)

9. Rev 14:13a Καὶ ἤκουσα φωνῆς ἐκ τοῦ οὐρανοῦ (ἡ φωνή= voice)

10. Mark 6:14a Καὶ ἤκουσεν ὁ βασιλεὺς Ἡρῴδης, (ὁ βασιλεύς= king)

11. John 9:14 ὁ Ἰησοῦς καὶ ἀνέῳξεν αὐτοῦ τοὺς ὀφθαλμούς.

12. Acts 19:40b καὶ ταῦτα εἶπεν καὶ ἀπέλυσεν τὴν ἐκκλησίαν. (ταῦτα [acc.]= these things)

13. Rev 18:9a Καὶ κλαύσουσιν καὶ κόψονται ἐπ' αὐτὴν οἱ βασιλεῖς τῆς γῆς (κόπτομαι= I mourn; ὁ βασιλεύς= king; ἡ γῆ= land; earth)

14. Mark 16:13b οὐδὲ ἐκείνοις ἐπίστευσαν. (οὐδέ= nor)

15. 1 Thess 2:9b ἐκηρύξαμεν εἰς ὑμᾶς τὸ εὐαγγέλιον τοῦ θεοῦ.

16. Luke 1:33 καὶ βασιλεύσει ἐπὶ τὸν οἶκον Ἰακὼβ εἰς τοὺς αἰῶνας (βασιλεύω= I rule; εἰς τοὺς αἰῶνας= forever)

11D. Focus

I. Parse these 2nd Aorist Verbs: **Note**: They are not necessarily in the Aorist Tense below.

	Tense	Voice	Mood	Person	Number	Lexical Form & Meaning
1. ἤγαγον						
2. ἔγνωσαν						
3. ἐλεύσομαι						
4. ἦλθεν						
5. ἐβάλομεν						
6. εἶπεν						
7. λήμψονται						
8. ἐγένετο						
9. εἶδον						
10. ἐλάβετε						

II. Translate these sentences with 2nd Aorist forms.

1. Luke 19:35a καὶ ἤγαγον αὐτὸν πρὸς τὸν Ἰησοῦν

2. Luke 2:51a καὶ κατέβη μετ' αὐτῶν καὶ ἦλθεν εἰς Ναζαρέθ

3. Matt 22:19b προσήνεγκαν αὐτῷ δηνάριον. (hint: sound out δηνάριον)

4. John 14:28a ἠκούσατε ὅτι ἐγὼ εἶπον ὑμῖν, Ὑπάγω καὶ ἔρχομαι πρὸς ὑμᾶς.

5. Matt 25:24b Κύριε, ἔγνων σε ὅτι σκληρὸς εἶ ἄνθρωπος, (σκληρός,-ά,-όν= hard)

6. Acts 22:7a ἔπεσά τε εἰς τὸ ἔδαφος καὶ ἤκουσα φωνῆς (τε= and; τὸ ἔδαφος= ground; ἡ φωνή= voice)

7. John 1:17b ἡ χάρις καὶ ἡ ἀλήθεια διὰ Ἰησοῦ Χριστοῦ ἐγένετο. (ἡ χάρις= grace)

8. Matt 17:12a λέγω δὲ ὑμῖν ὅτι Ἠλίας ἤδη ἦλθεν, καὶ οὐκ ἐπέγνωσαν αὐτὸν

9. John 19:1 Τότε οὖν ἔλαβεν ὁ Πιλᾶτος τὸν Ἰησοῦν καὶ ἐμαστίγωσεν. (μαστιγόω= I flog)

10. Luke 13:26b Ἐφάγομεν ἐνώπιόν σου καὶ ἐπίομεν, καὶ ἐν ταῖς πλατείαις ἡμῶν ἐδίδαξας· (ἡ πλατεία= street)

11E. SENTENCES

1. John 14:3b καὶ ἑτοιμάσω τόπον ὑμῖν, πάλιν ἔρχομαι καὶ παραλήμψομαι ὑμᾶς πρὸς ἐμαυτόν,
   (ἐμαυτός,-ή= myself)

2. Rev 18:2b Ἔπεσεν· ἔπεσεν Βαβυλὼν ἡ μεγάλη, καὶ ἐγένετο κατοικητήριον δαιμονίων (ἡ
   μεγάλη="the great"; τὸ κατοικητήριον= dwelling place)

3. Matt 21:45b οἱ Φαρισαῖοι τὰς παραβολὰς αὐτοῦ ἔγνωσαν ὅτι περὶ αὐτῶν λέγει·

4. John 6:49 οἱ πατέρες ὑμῶν ἔφαγον ἐν τῇ ἐρήμῳ τὸ μάννα καὶ ἀπέθανον· (ὁ πατήρ= father; ἡ
   ἔρημος= desert)

5. John 1:10 ἐν τῷ κόσμῳ ἦν, καὶ ὁ κόσμος δι' αὐτοῦ ἐγένετο, καὶ ὁ κόσμος αὐτὸν οὐκ ἔγνω.

6. John 1:51a καὶ λέγει αὐτῷ, Ἀμὴν ἀμὴν λέγω ὑμῖν, ὄψεσθε τὸν οὐρανὸν...καὶ τοὺς ἀγγέλους
   τοῦ θεοῦ. (ἀμήν= truly)

7. Matt 1:25 καὶ οὐκ ἐγίνωσκεν αὐτὴν ἕως οὗ ἔτεκεν υἱόν· καὶ ἐκάλεσεν τὸ ὄνομα αὐτοῦ
   Ἰησοῦν. (τίκτω= I give birth [2nd. Aorist -τεκ]; καλέω= I call; τὸ ὄνομα= name)

8. John 20:8 τότε οὖν εἰσῆλθεν καὶ ὁ ἄλλος μαθητής...καὶ εἶδεν καὶ ἐπίστευσεν·

9. John 1:11 εἰς τὰ ἴδια ἦλθεν, καὶ οἱ ἴδιοι αὐτὸν οὐ παρέλαβον.

10. Mark 2:13 Καὶ ἐξῆλθεν πάλιν παρὰ τὴν θάλασσαν· καὶ πᾶς ὁ ὄχλος ἤρχετο πρὸς αὐτόν, καὶ ἐδίδασκεν αὐτούς. (ἡ θάλασσα= sea; πᾶς= all)

11. John 7:43 σχίσμα οὖν ἐγένετο ἐν τῷ ὄχλῳ δι' αὐτόν· (τὸ σχίσμα= division)

12. John 17:8 καὶ αὐτοὶ ἔλαβον καὶ ἔγνωσαν ἀληθῶς ὅτι παρὰ σοῦ ἐξῆλθον, καὶ ἐπίστευσαν ὅτι σύ με ἀπέστειλας. (ἀληθῶς= truly; ἀπέστειλας= "you sent")

13. Mark 11:7 καὶ φέρουσιν τὸν πῶλον πρὸς τὸν Ἰησοῦν καὶ ἐπιβάλλουσιν αὐτῷ τὰ ἱμάτια αὐτῶν, καὶ ἐκάθισεν ἐπ' αὐτόν. (ὁ πῶλος= colt; τὸ ἱμάτιον= garment)

14. Matt 21:32a ἦλθεν γὰρ Ἰωάννης πρὸς ὑμᾶς ἐν ὁδῷ δικαιοσύνης, καὶ οὐκ ἐπιστεύσατε αὐτῷ, οἱ δὲ τελῶναι καὶ αἱ πόρναι ἐπίστευσαν αὐτῷ· (ὁ τελώνης= tax collector; ἡ πόρνη= harlot)

15. Luke 19:9 εἶπεν δὲ πρὸς αὐτὸν ὁ Ἰησοῦς ὅτι Σήμερον σωτηρία τῷ οἴκῳ τούτῳ ἐγένετο, καθότι καὶ αὐτὸς υἱὸς Ἀβραάμ ἐστιν· (ἡ σωτηρία= salvation; τούτῳ= "this"; καθότι=because")

16. καὶ ἰδοὺ δύο τυφλοὶ παρὰ τὴν ὁδὸν ἤκουσαν ὅτι Ἰησοῦς παράγει καὶ ἔκραξαν καὶ εἶπον, Ἐλέησον ἡμᾶς, [κύριε], υἱὸς Δαυίδ. (παράγω= I pass by; Ἐλέησον= "Have pity (on)!")

17. John 2:13 Καὶ ἐγγὺς ἦν τὸ πάσχα τῶν Ἰουδαίων, καὶ ἀνέβη εἰς Ἱεροσόλυμα ὁ Ἰησοῦς. (ἐγγύς= near; τὸ πάσχα= Passover)

18. αὐτοὶ δὲ διῆλθον ἀπὸ τῆς Πέργης καὶ παρεγένοντο εἰς Ἀντιόχειαν τὴν Πισιδίαν, καὶ εἰσῆλθον εἰς τὴν συναγωγὴν καὶ τῇ ἡμέρᾳ τῶν σαββάτων ἐκάθισαν. (παραγίνομαι= I arrive; I am present)

19. 1 Thess 4:16 αὐτὸς ὁ κύριος...καταβήσεται ἀπ' οὐρανοῦ καὶ οἱ νεκροὶ ἐν Χριστῷ ἀναστήσονται πρῶτον (ἀνίστημι= I rise up)

20. Matt 1:23 Ἰδοὺ ἡ παρθένος ἐν γαστρὶ ἕξει καὶ τέξεται υἱόν, καὶ καλέσουσιν τὸ ὄνομα αὐτοῦ Ἐμμανουήλ, ὅ ἐστιν μεθερμηνευόμενον Μεθ' ἡμῶν ὁ θεός. (ἰδού= behold; ἡ παρθένος= virgin; ἡ γαστήρ= stomach; τίκτω= I give birth; καλέω= I call; τὸ ὄνομα= name; μεθερμηνευόμενον= "interpreted")

11F. Reading: John 9:15-21 How can he see now?!

15 πάλιν οὖν ἠρώτων αὐτὸν καὶ οἱ Φαρισαῖοι πῶς ἀνέβλεψεν. ὁ δὲ εἶπεν αὐτοῖς, Πηλὸν ἐπέθηκέν μου ἐπὶ τοὺς ὀφθαλμούς, καὶ ἐνιψάμην, καὶ βλέπω. 16 ἔλεγον οὖν ἐκ τῶν Φαρισαίων τινές, Οὐκ ἔστιν οὗτος παρὰ θεοῦ ὁ ἄνθρωπος, ὅτι τὸ σάββατον οὐ τηρεῖ. ἄλλοι [δὲ] ἔλεγον, Πῶς δύναται ἄνθρωπος ἁμαρτωλὸς τοιαῦτα σημεῖα ποιεῖν; καὶ σχίσμα ἦν ἐν αὐτοῖς. 17 λέγουσιν οὖν τῷ τυφλῷ πάλιν, Τί σὺ λέγεις περὶ αὐτοῦ, ὅτι ἠνέῳξέν σου τοὺς ὀφθαλμούς; ὁ δὲ εἶπεν ὅτι Προφήτης ἐστίν. 18 Οὐκ ἐπίστευσαν οὖν οἱ Ἰουδαῖοι περὶ αὐτοῦ ὅτι ἦν τυφλὸς καὶ ἀνέβλεψεν ἕως ὅτου ἐφώνησαν τοὺς γονεῖς αὐτοῦ τοῦ ἀναβλέψαντος 19 καὶ ἠρώτησαν αὐτοὺς λέγοντες, Οὗτός ἐστιν ὁ υἱὸς ὑμῶν, ὃν ὑμεῖς λέγετε ὅτι τυφλὸς ἐγεννήθη; πῶς οὖν βλέπει ἄρτι; 20 ἀπεκρίθησαν οὖν οἱ γονεῖς αὐτοῦ καὶ εἶπαν, Οἴδαμεν ὅτι οὗτός ἐστιν ὁ υἱὸς ἡμῶν καὶ ὅτι τυφλὸς ἐγεννήθη· 21 πῶς δὲ νῦν βλέπει οὐκ οἴδαμεν, ἢ τίς ἤνοιξεν αὐτοῦ τοὺς ὀφθαλμοὺς ἡμεῖς οὐκ οἴδαμεν· αὐτὸν ἐρωτήσατε, ἡλικίαν ἔχει, αὐτὸς περὶ ἑαυτοῦ λαλήσει.

verse 15: ἠρώτων= "they asked"
    πῶς= how?
    ἀναβλέπω= I see again; I receive sight
    ὁ δέ= indicates a change of subject; "and he…"
    ὁ πηλός= mud
    ἐπέθηκέν= "He put (upon)"
    νίπτω= I wash (Why the middle voice here?)
verse 16: τινές (nom.pl.)= "some"
    οὗτος= this (a pronoun used as and adjective)
    τηρέω= I keep
    πῶς= how?
    δύναμαι= I am able (deponent)
    ἁμαρτωλός,-ή,-όν= sinful
    τοιαῦτα σημεῖα ποιεῖν= "to do such signs"
    τὸ σχίσμα= division; quarrel
verse 17: ὁ τυφλός= blind man
    τί= what?
    ἠνέῳξέν= alternative form for ἤνοιξεν

verse 18: ἀναβλέπω= I receive my sight
    ἕως ὅτου= "until"
    φωνέω= I call, talk with
    ὁ γονεύς= parent
    τοῦ ἀναβλέψαντος= "who saw again"
verse 19: ἠρώτησαν...λέγοντες= "they asked…saying"
    ἐγεννήθη= "he was born"
    ἄρτι= now
verse 20: ἀπεκρίθησαν= "they answered
    ἐγεννήθη= "he was born"
verse 21: ἢ τίς= "or who(?)"
    ἐρωτήσατε= "Ask him!"
    ἡ ἡλικία= maturity; adult status
    ἑαυτοῦ= himself
    λαλέω= I speak

EXERCISES CH. 12

12A. OVERVIEW
12B. VOCABULARIES 12 AND 5
12C. REVIEW
12D. FOCUS
12E. SENTENCES
12F. READING: MARK 1:9-15 JESUS BEGINS HIS MINISTRY

12A. OVERVIEW

1. Third Declension nouns occur in which genders?

2. Basically, the Third Declension endings are similar regardless of gender. True or false?

3. Why is it important to learn both the Nominative and Genitive forms of a Third Declension noun?

4. What Greek word, if present, will always help you parse a Third Declension noun?

5. Give the full paradigm of πᾶς, πᾶσα, πᾶν:

Gender:	Masculine	Feminine	Neuter
Declension:	3rd	1st	3rd
sg. nom.			
gen.			
dat.			
acc.			
pl. nom.			
gen.			
dat.			
acc.			

6. Briefly explain Quantitative Emphasis:

7. The demonstrative οὗτος uses the 1st and 2nd Declension endings? True or False.

8. Demonstrative Pronouns have three functional and four discourse pragmatic uses. What are they? Describe them briefly.

12B. Vocabularies 12 and 5

Fill in the spaces of the crossword puzzle using Greek for the corresponding English gloss.

Created with EclipseCrossword — www.eclipsecrossword.com

Across

3. much, many
4. great, large
7. Jesus; Joshua
9. one, single
11. I am, exist
12. son
13. no one (feminine)
14. man; husband
15. good news, gospel
16. brother
18. father
22. word, message
24. law; the Law
26. Simon
27. messenger; angel
30. fire
31. heaven; sky
32. age, era; lifetime

Down

1. foot
2. Lord; master, owner
5. that
6. child
8. teacher, master
10. whole, entire
12. water; rain
14. delegate, apostle
17. demon, inferior spirit
18. every, all; each
19. light; torch
20. world
21. person, human
23. this
25. God; god
27. ruler
28. road, way, path
29. Christ, Messiah

12C. Review

I. Translate these sentences with 2nd Aorist verbs and parse them.

1. Matt 7:25 καὶ κατέβη ἡ βροχὴ καὶ ἦλθον οἱ ποταμοί. (ἡ βροχή= rain; ὁ ποταμός= river)

2. Mark 9:33 Καὶ ἦλθον εἰς Καφαρναούμ.

3. Luke 1:38b καὶ ἀπῆλθεν ἀπ' αὐτῆς ὁ ἄγγελος.

4. Mark 2:27b Τὸ σάββατον διὰ τὸν ἄνθρωπον ἐγένετο καὶ οὐχ ὁ ἄνθρωπος διὰ τὸ σάββατον·

5. Mark 14:8a ὃ ἔσχεν ἐποίησεν. (ποιέω= I do; *here the sense is "I give"; the subject is a woman*)

6. Matt 8:16a καὶ ἐξέβαλεν τὰ πνεύματα λόγῳ. (τὸ πνεῦμα= spirit)

7. Matt 15:29b ὁ Ἰησοῦς ἦλθεν παρὰ τὴν θάλασσαν τῆς Γαλιλαίας, (ἡ θάλασσα= sea)

8. John 11:47a Συνήγαγον οὖν οἱ ἀρχιερεῖς καὶ οἱ Φαρισαῖοι συνέδριον (ἀρχιερεῖς= "high priests"; τὸ συνέδριον= Sanhedrin)

9. Mark 1:11a καὶ φωνὴ ἐγένετο ἐκ τῶν οὐρανῶν. (ἡ φωνή= voice)

10. Mark 9:20a καὶ ἤνεγκαν αὐτὸν πρὸς αὐτόν.

11. John 8:53b καὶ οἱ προφῆται ἀπέθανον·

12. Luke 2:4a Ἀνέβη δὲ καὶ Ἰωσὴφ ἀπὸ τῆς Γαλιλαίας

13. Rom 3:17 καὶ ὁδὸν εἰρήνης οὐκ ἔγνωσαν.

II. Translate these short sentences with forms of εἰμί.

1. ὑμεῖς ἔσεσθε μαθηταί μου

2. ὑμεῖς ἔστε μαθηταί μου

3. ὑμεῖς ἦτε μαθηταί μου

4. οὐ ἦς ἀδελφὸς ἡμῶν

5. οὐ ἔτι εἶ ἀδελφὸς ἡμῶν

6. ἔσῃ ἀδελφὸς ἡμῶν

7. πιστὴ ἦν

8. πιστή ἐστιν

9. ἔσται πιστός

10. ἦσαν μακάριοι

12D. Focus

I. Third Declension Noun Parsing.

		Gender	Case	Number	Lexical Form and Meaning
1.	πατρί				
2.	ἀνδρές				
3.	πούς				
4.	ἄρχουσιν				
5.	αἰώνων				
6.	φῶς				
7.	ὕδατα				
8.	Σίμωνα				
9.	πυρός				
10.	τοῖς ἀνδράσιν				

II. Adjectives of Number and Amount.

1. ἐν μιᾷ τῶν ἡμερῶν

2. ὄχλος πολὺς μαθητῶν αὐτοῦ

3. πάντες οἱ ἄνθρωποι εἰσῆλθον εἰς ὅλον τὸν οἶκον.

4. πάντες δὲ ἔλεγον

5. προφήτης μέγας

6. εἶπεν αὐτῷ πᾶσαν τὴν ἀλήθειαν.

7. πάντας τοὺς προφήτας ἐν τῇ βασιλείᾳ τοῦ θεοῦ,

8. πᾶς ἐξ ὑμῶν

9. οὐδὲν ἄξιον θανάτου

10. οὐδὲν τούτων

11. παρὰ πάντας τοὺς ἀνθρώπους

12. πᾶς ὁ ὄχλος ὅλην τὴν ἡμέραν

13. πάσαις ταῖς ἐντολαῖς

14. οὐδεὶς ἐβλέψεν Ἰησοῦν.

III. Demonstrative Pronouns.

1. αὕτη
2. ἐκεῖνος
3. διὰ τοῦτον τὸν κόσμον
4. διὰ τὸν κόσμον τοῦτον
5. διὰ τοῦτον τὸν λόγον τοῦ θεοῦ
6. μετὰ τούτου τοῦ τέκνου
7. μετὰ τοῦ ὄχλου τούτου
8. μετὰ ἐκείνου τοῦ τέκνου
9. μετὰ τοῦ ὄχλου ἐκείνου
10. αὕτη ἡ ὁδός
11. εἰς τὸν ἅγιον τόπον ἐκεῖνον
12. ἐν ταύταις ἡμέραις
13. ὁ ἄρτος ἐκείνων
14. ἐκεῖνος ὁ ἀδελφός

12E. SENTENCES

1. ὁ Πέτρος καὶ ἐξῆλθεν ἔξω καὶ ἔκλαυσεν πικθῶς. (ἔξω= outside; πικθῶς= bitterly)

2. John 8:27 οὐκ ἔγνωσαν ὅτι τὸν πατέρα αὐτοῖς ἔλεγεν. (*hint: add "about" before "father"*)

3. John 5:1 Μετὰ ταῦτα ἦν ἑορτὴ τῶν Ἰουδαίων, καὶ ἀνέβη Ἰησοῦς εἰς Ἱεροσόλυμα.
   (ἡ ἑορτή= feast)

4. John 10:18 ταύτην τὴν ἐντολὴν ἔλαβον παρὰ τοῦ πατρός μου.

5. 1 Cor 1:14 εὐχαριστῶ [τῷ θεῷ] ὅτι οὐδένα ὑμῶν ἐβάπτισα εἰ μὴ Κρίσπον καὶ Γάϊον,
   (εὐχαριστῶ= "I give thanks"; εἰ μή= except)

6. John 3:22 Μετὰ ταῦτα ἦλθεν ὁ Ἰησοῦς καὶ οἱ μαθηταὶ αὐτοῦ εἰς τὴν Ἰουδαίαν γῆν καὶ ἐκεῖ διέτριβεν μετ' αὐτῶν καὶ ἐβάπτιζεν. (ἡ γῆ= land; ἐκεῖ= there; διατρίβω= I spend time)

7. Rom 8:30b οὓς δὲ ἐδικαίωσεν, τούτους καὶ ἐδόξασεν. (δικαιόω= I justify)

EXERCISES CH. 12

8. Luke 7:16a ἔλαβεν δὲ φόβος πάντας καὶ ἐδόξαζον τὸν θεόν. (ὁ φόβος= fear)

9. Mark 10:5 ὁ δὲ Ἰησοῦς εἶπεν αὐτοῖς, Πρὸς τὴν σκληροκαρδίαν ὑμῶν ἔγραψεν ὑμῖν τὴν
    ἐντολὴν ταύτην. (ἡ σκληροκαρδία= hard hearted)

10. John 9:28 καὶ ἐλοιδόρησαν αὐτὸν καὶ εἶπον, Σὺ μαθητὴς εἶ ἐκείνου, ἡμεῖς δὲ τοῦ Μωϋσέως
    ἐσμὲν μαθηταί· (λοιδορέω= I reproach)

11. John 12:42a καὶ ἐκ τῶν ἀρχόντων πολλοὶ ἐπίστευσαν εἰς αὐτόν,...

12. Phil 4:9 ἃ καὶ ἐμάθετε καὶ παρελάβετε καὶ ἠκούσατε καὶ εἴδετε ἐν ἐμοί, ταῦτα πράσσετε·
    (μανθάνω= I learn [2nd Aor. ἔμαθον]; πράσσετε= "Do!")

13. John 6:49 οἱ πατέρες ὑμῶν ἔφαγον ἐν τῇ ἐρήμῳ τὸ μάννα καὶ ἀπέθανον· (ὁ ἔρημος= desert)

14. John 16:30 νῦν οἴδαμεν ὅτι οἶδας πάντα καὶ οὐ χρείαν ἔχεις ἵνα τίς σε ἐρωτᾷ· ἐν τούτῳ
    πιστεύομεν ὅτι ἀπὸ θεοῦ ἐξῆλθες. (ἡ χρεία= need; ἵνα τίς σε ἐρωτᾷ= "that someone ask
    you")

15. John 4:18a πέντε γὰρ ἄνδρας ἔσχες καὶ νῦν ὃν ἔχεις οὐκ ἔστιν σου ἀνήρ· (πέντε= five)

16. John 16:14 ἐκεῖνος ἐμὲ δοξάσει, ὅτι ἐκ τοῦ ἐμοῦ λήμψεται καὶ ἀναγγελεῖ ὑμῖν.
    (ἀναγγελεῖ= "he will announce")

17. John 14:20 ἐν ἐκείνῃ τῇ ἡμέρᾳ γνώσεσθε ὑμεῖς ὅτι ἐγὼ ἐν τῷ πατρί μου καὶ ὑμεῖς ἐν ἐμοὶ κἀγὼ ἐν ὑμῖν.

18. John 13:35 ἐν τούτῳ γνώσονται πάντες ὅτι ἐμοὶ μαθηταί ἐστε, ἐὰν ἀγάπην ἔχητε ἐν ἀλλήλοις. (ἐάν= if; ἔχητε= "you would have"; ἀλλήλοις= one another; ἡ ἀγάπη= love)

19. Luke 8:22 Ἐγένετο δὲ ἐν μιᾷ τῶν ἡμερῶν καὶ αὐτὸς ἐνέβη εἰς πλοῖον καὶ οἱ μαθηταὶ αὐτοῦ καὶ εἶπεν πρὸς αὐτούς, Διέλθωμεν εἰς τὸ πέραν τῆς λίμνης, καὶ ἀνήχθησαν. (ἐνβαίνω= I embark; τὸ πλοῖον= boat; Διέλθωμεν= "let us go"; πέραν= other side; ἡ λίμνη= lake; ἀνάγω= I set sail [in the passive voice])

20. Acts 20:25 Καὶ νῦν ἰδοὺ ἐγὼ οἶδα ὅτι οὐκέτι ὄψεσθε τὸ πρόσωπόν μου ὑμεῖς πάντες ἐν οἷς διῆλθον κηρύσσων τὴν βασιλείαν. (ἰδού= behold; οὐκέτι= no longer; τὸ πρόσωπον= face; κηρύσσων = "preaching")

21. John 21:23 ἐξῆλθεν οὖν οὗτος ὁ λόγος εἰς τοὺς ἀδελφοὺς ὅτι ὁ μαθητὴς ἐκεῖνος οὐκ ἀποθνῄσκει· οὐκ εἶπεν δὲ αὐτῷ ὁ Ἰησοῦς ὅτι οὐκ ἀποθνῄσκει ἀλλ', Ἐὰν <u>αὐτὸν θέλω μένειν</u> ἕως ἔρχομαι[, τί πρὸς σέ]; (ἐάν= if; αὐτὸν θέλω μένειν= "I want him to remain"; τί= what?)

12F. READING: MARK 1:9-15 JESUS BEGINS HIS MINISTRY

9 Καὶ ἐγένετο ἐν ἐκείναις ταῖς ἡμέραις ἦλθεν Ἰησοῦς ἀπὸ Ναζαρὲτ τῆς Γαλιλαίας καὶ ἐβαπτίσθη εἰς τὸν Ἰορδάνην ὑπὸ Ἰωάννου. 10 καὶ εὐθὺς ἀναβαίνων ἐκ τοῦ ὕδατος εἶδεν σχιζομένους τοὺς οὐρανοὺς καὶ τὸ πνεῦμα ὡς περιστερὰν καταβαῖνον εἰς αὐτόν· 11 καὶ φωνὴ ἐγένετο ἐκ τῶν οὐρανῶν, Σὺ εἶ ὁ υἱός μου ὁ ἀγαπητός, ἐν σοὶ εὐδόκησα. 12 Καὶ εὐθὺς τὸ πνεῦμα αὐτὸν ἐκβάλλει εἰς τὴν ἔρημον. 13 καὶ ἦν ἐν τῇ ἐρήμῳ τεσσεράκοντα ἡμέρας πειραζόμενος ὑπὸ τοῦ Σατανᾶ, καὶ ἦν μετὰ τῶν θηρίων, καὶ οἱ ἄγγελοι διηκόνουν αὐτῷ. 14 Μετὰ δὲ τὸ παραδοθῆναι τὸν Ἰωάννην ἦλθεν ὁ Ἰησοῦς εἰς τὴν Γαλιλαίαν κηρύσσων τὸ εὐαγγέλιον τοῦ θεοῦ 15 καὶ λέγων ὅτι Πεπλήρωται ὁ καιρὸς καὶ ἤγγικεν ἡ βασιλεία τοῦ θεοῦ· μετανοεῖτε καὶ πιστεύετε ἐν τῷ εὐαγγελίῳ.

9 ἐβαπτίσθη= "he was baptized";
10 εὐθύς= immediately; ἀναβαίνων = "coming up" ; σχιζομένους τοὺς οὐρανούς= "the heavens opened up"; τὸ πνεῦμα ὡς περιστερὰν καταβαῖνον= "the spirit as a dove descending"
11 φωνή= a voice; ἀγαπητός,-ή,-όν= beloved; εὐδόκέω= I am well pleased (with)
12 ἡ ἔρημος= desert; τὸ πνεῦμα= spirit
13 τεσσεράκοντα= forty; πειραζόμενος= "being tempted"; τὸ θηρίον= beast; διηκόνουν αὐτῷ= "they were ministering to him."
14 Μετὰ δὲ τὸ παραδοθῆναι τὸν Ἰωάννην= "After John was arrested. . ."; κηρύσσων = "preaching"
15 λέγων = "saying" ; Πεπλήρωται... καὶ ἤγγικεν= *perfect tense,* "has been fulfilled. . .and has drawn near"; μετανοεῖτε καὶ πιστεύετε= "repent and believe!" *(Imperatives)*

Exercises Ch. 13

13A. Overview
13B. Vocabularies 13 and 6
13C. Review
13D. Focus
13E. Sentences
13F. Readings

13A. Overview

1. What Tense Markers are used to form the Perfect Tense and the Pluperfect Tense?

    Tense Markers of the Perfect Tense?

    Tense Markers of the Pluperfect Tense?

2. Describe the Verbal Aspect of the Perfect and Pluperfect Tenses. What does the augment add in the formation of the Pluperfect Tense?

3. Explain reduplication. How would you reduplicate the following verb stems?

    κράζω   ἀγαπάω

    ἀναβαίνω   θεραπεύω

    εὑρίσκω   ἀποθνήσκω

4. Complete the "endings" for the Perfect and Pluperfect Tenses:

Perfect A		**Perfect M/P**	
-κα	-	-μαι	-
-	-	-	-
-	-	-	-

Pluperfect A		**Pluperfect M/P**	
-κειν	-	-μην	-
-	-	-	-
-	-	-	-

13B. Vocabularies 13 and 6

Fill in the spaces of the crossword puzzle using Greek for the corresponding English gloss.

Across

1. flesh
3. mouth, opening
6. hand
9. woman; wife
10. under
12. will, desire
14. by (means of), with
16. before, face to face
17. mother
18. into, to; for
20. I answer back
23. towards, to; with
24. I release, send away
26. I go into, I enter
27. name
29. I pass through/over
30. body
31. through

Down

2. from
3. with
4. I go away, depart
5. on account of
7. from, out of
8. word
11. spirit; breath
13. I go out, exit
15. in, among, with
18. hope
19. blood; bloodshed
21. night
22. seed; offspring
25. I come/go to
28. grace; favor, thankfulness

13C. Review

I. Translate these short phrases/sentences.

1. ὅλης τῆς Ἰουδαίας,

2. πάντων τῶν προφητῶν

3. ἀπὸ πάντων τῶν τέκνων αὐτῆς.

4. πολλοὺς τῶν υἱῶν Ἰσραὴλ

5. οὗτος ἔσται μέγας

6. παντὶ τῷ λαῷ

7. πᾶς γὰρ ὁ ὄχλος

8. πολλοὺς τῶν Φαρισαίων καὶ Σαδδουκαίων

9. πάσας τὰς βασιλείας τοῦ κόσμου

10. ἐν πάσῃ τῇ δόξῃ αὐτοῦ

11. πάντες γὰρ οἱ προφῆται καὶ ὁ νόμος

12. πάντες οἱ ὄχλοι καὶ ἔλεγον.

13. τὸ εὐαγγέλιον τοῦτό ἐστιν ἐν ὅλῳ τῷ κόσμῳ,

14. πάντες οἱ μαθηταὶ εἶπαν.

II. Translate these phrases with demonstrative pronouns:

1. ταύτας

2. μετὰ ταῦτα

3. τῶν κόσμων ἐκείνων

4. τούτοις τοῖς τέκνοις

5. αὗται αἱ παραβολαί

6. τοῦ φωτὸς τούτου

7. τοῖς ἀνδράσιν ἐκείνοις

8. διὰ τοῦτο

13D. Focus

I. Parse these verbs: (They are not necessarily Perfect or Pluperfect Tenses)

	Tense	Voice	Mood	Person	Number	Lexical Form & Meaning
1. ἔσωσα						
2. ἔγνωκαν						
3. ἐλήλυθα						
4. γενήσομαι						
5. βέβληνται						
6. πέπονθας						
7. πεπόρευμαι						
8. λέγω						
9. εἶδεν						
10. ἤγγικεν						

II. Parse these Third Declension nouns.

	Gender	Case	Number	Lexical Form	Translation with Case
1. μήτρος					
2. σαρκά					
3. ἐλπίδι					
4. πνεύματα					
5. θελήματος					
6. ῥῆμα					

13E. SENTENCES

Mark up the Odd sentences using the Constituent Marking Method from §4.6 CONSTITUENT MARKING FOR NAVIGATING A GREEK SENTENCE and then translate:

1. John 19:40 ἔλαβον οὖν τὸ σῶμα τοῦ Ἰησοῦ...

2. Matt 3:2 ἤγγικεν γὰρ ἡ βασιλεία τῶν οὐρανῶν.

3. Luke 3:6 καὶ ὄψεται πᾶσα σὰρξ τὸ σωτήριον τοῦ θεοῦ. (τὸ σωτήριον = salvation)

4. Luke 3:2b ἐγένετο ῥῆμα θεοῦ ἐπὶ Ἰωάννην τὸν Ζαχαρίου υἱὸν ἐν τῇ ἐρήμῳ. (ἡ ἔρημος = desert)

5. John 20:29 λέγει αὐτῷ ὁ Ἰησοῦς· Ὅτι ἑώρακάς με πεπίστευκας;

6. John 6:68b-69 ῥήματα ζωῆς αἰωνίου ἔχεις, [69] καὶ ἡμεῖς πεπιστεύκαμεν καὶ ἐγνώκαμεν ὅτι σὺ εἶ ὁ ἅγιος τοῦ θεοῦ. (ζωῆς αἰωνίου = "eternal life")

7. 1 Cor 2:12a ἡμεῖς δὲ οὐ τὸ πνεῦμα τοῦ κόσμου ἐλάβομεν ἀλλὰ τὸ πνεῦμα τὸ ἐκ τοῦ θεοῦ...

8. 1 Cor 7:27 δέδεσαι γυναικί, μὴ ζήτει λύσιν· λέλυσαι ἀπὸ γυναικός, μὴ ζήτει γυναῖκα. (μὴ ζήτει= "Seek not. . .!"; λύσιν= divorce [acc.sg.]; δέω= I bind)

9. Gal 4:22 γέγραπται γὰρ ὅτι Ἀβραὰμ δύο υἱοὺς ἔσχεν, ἕνα ἐκ τῆς παιδίσκης καὶ ἕνα ἐκ τῆς ἐλευθέρας. (δύο= two; ἡ παιδίσκης= female slave; ἐλευθέρος,-α,-ον= free)

10. Luke 3:16 ἐγὼ μὲν ὕδατι βαπτίζω ὑμᾶς·...αὐτὸς ὑμᾶς βαπτίσει ἐν πνεύματι ἁγίῳ καὶ πυρί.

11. Col 3:3 ἀπεθάνετε γὰρ καὶ ἡ ζωὴ ὑμῶν κέκρυπται σὺν τῷ Χριστῷ ἐν τῷ θεῷ· (κρύπτω= I hide)

12. John 16:27 αὐτὸς γὰρ ὁ πατὴρ φιλεῖ ὑμᾶς, ὅτι ὑμεῖς ἐμὲ πεφιλήκατε καὶ πεπιστεύκατε ὅτι ἐγὼ παρὰ [τοῦ] θεοῦ ἐξῆλθον. (φιλέω= I love)

13. Rom 14:14 οἶδα καὶ πέπεισμαι ἐν κυρίῳ Ἰησοῦ ὅτι οὐδὲν κοινὸν δι' ἑαυτοῦ. (κοινός,-ή,-όν= common/defiled; ἑαυτοῦ= itself)

14. Gal 2:7b πεπίστευμαι τὸ εὐαγγέλιον τῆς ἀκροβυστίας καθὼς Πέτρος τῆς περιτομῆς... (ἡ ἀκροβυστία= uncircumcision; καθώς= just as; ἡ περιτομή= circumcision)

15. John 1:30 οὗτός ἐστιν ὑπὲρ οὗ ἐγὼ εἶπον· Ὀπίσω μου ἔρχεται ἀνὴρ ὃς ἔνωπιον μου γέγονεν, ὅτι πρῶτός μου ἦν. (ὀπίσω= after)

16. Rom 8:15 οὐ γὰρ ἐλάβετε πνεῦμα δουλείας πάλιν εἰς φόβον ἀλλὰ ἐλάβετε πνεῦμα υἱοθεσίας ἐν ᾧ κράζομεν. (ὁ φόβος= fear; ἡ δουλεία= slavery; ἡ υἱοθεσία= sonship)

17. John 4:42 τῇ τε γυναικὶ ἔλεγον ὅτι Οὐκέτι διὰ τὴν σὴν λαλιὰν πιστεύομεν, αὐτοὶ γὰρ ἀκηκόαμεν καὶ οἴδαμεν ὅτι οὗτός ἐστιν ἀληθῶς ὁ σωτὴρ τοῦ κόσμου. (τε= and; οὐκέτι= no longer; σὴν λαλιάν= "your word"; ἀληθῶς= truly; ὁ σωτήρ= savior)

18. Gen 6:18 (LXX) καὶ στήσω τὴν διαθήκην μου πρὸς σέ. εἰσελεύσῃ δὲ εἰς τὴν κιβωτόν σὺ καὶ οἱ υἱοί σου καὶ ἡ γυνή σου καὶ αἱ γυναῖκες τῶν υἱῶν σου μετὰ σοῦ. (στήσω= "I will establish"; ἡ διαθήκη= covenant; ἡ κιβωτός= ark)

19. Matt 26:45 τότε ἔρχεται πρὸς τοὺς μαθητὰς καὶ λέγει αὐτοῖς, Καθεύδετε [τὸ] λοιπὸν καὶ ἀναπαύεσθε· ἰδοὺ ἤγγικεν ἡ ὥρα καὶ ὁ υἱὸς τοῦ ἀνθρώπου παραδίδοται εἰς χεῖρας ἁμαρτωλῶν. ([τὸ] λοιπόν= the remainder; ἰδού= behold; ἡ ὥρα= hour; καθεύδω= I sleep; ἀναπαύω= I rest; παραδίδοται= "is being betrayed"; ὁ ἁμαρτωλός= sinner)

20. Mark 6:14 Καὶ ἤκουσεν ὁ βασιλεὺς Ἡρῴδης, φανερὸν γὰρ ἐγένετο τὸ ὄνομα αὐτοῦ, καὶ ἔλεγον ὅτι Ἰωάννης ὁ βαπτίζων ἐγήγερται ἐκ νεκρῶν καὶ διὰ τοῦτο ἐνεργοῦσιν αἱ δυνάμεις ἐν αὐτῷ. (βασιλεὺς Ἡρῴδης= "King Herod"; φανερός,-ά,-όν= manifest; βαπτίζων= the baptizing one; ἐγήγερται= Pluperf. of ἐγείρω= I raise up; ἐνεργέω= I am operative; αἱ δυνάμεις= powers)

13F. READINGS

I. First John 1:1-3a.

¹ Ὃ ἦν ἀπ' ἀρχῆς, ὃ ἀκηκόαμεν, ὃ ἑωράκαμεν τοῖς ὀφθαλμοῖς ἡμῶν, ὃ ἐθεασάμεθα καὶ αἱ χεῖρες ἡμῶν ἐψηλάφησαν περὶ τοῦ λόγου τῆς ζωῆς ² καὶ ἡ ζωὴ ἐφανερώθη, καὶ ἑωράκαμεν καὶ μαρτυροῦμεν καὶ ἀπαγγέλλομεν ὑμῖν τὴν ζωὴν τὴν αἰώνιον ἥτις ἦν πρὸς τὸν πατέρα καὶ ἐφανερώθη ἡμῖν ³ ὃ ἑωράκαμεν καὶ ἀκηκόαμεν, ἀπαγγέλλομεν καὶ ὑμῖν, ἵνα καὶ ὑμεῖς κοινωνίαν ἔχητε μεθ' ἡμῶν. καὶ ἡ κοινωνία δὲ ἡ ἡμετέρα μετὰ τοῦ πατρὸς καὶ μετὰ τοῦ υἱοῦ αὐτοῦ Ἰησοῦ Χριστοῦ.

Verse 1: ἡ ἀρχή= beginning; θεάομαι= I see; ψηλαφέω= I touch;
Verse 2: ἐφανερώθη= "was manifest"; μαρτυρέω= I testify; ἀπαγγέλλω= I announce; αἰώνιον ἥτις= "eternal which"
Verse 3: ἵνα...ἔχητε= "in order that... you might have"; ἡ κοινωνία= fellowship; ἡ ἡμετέρα= "our"[this is a possessive adjective]

II. Colossians 1:1-6.

¹ Παῦλος ἀπόστολος Χριστοῦ Ἰησοῦ διὰ θελήματος θεοῦ καὶ Τιμόθεος ὁ ἀδελφὸς ² τοῖς ἐν Κολοσσαῖς ἁγίοις καὶ πιστοῖς ἀδελφοῖς ἐν Χριστῷ, χάρις ὑμῖν καὶ εἰρήνη ἀπὸ θεοῦ πατρὸς ἡμῶν. ³ Εὐχαριστοῦμεν τῷ θεῷ πατρὶ τοῦ κυρίου ἡμῶν Ἰησοῦ Χριστοῦ πάντοτε περὶ ὑμῶν προσευχόμενοι, ⁴ ἀκούσαντες τὴν πίστιν ὑμῶν ἐν Χριστῷ Ἰησοῦ καὶ τὴν ἀγάπην ἣν ἔχετε εἰς πάντας τοὺς ἁγίους ⁵ διὰ τὴν ἐλπίδα τὴν ἀποκειμένην ὑμῖν ἐν τοῖς οὐρανοῖς, ἣν προηκούσατε ἐν τῷ λόγῳ τῆς ἀληθείας τοῦ εὐαγγελίου ⁶ τοῦ παρόντος εἰς ὑμᾶς, καθὼς καὶ ἐν παντὶ τῷ κόσμῳ ἐστὶν καρποφορούμενον καὶ αὐξανόμενον καθὼς καὶ ἐν ὑμῖν, ἀφ' ἧς ἡμέρας ἠκούσατε καὶ ἐπέγνωτε τὴν χάριν τοῦ θεοῦ ἐν ἀληθείᾳ.

Verse 3: Εὐχαριστοῦμεν= "We give thanks"; πάντοτε= always; προσευχόμενοι= "while praying";
Verse 4: ἀκούσαντες= "having heard"; ἡ πίστις= faith
Verse 5: τὴν ἀποκειμένην= "which is stored up"; προακούω= I hear before;
Verse 6: τοῦ παρόντος= "which is present"; καθὼς= as; καρποφορούμενον= "bearing fruit"; αὐξανόμενον καθὼς= "growing as"

Exercises Ch. 14

14A. Overview
14B. Vocabularies 14 and 7
14C. Review
14D. Focus
14E. Sentences
14F. Reading

14A. Overview

1. What is the difference in form between the Interrogative and Indefinite Pronoun?

2. How does the Interrogative and Indefinite Pronoun function in a sentence?

3. Direct Questions in Greek must always begin with an interrogative word <u>and</u> end with a semi-colon. True or false?

4. Explain the MNOP rule:

5. Indirect statements of "manner" and "location" can begin with which two words respectively?

6. Which uses of the Dative Case are "most common," "very common," and "common"? List them below and create an English equivalent translation to each of these common uses.

"Most Common"

"Very Common"

"Common"

14B. Vocabularies 14 and 7

Fill in the spaces of the crossword puzzle using Greek for the corresponding English gloss.

Across

2. beloved
4. elderly, old
5. I trust
7. two
11. four
16. righteous, just
18. seven
19. dead
20. Why?
21. other; another
23. first; prominent
24. again
26. where (?)
27. how (?)
28. only; alone
29. Used to expect a positive answer
30. blind woman
31. bad; evil
34. eternal, long-lasting
35. good; beautiful; noble

Down

1. good, beneficial
3. middle
4. faithful, believing
6. last thing
7. twelve
8. someone
9. different; another
10. wicked; evil
12. yet, still
13. Judaean, Jewish
14. three
15. blessed, happy
16. right (vs. left)
17. holy; devout
18. each
22. rest; remaining
25. now, currently
28. Used to expect a negative answer
32. I hear; I obey
33. one's own

14C. Review

I. Translate these phrases with Third Declension nouns.

1. εἶπεν τῇ μητρὶ αὐτῆς

2. τῷ λόγῳ τῆς χάριτος αὐτοῦ

3. ὁ θεὸς τῆς ἐλπίδος

4. πνεύματα ἐκεῖνα

5. περὶ τοῦ θελήματος τοῦ θεοῦ

6. μου τὸ αἷμα καί μου τὴν σάρκα

7. ὕδατι καὶ πυρί

8. τοῖς πᾶσιν ἀνδράσιν

9. τῷ πατρί μου ἐν τοῖς οὐρανοῖς

10. ἄνδρες τοῦ Ἰσραήλ

11. ὑπὸ τοὺς πόδας αὐτοῦ

12. εἰς τοὺς αἰῶνας

13. ἐκ τοῦ στόματός σου

14. εἶδον μέγα φῶς

15. πολλῶν ὑδάτων

16. ὅλης τῆς νυκτός

II. Parse these verbs.

	Tense	Voice	Mood	Person	Number	Lexical Form & Meaning
1. ἄξω						
2. ἔγνωκα						
3. ἐλήλυθας						
4. διῆλθον						
5. γέγονα						
6. ἔσχηκα						
7. ἑώρακα						
8. ἔσομαι						
9. ἀνεβεβήκεισιν						
10. ἐδίωξα						

14D. Focus

I. Translate these short sentences most of which have interrogative and indefinite pronouns.

1. ἔλεγεν αὐτῷ εἷς ἕκαστος, Μήτι ἐγώ εἰμι, κύριε;

2. John 7:45 Διὰ τί οὐκ ἠγάγετε αὐτόν;

3. Luke 1:18 Κατὰ τί γνώσομαι τοῦτο;

4. 3 John 1:9 Ἔγραψά τι τῇ ἐκκλησίᾳ·

5. Rom 11:34 Τίς γὰρ ἔγνω νοῦν κυρίου; (νοῦν= "mind" acc. sg.)

6. Rom 10:6 Τίς ἀναβήσεται εἰς τὸν οὐρανόν;

7. Rom 10:7 Τίς καταβήσεται εἰς τὴν ἄβυσσον; (ἡ ἄβυσσος= ?; upsilon *becomes "y" in English*)

8. Luke 6:2a τινὲς δὲ τῶν Φαρισαίων εἶπαν. . . .

9. Acts 18:7a εἰσῆλθεν εἰς οἰκίαν τινὸς ὀνόματι Τιτίου Ἰούστου

10. John 5:47 εἰ δὲ τοῖς ἐκείνου γράμμασιν οὐ πιστεύετε, πῶς τοῖς ἐμοῖς ῥήμασιν πιστεύσετε;
(τὸ γράμμα= writing; ἐμοῖς= my)

11. Luke 13:31 Ἐν αὐτῇ τῇ ὥρᾳ προσῆλθάν τινες Φαρισαῖοι λέγοντες αὐτῷ· ἔξελθε καὶ πορεύου ἐντεῦθεν, ὅτι Ἡρῴδης θέλει σε ἀποκτεῖναι. (ἡ ὥρα= hour; λέγοντες= "saying"; ἔξελθε καὶ πορεύου ἐντεῦθεν = "go out and go from here"; θέλω= I want; ἀποκτεῖναι= "to kill")

12. Luke 9:49b εἴδομέν τινα ἐν τῷ ὀνόματί σου ἐκβάλλοντα δαιμόνια, (ἐκβάλλοντα= "casting out" [acc. sg. going with τινα])

II. Translate these adjectives from this lesson.

1. εἰς ζωὴν αἰώνιον

2. ἡ ἀδελφή μου μόνην με κατέλειπεν
   (ἀδελφή = sister; καταλείπω= I leave)

3. οἱ πρεσβύτεροι τοῦ λαοῦ

4. οὐκ ἐν τῷ ὕδατι μόνῳ

5. μόνοι οἱ μαθηταὶ αὐτοῦ ἀπῆλθον

6. ἀπὸ τῶν πρεσβυτέρων

7. οὐκ ἐπ' ἄρτῳ μόνῳ

8. ἐν μέσῳ αὐτῶν

9. ὅτι πιστοί εἰσιν καὶ ἀγαπητοί

10. τὴν δόξαν τὴν παρὰ τοῦ μόνου θεοῦ

11. ὁ τυφλός

12. Σὺ εἶ ὁ υἱός μου ὁ ἀγαπητός,

13. πρὸς τοὺς ἀποστόλους καὶ τοὺς πρεσβυτέρους τῆς ἐκκλησίας

14. ἡ γυνὴ ἐν μέσῳ τοῦ ὄχλου

14E. Sentences

Mark up the Odd sentences using the Constituent Marking Method from §4.6 CONSTITUENT MARKING FOR NAVIGATING A GREEK SENTENCE and then translate.

1. John 9:17 Τί σὺ λέγεις περὶ αὐτοῦ, ὅτι ἠνέῳξέν σου τοὺς ὀφθαλμούς;

2. Mark 12:23 οἱ γὰρ ἑπτὰ ἔσχον αὐτὴν γυναῖκα. (*hint: supply an "as"*)

3. Matt 12:23 καὶ ἐξίσταντο πάντες οἱ ὄχλοι καὶ ἔλεγον, Μήτι οὗτός ἐστιν ὁ υἱὸς Δαυίδ;
   (ἐξίσταντο= "were amazed")

4. Luke 1:34 εἶπεν δὲ Μαριὰμ πρὸς τὸν ἄγγελον, Πῶς ἔσται τοῦτο, ἐπεὶ ἄνδρα οὐ γινώσκω;
   (ἐπεί= since [*begins a subordinate clause*])

5. John 9:12 καὶ εἶπαν αὐτῷ, Ποῦ ἐστιν ἐκεῖνος; λέγει, Οὐκ οἶδα.

6. John 7:41 ἄλλοι ἔλεγον, Οὗτός ἐστιν ὁ Χριστός, οἱ δὲ ἔλεγον, Μὴ γὰρ ἐκ τῆς Γαλιλαίας ὁ Χριστὸς ἔρχεται; (οἱ δὲ= "but others")

7. John 20:29a λέγει αὐτῷ ὁ Ἰησοῦς, Ὅτι ἑώρακάς με πεπίστευκας;

8. John 8:46b τίς ἐξ ὑμῶν ἐλέγχει με περὶ ἁμαρτίας; εἰ ἀλήθειαν λέγω, διὰ τί ὑμεῖς οὐ πιστεύετέ μοι; (ἐλέγχω= I convict; ἡ ἁμαρτία= sin)

9. Matt 20:17-18a Καὶ ἀναβαίνων ὁ Ἰησοῦς εἰς Ἱεροσόλυμα παρέλαβεν τοὺς δώδεκα [μαθητὰς] κατ' ἰδίαν καὶ ἐν τῇ ὁδῷ εἶπεν αὐτοῖς· Ἰδοὺ ἀναβαίνομεν εἰς Ἱεροσόλυμα... (ἀναβαίνων= "while he was going up")

10. Luke 15:25 Ἦν δὲ ὁ υἱὸς αὐτοῦ ὁ πρεσβύτερος ἐν ἀγρῷ· καὶ ὡς ἐρχόμενος ἤγγισεν τῇ οἰκίᾳ, ἤκουσεν συμφωνίας καὶ χορῶν, (ὁ ἀγρός= field; ὡς ἐρχόμενος= "as, while coming,"; ἡ οἰκία= house; ἡ συμφωνία= music; ὁ χορός= dancing)

11. Matt 18:20 οὗ γάρ εἰσιν δύο ἢ τρεῖς συνηγμένοι εἰς τὸ ἐμὸν ὄνομα, ἐκεῖ εἰμι ἐν μέσῳ αὐτῶν. (οὗ= where; συνηγμένοι= "gathered together"; ἐκεῖ= there)

12. Matt 13:49 οὕτως ἔσται ἐν τῇ συντελείᾳ τοῦ αἰῶνος· ἐξελεύσονται οἱ ἄγγελοι καὶ ἀφοριοῦσιν τοὺς πονηροὺς ἐκ μέσου τῶν δικαίων (οὕτως= thus; ἡ συντελεία= end; ἀφοριοῦσιν= "they will separate")

13. John 9:17 λέγουσιν οὖν τῷ τυφλῷ πάλιν, Τί σὺ λέγεις περὶ αὐτοῦ, ὅτι ἠνέῳξέν σου τοὺς ὀφθαλμούς; ὁ δὲ εἶπεν ὅτι Προφήτης ἐστίν. (ὁ δέ= "he")

14. John 6:42 καὶ ἔλεγον, Οὐχ οὗτός ἐστιν Ἰησοῦς ὁ υἱὸς Ἰωσήφ, οὗ ἡμεῖς οἴδαμεν τὸν πατέρα καὶ τὴν μητέρα; πῶς νῦν λέγει ὅτι Ἐκ τοῦ οὐρανοῦ καταβέβηκα;

15. Βαρναβᾶς δὲ ἔλαβεν Παῦλον καὶ ἤγαγεν αὐτὸν πρὸς τοὺς ἀποστόλους καὶ διηγήσατο αὐτοῖς πῶς ἐν τῇ ὁδῷ εἶδεν τὸν κύριον καὶ ὅτι ἐλάλησεν αὐτῷ, καὶ πῶς ἐν Δαμασκῷ ἐπαρρησιάσατο ἐν τῷ ὀνόματι τοῦ Ἰησοῦ. (cf. Acts 9:20; διηγήσατο= "he explained"; λαλέω= I speak; παρρησιάζομαι= I speak boldly)

16. John 20:13 καὶ λέγουσιν αὐτῇ ἐκεῖνοι, Γύναι, τί κλαίεις; λέγει αὐτοῖς ὅτι Ἦραν τὸν κύριόν μου, καὶ οὐκ οἶδα ποῦ ἔθηκαν αὐτόν. John 20:15a λέγει αὐτῇ Ἰησοῦς, Γύναι, τί κλαίεις; τίνα ζητεῖς; (Ἦραν= "they took"; ἔθηκαν= "they set"; ζητέω= I seek)

17. Luke 24:10 ἦσαν δὲ ἡ Μαγδαληνὴ Μαρία καὶ Ἰωάννα καὶ Μαρία ἡ Ἰακώβου καὶ αἱ λοιπαὶ σὺν αὐταῖς. ἔλεγον πρὸς τοὺς ἀποστόλους ταῦτα,

18. John 21:23 ἐξῆλθεν οὖν οὗτος ὁ λόγος εἰς τοὺς ἀδελφοὺς ὅτι ὁ μαθητὴς ἐκεῖνος οὐκ ἀποθνῄσκει. οὐκ εἶπεν δὲ αὐτῷ ὁ Ἰησοῦς ὅτι οὐκ ἀποθνῄσκει· ἀλλ᾽, Ἐὰν αὐτὸν θέλω μένειν ἕως ἔρχομαι[, τί πρὸς σέ]; (ἐάν= if; μένειν= "to remain"; θέλω= I want; ἕως= until)

19. Luke 24:24 καὶ ἀπῆλθόν τινες τῶν σὺν ἡμῖν ἐπὶ τὸ μνημεῖον, καὶ εὗρον οὕτως καθὼς καὶ αἱ γυναῖκες εἶπον, αὐτὸν δὲ οὐκ εἶδον. (τὸ μνημεῖον= tomb; οὕτως= thus; καθώς= as)

20. Jonah 1:8 (LXX) καὶ εἶπον πρὸς αὐτόν, Ἀπάγγειλον ἡμῖν <u>τίνος ἕνεκεν</u> ἡ κακία αὕτη ἐστὶν ἐν ἡμῖν. τίς σου ἡ ἐργασία ἐστίν καὶ πόθεν ἔρχῃ καὶ ἐκ ποίας χώρας καὶ ἐκ ποίου λαοῦ εἶ σύ; (Ἀπάγγειλον= "Tell!"; τίνος ἕνεκεν= "on account of whom"; ἡ κακία= bad circumstance; ἡ ἐργασία= occupation; πόθεν= from where?; ποῖος,-α,-ον= what sort of?; ἡ χώρα= country)

14F. Reading

I. Paul's Defense in 1 Cor 9:1-6.

¹ Οὐκ εἰμὶ ἐλεύθερος; οὐκ εἰμὶ ἀπόστολος; οὐχὶ Ἰησοῦν τὸν κύριον ἡμῶν ἑόρακα; οὐ τὸ ἔργον μου ὑμεῖς ἐστε ἐν κυρίῳ; ² εἰ ἄλλοις οὐκ εἰμὶ ἀπόστολος, ἀλλά γε ὑμῖν εἰμι· ἡ γὰρ σφραγίς μου τῆς ἀποστολῆς ὑμεῖς ἐστε ἐν κυρίῳ. ³ Ἡ ἐμὴ ἀπολογία τοῖς ἐμὲ ἀνακρίνουσίν ἐστιν αὕτη. ⁴ μὴ οὐκ ἔχομεν ἐξουσίαν φαγεῖν καὶ πεῖν; ⁵ μὴ οὐκ ἔχομεν ἐξουσίαν ἀδελφὴν γυναῖκα περιάγειν ὡς καὶ οἱ λοιποὶ ἀπόστολοι καὶ οἱ ἀδελφοὶ τοῦ κυρίου καὶ Κηφᾶς; ⁶ ἢ μόνος ἐγὼ καὶ Βαρναβᾶς οὐκ ἔχομεν ἐξουσίαν μὴ ἐργάζεσθαι;

verse 1: ἐλεύθερος,-η,-ον= free
    ἑόρακα= "I have seen"
verse 2: γε= indeed
    ἡ σφραγίς= seal
verse 3: ἐμός,-ή,-όν= my
    ἡ ἀπολογία= defense
    τοῖς ἐμὲ ἀνακρίνουσίν= "to those judging me"

verse 4: ἡ ἐξουσία= authority
    φαγεῖν καὶ πεῖν= "to eat and drink"
verse 5: ἀδελφός,-ή,-όν= brotherly or sisterly
    περιάγειν= "to take along"
    ὡς= as
verse 6: ἤ= or
    μὴ ἐργάζεσθαι= "not to work"

II. 1 John 2:10-14: John's Purpose in Writing.

¹⁰ ὁ ἀγαπῶν τὸν ἀδελφὸν αὐτοῦ ἐν τῷ φωτὶ μένει καὶ σκάνδαλον ἐν αὐτῷ οὐκ ἔστιν· ¹¹ ὁ δὲ μισῶν τὸν ἀδελφὸν αὐτοῦ ἐν τῇ σκοτίᾳ ἐστὶν καὶ ἐν τῇ σκοτίᾳ περιπατεῖ καὶ οὐκ οἶδεν ποῦ ὑπάγει, ὅτι ἡ σκοτία ἐτύφλωσεν τοὺς ὀφθαλμοὺς αὐτοῦ. ¹² Γράφω ὑμῖν, τεκνία, ὅτι ἀφέωνται ὑμῖν αἱ ἁμαρτίαι διὰ τὸ ὄνομα αὐτοῦ. ¹³ γράφω ὑμῖν, πατέρες, ὅτι ἐγνώκατε τὸν ἀπ' ἀρχῆς. γράφω ὑμῖν, νεανίσκοι, ὅτι νενικήκατε τὸν πονηρόν. ¹⁴ ἔγραψα ὑμῖν, παιδία, ὅτι ἐγνώκατε τὸν πατέρα. ἔγραψα ὑμῖν, πατέρες, ὅτι ἐγνώκατε τὸν ἀπ' ἀρχῆς. ἔγραψα ὑμῖν, νεανίσκοι, ὅτι ἰσχυροί ἐστε καὶ ὁ λόγος τοῦ θεοῦ ἐν ὑμῖν μένει καὶ νενικήκατε τὸν πονηρόν.

Verse 10: ὁ ἀγαπῶν = "the person that is loving"; τό σκάνδαλον = temptation to sin
Verse 11: ὁ ... μισῶν = "the person that is hating"; ἡ σκοτία = darkness; περιπατέω = I walk/live; τυφλόω = I blind
Verse 12: ἀφέωνται ὑμῖν αἱ ἁμαρτίαι = "your sins are forgiven";
Verse 13: ἡ ἀρχή = beginning, *here prep. phrase is a substantive*; ὁ νεανίσκος = young man; νικάω = I conquer
Verse 14: τὸ παιδίον = young child; ἰσχυριός,-ή,-όν = strong; μένω = I remain

EXERCISES CH. 15

15A. OVERVIEW
15B. VOCABULARIES 15 AND 8
15C. REVIEW
15D. FOCUS
15E. SENTENCES
15F. READING

15A. OVERVIEW

1. What two tenses are found in the 6th Principal Part? Why do Greek grammarians put them into the same Principal Part?

2. To form the Future Passive Indicative what must you do to the Aorist Passive forms? Explain.

3. What are the Aorist Passive Indicative Tense Indicator, Suffix, and Endings? Provide them below.

4. What are the Future Passive Indicative Tense Indicator, Suffix, and Endings? Provide them below.

5. The Aorist Passive and Future Passive have the same verbal aspect as the Aorist Tense and Future Tense, respectively. True or false?

6. What is the basic function of Interjections? List two interjections.

7. What is the definition of polysyndeton and of asyndeton? What does asyndeton possibly convey?

8. Briefly, what is Correlative Emphasis?

9. Why are lists so important?

15B. Vocabularies 15 and 8

Fill in the spaces of the crossword puzzle using Greek for the corresponding English gloss.

Across

2. house, building
7. on behalf of, for
9. with
12. Galilee
13. authority; power
15. according to
16. already; now
18. heart
20. soul; mind; life
21. indeed, certainly
22. I throw out, expel
23. I bear, carry; I bring
24. that; because
28. concerning; about
30. I lead; I bring
31. Amen! Certainly!
33. generation; age; kind
34. land; earth
35. glory; splendor
36. I cast, throw; I place
39. Woe! Alas!
41. thus, in this manner
42. after, behind

Down

1. against; down from
3. head; superior
4. I bring to; I offer
5. and
6. prison; guard
8. first; before
10. love, adoration
11. if, whether
14. I depart, go away
17. righteousness
19. sin, failure; guilt
25. I gather together
26. lake, sea
27. voice; sound
29. there (as in a place)
32. then; thereafter
33. for (postpositive)
37. hour
38. I suffer
40. Behold! Look!
41. nor; not even; neither

15C. REVIEW

I. Translate these short sentences with interrogative and indefinite pronouns.

1. Rom 10:16 Κύριε, τίς ἐπίστευσεν τῇ ἀκοῇ ἡμῶν; (ἡ ἀκοή= report)

2. Rom 10:18 ἀλλὰ λέγω, μὴ οὐκ ἤκουσαν;

3. Luke 12:20 ἃ δὲ ἡτοίμασας, τίνι ἔσται;

4. Acts 7:52 τίνα τῶν προφητῶν οὐκ ἐδίωξαν οἱ πατέρες ὑμῶν;

5. Matt 21:25 Διὰ τί οὖν οὐκ ἐπιστεύσατε αὐτῷ;

6. Rev 17:7 Διὰ τί ἐθαύμασας;

7. Luke 12:13a Εἶπεν δέ τις ἐκ τοῦ ὄχλου αὐτῷ,

8. John 12:38 Κύριε, τίς ἐπίστευσεν τῇ ἀκοῇ ἡμῶν;

9. John 8:33 πῶς σὺ λέγεις ὅτι Ἐλεύθεροι γενήσεσθε; (ἐλεύθερος,-α,-ον= free)

10. John 4:46b Καὶ ἦν τις βασιλικὸς οὗ ὁ υἱὸς ἠσθένει ἐν Καφαρναούμ. (βασιλικός,-ά,-όν= of royalty; ἠσθένει = "he was ill")

11. Luke 16:1a Ἔλεγεν δὲ καὶ πρὸς τοὺς μαθητάς, Ἄνθρωπός τις ἦν πλούσιος. . . . (πλούσιος,-α,-ον= rich)

12. John 7:48 μή τις ἐκ τῶν ἀρχόντων ἐπίστευσεν εἰς αὐτὸν ἢ ἐκ τῶν Φαρισαίων; (ἤ= or)

13. οἱ Ἰουδαῖοι παρέλαβον τῶν ἀγοραίων ἄνδρας τινὰς πονηρούς.... (cf. Acts 17:5; οἱ ἀγοραῖοι= markets)

14. John 5:47 γράμμασιν οὐ πιστεύετε, πῶς τοῖς ἐμοῖς ῥήμασιν πιστεύσετε; (τὸ γράμμα= writing; ἐμοῖς= my)

II. Translate these short phrases and sentences.

1. τῆς ζωῆς αἰωνίου
2. εἰς αἰώνιον αὐτοῦ δόξαν
3. εἰς τὴν αἰώνιον βασιλείαν
4. τὴν ζωὴν τὴν αἰώνιον
5. ὁ μόνος θεός
6. οἱ πρεσβύτεροι τοῦ λαοῦ
7. τοὺς πρεσβυτέρους τῆς ἐκκλησίας
8. Οὗτός ἐστιν ὁ υἱός μου ὁ ἀγαπητός
9. ὡς τέκνα μου ἀγαπητά
10. ἀδελφοί μου ἀγαπητοί
11. Ἀγαπητοί, νῦν τέκνα θεοῦ ἐσμεν,
12. ἐν μέσῳ αὐτῶν
13. Ἐν δὲ τῇ ἐσχάτῃ ἡμέρᾳ τῇ μεγάλῃ
14. μέσης δὲ νυκτός
15. εἰς τὸ μέσον
16. ἡμέρας μέσης
17. κατὰ μέσον τῆς νυκτός
18. Ἰουδαίων ὁ θεὸς μόνων
19. εἰς ὑμᾶς μόνους
20. τῷ μόνῳ θεῷ, τιμὴ καὶ δόξα εἰς τοὺς αἰῶνας τῶν αἰώνων. ἀμήν.

15D. FOCUS

I. First, parse these verbs. Each set is from the same Lexical form. However, each form is not necessarily in order of Principal Parts (1, 2, 3, …). Remember when parsing to give Tense/Voice/Mood and Person/#.

II. Second, decide which Principal Part the verb form is from and place a number (1-6) over that form. Imperfect, Pluperfect, and Future Passive Tenses are included below. For example,

1	5	6	2	3
βαπτίζεται	βεβαπτίσμεθα	ἐβαπτίσθησαν	βαπτίσεις	ἐβάπτισας
P M/P I 3s	R M/P I 1p	API 3p	FAI 2s	AAI 2s

1. βλέψουσιν ἔβλεψαν βλέπομεν ἔβλεπον

2. γέγραφεν ἐγράψατε γέγραμμαι ἐγράφητε γράφετε γράψετε

3. ἐδιδάχθην διδάξεις διδάσκει ἐδίδαξα ἐδίδασκε

4. δοξάζουσι ἐδόξασα δοξάσω ἐδοξάσθην δεδόξασαι δοξασθήσεται

5. εὐηγγελίσθην εὐαγγελίζομαι εὐηγγελίσμεθα εὐηγγελίσαμην

6. ἐκήρυσσες κηρύσσουσιν ἐκήρυξαν ἐκηρύχθημεν

7. ἔκραξας κέκραγα ἔκραζον κράξει

8. λύω λύσω ἔλυσα λέλυκα λέλυμαι ἐλύθην

9. ἀπέλυε ἀπολύσεται ἀπέλυσας ἀπολέλυκαν ἀπολέλυμαι ἀπελύθη

10. πέμπεις ἐπέμφθη πέμψεσθε ἐπέμψαμεν

11. πιστεύσετε πεπίστευσαι ἐπίστευσα πεπίστευκας ἐπιστεύθησαν ἐπίστευον

12. σώσομεν σῴζει ἔσωσα σωθήσονται σεσώκαμεν ἐσώθητε σέσωσμαι

13. διώκω ἐδιώχθημεν διώξεις ἐδίωξε δεδίωγμαι

14. ἡτοίμασαν ἡτοίμακας ἡτοιμάζομεν ἡτοιμάσθη ἡτοίμασμαι

15. θαυμάζουσιν ἐθαύμασας ἐθαυμάσθης

16. θεραπεύῃ θεραπεύσῃ θεραπευθήσονται ἐθεράπευσα ἐθεραπεύθη τεθεράπευται

17. κεκαθίκασιν καθίζω καθίσουσιν ἐκαθίσαμεν

18. ἀκούεις ἤκουσεν ἀκήκοα ἠκούσθημεν ἀκούσεται

19. ἠνοίχθητε ἤνοιξα ἠνέῳξαν ἀνοιχθήσεται ἀνοίγει ἀνοίξεις ἀνέῳγμαι

20. ἐγγίει ἐγγίζει ἤγγισεν ἤγγικεν

21. κλαίομεν κλαύσω ἐκλαύσαμεν ἔκλαιον

22. ἔπεισαν πέποιθας πέπεισμαι ἐπείσθην πείθω πείσουσιν

23. ἄγουσιν ἤγαγον ἤχθην συνῆγμαι ἄξετε

24. ἀνέβαινεν ἀναβήσεται ἀνέβησαν ἀναβέβηκασιν

25. ἀπέθανον ἀποθνήσκω ἀποθανοῦμαι

26. ἔβαλλον βαλῶ ἔβαλον βεβλήκασιν βέβλησαι ἐβλήθητε

27. γενησόμεθα γίνονται ἐγενόμην γεγένημαι ἐγενήθη γέγονα

28. γνώσεσθε ἔγνω γινώσκω ἔγνωκαν ἐγνώσμεθα ἐγνώσθησαν

29. ἐλεύσομαι ἐληλύθατε ἀπῆλθε εἰσήρχετο ἔρχεται ἦλθον

30. ἐσθίεις φάγονται ἐφάγετε

31. εὑρήσετε εὗρε εὑρέθη εὑρίσκω εὑρήκατε

32. ἕξω ἔχω ἔσχον ἔσχηκα

33. λαμβάνουσιν λήμψεσθε ἔλαβον εἴληφα παρελήμφθην

34. λέγεται εἶπεν ἐρῶ εἴρηκας ἐρρέθην εἴρησθε

35. ὁράω ὤφθη ὄψομαι εἴδομεν ἑωράκασιν

36. οἶδας ᾔδεισαν

37. πάσχουσιν ἔπαθον πέπονθε

38. ἔπιον πίνομεν πεπώκατε πίομαι

39. ἔπιπτον πέπτωκα πέσομαι ἔπεσον

40. φέρει ἤνεγκα ἠνέχθην οἴσουσιν

41. ἔφυγες φεύγομεν φευξόμεθα

42. ἀπεκρινάμην ἀποκρίνεται ἀπεκρίθησαν

43. πορεύονται ἐπορεύθη πορεύσῃ πεπόρευται

44. προσεύξεσθε προσηυξάμην προσεύχομαι

III. Translate these sentences with Aorist and Future Passives.

1. Matt 9:30 καὶ ἠνεῴχθησαν αὐτῶν οἱ ὀφθαλμοί.

2. Acts 19:3 εἶπέν τε, Εἰς τί οὖν ἐβαπτίσθητε;

3. καὶ κηρυχθήσεται τοῦτο τὸ εὐαγγέλιον τῆς βασιλείας ἐν ὅλῃ τῇ γῇ.

4. John 12:31b νῦν ὁ ἄρχων τοῦ κόσμου τούτου ἐκβληθήσεται ἔξω· (ἔξω= outside)

5. Mark 5:21b συνήχθη ὄχλος πολὺς ἐπ' αὐτόν, καὶ ἦν παρὰ τὴν θάλασσαν.

6. Rom 7:10 ἐγὼ δὲ ἀπέθανον καὶ εὑρέθη μοι ἡ ἐντολὴ ἡ εἰς ζωήν, αὕτη εἰς θάνατον·

7. John 7:39b οὔπω γὰρ ἦν πνεῦμα, ὅτι Ἰησοῦς οὐδέπω ἐδοξάσθη. (οὔπω/οὐδέπω= not yet)

8. John 16:20b λυπηθήσεσθε, ἀλλ' ἡ λύπη ὑμῶν εἰς χαρὰν γενήσεται. (λυπέω= I grieve; ἡ λύπη= grief; ἡ χαρά= joy)

9. Acts 9:24 ἐγνώσθη δὲ τῷ Σαύλῳ ἡ ἐπιβουλὴ αὐτῶν. (ἡ ἐπιβουλή= plot)

10. Acts 7:2a Ὁ θεὸς τῆς δόξης ὤφθη τῷ πατρὶ ἡμῶν Ἀβραὰμ ὄντι ἐν τῇ Μεσοποταμίᾳ (ὄντι= "while being")

11. 1 Tim 1:11 κατὰ τὸ εὐαγγέλιον τῆς δόξης τοῦ μακαρίου θεοῦ, ὃ ἐπιστεύθην ἐγώ.

12. Acts 1:5 Ἰωάννης μὲν ἐβάπτισεν ὕδατι, ὑμεῖς δὲ ἐν πνεύματι βαπτισθήσεσθε ἁγίῳ οὐ μετὰ πολλὰς ταύτας ἡμέρας.

15E. Sentences

Perform the Constituent Marking Method on all these sentences based upon §4.6 CONSTITUENT MARKING FOR NAVIGATING A GREEK SENTENCE and then translate.

1. Matt 15:37 καὶ ἔφαγον πάντες καὶ ἐχορτάσθησαν. (χορτάζω= I satisfy)

2. Acts 10:13 καὶ ἐγένετο φωνὴ πρὸς αὐτόν,

3. Rev 1:7 Ἰδοὺ ἔρχεται μετὰ τῶν νεφελῶν, καὶ ὄψεται αὐτὸν πᾶς ὀφθαλμὸς (ἡ νεφέλη= cloud)

4. ἀπεκρίθη δὲ ὁ Ἰησοῦς καὶ εἶπεν, Οὐχὶ οἱ δέκα ἐκαθαρίσθησαν; οἱ δὲ ἐννέα ποῦ; (cf. Luke 17:17; καθαρίζω= I cleanse; ἐννέα= nine)

5. Gen 24:54a (LXX) καὶ ἔφαγον καὶ ἔπιον αὐτὸς καὶ οἱ ἄνδρες οἱ μετ' αὐτοῦ ὄντες καὶ ἐκοιμήθησαν... (ὄντες= "being"; κοιμάομαι= I sleep)

6. John 8:48 Ἀπεκρίθησαν οἱ Ἰουδαῖοι καὶ εἶπαν αὐτῷ, Οὐ καλῶς λέγομεν ἡμεῖς ὅτι Σαμαρίτης εἶ σὺ καὶ δαιμόνιον ἔχεις; (καλῶς= well)

7 Matt 18:1a Ἐν ἐκείνῃ τῇ ὥρᾳ προσῆλθον οἱ μαθηταὶ τῷ Ἰησοῦ.

8. Mark 7:21 ἔσωθεν γὰρ ἐκ τῆς καρδίας τῶν ἀνθρώπων οἱ διαλογισμοὶ οἱ κακοὶ ἐκπορεύονται, πορνεῖαι, κλοπαί, φόνοι, (ἔσωθεν= from within; ὁ διαλογισμός= thought; ἡ πορνεία= fornication; ἡ κλοπά= theft; ὁ φόνος= murder)

9. Matt 23:28 οὕτως καὶ ὑμεῖς ἔξωθεν μὲν φαίνεσθε τοῖς ἀνθρώποις δίκαιοι, ἔσωθεν δέ ἐστε μεστοὶ ὑποκρίσεως καὶ ἀνομίας. (ἔξωθεν= outside; φαίνω= I appear; ἔσωθεν= inside; μεστός= full; ὑπόκρισις= hypocrisy; ἀνομία= lawlessness)

10. Luke 12:9 ὁ δὲ ἀρνησάμενός με ἐνώπιον τῶν ἀνθρώπων ἀπαρνηθήσεται ἐνώπιον τῶν ἀγγέλων τοῦ θεοῦ. (ὁ ἀρνησάμενός= "the one denying"; ἀπαρνέω= I deny)

11. Gen 17:1b (LXX) καὶ ὤφθη κύριος τῷ Αβραμ καὶ εἶπεν αὐτῷ Ἐγώ εἰμι ὁ θεός σου...

12. 1 Cor 1:30b ὑμεῖς ἐστε ἐν Χριστῷ Ἰησοῦ, ὃς ἐγενήθη σοφία ἡμῖν ἀπὸ θεοῦ, δικαιοσύνη τε καὶ ἁγιασμὸς καὶ ἀπολύτρωσις, (ἡ σοφία= wisdom; ὁ ἁγιασμός= sanctification; ἡ ἀπολύτρωσις= redemption)

13. Mark 10:39 Τὸ ποτήριον ὃ ἐγὼ πίνω πίεσθε καὶ τὸ βάπτισμα ὃ ἐγὼ βαπτίζομαι βαπτισθήσεσθε, (τὸ ποτήριον= cup; τὸ βάπτισμα= baptism)

14. 1 Thess 1:6 καὶ ὑμεῖς μιμηταὶ ἡμῶν ἐγενήθητε καὶ τοῦ κυρίου, δεξάμενοι τὸν λόγον ἐν θλίψει πολλῇ μετὰ χαρᾶς πνεύματος ἁγίου, (ὁ μιμητής= imitators; δεξάμενοι= "having received"; ἡ θλῖψις= affliction; ἡ χαρά= joy)

15. John 6:26 ἀπεκρίθη αὐτοῖς ὁ Ἰησοῦς καὶ εἶπεν, Ἀμὴν ἀμὴν λέγω ὑμῖν, ζητεῖτέ με οὐχ ὅτι εἴδετε σημεῖα, ἀλλ' ὅτι ἐφάγετε ἐκ τῶν ἄρτων καὶ ἐχορτάσθητε. (ζητεῖτέ= you seek; τὸ σημεῖον= sign; χορτάζω= I satisfy)

16. Gen 1:4-5 (LXX) καὶ εἶδεν ὁ θεὸς τὸ φῶς ὅτι καλόν καὶ διεχώρισεν ὁ θεὸς ἀνὰ μέσον τοῦ φωτὸς καὶ ἀνὰ μέσον τοῦ σκότους. 5 καὶ ἐκάλεσεν ὁ θεὸς τὸ φῶς ἡμέραν καὶ τὸ σκότος ἐκάλεσεν νύκτα καὶ ἐγένετο ἑσπέρα καὶ ἐγένετο πρωί ἡμέρα μία. (διαχωρίζω= I divide; ἀνά= above; τὸ σκότος,-ους= darkness; καλέω= I call; ἡ ἑσπέρα= evening; πρωί= in the morning)

17. 1 Tim 3:16 καὶ ὁμολογουμένως μέγα ἐστὶν τὸ τῆς εὐσεβείας μυστήριον· Ὃς ἐφανερώθη ἐν σαρκί, ἐδικαιώθη ἐν πνεύματι, ὤφθη ἀγγέλοις, ἐκηρύχθη ἐν ἔθνεσιν, ἐπιστεύθη ἐν κόσμῳ, ἀνελήμφθη ἐν δόξῃ. (ὁμολογουμένως= confessedly; ἡ εὐσεβεία= godliness; τὸ μυστήριον= mystery; δικαιόω= I justify; τὸ ἔθνος,-ους= gentile; φανερόω= I appear)

18. John 8:33 ἀπεκρίθησαν πρὸς αὐτόν, Σπέρμα Ἀβραάμ ἐσμεν καὶ οὐδενὶ δεδουλεύκαμεν πώποτε· πῶς σὺ λέγεις ὅτι Ἐλεύθεροι γενήσεσθε; (πώποτε= never; τὸ σπέρμα= seed; δουλεύω= I am a slave; ἐλεύθερος,-η,-ον= free)

19. καὶ [Ἰησοῦς] εἶπεν τοῖς δαιμονίοις, Ὑπάγετε. οἱ δὲ ἐξῆλθον καὶ ἀπῆλθον εἰς τοὺς χοίρους· καὶ ἰδοὺ ὥρμησεν πᾶσα ἡ ἀγέλη κατὰ τοῦ κρημνοῦ εἰς τὴν θάλασσαν καὶ ἀπέθανον ἐν τοῖς ὕδασιν. (cf. Matt 8:32; Ὑπάγετε= "Depart!"; οἱ δέ= "they"; ὁ χοῖρος= pig; ἡ ἀγέλη= herd; ὁ κρημνός= slope; ὁρμάω= I rush)

20. 2 Sam 3:22 (LXX) καὶ ἰδοὺ οἱ παῖδες Δαυὶδ καὶ Ἰωὰβ παρεγίνοντο ἐκ τῆς ἐξοδίας καὶ σκῦλα πολλὰ ἔφερον μετ' αὐτῶν καὶ Ἀβέννηρ οὐκ ἦν μετὰ Δαυὶδ εἰς Χέβρων ὅτι ἀπεστάλκει αὐτὸν καὶ ἀπεληλύθει ἐν εἰρήνῃ. (ἡ ἐξοδία= expedition, raid; τὸ σκῦλον=booty; Χεβρών= Hebron; ἀπεστάλκει= "He had sent away"; *the other capitalized words are proper names*)

15F. Reading

I. Peter's Confession from Matt 16:16–19.

16 ἀποκριθεὶς δὲ Σίμων Πέτρος εἶπεν, Σὺ εἶ ὁ Χριστὸς ὁ υἱὸς τοῦ θεοῦ τοῦ ζῶντος. 17 ἀποκριθεὶς δὲ ὁ Ἰησοῦς εἶπεν αὐτῷ, Μακάριος εἶ, Σίμων Βαριωνᾶ, ὅτι σὰρξ καὶ αἷμα οὐκ ἀπεκάλυψέν σοι ἀλλ' ὁ πατήρ μου ὁ ἐν τοῖς οὐρανοῖς. 18 κἀγὼ δέ σοι λέγω ὅτι σὺ εἶ Πέτρος, καὶ ἐπὶ ταύτῃ τῇ πέτρᾳ οἰκοδομήσω μου τὴν ἐκκλησίαν καὶ πύλαι ᾅδου οὐ κατισχύσουσιν αὐτῆς. 19 δώσω σοι τὰς κλεῖδας τῆς βασιλείας τῶν οὐρανῶν, καὶ ὃ ἐὰν δήσῃς ἐπὶ τῆς γῆς ἔσται δεδεμένον ἐν τοῖς οὐρανοῖς, καὶ ὃ ἐὰν λύσῃς ἐπὶ τῆς γῆς ἔσται λελυμένον ἐν τοῖς οὐρανοῖς.

verse 16: ἀποκριθεὶς= "answering back"
    ζῶντος= "living" [attributive position]
verse 17: ἀποκριθεὶς= "answering back"
    ἀποκαλύπτω= I reveal
verse 18: ἡ πέτρα= rock;
    οἰκοδομέω= I build
    ἡ πύλη= gate;
    ὁ ᾅδος= Hades;
    κατισχύω= I overpower

verse 19: δώσω= "I will give"
    ἡ κλείς, κλειδός= key
    ὃ ἐὰν δήσῃς= "whatever you bind"
    δεδεμένον= "bound"
    ὃ ἐὰν λύσῃς= "whatever you loose"
    λελυμένον= "loosened"

II. Rev 1:19-2:2 The Son of Humanity's Instructions to John.

19 γράψον οὖν ἃ εἶδες καὶ ἃ εἰσὶν καὶ ἃ μέλλει γενέσθαι μετὰ ταῦτα. 20 τὸ μυστήριον τῶν ἑπτὰ ἀστέρων οὓς εἶδες ἐπὶ τῆς δεξιᾶς μου καὶ τὰς ἑπτὰ λυχνίας τὰς χρυσᾶς· οἱ ἑπτὰ ἀστέρες ἄγγελοι τῶν ἑπτὰ ἐκκλησιῶν εἰσιν καὶ αἱ λυχνίαι αἱ ἑπτὰ ἑπτὰ ἐκκλησίαι εἰσίν. 2:1 Τῷ ἀγγέλῳ τῆς ἐν Ἐφέσῳ ἐκκλησίας γράψον· Τάδε λέγει ὁ κρατῶν τοὺς ἑπτὰ ἀστέρας ἐν τῇ δεξιᾷ αὐτοῦ, ὁ περιπατῶν ἐν μέσῳ τῶν ἑπτὰ λυχνιῶν τῶν χρυσῶν· 2 Οἶδα τὰ ἔργα σου καὶ τὸν κόπον καὶ τὴν ὑπομονήν σου καὶ ὅτι οὐ δύνῃ βαστάσαι κακούς, καὶ ἐπείρασας τοὺς λέγοντας ἑαυτοὺς ἀποστόλους καὶ οὐκ εἰσίν καὶ εὗρες αὐτοὺς ψευδεῖς,

Verse 19: γράψον= "Write!"; μέλλει γενέσθαι= "are about to be"
Verse 20: τὸ μυστήριον= mystery; ὁ ἀστήρ= stars; ἡ λυχνία= lamp; χρυσᾶς= "golden" (acc.pl.);
Verse 1: γράψον= "Write!"; Τάδε= "these things"; ὁ κρατῶν= "the one holding"; ὁ περιπατῶν= "the one walking"
Verse 2: ὁ κόπος= labor; ἡ ὑπομονή= steadfastness; οὐ δύνῃ βαστάσαι= "you are not able to tolerate"; πειράζω= I test; τοὺς λέγοντας ἑαυτοὺς= "those calling themselves"; ψευδεῖς= "false" (acc.pl.)

EXERCISES CH. 16

16A. OVERVIEW
16B. VOCABULARIES 16 AND 3
16C. REVIEW
16D. FOCUS
16E. SENTENCES
16F. READING

16A. OVERVIEW

1. What differences are there between the endings of the consonant and vowel stem Third Declension nouns? Fill in the chart below:

	Standard Third Declension Consonant Stem Endings			**Vowel Stem Endings**		
	Masc./Fem. Stems		Neuter Stems	Masculine Stem	Feminine Stem	Neuter Stem
sg. nom.	-ς		- or -ς			
gen.	-ος	→	-ος			
dat.	-ι	→	-ι			
acc.	-α		- or -ς			
pl. nom.	-ες		-α			
gen.	-ων	→	-ων			
dat.	-σι(ν)	→	-σι(ν)			
acc.	-ας		-α			

2. What are the uses of each of the subordinating conjunctions presented in this chapter?

    a. Ὡς has three main uses.

    b. Καθώς

    c. Ὅτε

    d. Ὅπου

3. Neuter Plural Nouns always use 3rd singular Verbs. True or false?

4. What are the two essential questions of Semantic Diagramming?

5. What are the two essential questions of Semantic Analysis?

16B. Vocabularies 16 and 3

Fill in the spaces of the crossword puzzle using Greek for the corresponding English gloss.

Across

1. nation; Gentile
5. I come, I go
9. I save; I heal
10. Judas
12. city
13. resurrection
15. part, portion
17. I send
22. I announce the good news
26. year
28. I find, I discover
30. end; purpose
31. no, not
32. faith; faithfulness
33. where
34. power; miracle

Down

2. affliction
3. when
4. as, according as
5. I have, I hold
6. I teach
7. Moses
8. scribe
11. I glorify, I honor
14. I write
16. high priest
18. I pray
19. king
20. I say, I speak
21. I see
23. as, according as; while
24. judgment
25. I go
27. mountain
29. I baptize

16C. Review

Translate these short phrases and sentences and parse each verb form.

1. John 12:16a ταῦτα οὐκ ἔγνωσαν αὐτοῦ οἱ μαθηταί

2. John 12:16b ἀλλ' ὅτε ἐδοξάσθη Ἰησοῦς

3. Acts 17:33b οὕτως ὁ Παῦλος ἐξῆλθεν ἐκ μέσου αὐτῶν.

4. 2 Cor 11:7b δωρεὰν τὸ τοῦ θεοῦ εὐαγγέλιον εὐηγγελισάμην ὑμῖν; (δωρεάν= freely)

5. Col 4:9a σὺν Ὀνησίμῳ τῷ πιστῷ καὶ ἀγαπητῷ ἀδελφῷ, ὅς ἐστιν ἐξ ὑμῶν·

6. Rev 5:5a καὶ εἷς ἐκ τῶν πρεσβυτέρων λέγει μοι, Μὴ κλαῖε, (Μὴ κλαῖε= "Don't cry!")

7. Matt 17:18 καὶ ἐξῆλθεν ἀπ' αὐτοῦ τὸ δαιμόνιον καὶ ἐθεραπεύθη ὁ παῖς ἀπὸ τῆς ὥρας ἐκείνης. (ὁ παῖς= child)

8. 1 Cor 1:16 ἐβάπτισα δὲ καὶ τὸν Στεφανᾶ οἶκον, λοιπὸν οὐκ οἶδα εἴ τινα ἄλλον ἐβάπτισα.

9. Παῦλος εἰσῆλθε σὺν ἡμῖν πρὸς Ἰάκωβον καὶ πάντες παρεγένοντο οἱ πρεσβύτεροι. (cf. Acts 21:18b; παραγίνομαι= I am present)

10. Rom 4:3 τί γὰρ ἡ γραφὴ λέγει; Ἐπίστευσεν δὲ Ἀβραὰμ τῷ θεῷ καὶ ἐλογίσθη αὐτῷ εἰς δικαιοσύνην. (ἡ γραφή= scripture; λογίζω= I reckon)

11. John 16:20 ἀμὴν ἀμὴν λέγω ὑμῖν ὅτι κλαύσετε καὶ θρηνήσετε ὑμεῖς, ὁ δὲ κόσμος χαρήσεται. (θρηνέω= I wail; χαίρω= I rejoice)

12. Mark 10:31 πολλοὶ δὲ ἔσονται πρῶτοι ἔσχατοι καὶ [οἱ] ἔσχατοι πρῶτοι.

16D. Focus

I. Parse these Nouns from all three Declensions.

		Gender	Case	Number	Lexical Form and Meaning
1.	πόλεις				
2.	τῆς πίστεως				
3.	πόδας				
4	τὸ τέλος				
5.	ἔθνων				
6.	οἱ ἀνδρές				
7.	γραμματεύς				
8.	ἀναστάσεως				
9.	τῶν αἰώνων				
10.	τοῦ Μωϋσέως				
11.	θλίψεως				
12.	πατρί				
13.	ὁ ἀρχιερεύς				
14.	φῶτος				
15.	τὸ ἔτος				
16.	τῷ βασιλεῖ				
17.	κρίσις				
18.	μέρος				
19.	ἄρχουσιν				
20.	δυνάμει				

II. Translate these subordinate clauses.

1. ὅπου ἤκουον ὅτι ἐστίν.

2. Ὅτε οὖν ἤκουσεν ὁ Πιλᾶτος τοῦτον τὸν λόγον

3. ὡς ἤκουσεν τὸν ἀσπασμὸν τῆς Μαρίας ἡ Ἐλισάβετ (ὁ ἀσπασμός= greeting)

4. Καὶ ὅτε ἐγένετο ἡ ὥρα,

5. καθὼς καὶ ἐν ὑμῖν

6. καὶ πορεύεται ὅπου ἦν τὸ παιδίον. (τὸ παιδίον= child)

7. καθώς ἐστιν ἀλήθεια ἐν τῷ Ἰησοῦ,

8. καὶ ὅπου εἰμὶ ἐγὼ

9. ὅτε οἱ νεκροὶ ἀκούσουσιν τῆς φωνῆς τοῦ υἱοῦ τοῦ θεοῦ

10. Καὶ ὡς ἤγγισεν τὴν πόλιν ἔκλαυσεν ἐπ' αὐτήν

11. Ὅπου ἐγὼ ὑπάγω

12. ὅτε ἤνοιξεν τὴν σφραγῖδα τὴν δευτέραν (ἡ σφραγίς= seal; δεύτερος,-α,-ον= second)

16E. SENTENCES

Mark up all the sentences using the Constituent Marking Method from §4.7 CONSTITUENT MARKING FOR NAVIGATING A GREEK SENTENCE. For the Odds, practice Semantic Diagramming following 16.4 SEMANTIC DIAGRAMMING. Such diagramming can be done in the space below; however, if possible, find the Greek text from a computer program or internet source, and do this inside a word processor. Add Analysis and ask questions as necessary following 16.5 SEMANTIC ANALYSIS. See the ANSWER KEY AND GUIDE for guidance or for comparison.

1. Matt 25:32a καὶ συναχθήσονται ἔμπροσθεν αὐτοῦ πάντα τὰ ἔθνη, (ἔμπροσθεν =before [with gen.])

2. Luke 6:6b καὶ ἦν ἄνθρωπος ἐκεῖ καὶ ἡ χεὶρ αὐτοῦ ἡ δεξιὰ ἦν ξηρά. (ξηρός,-ά,-όν= withered)

3. Rev 22:13 ἐγὼ τὸ Ἄλφα καὶ τὸ Ὦ, ὁ πρῶτος καὶ ὁ ἔσχατος, ἡ ἀρχὴ καὶ τὸ τέλος. (ἡ ἀρχή= beginning)

4. Acts 4:27a συνήχθησαν γὰρ ἐπ' ἀληθείας ἐν τῇ πόλει ταύτῃ ἐπὶ τὸν ἅγιον παῖδά σου Ἰησοῦν (ὁ παῖς= child/servant; ἐπί here with acc.= against)

5. John 13:6 ἔρχεται οὖν πρὸς Σίμωνα Πέτρον· λέγει αὐτῷ, Κύριε, σύ μου νίπτεις τοὺς πόδας;

   (νίπτω= I wash)

6. 1 Cor 13:12b ἄρτι γινώσκω ἐκ μέρους, τότε δὲ ἐπιγνώσομαι καθὼς καὶ ἐπεγνώσθην. (ἄρτι= now)

7. John 8:57 εἶπον οὖν οἱ Ἰουδαῖοι πρὸς αὐτόν, Πεντήκοντα ἔτη οὔπω ἔχεις καὶ Ἀβραὰμ ἑώρακας; (πεντήκοντα= fifty; οὔπω= not yet)

8. Rev 16:19a καὶ ἐγένετο ἡ πόλις ἡ μεγάλη εἰς τρία μέρη καὶ αἱ πόλεις τῶν ἐθνῶν ἔπεσαν.

9. 2 Cor 2:4a ἐκ γὰρ πολλῆς θλίψεως καὶ συνοχῆς καρδίας ἔγραψα ὑμῖν διὰ πολλῶν δακρύων, (ἡ συνοχή= anguish; τὸ δάκρυον= tear)

10. Rev 5:14 καὶ τὰ τέσσαρα ζῷα ἔλεγον, Ἀμήν. καὶ οἱ πρεσβύτεροι ἔπεσαν καὶ προσεκύνησαν. (τὸ ζῷον= living creature; προσκυνέω= I worship)

11. Acts 17:4a καί τινες ἐξ αὐτῶν ἐπείσθησαν καὶ προσεκληρώθησαν τῷ Παύλῳ καὶ τῷ Σιλᾷ, (προσκληρόω= I allot; I join [when in *passive voice*])

12. Gen 12:1 (LXX) καὶ εἶπεν κύριος τῷ Αβραμ ἔξελθε ἐκ τῆς γῆς σου καὶ ἐκ τῆς συγγενείας σου καὶ ἐκ τοῦ οἴκου τοῦ πατρός σου εἰς τὴν γῆν ἣν ἄν σοι δείξω. (δείκνυμι= I show)

13. John 4:39a Ἐκ δὲ τῆς πόλεως ἐκείνης πολλοὶ ἐπίστευσαν εἰς αὐτὸν τῶν Σαμαριτῶν διὰ τὸν λόγον τῆς γυναικός...

14. Matt 10:18 καὶ ἐπὶ ἡγεμόνας δὲ καὶ βασιλεῖς ἀχθήσεσθε ἕνεκεν ἐμοῦ εἰς μαρτύριον αὐτοῖς καὶ τοῖς ἔθνεσιν. (ὁ ἡγεμών, ἡγεμόνος= leader; τὸ μαρτύριον= testimony)

15. Acts 24:1a Μετὰ δὲ πέντε ἡμέρας κατέβη ὁ ἀρχιερεὺς Ἀνανίας μετὰ πρεσβυτέρων τινῶν καὶ ῥήτορος Τερτύλλου τινός. . . ., (ὁ ἀρχιερεὺς= high priest; ὁ ῥήτωρ= rhetorician)

16. 1 John 2:18 Παιδία, ἐσχάτη ὥρα ἐστίν, καὶ καθὼς ἠκούσατε ὅτι ἀντίχριστος ἔρχεται, καὶ νῦν ἀντίχριστοι πολλοὶ γεγόνασιν, ὅθεν γινώσκομεν ὅτι ἐσχάτη ὥρα ἐστίν. (τὸ παιδίον= little child; ὅθεν= wherefore)

17. Luke 22:66 Καὶ ὡς ἐγένετο ἡμέρα, συνήχθη τὸ πρεσβυτέριον τοῦ λαοῦ, ἀρχιερεῖς τε καὶ γραμματεῖς, καὶ ἀπήγαγον αὐτὸν εἰς τὸ συνέδριον αὐτῶν, (τὸ πρεσβυτέριον= leadership, eldership; ἀπάγω= I lead back; τὸ συνέδριον= governing council; Sanhedrin)

18. τότε τὸ πνεῦμα πορεύεται καὶ παραλαμβάνει ἕτερα πνεύματα ἑπτά καὶ εἰσέρχονται ἐκεῖ, καὶ γίνεται τὰ ἔσχατα τοῦ ἀνθρώπου ἐκείνου <u>χείρονα τῶν πρώτων.</u> (cf. Luke 11:26; χείρονα τῶν πρώτων= "worse than the first")

19. Matt 20:23 λέγει αὐτοῖς, Τὸ μὲν ποτήριόν μου πίεσθε, <u>τὸ</u> δὲ <u>καθίσαι</u> ἐκ δεξιῶν μου καὶ ἐξ εὐωνύμων οὐκ ἔστιν ἐμὸν [τοῦτο] δοῦναι, ἀλλ' οἷς ἡτοίμασται ὑπὸ τοῦ πατρός μου. (τὸ ποτήριον= cup; τὸ καθίσαι= "to sit"; εὐωνύμων= left; ἐμόν= mine; δοῦναι= "to give")

20. Mark 14:61b-62 πάλιν ὁ ἀρχιερεὺς λέγει αὐτῷ, Σὺ εἶ ὁ Χριστὸς ὁ υἱὸς τοῦ εὐλογητοῦ; 62 ὁ δὲ Ἰησοῦς εἶπεν, Ἐγώ εἰμι, καὶ ὄψεσθε τὸν υἱὸν τοῦ ἀνθρώπου ἐκ δεξιῶν καθήμενον τῆς δυνάμεως καὶ ἐρχόμενον μετὰ τῶν νεφελῶν τοῦ οὐρανοῦ. (εὐλογητός,-ά,-όс= blessed; καθήμενον= "seated"; ἐρχόμενον= "coming"; ἡ νεφέλη= cloud)

16F. READING

I. John 13:31-35: Jesus talking with his disciples in view of his death.

31 Ὅτε οὖν ἐξῆλθεν, λέγει Ἰησοῦς, Νῦν ἐδοξάσθη ὁ υἱὸς τοῦ ἀνθρώπου, καὶ ὁ θεὸς ἐδοξάσθη ἐν αὐτῷ· 32 [εἰ ὁ θεὸς ἐδοξάσθη ἐν αὐτῷ] καὶ ὁ θεὸς δοξάσει αὐτὸν ἐν αὐτῷ, καὶ εὐθὺς δοξάσει αὐτόν. 33 τεκνία, ἔτι μικρὸν μεθ' ὑμῶν εἰμι· ζητήσετέ με, καὶ καθὼς εἶπον τοῖς Ἰουδαίοις ὅτι Ὅπου ἐγὼ ὑπάγω ὑμεῖς οὐ δύνασθε ἐλθεῖν, καὶ ὑμῖν λέγω ἄρτι. 34 ἐντολὴν καινὴν δίδωμι ὑμῖν, ἵνα ἀγαπᾶτε ἀλλήλους, καθὼς ἠγάπησα ὑμᾶς ἵνα καὶ ὑμεῖς ἀγαπᾶτε ἀλλήλους. 35 ἐν τούτῳ γνώσονται πάντες ὅτι ἐμοὶ μαθηταί ἐστε, ἐὰν ἀγάπην ἔχητε ἐν ἀλλήλοις.

Verse 32: εὐθύς= immediately;
Verse 33: μικρόν= a little; ζητέω= I seek; δύνασθε ἐλθεῖν= "you are able to go"; ἄρτι= now;
Verse 34: καινός,-ή,-όν= new; δίδωμι= I give; ἵνα ἀγαπᾶτε ἀλλήλους= "that you love one another"; ἀγαπάω= I love; ἵνα= that;
Verse 35: ἐὰν ἀγάπην ἔχητε ἐν ἀλλήλοις= "if you have love among one another"

II. Modified from Matt 20:17-19.

17 Καὶ ἀνέβη ὁ Ἰησοῦς εἰς Ἱεροσόλυμα καὶ παρέλαβεν τοὺς δώδεκα [μαθητὰς] κατ' ἰδίαν καὶ ἐν τῇ ὁδῷ εἶπεν αὐτοῖς, 18 Ἰδοὺ ἀναβαίνομεν εἰς Ἱεροσόλυμα, καὶ ὁ υἱὸς τοῦ ἀνθρώπου <u>παραδοθήσεται</u> τοῖς ἀρχιερεῦσιν καὶ γραμματεῦσιν, καὶ <u>κατακρινοῦσιν</u> αὐτὸν θανάτῳ 19 καὶ <u>παραδώσουσιν</u> αὐτὸν τοῖς ἔθνεσιν <u>εἰς τὸ ἐμπαῖξαι καὶ μαστιγῶσαι καὶ σταυρῶσαι</u>, καὶ τῇ τρίτῃ ἡμέρᾳ <u>ἐγερθήσεται</u>.

<u>Verse 18:</u> παραδοθήσεται= "he will be betrayed"; κατακρινοῦσιν= "they will condemn";
<u>Verse 19:</u> παραδώσουσιν= "they will hand over"; εἰς τὸ ἐμπαῖξαι καὶ μαστιγῶσαι καὶ σταυρῶσαι= "in order to mock and beat and crucify (him)"; ἐγείρω= I raise up

Exercises Ch. 17

17A. Overview
17B. Vocabularies 17 and 4
17C. Review
17D. Focus
17E. Sentences
17F. Reading

17A. Overview

1. Participles are defined as _____ _____. As verbs, participles have these three characteristics: _____, _____, _____. As adjectives, they have these three characteristics: _____, _____, _____.

2. Participles occur mainly in what three tenses?

3. Aorist Participles have augments just as Perfect Participles have reduplication. True or false?

4. What noun and its endings is used as a pattern for the masculine/neuter active participle endings? Put these endings below:

5. Fill in the Keys to Identifying and Parsing Participles.

Tense	Masculine/Neuter	Feminine	Other Features
	Coupling Syllable + Type of Declension Ending	Coupling Syllable + Type of Declension Ending	
Present A			
M/P			
Aorist A			
M			
P			
2nd			
Perfect A			
M/P			

6. Aorist and Present Participles express *relative time*. What is the relative time of each tense? What time word is used for adverbial participles for each tense?

7. What is an Adjectival Participle? What is a Circumstantial Participle? What are good indicators to distinguish between them?

8. Placement of Circumstantial participles is Important. Describe the possible functions:

   a. Pre-Position (before Nuclear Verb)

   b. Post Position (after Nuclear Verb)

17B. VOCABULARIES 17 AND 4

Fill in the spaces of the crossword puzzle using Greek for the corresponding English gloss.

Across

3. kingdom, reign
7. need
9. Herod
11. beginning
12. language; tongue
14. commandment
15. scripture; writing
16. honor
19. parable
21. synagogue, gathering
24. Judea
26. truth
27. disciple
28. I exist
29. therefore (postpositive)

Down

1. and; even, also
2. peace
4. righteousness
5. promise
6. no
8. church, assembly
10. prophet
13. wisdom
17. day
18. life
20. but
21. salvation
22. and, but (postpositive)
23. joy
25. John

17C. REVIEW

I. Translate these subordinate clauses.

1. ὅπου τὸ πάσχα μετὰ τῶν μαθητῶν φάγω. (τὸ πάσχα = Passover)

2. ἡμέρα κυρίου ὡς κλέπτης ἐν νυκτὶ οὕτως ἔρχεται. (ὁ κλέπτης = thief)

3. ὅτε ἐτέλεσεν ὁ Ἰησοῦς τὰς παραβολὰς ταύτας, (τελέω = I finish)

4. τὰ δὲ ἱμάτια αὐτοῦ ἐγένετο λευκὰ ὡς τὸ φῶς. (τὸ ἱμάτιον = garment; λευκά = white)

5. καὶ ἐγενήθησαν ὡς νεκροί.

6. ὡς ἀπῆλθον ἀπ᾽ αὐτῶν εἰς τὸν οὐρανὸν

7. ὅπου ἦν Λάζαρος

8. ὡς ἤκουσεν ὅτι Ἰησοῦς ἔρχεται

9. καὶ ὅτε ἐγένετο ἡμέρα,

10. καὶ καθὼς ἐγένετο ἐν ταῖς ἡμέραις Νῶε, οὕτως ἔσται

11. ὅπου οὐκ εἶχεν γῆν πολλήν

12. ὡς ἤγγισεν εἰς Βηθφαγὴ καὶ Βηθανίαν

II. Translate these phrases and sentences, and parse each verb.

1. Matt 9:26 καὶ ἐξῆλθεν ἡ φήμη αὕτη εἰς ὅλην τὴν γῆν ἐκείνην. (ἡ φήμη= report)

2. Matt 13:56a καὶ αἱ ἀδελφαὶ αὐτοῦ οὐχὶ πᾶσαι πρὸς ἡμᾶς εἰσιν;

3. John 9:10 πῶς [οὖν] ἠνεῴχθησάν σου οἱ ὀφθαλμοί;

4. Mark 6:28a καὶ ἤνεγκεν τὴν κεφαλὴν αὐτοῦ ἐπὶ πίνακι (πίνακι= platter)

5. Matt 12:15b ἐθεράπευσεν αὐτοὺς πάντας

6. John 10:42 καὶ πολλοὶ ἐπίστευσαν εἰς αὐτὸν ἐκεῖ.

7. Gal 3:2 ἐξ ἔργων νόμου τὸ πνεῦμα ἐλάβετε ἢ ἐξ ἀκοῆς πίστεως; (ἤ= or; ἡ ἀκοή= hearing)

8. John 9:17 Τί σὺ λέγεις περὶ αὐτοῦ, ὅτι ἠνέῳξέν σου τοὺς ὀφθαλμούς;

9. καὶ αὐτῇ κατέπιεν τὸν ποταμὸν ὃν ἔβαλεν ὁ δράκων ἐκ τοῦ στόματος αὐτοῦ. (cf. Rev 12:16b; ὁ ποταμός= river; ὁ δράκων= dragon; καταπίνω= I drink down)

10. Acts 11:16 Ἰωάννης μὲν ἐβάπτισεν ὕδατι, ὑμεῖς δὲ βαπτισθήσεσθε ἐν πνεύματι ἁγίῳ.

11. Matt 8:12 οἱ δὲ υἱοὶ τῆς βασιλείας ἐκβληθήσονται εἰς τὸ σκότος...

12. Matt 3:16 καὶ ἰδοὺ ἠνεῴχθησαν [αὐτῷ] οἱ οὐρανοί, καὶ εἶδεν [τὸ] πνεῦμα

Exercises Ch. 17

13. οὐκ οἴδατε ὅτι ἡμεῖς οἳ ἐβαπτίσθημεν εἰς Χριστὸν Ἰησοῦν, εἰς τὸν θάνατον αὐτοῦ ἐβαπτίσθημεν; (cf. Rom 6:3)

14. Acts 4:26 οἱ ἄρχοντες συνήχθησαν ἐπὶ τὸ αὐτὸ κατὰ τοῦ κυρίου καὶ κατὰ τοῦ Χριστοῦ αὐτοῦ. (ἐπὶ τὸ αὐτό= "together")

17D. Focus

I. Parse these Participles.

	Tense	Voice	Mood	Gender	Case	Number	Lexical Form & Meaning
1. λέγοντες							
2. ἀκούσας							
3. ἐλθών							
4. ἰδόντες							
5. γράψας							
6. ὄντι							
7. ἔχοντα							
8. ἐξεληλυθυῖαν							
9. λέγων							
10. βαπτισθείς							

II. Translate these Adjectival Participles (both Substantive and Attributive).

1. a. διδάσκω τὸ θέλημα τοῦ πέμψαντός με.

   b. ἐδίδασκον τὸ θέλημα τοῦ πέμψαντός με.

   c. διδάσκω τὸ θέλημα τοῦ πέμποντός με.

   d. ἐδίδασκον τὸ θέλημα τοῦ πέμποντός με.

2. a. ἡ πιστεύουσα εἰς Ἰησοῦν ἀπῆλθεν.

   b. ἡ πιστεύσασα εἰς Ἰησοῦν ἀπῆλθεν.

   c. ἡ πιστεύουσα εἰς Ἰησοῦν ἀπέρχεται.

   d. ἡ πιστεύσασα εἰς Ἰησοῦν ἀπέρχεται.

3. a. οἱ ὄχλοι οἱ προάγοντες αὐτὸν ἔκραζον. (προάγω= I go before)

   b. οἱ ὄχλοι οἱ προαγαγόντες αὐτὸν ἔκραζον.

4. John 19:39a ἦλθεν Νικόδημος, ὁ ἐλθὼν πρὸς αὐτὸν

5. Jas 2:23a καὶ ἐπληρώθη ἡ γραφὴ ἡ λέγουσα. . .(πληρόω= I fulfill; ἡ γραφή= Scripture)

6. Rom 16:22 ἀσπάζομαι ὑμᾶς ἐγὼ Τέρτιος ὁ γράψας τὴν ἐπιστολὴν ἐν κυρίῳ. (ἀσπάζομαι= I greet)

7. John 11:31a οἱ οὖν Ἰουδαῖοι οἱ ὄντες μετ' αὐτῆς ἐν τῇ οἰκίᾳ. . .

8. John 5:24b ὁ τὸν λόγον μου ἀκούων καὶ πιστεύων τῷ πέμψαντί με ἔχει ζωὴν αἰώνιον

9. John 7:50 λέγει Νικόδημος πρὸς αὐτούς, ὁ ἐλθὼν πρὸς αὐτὸν [τὸ] πρότερον, εἷς ὢν ἐξ αὐτῶν, (πρότερον= formerly)

III. Circumstantial Participles: Attempt to identify the function based upon location respective of the nuclear verb: pre-nuclear (a. segue, b. procedural, c. important contextual framing) and post-nuclear verb (a. explicate/qualify the particulars or b. redundant forward pointing for emphasis). If adverbial meanings seem justified, identify them. Some sentences are incomplete (. . .).

1. Matt 8:29a καὶ ἰδοὺ ἔκραξαν λέγοντες,...

2. Luke 19:20a καὶ ὁ ἕτερος ἦλθεν λέγων...

3. Luke 24:43 καὶ λαβὼν ἐνώπιον αὐτῶν ἔφαγεν.

4. Matt 22:34 Οἱ δὲ Φαρισαῖοι ἀκούσαντες. . . συνήχθησαν ἐπὶ τὸ αὐτό, (τὸ αὐτό= "the same place")

5. Matt 9:25a ὅτε δὲ ἐξεβλήθη ὁ ὄχλος εἰσελθὼν ἐκράτησεν τῆς χειρὸς αὐτῆς (ἐκράτησεν= "he seized")

6. Matt 3:16a βαπτισθεὶς δὲ ὁ Ἰησοῦς εὐθὺς ἀνέβη ἀπὸ τοῦ ὕδατος·

7. Matt 21:20 καὶ ἰδόντες οἱ μαθηταὶ ἐθαύμασαν λέγοντες...

8. Matt 8:10 ἀκούσας δὲ ὁ Ἰησοῦς ἐθαύμασεν καὶ εἶπεν τοῖς ἀκολουθοῦσιν, (ἀκολουθέω= I follow)

9. Matt 15:25 ἡ δὲ ἐλθοῦσα προσεκύνει αὐτῷ λέγουσα, Κύριε, βοήθει μοι. (προσκυνέω= I bow down; I worship [takes dat. d.o.]; βοήθει μοι= "Help me!")

10. καὶ πέμψας ὁ Ἡρῴδης αὐτοὺς εἰς Βηθλέεμ εἶπεν, Κἀγὼ ἐλθὼν προσκυνήσω αὐτῷ. 9 οἱ δὲ ἀκούσαντες τοῦ βασιλέως ἐπορεύθησαν (cf. Matt 2:9-10; προσκυνέω= I bow down; I worship [takes dat.. d.o.])

IV. Mixed Participles.

1. Matt 16:4b καὶ καταλιπὼν αὐτοὺς ἀπῆλθεν.

2. Luke 23:16 παιδεύσας οὖν αὐτὸν ἀπολύσω. (παιδεύω= I instruct)

3. Matt 13:36 καὶ προσῆλθον αὐτῷ οἱ μαθηταὶ αὐτοῦ λέγοντες,

4. Matt 12:9 Καὶ μεταβὰς ἐκεῖθεν ἦλθεν εἰς τὴν συναγωγὴν αὐτῶν· (μεταβαίνω= I depart; ἐκεῖθεν= from there)

5. Luke 8:46 ἥψατό μού τις, ἐγὼ γὰρ ἔγνων δύναμιν ἐξεληλυθυῖαν ἀπ' ἐμοῦ. (ἥψατο= "he touched" with gen. d.o.)

6. Acts 9:9 καὶ ἦν ἡμέρας τρεῖς μὴ βλέπων, καὶ οὐκ ἔφαγεν οὐδὲ ἔπιεν.

7. Acts 16:8 παρελθόντες δὲ τὴν Μυσίαν κατέβησαν εἰς Τρῳάδα. (παρέρχομαι= I go through)

8. Eph 4:10a ὁ καταβὰς αὐτός ἐστιν καὶ ὁ ἀναβὰς ὑπεράνω πάντων τῶν οὐρανῶν, (ὑπεράνω= far above)

9. Eph 2:13 νυνὶ δὲ ἐν Χριστῷ Ἰησοῦ ὑμεῖς οἵ ποτε ὄντες μακρὰν ἐγενήθητε ἐγγὺς ἐν τῷ αἵματι τοῦ Χριστοῦ. (ποτε= once; ἐγγὺς= near)

10. Luke 22:54 Συλλαβόντες δὲ αὐτὸν ἤγαγον καὶ εἰσήγαγον εἰς τὴν οἰκίαν τοῦ ἀρχιερέως· (συλλαμβάνω= I arrest)

11. Mark 9:17 καὶ ἀπεκρίθη αὐτῷ εἷς ἐκ τοῦ ὄχλου, Διδάσκαλε, ἤνεγκα τὸν υἱόν μου πρὸς σέ, ἔχοντα πνεῦμα ἄλαλον· (ἄλαλος,-ον= mute; dumb)

12. Acts 4:4 πολλοὶ δὲ τῶν ἀκουσάντων τὸν λόγον ἐπίστευσαν, καὶ ἐγενήθη [ὁ] ἀριθμὸς τῶν ἀνδρῶν [ὡς] χιλιάδες πέντε. (ἀνδρῶν= number; χιλιάδες= thousand)

17E. SENTENCES

On all, practice Semantic Diagramming following 16.4 SEMANTIC DIAGRAMMING. Such diagramming may be done in the space below; however, if possible, find the Greek text from a computer program or internet source, and do this inside a word processor. Add Analysis and ask questions as necessary following 16.5 SEMANTIC ANALYSIS. See the ANSWER KEY AND GUIDE for guidance or for comparison.

1. Luke 4:30 αὐτὸς δὲ διελθὼν διὰ μέσου αὐτῶν ἐπορεύετο.

2. John 6:58a οὗτός ἐστιν ὁ ἄρτος ὁ ἐξ οὐρανοῦ καταβάς, οὐ καθὼς ἔφαγον οἱ πατέρες καὶ ἀπέθανον·

3. John 20:8 τότε οὖν εἰσῆλθεν καὶ ὁ ἄλλος μαθητὴς ὁ ἐλθὼν πρῶτος εἰς τὸ μνημεῖον καὶ εἶδεν καὶ ἐπίστευσεν· (τὸ μνημεῖον = tomb)

4. Matt 12:48 ὁ δὲ ἀποκριθεὶς εἶπεν τῷ λέγοντι αὐτῷ, Τίς ἐστιν ἡ μήτηρ μου καὶ τίνες εἰσὶν οἱ ἀδελφοί μου;

5. John 1:26 ἀπεκρίθη αὐτοῖς ὁ Ἰωάννης λέγων, Ἐγὼ βαπτίζω ἐν ὕδατι· μέσος ὑμῶν ἕστηκεν ὃν ὑμεῖς οὐκ οἴδατε, (ἕστηκεν= he stands)

6. Mark 15:9 ὁ δὲ Πιλᾶτος ἀπεκρίθη αὐτοῖς λέγων, Θέλετε ἀπολύσω ὑμῖν τὸν βασιλέα τῶν Ἰουδαίων; (θέλω= I want)

7. Acts 7:2b Ὁ θεὸς τῆς δόξης ὤφθη τῷ πατρὶ ἡμῶν Ἀβραὰμ ὄντι ἐν τῇ Μεσοποταμίᾳ... (ὤφθη is from ὁράω "I see" and here in the passive voice means "to appear.")

8. Matt 9:14 Τότε προσέρχονται αὐτῷ οἱ μαθηταὶ Ἰωάννου λέγοντες, Διὰ τί ἡμεῖς καὶ οἱ Φαρισαῖοι νηστεύομεν [πολλά], οἱ δὲ μαθηταί σου οὐ νηστεύουσιν; (νηστεύω= I fast)

9. John 9:40 Ἤκουσαν ἐκ τῶν Φαρισαίων ταῦτα οἱ μετ' αὐτοῦ ὄντες καὶ εἶπον αὐτῷ, Μὴ καὶ ἡμεῖς τυφλοί ἐσμεν;

10. John 8:47 ὁ ὢν ἐκ τοῦ θεοῦ τὰ ῥήματα τοῦ θεοῦ ἀκούει· διὰ τοῦτο ὑμεῖς οὐκ ἀκούετε, ὅτι ἐκ τοῦ θεοῦ οὐκ ἐστέ.

11. John 18:1 Ταῦτα εἰπὼν Ἰησοῦς ἐξῆλθεν σὺν τοῖς μαθηταῖς αὐτοῦ πέραν τοῦ χειμάρρου τοῦ Κεδρὼν ὅπου ἦν κῆπος, εἰς ὃν εἰσῆλθεν αὐτὸς καὶ οἱ μαθηταὶ αὐτοῦ. (πέραν= across; ὁ χείμαρρος= valley; ὁ κῆπος= garden)

12. Matt 26:25 ἀποκριθεὶς δὲ Ἰούδας ὁ παραδιδοὺς αὐτὸν εἶπεν, Μήτι ἐγώ εἰμι, ῥαββί; λέγει αὐτῷ, Σὺ εἶπας. (ὁ παραδιδούς= "the one betraying")

13. Luke 15:10 οὕτως, λέγω ὑμῖν, γίνεται χαρὰ ἐνώπιον τῶν ἀγγέλων τοῦ θεοῦ ἐπὶ ἑνὶ ἁμαρτωλῷ μετανοοῦντι. (ὁ ἁμαρτωλός= sinner; μετανοέω= I repent)

14. John 14:9 λέγει αὐτῷ ὁ Ἰησοῦς, Τοσούτῳ χρόνῳ μεθ' ὑμῶν εἰμι καὶ οὐκ ἔγνωκάς με, Φίλιππε; ὁ ἑωρακὼς ἐμὲ ἑώρακεν τὸν πατέρα· πῶς σὺ λέγεις, Δεῖξον ἡμῖν τὸν πατέρα;
(τοσούτῳ χρόνῳ= "for such a time"; Δεῖξον= "Show!")

15. Matt 9:28 ἐλθόντι δὲ εἰς τὴν οἰκίαν προσῆλθον αὐτῷ οἱ τυφλοί, καὶ λέγει αὐτοῖς ὁ Ἰησοῦς, Πιστεύετε ὅτι δύναμαι τοῦτο ποιῆσαι; λέγουσιν αὐτῷ, Ναί κύριε. (δύναμαι= I am able; ποιῆσαι= "to do")

16. Acts 3:25 ὑμεῖς ἐστε οἱ υἱοὶ τῶν προφητῶν καὶ τῆς διαθήκης ἧς διέθετο ὁ θεὸς πρὸς τοὺς πατέρας ὑμῶν λέγων πρὸς Ἀβραάμ, Καὶ ἐν τῷ σπέρματί σου [ἐν]ευλογηθήσονται πᾶσαι αἱ πατριαὶ τῆς γῆς. (ἡ διαθήκη= covenant; διέθετο= "he set"; [ἐν]εὐλογέω= I bless; ἡ πατριά= family)

17. Matt 11:18-19 ἦλθεν γὰρ Ἰωάννης μήτε ἐσθίων μήτε πίνων, καὶ λέγουσιν, Δαιμόνιον ἔχει. 19 ἦλθεν ὁ υἱὸς τοῦ ἀνθρώπου ἐσθίων καὶ πίνων, καὶ λέγουσιν, Ἰδοὺ ἄνθρωπος φάγος καὶ οἰνοπότης, τελωνῶν φίλος καὶ ἁμαρτωλῶν. καὶ ἐδικαιώθη ἡ σοφία ἀπὸ τῶν ἔργων αὐτῆς. (ὁ φάγος= glutton; ὁ οἰνοπότης= drunkard; ὁ τελώνης= tax man; φίλος= friend; ἁμαρτωλός= sinner; δικαιόω= I am justified)

18. 1 Thess 2:14 ὑμεῖς γὰρ μιμηταὶ ἐγενήθητε, ἀδελφοί, τῶν ἐκκλησιῶν τοῦ θεοῦ τῶν οὐσῶν ἐν τῇ Ἰουδαίᾳ ἐν Χριστῷ Ἰησοῦ, ὅτι τὰ αὐτὰ ἐπάθετε καὶ ὑμεῖς ὑπὸ τῶν ἰδίων συμφυλετῶν καθὼς καὶ αὐτοὶ ὑπὸ τῶν Ἰουδαίων, (ὁ μιμητής=imitator; τὰ αὐτά= "the same things"; ὁ συμφυλέτης= fellow countryman)

17F. READING

I. John 11:19-30 Jesus is the Resurrection and the Life.

19 πολλοὶ δὲ ἐκ τῶν Ἰουδαίων ἐληλύθεισαν πρὸς τὴν Μάρθαν καὶ Μαριὰμ <u>ἵνα παραμυθήσωνται</u> αὐτὰς περὶ τοῦ ἀδελφοῦ. 20 ἡ οὖν Μάρθα ὡς ἤκουσεν ὅτι Ἰησοῦς ἔρχεται <u>ὑπήντησεν</u> αὐτῷ· Μαριὰμ δὲ ἐν τῷ οἴκῳ ἐκαθέζετο. 21 εἶπεν οὖν ἡ Μάρθα πρὸς τὸν Ἰησοῦν, Κύριε, εἰ ἦς ὧδε οὐκ <u>ἂν ἀπέθανεν</u> ὁ ἀδελφός μου· 22 [ἀλλὰ] καὶ νῦν οἶδα ὅτι <u>ὅσα ἂν αἰτήσῃ</u> τὸν θεὸν <u>δώσει</u> σοι ὁ θεός. 23 λέγει αὐτῇ ὁ Ἰησοῦς, <u>Ἀναστήσεται</u> ὁ ἀδελφός σου. 24 λέγει αὐτῷ ἡ Μάρθα, Οἶδα ὅτι <u>ἀναστήσεται</u> ἐν τῇ ἀναστάσει ἐν τῇ ἐσχάτῃ ἡμέρᾳ. 25 εἶπεν αὐτῇ ὁ Ἰησοῦς, Ἐγώ εἰμι ἡ ἀνάστασις καὶ ἡ ζωή· ὁ πιστεύων εἰς ἐμὲ <u>κἂν ἀποθάνῃ ζήσεται</u>, 26 καὶ πᾶς <u>ὁ ζῶν</u> καὶ πιστεύων εἰς ἐμὲ <u>οὐ μὴ ἀποθάνῃ</u> εἰς τὸν αἰῶνα· πιστεύεις τοῦτο; 27 λέγει αὐτῷ, Ναί, κύριε, ἐγὼ πεπίστευκα ὅτι σὺ εἶ ὁ Χριστὸς ὁ υἱὸς τοῦ θεοῦ <u>ὁ</u> εἰς τὸν κόσμον <u>ἐρχόμενος.</u> 28 Καὶ τοῦτο εἰποῦσα ἀπῆλθεν καὶ ἐφώνησεν Μαριὰμ τὴν ἀδελφὴν αὐτῆς <u>λάθρα</u> εἰποῦσα, Ὁ διδάσκαλος <u>πάρεστιν</u> καὶ <u>φωνεῖ</u> σε. 29 ἐκείνη δὲ ὡς ἤκουσεν <u>ἠγέρθη ταχὺ</u> καὶ ἤρχετο πρὸς αὐτόν· 30 <u>οὔπω</u> δὲ ἐληλύθει ὁ Ἰησοῦς εἰς τὴν <u>κώμην</u>, ἀλλ᾽ ἦν ἔτι ἐν τῷ τόπῳ ὅπου <u>ὑπήντησεν</u> αὐτῷ ἡ Μάρθα.

Verse 19: ἵνα παραμυθήσωνται= "in order to comfort"
Verse 20: ὑπαντάω= I meet with (*with dat.*); καθέζομαι= I sit down
Verse 21: ὧδε= here; ἂν ἀπέθανεν= "would have died"
Verse 22: ὅσα ἂν αἰτήσῃ= "however much you ask"; δώσει= "he will give"
Verse 23: Ἀναστήσεται= "he will raise"
Verse 25: κἂν ἀποθάνῃ ζήσεται,= "Even if he should die, will live" (κἂν= καὶ ἂν)
Verse 26: ὁ ζῶν= "the one living"; οὐ μὴ ἀποθάνῃ= "in no way dies"
Verse 27: Ναί= yes; ὁ...ἐρχόμενος= "the one coming"
Verse 28: φωνέω= I call; λάθρα= "in secret"; πάρειμι= I am present
Verse 29: ἐγείρω= I raise up; ταχὺ= immediately
Verse 30: οὔπω= not yet; ἡ κώμη= village; ὑπαντάω= I meet (*with dat.*)

II. Rev 21:3-6 When God will Dwell with His People.

3 καὶ ἤκουσα φωνῆς μεγάλης ἐκ τοῦ θρόνου λεγούσης, Ἰδοὺ ἡ σκηνὴ τοῦ θεοῦ μετὰ τῶν ἀνθρώπων, καὶ σκηνώσει μετ' αὐτῶν, καὶ αὐτοὶ λαοὶ αὐτοῦ ἔσονται, καὶ αὐτὸς ὁ θεὸς μετ' αὐτῶν ἔσται [αὐτῶν θεός], 4 καὶ ἐξαλείψει πᾶν δάκρυον ἐκ τῶν ὀφθαλμῶν αὐτῶν, καὶ ὁ θάνατος οὐκ ἔσται ἔτι οὔτε πένθος οὔτε κραυγὴ οὔτε πόνος οὐκ ἔσται ἔτι, [ὅτι] τὰ πρῶτα ἀπῆλθαν. 5 Καὶ εἶπεν ὁ καθήμενος ἐπὶ τῷ θρόνῳ, Ἰδοὺ καινὰ ποιῶ πάντα καὶ λέγει, Γράψον, ὅτι οὗτοι οἱ λόγοι πιστοὶ καὶ ἀληθινοί εἰσιν. 6 καὶ εἶπέν μοι, Γέγοναν. ἐγώ [εἰμι] τὸ Ἄλφα καὶ τὸ Ὦ, ἡ ἀρχὴ καὶ τὸ τέλος. ἐγὼ τῷ διψῶντι δώσω ἐκ τῆς πηγῆς τοῦ ὕδατος τῆς ζωῆς δωρεάν.

Verse 3: ὁ θρόνος= throne; ἡ σκηνή= dwelling; σκηνόω= I dwell
Verse 4: ἐξαλείφω= I wipe out; τὸ δάκρυον= tear; τὸ πένθος= mourning; ἡ κραυγή= crying; ὁ πόνος= pain
Verse 5: καθήμενος= "sitting"; καινά= new; ποιῶ= "I make"; Γράψον= "Write!"; ἀληθινός,-ή,-όν= true
Verse 6: διψῶντι= "thirsting"; δώσω= "I will give"; ἡ πηγή= spring; δωρεάν= freely

EXERCISES CH. 18

18A. Overview
18B. Vocabularies 18 and 5
18C. Review
18D. Focus
18E. Sentences
18F. Reading

18A. Overview

1. The M/P participles use the First and Second Declension Endings. True or false?

2. The 'give away' for the Present M/P Participles is the coupling syllable _____ before the endings.

3. What modifications to the Present Tense M/P Participle coupling syllable take place with the Aorist and Perfect Tenses?

4. Be able to fill the missing members of this chart:

Tense Form	Masculine/Neuter	Feminine
	Coupling Syllable + Type of Declension Ending	Coupling Syllable + Type of Declension Ending
Present A M/P	-οντ- + 3rd Decl. (ἄρχων)	-ουσ- + 1st Decl.
Future A M P	-σοντ- + 3rd Decl. (ἄρχων)	-σουσ- + 1st Decl.
Aorist A M P	-σαντ- + 3rd Decl. (ἄρχων) -θέντ- + 3rd Decl. (ἄρχων)	-σασ- + 1st Decl. -θεῖσ- + 1st Decl.
2nd Aorist	-οντ- + 3rd Decl. (ἄρχων)	-ουσ- + 1st Decl.
Perfect A M/P	-κότ- + 3rd Decl. (ἄρχων)	-κυί- + 1st Decl.

5. The Present Tense attributive participle is time _____, whereas the Aorist is time _____. The Perfect Tense indicates _____ _____.

18B. Vocabularies 18 and 5

Fill in the spaces of the crossword puzzle using Greek for the corresponding English gloss.

Across

1. world
3. stone
5. throne
6. teacher
8. Jesus
12. little child
17. good news, gospel
18. son
20. person
21. tomb
23. demon
26. God; god
27. face
28. time
30. word, message
31. fear
32. boat

Down

1. fruit; result
2. road
4. garment
7. Christ
9. Sabbath; rest
10. sign
11. child
13. brother
14. messenger
15. I am
16. Lord
19. temple
22. law
24. heaven
25. apostle
26. wild beast
29. temple (edifice)

18C. Review

I. Translate these adjectival participles. Indicate whether they are substantive or attributive.

1. Ἰησοῦς εἶπεν τῷ λέγοντι αὐτῷ,

2. Rev 20:10a καὶ ὁ διάβολος ὁ πλανῶν αὐτούς (πλανάω= I deceive)

3. Rom 2:21 ὁ οὖν διδάσκων ἕτερον . . . ὁ κηρύσσων . . .

4. John 8:29a καὶ ὁ πέμψας με μετ' ἐμοῦ ἐστιν·

5. John 6:58a οὗτός ἐστιν ὁ ἄρτος ὁ ἐξ οὐρανοῦ καταβάς,

6. Luke 10:23b Μακάριοι οἱ ὀφθαλμοὶ οἱ βλέποντες ἃ βλέπετε.

7. Matt 28:15a οἱ δὲ λαβόντες τὰ ἀργύρια ἐποίησαν ὡς ἐδιδάχθησαν. (τὸ ἀργύριον= silver; ποιέω= I do)

8. John 20:8a εἰσῆλθεν ὁ ἄλλος μαθητὴς ὁ ἐλθὼν πρῶτος εἰς τὸ μνημεῖον (τὸ μνημεῖον= tomb)

II. Adverbial Participles.

1. John 19:12b οἱ δὲ Ἰουδαῖοι ἐκραύγασαν λέγοντες, (κραυγάζω= I shout)

2. Luke 8:38c ἀπέλυσεν δὲ αὐτὸν λέγων,

3. John 7:28a ἔκραξεν οὖν ἐν τῷ ἱερῷ διδάσκων ὁ Ἰησοῦς καὶ λέγων,

4. Matt 9:33b καὶ ἐθαύμασαν οἱ ὄχλοι λέγοντες. . .

5. Luke 11:38 ὁ δὲ Φαρισαῖος ἰδὼν ἐθαύμασεν ὅτι οὐ πρῶτον ἐβαπτίσθη πρὸ τοῦ ἀρίστου.
    (πρό= before; τὸ ἄριστον= dinner)

6. Acts 11:7a ἤκουσα δὲ καὶ φωνῆς λεγούσης μοι, Ἀναστάς, Πέτρε... (Ἀναστάς= "Rise up!")

7. Acts 19:5 ἀκούσαντες δὲ ἐβαπτίσθησαν εἰς τὸ ὄνομα τοῦ κυρίου Ἰησοῦ,

8. Matt 22:1 Καὶ ἀποκριθεὶς ὁ Ἰησοῦς πάλιν εἶπεν ἐν παραβολαῖς αὐτοῖς λέγων,

9. Matt 3:16c καὶ εἶδεν [τὸ] πνεῦμα [τοῦ] θεοῦ καταβαῖνον ὡσεὶ περιστερὰν [καὶ] ἐρχόμενον ἐπ' αὐτόν· (ἡ περιστερά= dove)

10. Luke 13:31a Ἐν αὐτῇ τῇ ὥρᾳ προσῆλθάν τινες Φαρισαῖοι λέγοντες αὐτῷ, (αὐτῇ= "very")

III. Potpourri Participles:

1. 2 Tim 2:19b Ἔγνω κύριος τοὺς ὄντας αὐτοῦ,

2. ὁ ἀκούσας ταῦτα περίλυπος ἐγενήθη· (cf. Luke 18:23; περίλυπος,-ον= sorrowful)

3. Luke 9:35a καὶ φωνὴ ἐγένετο ἐκ τῆς νεφέλης λέγουσα, (ἡ νεφέλη= cloud)

4. Mark 16:20a ἐκεῖνοι δὲ ἐξελθόντες ἐκήρυξαν πανταχοῦ, (πανταχοῦ= everywhere)

5. Rom 1:21a διότι γνόντες τὸν θεὸν οὐχ ὡς θεὸν ἐδόξασαν (διότι= thus)

6. Rev 11:15b καὶ ἐγένοντο φωναὶ μεγάλαι ἐν τῷ οὐρανῷ λέγοντες,

7. Matt 14:34 Καὶ διαπεράσαντες ἦλθον ἐπὶ τὴν γῆν εἰς Γεννησαρέτ. (διαπεράω= I go across)

8. Luke 5:5b δι' ὅλης νυκτὸς κοπιάσαντες οὐδὲν ἐλάβομεν· (κοπιάω= I labor)

9. Matt 9:1 Καὶ ἐμβὰς εἰς πλοῖον διεπέρασεν καὶ ἦλθεν εἰς τὴν ἰδίαν πόλιν. (ἐμβαίνω= I embark [ἐμβάς *is an aorist active masc. sg. participle*]; διαπεράω= I go across)

10. Luke 17:15 εἷς δὲ ἐξ αὐτῶν, ἰδὼν ὅτι ἰάθη, ὑπέστρεψεν μετὰ φωνῆς μεγάλης δοξάζων τὸν θεόν, 16 καὶ ἔπεσεν ἐπὶ πρόσωπον παρὰ τοὺς πόδας αὐτοῦ εὐχαριστῶν αὐτῷ· καὶ αὐτὸς ἦν Σαμαρίτης. (ἰάομαι= I heal; ὑποστρεφω= I return; εὐχαριστέω= I thank)

11. Mark 14:58 ὅτι Ἡμεῖς ἠκούσαμεν αὐτοῦ λέγοντος ὅτι Ἐγὼ καταλύσω τὸν ναὸν τοῦτον τὸν χειροποίητον καὶ διὰ τριῶν ἡμερῶν ἄλλον ἀχειροποίητον οἰκοδομήσω. (καταλύω= I destroy; χειροποίητος,-ον= hand made; ἀχειροποίητος,-ον= not hand made; οἰκοδομέω= I build)

12. John 9:35 Ἤκουσεν Ἰησοῦς ὅτι ἐξέβαλον αὐτὸν ἔξω καὶ εὑρὼν αὐτὸν εἶπεν, Σὺ πιστεύεις εἰς τὸν υἱὸν τοῦ ἀνθρώπου; (ἔξω= outside)

18D. FOCUS

I. Parse These Deponent, Middle, or Middle/Passive Participles.

		Tense	Voice	Mood	Gender	Case	Number	Lexical Form & Meaning
1.	γενομένης							
2.	εἰσερχόμενος							
3.	ἐξερχομένων							
4.	προσλαβόμενος							
5.	γινομένου							
6.	προσευξάμενοι							
7.	ἐρχομένους							
8.	γενόμενα							
9.	προσευχόμενοι							
10.	διωκόμενοι							

II. Translate these short sentences and be able to parse the participles.

1. Matt 1:16b Ἰησοῦς ὁ λεγόμενος Χριστός. (λέγω here has the passive meaning "to be called")

2. Matt 2:23b εἰς πόλιν λεγομένην Ναζαρέτ·

3. Rom 8:24b ἐλπὶς δὲ βλεπομένη οὐκ ἔστιν ἐλπίς·

4. Matt 26:3b εἰς τὴν αὐλὴν τοῦ ἀρχιερέως τοῦ λεγομένου Καϊάφα (ἡ αὐλή = courtyard)

5. Luke 20:17b Τί οὖν ἐστιν τὸ γεγραμμένον τοῦτο;

6. Luke 24:44c πάντα τὰ γεγραμμένα ἐν τῷ νόμῳ Μωϋσέως καὶ τοῖς προφήταις καὶ ψαλμοῖς περὶ ἐμοῦ.

7. Matt 27:33 Καὶ ἐλθόντες εἰς τόπον λεγόμενον Γολγοθᾶ, ὅ ἐστιν Κρανίου Τόπος λεγόμενος,

III. Match the Tense, Voice, and Gender with the Endings.

		For example:	0. Aor. Mid. Fem.
Pres. Act. Masc.	~~Aor. Mid. Fem.~~		nom. πιστευσαμένη
Pres. Act. Neut.	Aor. Pass. Masc.		gen. πιστευσαμένης
Pres. Act. Fem.	Aor. Pass. Neut.		dat. πιστευσαμένῃ
Pres. M/P Masc.	Aor. Pass. Fem.		acc. πιστευσαμένην
Pres. M/P Neut.	Perf. Act. Masc.		
Pres. M/P Fem.	Perf. Act. Neut.		nom. πιστευσάμεναι
Aor. Act. Masc.	Perf. Act. Fem.		gen. πιστευσαμένων
Aor. Act. Neut.	Perf. M/P Masc.		dat. πιστευσαμέναις
Aor. Act. Fem.	Perf. M/P Neut.		acc. πιστευσαμένας
Aor. Mid. Masc.	Perf. M/P Fem.		
Aor. Mid. Neut.			

1.	2.	3.	4.
nom. πεπιστευμένον	nom. πιστευθεῖσα	nom. πιστευόμενον	nom. πεπιστευμένη
gen. πεπιστευμένου	gen. πιστευθείσης	gen. πιστευομένου	gen. πεπιστευμένης
dat. πεπιστευμένῳ	dat. πιστευθείσῃ	dat. πιστευομένῳ	dat. πεπιστευμένῃ
acc. πεπιστευμένον	acc. πιστευθεῖσαν	acc. πιστευόμενον	acc. πεπιστευμένην
nom. πεπιστευμένα	nom. πιστευθεῖσαι	nom. πιστευόμενα	nom. πεπιστευμέναι
gen. πεπιστευμένων	gen. πιστευθεισῶν	gen. πιστευομένων	gen. πεπιστευμένων
dat. πεπιστευμένοις	dat. πιστευθείσαις	dat. πιστευομένοις	dat. πεπιστευμέναις
acc. πεπιστευμένα	acc. πιστευθείσας	acc. πιστευόμενα	acc. πεπιστευμένας

5.		6.		7.		8.	
nom.	πιστεύων	nom.	πιστευομένη	nom.	πιστευσάμενος	nom.	πιστεύσας
gen.	πιστεύοντος	gen.	πιστευομένης	gen.	πιστευσαμένου	gen.	πιστεύσαντος
dat.	πιστεύοντι	dat.	πιστευομένῃ	dat.	πιστευσαμένῳ	dat.	πιστεύσαντι
acc.	πιστεύοντα	acc.	πιστευομένην	acc.	πιστευσάμενον	acc.	πιστεύσαντα
nom.	πιστεύοντες	nom.	πιστευόμεναι	nom.	πιστευσάμενοι	nom.	πιστεύσαντες
gen.	πιστευόντων	gen.	πιστευομένων	gen.	πιστευσαμένων	gen.	πιστευσάντων
dat.	πιστεύουσι(ν)	dat.	πιστευομέναις	dat.	πιστευσαμένοις	dat.	πιστεύσασι(ν)
acc.	πιστεύοντας	acc.	πιστευομένας	acc.	πιστευσαμένους	acc.	πιστεύσαντας

9.		10.		11.		12.	
nom.	πίστευσαν	nom.	πίστευον	nom.	πιστευθέν	nom.	πεπιστευκυῖα
gen.	πιστεύσαντος	gen.	πιστεύοντος	gen.	πιστευθέντος	gen.	πεπιστευκυίας
dat.	πιστεύσαντι	dat.	πιστεύοντι	dat.	πιστευθέντι	dat.	πεπιστευκυίᾳ
acc.	πίστευσαν	acc.	πίστευον	acc.	πιστευθέν	acc.	πεπιστευκυῖαν
nom.	πιστεύσαντα	nom.	πιστεύοντα	nom.	πιστευθέντα	nom.	πεπιστευκυῖαι
gen.	πιστευσάντων	gen.	πιστευόντων	gen.	πιστευθέντων	gen.	πεπιστευκυιῶν
dat.	πιστεύσασι(ν)	dat.	πιστεύουσι(ν)	dat.	πιστευθεῖσι(ν)	dat.	πεπιστευκυίαις
acc.	πιστεύσαντα	acc.	πιστεύοντα	acc.	πιστευθέντα	acc.	πεπιστευκυίας

13.		14.		15.		16.	
nom.	πεπιστευμένος	nom.	πιστεύουσα	nom.	πεπιστευκός	nom.	πιστεύσασα
gen.	πεπιστευμένου	gen.	πιστευούσης	gen.	πεπιστευκότος	gen.	πιστευσάσης
dat.	πεπιστευμένῳ	dat.	πιστευούσῃ	dat.	πεπιστευκότι	dat.	πιστευσάσῃ
acc.	πεπιστευμένον	acc.	πιστεύουσαν	acc.	πεπιστευκός	acc.	πιστεύσασαν
nom.	πεπιστευμένοι	nom.	πιστεύουσαι	nom.	πεπιστευκότα	nom.	πιστεύσασαι
gen.	πεπιστευμένων	gen.	πιστευουσῶν	gen.	πεπιστευκότων	gen.	πιστευσάσων
dat.	πεπιστευμένοις	dat.	πιστευούσαις	dat.	πεπιστευκόσι(ν)	dat.	πιστευσάσαις
acc.	πεπιστευμένους	acc.	πιστευούσας	acc.	πεπιστευκότα	acc.	πιστευσάσας

17.		18.		19.		20.	
nom.	πιστευόμενος	nom.	πιστευσάμενον	nom.	πιστευθείς	nom.	πεπιστευκώς
gen.	πιστευομένου	gen.	πιστευσαμένου	gen.	πιστευθέντος	gen.	πεπιστευκότος
dat.	πιστευομένῳ	dat.	πιστευσαμένῳ	dat.	πιστευθέντι	dat.	πεπιστευκότι
acc.	πιστευόμενον	acc.	πιστευσάμενον	acc.	πιστευθέντα	acc.	πεπιστευκότα
nom.	πιστευόμενοι	nom.	πιστευσάμενα	nom.	πιστευθέντες	nom.	πεπιστευκότες
gen.	πιστευομένων	gen.	πιστευσαμένων	gen.	πιστευθέντων	gen.	πεπιστευκότων
dat.	πιστευομένοις	dat.	πιστευσαμένοις	dat.	πιστευθεῖσι(ν)	dat.	πεπιστευκόσι(ν)
acc.	πιστευομένους	acc.	πιστευσάμενα	acc.	πιστευθέντας	acc.	πεπιστευκότας

18E. Sentences

1. Matt 1:16 Ἰακὼβ δὲ ἐγέννησεν τὸν Ἰωσὴφ τὸν ἄνδρα Μαρίας, ἐξ ἧς ἐγεννήθη Ἰησοῦς ὁ λεγόμενος Χριστός. (γεννάω= I beget)

2. οὐκ βλέπομεν τὰ βλεπόμενα ἀλλὰ τὰ μὴ βλεπόμενα· τὰ γὰρ βλεπόμενα πρόσκαιρα, τὰ δὲ μὴ βλεπόμενα αἰώνια. (cf. 2 Cor 4:18; πρόσκαιρα= temporary)

3. Rom 8:24 τῇ γὰρ ἐλπίδι ἐσώθημεν· ἐλπὶς δὲ βλεπομένη οὐκ ἔστιν ἐλπίς· ὃ γὰρ βλέπει τίς ἐλπίζει; (ἐλπίζω= I hope)

4. Matt 26:3 Τότε συνήχθησαν οἱ ἀρχιερεῖς καὶ οἱ πρεσβύτεροι τοῦ λαοῦ εἰς τὴν αὐλὴν τοῦ ἀρχιερέως τοῦ λεγομένου Καϊάφα (ἡ αὐλή= courtyard)

5. Acts 5:5 ἀκούων δὲ ὁ Ἁνανίας τοὺς λόγους τούτους πεσὼν ἐξέψυξεν, καὶ ἐγένετο φόβος μέγας ἐπὶ πάντας τοὺς ἀκούοντας. (ἐξέψυξεν= "he died")

6. Matt 27:22 λέγει αὐτοῖς ὁ Πιλᾶτος, Τί οὖν ποιήσω Ἰησοῦν τὸν λεγόμενον Χριστόν; λέγουσιν πάντες, Σταυρωθήτω. (ποιήσω= "I will do (about)"; Σταυρωθήτω= "Let him be crucified!")

7. Matt 27:37 καὶ ἐπέθηκαν ἐπάνω τῆς κεφαλῆς αὐτοῦ τὴν αἰτίαν αὐτοῦ γεγραμμένην· Οὗτός ἐστιν Ἰησοῦς ὁ βασιλεῦς τῶν Ἰουδαίων. (ἐπέθηκαν= "they set"; ἐπάνω= above; ἡ αἰτία= charge)

8. Matt 21:9 οἱ δὲ ὄχλοι οἱ προάγοντες αὐτὸν καὶ οἱ ἀκολουθοῦντες ἔκραζον λέγοντες, Ὡσαννὰ τῷ υἱῷ Δαυίδ· Εὐλογημένος ὁ ἐρχόμενος ἐν ὀνόματι κυρίου· Ὡσαννὰ ἐν τοῖς ὑψίστοις. (προάγω= I go before; ἀκολουθέω= I follow; εὐλογημένος= "blessed"; ὑψίστοις= "highest")

9. Luke 18:31 Παραλαβὼν δὲ τοὺς δώδεκα εἶπεν πρὸς αὐτούς, Ἰδοὺ ἀναβαίνομεν εἰς Ἰερουσαλήμ, καὶ τελεσθήσεται πάντα γεγραμμένα διὰ τῶν προφητῶν τῷ υἱῷ τοῦ ἀνθρώπου· (τελεσθήσεται= "it will be fulfilled" [*here the subject is* πάντα])

10. Luke 20:17 ὁ δὲ ἐμβλέψας αὐτοῖς εἶπεν, Τί οὖν ἐστιν τὸ γεγραμμένον τοῦτο· Λίθον ὃν ἀπεδοκίμασαν οἱ οἰκοδομοῦντες, οὗτος ἐγενήθη εἰς κεφαλὴν γωνίας; (ὁ δέ= "and he"; ἐμβλέπω= I look at; ἀποδοκιμάζω= I reject; οἰκοδομοῦντες= "building"[*this is a participle*])

11. Luke 24:18 ἀποκριθεὶς δὲ εἷς ὀνόματι Κλεοπᾶς εἶπεν πρὸς αὐτόν, Σὺ μόνος παροικεῖς Ἰερουσαλὴμ καὶ οὐκ ἔγνως τὰ γενόμενα ἐν αὐτῇ ἐν ταῖς ἡμέραις ταύταις; (παροικέω= I dwell temporarily)

12. Matt 4:18 Περιπατῶν δὲ παρὰ τὴν θάλασσαν τῆς Γαλιλαίας εἶδεν δύο ἀδελφούς, Σίμωνα τὸν λεγόμενον Πέτρον καὶ Ἀνδρέαν τὸν ἀδελφὸν αὐτοῦ, βάλλοντας ἀμφίβληστρον εἰς τὴν θάλασσαν· ἦσαν γὰρ ἁλιεῖς. (περιπατέω= I walk/live; τὸ ἀμφίβληστρον= net; οἱ ἁλιεῖς= fishermen)

13. Acts 24:14 ὁμολογῶ δὲ τοῦτό σοι ὅτι κατὰ τὴν ὁδὸν ἣν λέγουσιν αἵρεσιν, οὕτως λατρεύω τῷ πατρῴῳ θεῷ πιστεύων πᾶσι τοῖς κατὰ τὸν νόμον καὶ τοῖς ἐν τοῖς προφήταις γεγραμμένοις, (ὁμολογέω= I confess; ἡ αἵρεσις= heresy; λατρεύω= I worship w/*dat*,; πατρῷος,-η,-ον= passed from the fathers)

14. Luke 8:1 Καὶ ἐγένετο ἐν τῷ καθεξῆς καὶ αὐτὸς διώδευεν κατὰ πόλιν καὶ κώμην κηρύσσων καὶ εὐαγγελιζόμενος τὴν βασιλείαν τοῦ θεοῦ καὶ οἱ δώδεκα σὺν αὐτῷ. (ἐν τῷ καθεξῆς= "soon afterwards"; διοδεύω= I go about; ἡ κώμη=village)

15. Matt 26:39 καὶ προελθὼν μικρὸν ἔπεσεν ἐπὶ πρόσωπον αὐτοῦ προσευχόμενος καὶ λέγων, Πάτερ μου, εἰ δυνατόν ἐστιν, παρελθάτω ἀπ' ἐμοῦ τὸ ποτήριον τοῦτο· πλὴν οὐχ ὡς ἐγὼ θέλω ἀλλ' ὡς σύ. (προελθὼν μικρὸν= "going forward a little"; εἰ δυνατόν= "if possible"; παρελθάτω= "Let pass!"; τὸ ποτήριον= cup; πλὴν= however; θέλω= I want)

16. Acts 24:24 Μετὰ δὲ ἡμέρας τινὰς παραγενόμενος ὁ Φῆλιξ σὺν Δρουσίλλῃ τῇ ἰδίᾳ γυναικὶ οὔσῃ Ἰουδαίᾳ μετεπέμψατο τὸν Παῦλον καὶ ἤκουσεν αὐτοῦ περὶ τῆς εἰς Χριστὸν Ἰησοῦν πίστεως. (παραγίνομαι= I am present; μεταπέμπω= I send for)

17. Matt 3:16 βαπτισθεὶς δὲ ὁ Ἰησοῦς εὐθὺς ἀνέβη ἀπὸ τοῦ ὕδατος· καὶ ἰδοὺ ἠνεῴχθησαν [αὐτῷ] οἱ οὐρανοί, καὶ εἶδεν [τὸ] πνεῦμα [τοῦ] θεοῦ καταβαῖνον ὡσεὶ περιστερὰν [καὶ] ἐρχόμενον ἐπ' αὐτόν· (ὡσεί= like, as; ἡ περιστερά= dove)

18. Rom 7:23 βλέπω δὲ ἕτερον νόμον ἐν τοῖς μέλεσίν μου ἀντιστρατευόμενον τῷ νόμῳ τοῦ νοός μου καὶ αἰχμαλωτίζοντά με ἐν τῷ νόμῳ τῆς ἁμαρτίας τῷ ὄντι ἐν τοῖς μέλεσίν μου. (ἀντιστρατευόμενον τῷ= "warring against"; ὁ νοῦς= mind; αἰχμαλωτίζοντα= "enslaving"; τὸ μέλος= member)

19. Acts 9:27 Βαρναβᾶς δὲ ἐπιλαβόμενος αὐτὸν ἤγαγεν πρὸς τοὺς ἀποστόλους καὶ διηγήσατο αὐτοῖς πῶς ἐν τῇ ὁδῷ εἶδεν τὸν κύριον καὶ ὅτι ἐλάλησεν αὐτῷ, καὶ πῶς ἐν Δαμασκῷ ἐπαρρησιάσατο ἐν τῷ ὀνόματι τοῦ Ἰησοῦ. (ἐπιλαμβάνομαι= I take hold of; διηγέομαι= I explain; λαλέω= I speak; παρρησιάζομαι= I speak boldly)

18F. Reading

I. Rev 20:11-15: The Great White Throne Judgment.

11 Καὶ εἶδον θρόνον μέγαν <u>λευκὸν</u> καὶ τὸν <u>καθήμενον</u> ἐπ' αὐτόν, οὗ ἀπὸ τοῦ προσώπου ἔφυγεν ἡ γῆ καὶ ὁ οὐρανός καὶ τόπος οὐχ εὑρέθη αὐτοῖς. 12 καὶ εἶδον τοὺς νεκρούς, τοὺς μεγάλους καὶ τοὺς <u>μικρούς</u>, <u>ἑστῶτας</u> ἐνώπιον τοῦ θρόνου. καὶ <u>βιβλία</u> ἠνοίχθησαν, καὶ ἄλλο βιβλίον ἠνοίχθη, ὅ ἐστιν τῆς ζωῆς, καὶ ἐκρίθησαν οἱ νεκροὶ ἐκ τῶν γεγραμμένων ἐν τοῖς βιβλίοις κατὰ τὰ ἔργα αὐτῶν. ¹³ καὶ <u>ἔδωκεν</u> ἡ θάλασσα τοὺς νεκροὺς τοὺς ἐν αὐτῇ καὶ ὁ θάνατος καὶ <u>ὁ ᾅδης</u> <u>ἔδωκαν</u> τοὺς νεκροὺς τοὺς ἐν αὐτοῖς, καὶ <u>ἐκρίθησαν</u> ἕκαστος κατὰ τὰ ἔργα αὐτῶν. ¹⁴ καὶ ὁ θάνατος καὶ <u>ὁ ᾅδης</u> ἐβλήθησαν εἰς τὴν <u>λίμνην</u> τοῦ πυρός. οὗτος ὁ θάνατος ὁ <u>δεύτερός</u> ἐστιν, <u>ἡ λίμνη</u> τοῦ πυρός. ¹⁵ καὶ εἴ τις οὐχ εὑρέθη ἐν τῇ <u>βίβλῳ</u> τῆς ζωῆς γεγραμμένος, ἐβλήθη εἰς τὴν <u>λίμνην</u> τοῦ πυρός.

<u>verse 11:</u> λευκός,-η,-ον= white
    καθήμενον= "sitting"
<u>verse 12:</u> μικρός,-ά,-όν=small
    ἑστῶτας= "standing"
    τὸ βιβλίον= book

<u>verse 13:</u> ἔδωκεν= "it gave"
    ὁ ᾅδης= Hades
    ἔδωκαν= "they gave"
    κρίνω=I judge
<u>verse 14:</u> ἡ λίμνη= lake
    δεύτερος,-α,-ον= second

II. Matt 28:16-18 The Great Commission.

Pay particular attention to the role of pre-nuclear and post-nuclear circumstantial participles. Attempt to identify their function.

¹⁶ Οἱ δὲ ἕνδεκα μαθηταὶ ἐπορεύθησαν εἰς τὴν Γαλιλαίαν εἰς τὸ ὄρος οὗ ἐτάξατο αὐτοῖς ὁ Ἰησοῦς, ¹⁷ καὶ ἰδόντες αὐτὸν προσεκύνησαν, οἱ δὲ ἐδίστασαν. ¹⁸ καὶ προσελθὼν ὁ Ἰησοῦς ἐλάλησεν αὐτοῖς λέγων· ἐδόθη μοι πᾶσα ἐξουσία ἐν οὐρανῷ καὶ ἐπὶ [τῆς] γῆς. ¹⁹ πορευθέντες οὖν μαθητεύσατε πάντα τὰ ἔθνη, βαπτίζοντες αὐτοὺς εἰς τὸ ὄνομα τοῦ πατρὸς καὶ τοῦ υἱοῦ καὶ τοῦ ἁγίου πνεύματος, ²⁰ διδάσκοντες αὐτοὺς τηρεῖν πάντα ὅσα ἐνετειλάμην ὑμῖν· καὶ ἰδοὺ ἐγὼ μεθ' ὑμῶν εἰμι πάσας τὰς ἡμέρας ἕως τῆς συντελείας τοῦ αἰῶνος.

verse 16: ἕνδεκα = eleven; οὗ = where; τάσσω = I command
verse 17: προσεκυνέω = I bow down; I worship; οἱ δὲ = "but some"; διστάζω = I doubt, waver
verse 18: λαλέω = I say, speak; ἐδόθη = "it was given"
verse 19: μαθητεύσατε = "(You) Make disciples!" (a command)
verse 20: τηρεῖν = "to keep"; ὅσα = "as much as" (begins a relative clause); ἐντέλλω = I command; συντέλεια = end, completion

Exercises Ch. 19

19A. Overview
19B. Vocabularies 19 and 6
19C. Review
19D. Focus
19E. Sentences
19F. Reading

19A. Overview

1. What are the names of the four pronouns covered in this lesson? What is the basic meaning and use of each?

2. All four pronouns covered in this chapter use only the First and Second Declension endings. True or false?

3. Which pronouns do not show nominative case forms? Why?

4. Complete these missing or partial forms for the Indefinite Relative Pronoun.

	Masc.	Fem.	Neut.
sg. nom.	ὅσ___	_τις	ὅτι
gen.	οὕτινος	ἧσ___	__τινος
dat.	_τινι	ᾗ___	ᾧτινι
acc.	ὅν___	ἥντινα	___
pl. nom.	__τινες	αἵτινες	_____
gen.	ὧντινων	_____	_____
dat.	οἵστισι	___τισιν	οἷσ___
acc.	___τινας	ἅσ___	ἅτινα

5. What is the basic construction of the periphrastic participle? What is stressed by use of this construction?

6. How do you define "complementary participle"?

19B. VOCABULARIES 19 AND 6

Fill in the spaces of the crossword puzzle using Greek for the corresponding English gloss.

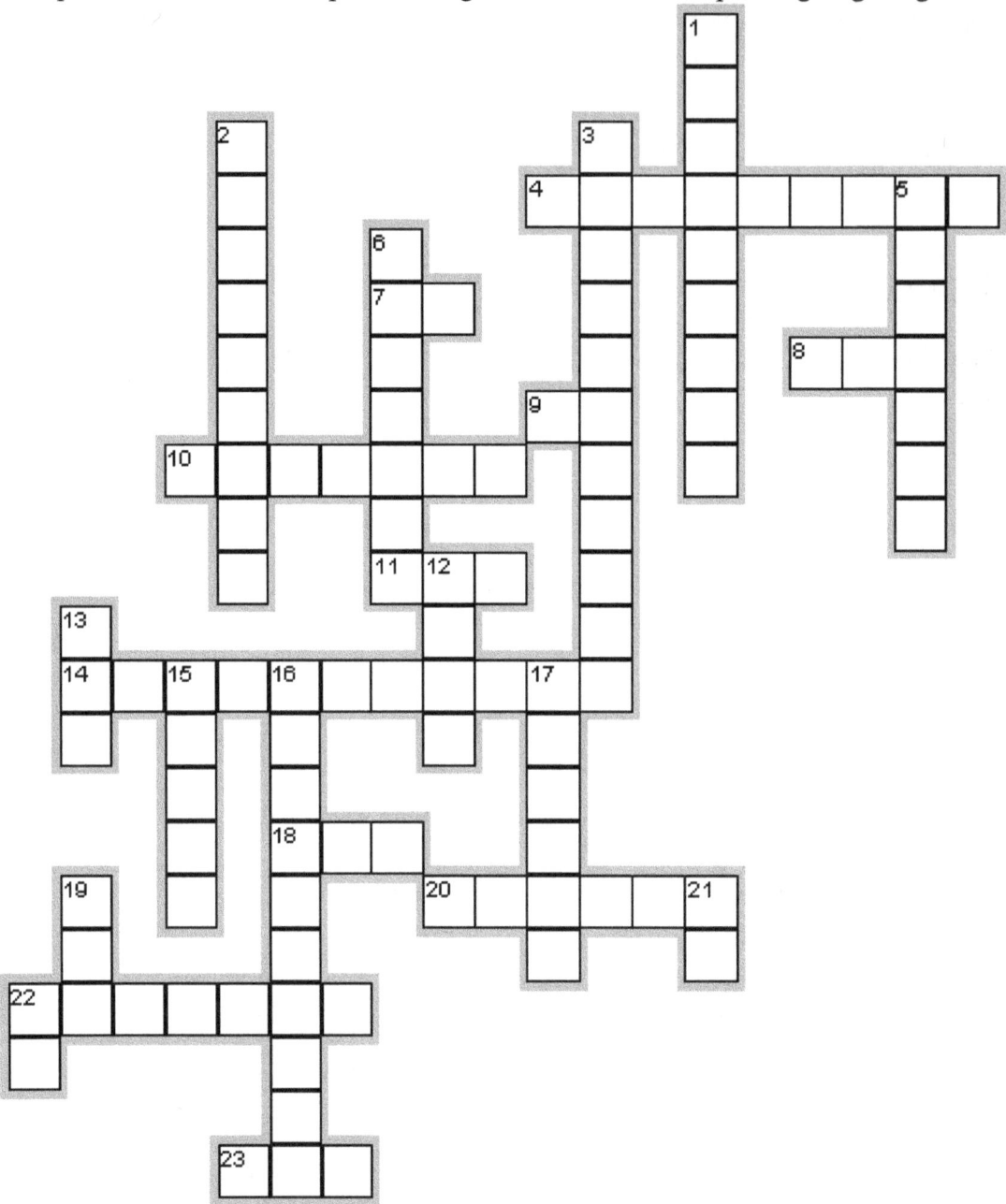

Across

4. I go away; I depart
7. in, among
8. my, mine (feminine)
9. on account of
10. of myself
11. by (means of)
14. I come/go to
18. into
20. of himself, herself, itself
22. before, in front of
23. through

Down

1. I pass through/over
2. I go out
3. I answer
5. one another
6. of yourself
12. towards; with
13. from
15. who(soever)
16. I go into, I enter
17. I release; I send away
19. with
21. under
22. from, out of

19C. REVIEW

I. Parse these participles.

	Tense	Voice	Mood	Gender	Case	Number	Lexical Form & Meaning
1. διδάσκων							
2. ἐρχόμενος							
3. γενομένης							
4. λαβόντες							
5. ἀποκριθείς							
6. προσευξάμενοι							
7. λεγόμενος							
8. ἐλθόντες							
9. πορευθέντες							
10. γενομέναι							

II. Translate these M/P adjectival participles.

1. Heb 9:3 σκηνὴ ἡ λεγομένη Ἅγια Ἁγίων, (ἡ σκηνή = tent)

2. 2 Cor 4:18b τὰ βλεπόμενα... τὰ μὴ βλεπόμενα.

3. Matt 4:18b Σίμωνα τὸν λεγόμενον Πέτρον

4. Acts 13:29a πάντα τὰ περὶ αὐτοῦ γεγραμμένα,

5. Luke 18:34b καὶ οὐκ ἐγίνωσκον τὰ λεγόμενα.

6. John 11:16 εἶπεν οὖν Θωμᾶς ὁ λεγόμενος Δίδυμος τοῖς συμμαθηταῖς,

7. πιστεύω πᾶσι τοῖς κατὰ τὸν νόμον καὶ τοῖς ἐν τοῖς προφήταις γεγραμμένοις,

8. John 4:25a λέγει αὐτῷ ἡ γυνή, Οἶδα ὅτι Μεσσίας ἔρχεται ὁ λεγόμενος Χριστός·

19D. Focus

I. Translate these sentences with Periphrastic constructions.

1. Eph 2:8 τῇ γὰρ χάριτί ἐστε σεσῳσμένοι διὰ πίστεως· καὶ τοῦτο οὐκ ἐξ ὑμῶν, θεοῦ τὸ δῶρον· (τὸ δῶρον= gift)

2. Heb 4:2a καὶ γάρ ἐσμεν εὐηγγελισμένοι καθάπερ κἀκεῖνοι· (καθάπερ= just as; κἀκεῖνοι= καὶ ἐκεῖνοι)

3. Acts 8:13a ὁ δὲ Σίμων καὶ αὐτὸς ἐπίστευσεν καὶ βαπτισθεὶς ἦν

4. John 6:45a ἔστιν γεγραμμένον ἐν τοῖς προφήταις, Καὶ ἔσονται πάντες διδακτοὶ θεοῦ· (διδακτός,-ή,-όν= taught, instructed)

5. Matt 7:29 ἦν γὰρ διδάσκων αὐτοὺς ὡς ἐξουσίαν ἔχων καὶ οὐχ ὡς οἱ γραμματεῖς αὐτῶν.

6. Matt 10:22 καὶ ἔσεσθε μισούμενοι ὑπὸ πάντων διὰ τὸ ὄνομά μου· ὁ δὲ ὑπομείνας εἰς τέλος οὗτος σωθήσεται. (μισέω= I hate; ὑπομείνας= "remaining" [aorist masc.sg. participle])

7. Luke 18:34 καὶ αὐτοὶ οὐδὲν τούτων συνῆκαν καὶ ἦν τὸ ῥῆμα τοῦτο κεκρυμμένον ἀπ' αὐτῶν καὶ οὐκ ἐγίνωσκον τὰ λεγόμενα. (συνῆκαν= "they understood"; κεκρυμμένον= "hidden")

II. Translate these sentences and phrases with pronouns.

1. John 5:30b καὶ ἡ κρίσις ἡ ἐμὴ δικαία ἐστίν,

2. John 8:37b ὁ λόγος ὁ ἐμὸς οὐ χωρεῖ ἐν ὑμῖν. (χωρέω=I make progress; I have room)

3. John 21:7b ἦν γὰρ γυμνός, καὶ ἔβαλεν ἑαυτὸν εἰς τὴν θάλασσαν, (γυμνός,-ή,-όν= naked)

4. John 6:52a Ἐμάχοντο οὖν πρὸς ἀλλήλους οἱ Ἰουδαῖοι (μάχομαι= I fight)

5. John 10:26 ἀλλὰ ὑμεῖς οὐ πιστεύετε, ὅτι οὐκ ἐστὲ ἐκ τῶν προβάτων τῶν ἐμῶν. (τὸ προβάτον= sheep)

6. Gal 6:4 τὸ δὲ ἔργον ἑαυτοῦ <u>δοκιμαζέτω</u> ἕκαστος, καὶ τότε εἰς ἑαυτὸν μόνον τὸ καύχημα ἕξει καὶ οὐκ εἰς τὸν ἕτερον· (δοκιμαζέτω= "let him approve"; τὸ καύχημα= boast)

7. John 4:33 ἔλεγον οὖν οἱ μαθηταὶ πρὸς ἀλλήλους, Μή τις ἤνεγκεν αὐτῷ φαγεῖν; (φαγεῖν="to eat")

8. John 15:12 αὕτη ἐστὶν ἡ ἐντολὴ ἡ ἐμή, ἵνα ἀγαπᾶτε ἀλλήλους καθὼς ἠγάπησα ὑμᾶς. (ἵνα=that; ἀγαπάω= I love)

19E. Sentences

1. Matt 15:30a καὶ προσῆλθον αὐτῷ ὄχλοι πολλοὶ ἔχοντες μεθ' ἑαυτῶν χωλούς, (χωλός,-ή,-όν= lame)

2. Luke 4:31b καὶ ἦν διδάσκων αὐτοὺς ἐν τοῖς σάββασιν·

3. Mark 2:1 Καὶ εἰσελθὼν πάλιν εἰς Καφαρναοὺμ δι' ἡμερῶν ἠκούσθη ὅτι ἐν οἴκῳ ἐστίν.

4. John 12:14 εὑρὼν δὲ ὁ Ἰησοῦς ὀνάριον ἐκάθισεν ἐπ' αὐτό, καθὼς ἐστιν γεγραμμένον, (τὸ ὀνάριον= young donkey)

5. Luke 4:20b καὶ πάντων οἱ ὀφθαλμοὶ ἐν τῇ συναγωγῇ ἦσαν ἀτενίζοντες αὐτῷ. (ἀτενίζω= I gaze)

6. Luke 14:15 Ἀκούσας δέ τις τῶν συνανακειμένων ταῦτα εἶπεν αὐτῷ· μακάριος ὅστις φάγεται ἄρτον ἐν τῇ βασιλείᾳ τοῦ θεοῦ. (τῶν συνανακειμένων = "of the ones that were reclining at the table")

7. John 10:34 ἀπεκρίθη αὐτοῖς [ὁ] Ἰησοῦς, Οὐκ ἔστιν γεγραμμένον ἐν τῷ νόμῳ ὑμῶν ὅτι Ἐγὼ εἶπα, Θεοί ἐστε;

8. Acts 4:4 πολλοὶ δὲ τῶν ἀκουσάντων τὸν λόγον ἐπίστευσαν, καὶ ἐγενήθη [ὁ] ἀριθμὸς τῶν ἀνδρῶν [ὡς] χιλιάδες πέντε. (ἀριθμός= number; χιλιάδες= thousand)

9. John 6:31 οἱ πατέρες ἡμῶν τὸ μάννα ἔφαγον ἐν τῇ ἐρήμῳ, καθώς ἐστιν γεγραμμένον, Ἄρτον ἐκ τοῦ οὐρανοῦ ἔδωκεν αὐτοῖς φαγεῖν. (ἔδωκεν= "he gave"; φαγεῖν= "to eat")

10. John 6:45 ἔστιν γεγραμμένον ἐν τοῖς προφήταις, Καὶ ἔσονται πάντες διδακτοὶ θεοῦ· πᾶς ὁ ἀκούσας παρὰ τοῦ πατρὸς καὶ μαθὼν ἔρχεται πρὸς ἐμέ. (διδακτός,-ή,-όν= taught, instructed; μανθάνω= I learn [2nd Aor. μαθ-])

11. Matt 8:16b προσήνεγκαν αὐτῷ δαιμονιζομένους πολλούς· καὶ ἐξέβαλεν τὰ πνεύματα λόγῳ καὶ πάντας τοὺς κακῶς ἔχοντας ἐθεράπευσεν, (δαιμονίζομαι= I am demon possessed; κακῶς= badly, poorly)

12. Matt 10:26 <u>Μὴ</u> οὖν <u>φοβηθῆτε</u> αὐτούς· οὐδὲν γάρ ἐστιν κεκαλυμμένον ὃ οὐκ ἀποκαλυφθήσεται καὶ κρυπτὸν ὃ οὐ γνωσθήσεται. (Μὴ...φοβηθῆτε= "Do not fear!"; κεκαλυμμένον= "hidden"; ἀποκαλύπτω= I reveal; κρυπτός,-ή,-όν= hidden)

13. Matt 16:7 οἱ δὲ διελογίζοντο ἐν ἑαυτοῖς λέγοντες ὅτι Ἄρτους οὐκ ἐλάβομεν. 8 γνοὺς δὲ ὁ Ἰησοῦς εἶπεν, Τί διαλογίζεσθε ἐν ἑαυτοῖς, ὀλιγόπιστοι, ὅτι ἄρτους οὐκ ἔχετε; (διαλογίζομαι= I discuss)

14. John 7:28 ἔκραξεν οὖν ἐν τῷ ἱερῷ διδάσκων ὁ Ἰησοῦς καὶ λέγων, Κἀμὲ οἴδατε καὶ οἴδατε πόθεν εἰμί· καὶ ἀπ' ἐμαυτοῦ οὐκ ἐλήλυθα, ἀλλ' ἔστιν ἀληθινὸς ὁ πέμψας με, ὃν ὑμεῖς οὐκ οἴδατε· (κἀμέ= καὶ ἐμέ; πόθεν= whence; ἀληθινός,-ή,-όν= true)

15. 2 Cor 7:5 Καὶ γὰρ <u>ἐλθόντων ἡμῶν</u> εἰς Μακεδονίαν οὐδεμίαν ἔσχηκεν ἄνεσιν ἡ σὰρξ ἡμῶν ἀλλ' ἐν παντὶ θλιβόμενοι· ἔξωθεν μάχαι, ἔσωθεν φόβοι. (ἐλθόντων ἡμῶν = " after we came"; ἡ ἄνεσις= relief; θλίβω= I afflict; ἔξωθεν= outside; ἡ μάχα= sword; ἔσωθεν= inside)

16. Luke 5:17 αὐτὸς ἦν διδάσκων, καὶ ἦσαν καθήμενοι Φαρισαῖοι καὶ νομοδιδάσκαλοι οἳ ἦσαν ἐληλυθότες ἐκ πάσης κώμης τῆς Γαλιλαίας καὶ Ἰουδαίας καὶ Ἰερουσαλήμ· (ὁ νομοδιδάσκαλος= teacher of the law; ἡ κώμη= village; καθήμενοι= "sitting")

17. Matt 27:62-63 Τῇ δὲ ἐπαύριον, ἥτις ἐστὶν μετὰ τὴν παρασκευήν, συνήχθησαν οἱ ἀρχιερεῖς καὶ οἱ Φαρισαῖοι πρὸς Πιλᾶτον 63 λέγοντες, Κύριε, ἐμνήσθημεν ὅτι ἐκεῖνος ὁ πλάνος εἶπεν ἔτι ζῶν, Μετὰ τρεῖς ἡμέρας ἐγείρομαι. (Τῇ δὲ ἐπαύριον= "on the next day"; ἡ παρασκευή= preparation; ἐμνήσθημεν= "we remembered"; πλάνος= deceiver; ζῶν= "living" [*masc.nom. sg. participle*]; ἐγείρω= I raise up)

18. Luke 8:1-2 Καὶ ἐγένετο ἐν τῷ καθεξῆς καὶ αὐτὸς διώδευεν κατὰ πόλιν καὶ κώμην κηρύσσων καὶ εὐαγγελιζόμενος τὴν βασιλείαν τοῦ θεοῦ καὶ οἱ δώδεκα σὺν αὐτῷ, 2 καὶ γυναῖκές τινες αἳ ἦσαν τεθεραπευμέναι ἀπὸ πνευμάτων πονηρῶν καὶ ἀσθενειῶν, Μαρία ἡ καλουμένη Μαγδαληνή, ἀφ' ἧς δαιμόνια ἑπτὰ ἐξεληλύθει, (τῷ καθεξῆς= afterwards; διοδεύω= I go through; ἡ κώμη= village; ἀσθενειῶν= sick; καλουμένη= "being called")

19. Acts 26:14-15 πάντων τε καταπεσόντων ἡμῶν εἰς τὴν γῆν ἤκουσα φωνὴν λέγουσαν πρός με τῇ Ἑβραΐδι διαλέκτῳ, Σαοὺλ Σαούλ, τί με διώκεις; σκληρόν σοι πρὸς κέντρα λακτίζειν. 15 ἐγὼ δὲ εἶπα, Τίς εἶ, κύριε; ὁ δὲ κύριος εἶπεν, Ἐγώ εἰμι Ἰησοῦς ὃν σὺ διώκεις. (πάντων τε καταπεσόντων ἡμῶν = "and after we all fell down"; τῇ Ἑβραΐδι διαλέκτῳ= "in the Hebrew dialect"; σκληρόν σοι πρὸς κέντρα λακτίζειν= "It is hard for you to kick against the goads.")

20. John 19:19-20 ἔγραψεν δὲ καὶ τίτλον ὁ Πιλᾶτος καὶ ἔθηκεν ἐπὶ τοῦ σταυροῦ· ἦν δὲ γεγραμμένον· Ἰησοῦς ὁ Ναζωραῖος ὁ βασιλεὺς τῶν Ἰουδαίων. 20 τοῦτον οὖν τὸν τίτλον πολλοὶ ἀνέγνωσαν τῶν Ἰουδαίων, ὅτι ἐγγὺς ἦν ὁ τόπος τῆς πόλεως ὅπου ἐσταυρώθη ὁ Ἰησοῦς· καὶ ἦν γεγραμμένον Ἑβραϊστί, Ῥωμαϊστί, Ἑλληνιστί. (ἔθηκεν= "he set"; ὁ σταυρός= cross; ὁ τίτλος= title; ἀναγινώσκω= I read; ἐγγύς= near; σταυρόω= I crucify; Ἑβραϊστί= in Hebrew... *sound out the others*)

19F. Reading

John 7:40-52 Jesus the Prophet?! Where is He From??

40 Ἐκ τοῦ ὄχλου οὖν ἀκούσαντες τῶν λόγων τούτων ἔλεγον, Οὗτός ἐστιν <u>ἀληθῶς</u> ὁ προφήτης· 41 ἄλλοι ἔλεγον, Οὗτός ἐστιν ὁ Χριστός, <u>οἱ δὲ</u> ἔλεγον, Μὴ γὰρ ἐκ τῆς Γαλιλαίας ὁ Χριστὸς ἔρχεται; 42 οὐχ ἡ γραφὴ εἶπεν ὅτι ἐκ τοῦ σπέρματος Δαυίδ καὶ ἀπὸ Βηθλέεμ τῆς <u>κώμης</u> ὅπου ἦν Δαυίδ ἔρχεται ὁ Χριστός; 43 <u>σχίσμα</u> οὖν ἐγένετο ἐν τῷ ὄχλῳ δι' αὐτόν· 44 τινὲς δὲ <u>ἤθελον</u> ἐξ αὐτῶν <u>πιάσαι</u> αὐτόν, ἀλλ' οὐδεὶς <u>ἐπέβαλεν</u> ἐπ' αὐτὸν τὰς χεῖρας. 45 Ἦλθον οὖν οἱ <u>ὑπηρέται</u> πρὸς τοὺς ἀρχιερεῖς καὶ Φαρισαίους, καὶ εἶπον αὐτοῖς ἐκεῖνοι, Διὰ τί οὐκ ἠγάγετε αὐτόν; 46 ἀπεκρίθησαν οἱ <u>ὑπηρέται</u>, <u>Οὐδέποτε ἐλάλησεν οὕτως</u> ἄνθρωπος. 47 ἀπεκρίθησαν οὖν αὐτοῖς οἱ Φαρισαῖοι, Μὴ καὶ ὑμεῖς <u>πεπλάνησθε</u>; 48 μή τις ἐκ τῶν ἀρχόντων ἐπίστευσεν εἰς αὐτὸν ἢ ἐκ τῶν Φαρισαίων; 49 ἀλλὰ ὁ ὄχλος οὗτος ὁ μὴ γινώσκων τὸν νόμον <u>ἐπάρατοί</u> εἰσιν. 50 λέγει Νικόδημος πρὸς αὐτούς, ὁ ἐλθὼν πρὸς αὐτὸν [τὸ] <u>πρότερον</u>, εἷς ὢν ἐξ αὐτῶν, 51 Μὴ ὁ νόμος ἡμῶν <u>κρίνει</u> τὸν ἄνθρωπον <u>ἐὰν μὴ ἀκούσῃ</u> πρῶτον παρ' αὐτοῦ καὶ γνῷ τί <u>ποιεῖ</u>; 52 ἀπεκρίθησαν καὶ εἶπαν αὐτῷ, Μὴ καὶ σὺ ἐκ τῆς Γαλιλαίας εἶ; <u>ἐραύνησον καὶ ἴδε</u> ὅτι ἐκ τῆς Γαλιλαίας προφήτης οὐκ <u>ἐγείρεται</u>.

40 ἀληθῶς= truly
41 οἱ δέ= "but they"
42 ἡ κώμη= village
43 τὸ σχίσμα= schism
44 ἤθελον= "they were wanting"; πιάσαι= "to arrest"; ἐπιβάλλω= I cast upon
45 ὁ ὑπηρέτης= servant; an official
46 οἱ ὑπηρέται= officers; οὐδέποτε= never; ἐλάλησεν= "he spoke"; οὕτως= this way
47 πλανάω= I deceive
49 ἐπάρατος,-ον= accursed
50 πρότερον= formerly
51 κρίνω= I judge; ἐὰν μὴ ἀκούσῃ... γνῷ= "unless it hears... and knows"; ποιεῖ= "he did"
52 ἐραύνησον καὶ ἴδε= "Investigate and see!"; ἐγείρω= I raise up

Exercises Ch. 20

20A. Overview
20B. Vocabularies 20 and 7
20C. Review
20D. Focus
20E. Sentences
20F. Reading

20A. Overview

1. Contract Verbs are the most irregular kind of verb. True or false?

2. What verbs qualify as contract verbs? Describe them.

3. Which of the three kinds of contract verbs is the most common?

4. Contract Verbs are most difficult to parse in the 1st Principal Part. True or false?

5. Fill in the Contraction Chart below and look for patterns:

Contract Vowel +	Initial Vowel or Diphthong of Ending						
	ε	ει	η	ῃ	ο	ου	ω
-ε							
-α							
-ο							

6. What two adjectival meanings can αὐτός,-ή,-όν have?

7. When could a Greek writer use the Genitive Absolute construction? Describe the construction.

8. Write out your own English sentence that, when translated into Greek, could use the Genitive Absolute construction.

20B. Vocabularies 20 and 7

Fill in the spaces of the crossword puzzle using Greek for the corresponding English gloss.

Across

2. blessed, happy
5. good
7. I speak
8. I trust
9. dead
12. I follow
14. now
15. different; another
17. I live
19. I keep; I obey
21. I fear, am afraid
23. I exhort; I comfort; I advise
25. faithful, certain
28. one's own
32. I think; I suppose
33. I love
34. again
36. I behold, see
37. first; prominent
38. other; another

Down

1. I do; I make
3. Judaean
4. I fill; I fulfill
6. I worship; I bow down
10. I bear, give birth
11. I ask
13. I walk; I live
16. I seek
18. I hear
20. each
22. yet, still
24. I ask
26. I testify, witness
27. I ask
29. righteous
30. I call; I name; I invite
31. wicked; evil
33. holy
35. good; beautiful

20C. Review

I. Translate these sentences with Periphrastic Participles.

1. Matt 19:22b ἦν γὰρ ἔχων κτήματα πολλά. (τὰ κτήματα= possessions)

2. John 3:24 οὔπω γὰρ ἦν βεβλημένος εἰς τὴν φυλακὴν ὁ Ἰωάννης. (οὔπω= not yet; ἡ φυλακή= prison)

3. Luke 13:10 Ἦν δὲ διδάσκων ἐν μιᾷ τῶν συναγωγῶν ἐν τοῖς σάββασιν.

4. Mark 1:33 καὶ ἦν ὅλη ἡ πόλις ἐπισυνηγμένη πρὸς τὴν θύραν. (ἡ θύρα= door; ἐπισυνάγω= I gather)

5. Mark 14:4a ἦσαν δέ τινες ἀγανακτοῦντες πρὸς ἑαυτούς, (ἀγανακτέω= I am angry)

6. Matt 24:9b ἔσεσθε μισούμενοι ὑπὸ πάντων τῶν ἐθνῶν διὰ τὸ ὄνομά μου. (μισέω= I hate)

7. Luke 1:10 καὶ πᾶν τὸ πλῆθος ἦν τοῦ λαοῦ προσευχόμενον ἔξω τῇ ὥρᾳ τοῦ θυμιάματος. (τὸ πλῆθος= multitude; ἔξω= outside; τὸ θυμίαμα= incense)

II. Some Pronouns from CHAPTER 19.

1. John 12:26b καὶ ὅπου εἰμὶ ἐγὼ ἐκεῖ καὶ ὁ διάκονος ὁ ἐμὸς ἔσται· (ὁ διάκονος= servant)

2. Luke 8:26 Καὶ κατέπλευσαν εἰς τὴν χώραν τῶν Γερασηνῶν, ἥτις ἐστὶν ἀντιπέρα τῆς Γαλιλαίας. (καταπλεύω= I sail down; ἡ χώρα= land, district; ἀντιπέρα= opposite)

3. Luke 9:30 καὶ ἰδοὺ ἄνδρες δύο συνελάλουν αὐτῷ, οἵτινες ἦσαν Μωϋσῆς καὶ Ἡλίας, (συνλαλέω= I speak with)

4. Matt 18:20 οὗ γάρ εἰσιν δύο ἢ τρεῖς συνηγμένοι εἰς τὸ ἐμὸν ὄνομα, ἐκεῖ εἰμι ἐν μέσῳ αὐτῶν. (οὗ= where)

5. Luke 2:10 καὶ εἶπεν αὐτοῖς ὁ ἄγγελος, Μὴ φοβεῖσθε, ἰδοὺ γὰρ εὐαγγελίζομαι ὑμῖν χαρὰν μεγάλην ἥτις ἔσται παντὶ τῷ λαῷ, (Μὴ φοβεῖσθε= "Fear not!")

6. John 5:47 εἰ δὲ τοῖς ἐκείνου γράμμασιν οὐ πιστεύετε, πῶς τοῖς ἐμοῖς ῥήμασιν πιστεύσετε;

7. Matt 21:33a Ἄλλην παραβολὴν ἀκούσατε. Ἄνθρωπος ἦν οἰκοδεσπότης ὅστις ἐφύτευσεν ἀμπελῶνα. . . . (ἀκούσατε= Hear!; οἰκοδεσπότης= house master; φυτεύω= I plant; ὁ ἀμπελών= vineyard)

8. Luke 14:15 Ἀκούσας δέ τις . . . ταῦτα εἶπεν αὐτῷ, Μακάριος ὅστις φάγεται ἄρτον ἐν τῇ βασιλείᾳ τοῦ θεοῦ.

9. John 15:12 αὕτη ἐστὶν ἡ ἐντολὴ ἡ ἐμή, ἵνα ἀγαπᾶτε ἀλλήλους καθὼς ἠγάπησα ὑμᾶς. (ἵνα= that)

10. Matt 13:12 ὅστις γὰρ ἔχει, δοθήσεται αὐτῷ καὶ περισσευθήσεται· ὅστις δὲ οὐκ ἔχει, καὶ ὃ ἔχει ἀρθήσεται ἀπ' αὐτοῦ. (δοθήσεται= "it will be given"; περισσεύω= I abound; ἀρθήσεται= "it will be taken")

20D. Focus

I. Parse these verbs.

	Tense	Voice	Mood	Person Gender	Case	Number	Lexical Form & Meaning
1. ἀγαπᾷ							
2. ᾐτήσατο							
3. ἠκολούθησαν							
4. ζῶντος							
5. δοκεῖ							
6. ἐπηρώτησαν							
7. θεωροῦμεν							
8. λαλοῦντες							
9. γεγεννημένος							
10. καλούμενον							
11. ἐπληρώθη							
12. τηρῶν							
13. ἐποίει							
14. ἐρωτῶμεν							
15. ἐγέννησεν							
16. ἀγαπῶμεν							
17. προσκυνήσουσιν							
18. ἐφοβήθησαν							

II. Further uses of αὐτός, -ή, -όν.

1. Mark 12:36 αὐτὸς Δαυὶδ εἶπεν ἐν τῷ πνεύματι τῷ ἁγίῳ,

2. Mark 14:39 καὶ πάλιν ἀπελθὼν προσηύξατο τὸν αὐτὸν λόγον εἰπών...

3. Luke 2:8a Καὶ ποιμένες ἦσαν ἐν τῇ χώρᾳ τῇ αὐτῇ (ὁ ποιμήν,-ένος= shepherd; ἡ χώρα= land)

4. 1 Cor 5:13b ἐξάρατε τὸν πονηρὸν ἐξ ὑμῶν αὐτῶν. (ἐξάρατε= "Expel!")

5. Luke 13:31a Ἐν αὐτῇ τῇ ὥρᾳ προσῆλθάν τινες Φαρισαῖοι λέγοντες αὐτῷ,

6. Matt 27:44 τὸ δ' αὐτὸ καὶ οἱ λῃσταὶ οἱ συσταυρωθέντες σὺν αὐτῷ ὠνείδιζον αὐτόν. (ὁ λῃστής= thief; συσταυρόω= I am crucified with; ὀνειδίζω= I mock)

7. Matt 17:8 ἐπάραντες δὲ τοὺς ὀφθαλμοὺς αὐτῶν οὐδένα εἶδον εἰ μὴ αὐτὸν Ἰησοῦν μόνον.

(ἐπάραντες= "lifting up"; εἰ μή= except)

III. Translate these sentences with Genitive Absolutes.

1. Luke 20:45 Ἀκούοντος δὲ παντὸς τοῦ λαοῦ εἶπεν τοῖς μαθηταῖς αὐτοῦ,

2. Rom 5:8b ἔτι ἁμαρτωλῶν ὄντων ἡμῶν Χριστὸς ὑπὲρ ἡμῶν ἀπέθανεν. (ἁμαρταλός,-ή,-όν= sinner)

3. Luke 9:34a ταῦτα δὲ αὐτοῦ λέγοντος ἐγένετο νεφέλη καὶ ἐπεσκίαζεν αὐτούς. (ἡ νεφέλη= cloud; ἐπισκιάζω= I overshadow)

4. Matt 21:10 καὶ εἰσελθόντος αὐτοῦ εἰς Ἱεροσόλυμα ἐσείσθη πᾶσα ἡ πόλις λέγουσα, Τίς ἐστιν οὗτος; (σείω= I shake)

5. Gal 3:25 ἐλθούσης δὲ τῆς πίστεως οὐκέτι ὑπὸ παιδαγωγόν ἐσμεν. (ὁ παιδαγωγός= guardian)

6. John 6:23 ἀλλὰ ἦλθεν πλοιάρια ἐκ Τιβεριάδος ἐγγὺς τοῦ τόπου ὅπου ἔφαγον τὸν ἄρτον εὐχαριστήσαντος τοῦ κυρίου. (τὸ πλοιάριον= little boat; ἐγγύς= near; εὐχαριστέω= I give thanks)

7. Acts 7:30 Καὶ πληρωθέντων ἐτῶν τεσσεράκοντα ὤφθη αὐτῷ ἐν τῇ ἐρήμῳ τοῦ ὄρους Σινᾶ ἄγγελος ἐν φλογὶ πυρὸς βάτου. (τεσσεράκοντα= forty; ἡ φλόξ,-γός= flame; ἡ βάτος= bush)

8. Luke 20:1 Καὶ ἐγένετο ἐν μιᾷ τῶν ἡμερῶν διδάσκοντος αὐτοῦ τὸν λαὸν ἐν τῷ ἱερῷ καὶ εὐαγγελιζομένου ἐπέστησαν οἱ ἀρχιερεῖς καὶ οἱ γραμματεῖς σὺν τοῖς πρεσβυτέροις

(ἐπέστησαν= "they were present")

20E. Sentences

1. Acts 20:12 ἤγαγον δὲ τὸν παῖδα ζῶντα καὶ παρεκλήθησαν οὐ μετρίως. (μετρίως= moderately)

2. Matt 1:21 τέξεται δὲ υἱόν, καὶ καλέσεις τὸ ὄνομα αὐτοῦ Ἰησοῦν· αὐτὸς γὰρ σώσει τὸν λαὸν αὐτοῦ ἀπὸ τῶν ἁμαρτιῶν αὐτῶν. (τίκτω= I give birth to; *future stem is* τέξομαι)

3. Matt 14:25 τετάρτῃ δὲ φυλακῇ τῆς νυκτὸς ἦλθεν πρὸς αὐτοὺς περιπατῶν ἐπὶ τὴν θάλασσαν. (τετάρτος,-η,-ον= fourth; ἡ φυλακή= watch; guard)

4. John 8:18 ἐγώ εἰμι ὁ μαρτυρῶν περὶ ἐμαυτοῦ καὶ μαρτυρεῖ περὶ ἐμοῦ ὁ πέμψας με πατήρ.

5. John 16:27 αὐτὸς γὰρ ὁ πατὴρ φιλεῖ ὑμᾶς, ὅτι ὑμεῖς ἐμὲ πεφιλήκατε καὶ πεπιστεύκατε ὅτι ἐγὼ παρὰ [τοῦ] θεοῦ ἐξῆλθον.

6. John 4:51 ἤδη δὲ αὐτοῦ καταβαίνοντος οἱ δοῦλοι αὐτοῦ ὑπήντησαν αὐτῷ λέγοντες ὅτι ὁ παῖς αὐτοῦ ζῇ. (ὁ παῖς= child; ὑπαντάω= I meet [*w/ dative direct object*])

7. Acts 20:17 Ἀπὸ δὲ τῆς Μιλήτου πέμψας εἰς Ἔφεσον μετεκαλέσατο τοὺς πρεσβυτέρους τῆς ἐκκλησίας. (μετακαλέω= I send for/call after)

8. Matt 10:38 καὶ ὃς οὐ λαμβάνει τὸν σταυρὸν αὐτοῦ καὶ ἀκολουθεῖ ὀπίσω μου, οὐκ ἔστιν μου ἄξιος. (ὁ σταυρός= cross; ὀπίσω= after [*with genitive*]; ἄξιος,-η,-ον= worthy)

9. John 20:30 Πολλὰ μὲν οὖν καὶ ἄλλα σημεῖα ἐποίησεν ὁ Ἰησοῦς ἐνώπιον τῶν μαθητῶν [αὐτοῦ], ἃ οὐκ ἔστιν γεγραμμένα ἐν τῷ βιβλίῳ τούτῳ·

10. Luke 24:32 καὶ εἶπαν πρὸς ἀλλήλους, Οὐχὶ ἡ καρδία ἡμῶν καιομένη ἦν [ἐν ἡμῖν] ὡς ἐλάλει ἡμῖν ἐν τῇ ὁδῷ, ὡς διήνοιγεν ἡμῖν τὰς γραφάς; (καίω= I burn; διανοίγω= I open fully)

11. Rom 7:9-10 ἐγὼ δὲ ἔζων χωρὶς νόμου ποτέ· ἐλθούσης δὲ τῆς ἐντολῆς ἡ ἁμαρτία ἀνέζησεν, 10 ἐγὼ δὲ ἀπέθανον καὶ εὑρέθη μοι ἡ ἐντολὴ ἡ εἰς ζωήν, αὕτη εἰς θάνατον· (χωρὶς= without *with gen.*; ποτέ= once; ἀναζάω= I revive)

12. Luke 22:47 Ἔτι αὐτοῦ λαλοῦντος ἰδοὺ ὄχλος, καὶ ὁ λεγόμενος Ἰούδας εἷς τῶν δώδεκα προήρχετο αὐτοὺς καὶ ἤγγισεν τῷ Ἰησοῦ <u>φιλῆσαι</u> αὐτόν. (προέρχομαι= I come forward; φιλῆσαι= to kiss)

13. Matt 9:18 Ταῦτα αὐτοῦ λαλοῦντος αὐτοῖς ἰδοὺ ἄρχων εἷς ἐλθὼν προσεκύνει αὐτῷ λέγων ὅτι Ἡ <u>θυγάτηρ</u> μου <u>ἄρτι</u> <u>ἐτελεύτησεν</u>· ἀλλὰ ἐλθὼν <u>ἐπίθες</u> τὴν χεῖρά σου ἐπ' αὐτήν, καὶ ζήσεται. (ἡ θυγάτηρ= daughter; ἄρτι= now; τελευτέω= I die; ἐπίθες= "Place!")

14. John 1:15 Ἰωάννης μαρτυρεῖ περὶ αὐτοῦ καὶ κέκραγεν λέγων, Οὗτος ἦν ὃν εἶπον, Ὁ ὀπίσω μου ἐρχόμενος ἔμπροσθέν μου γέγονεν, ὅτι πρῶτός μου ἦν. (ὀπίσω= after [*with genitive*]; ἔμπροσθέν= before [*with genitive*])

15. John 14:21 ὁ ἔχων τὰς ἐντολάς μου καὶ τηρῶν αὐτὰς ἐκεῖνός ἐστιν ὁ ἀγαπῶν με· ὁ δὲ ἀγαπῶν με ἀγαπηθήσεται ὑπὸ τοῦ πατρός μου, κἀγὼ ἀγαπήσω αὐτὸν καὶ ἐμφανίσω αὐτῷ ἐμαυτόν. (ἐμφανίζω= I make known)

16. John 4:27 Καὶ ἐπὶ τούτῳ ἦλθαν οἱ μαθηταὶ αὐτοῦ καὶ ἐθαύμαζον ὅτι μετὰ γυναικὸς ἐλάλει· οὐδεὶς μέντοι εἶπεν, Τί ζητεῖς ἢ Τί λαλεῖς μετ' αὐτῆς; (μέντοι= although)

17. Luke 1:59-60 Καὶ ἐγένετο ἐν τῇ ἡμέρᾳ τῇ ὀγδόῃ ἦλθον περιτεμεῖν τὸ παιδίον καὶ ἐκάλουν αὐτὸ ἐπὶ τῷ ὀνόματι τοῦ πατρὸς αὐτοῦ Ζαχαρίαν. 60 καὶ ἀποκριθεῖσα ἡ μήτηρ αὐτοῦ εἶπεν, Οὐχί, ἀλλὰ κληθήσεται Ἰωάννης. (ὄγδοος,-η,-ον= eighth; περιτεμεῖν= "to circumcise")

18. John 16:17 εἶπαν οὖν ἐκ τῶν μαθητῶν αὐτοῦ πρὸς ἀλλήλους, Τί ἐστιν τοῦτο ὃ λέγει ἡμῖν, Μικρὸν καὶ οὐ θεωρεῖτέ με, καὶ πάλιν μικρὸν καὶ ὄψεσθέ με; καί, Ὅτι ὑπάγω πρὸς τὸν πατέρα; (μικρόν= "a little while")

19. Mark 15:43 ἐλθὼν Ἰωσὴφ [ὁ] ἀπὸ Ἁριμαθαίας εὐσχήμων βουλευτής, ὃς καὶ αὐτὸς ἦν προσδεχόμενος τὴν βασιλείαν τοῦ θεοῦ, τολμήσας εἰσῆλθεν πρὸς τὸν Πιλᾶτον καὶ ᾐτήσατο τὸ σῶμα τοῦ Ἰησοῦ. (Ἁριμαθαία= Arimathea; εὐσχήμων βουλευτής= "a reputable council member"; προσδεχόμαι= I receive; τολμάω= I dare, am bold)

20. Rev 20:4 Καὶ εἶδον θρόνους καὶ ἐκάθισαν ἐπ' αὐτούς καὶ κρίμα ἐδόθη αὐτοῖς, καὶ τὰς ψυχὰς τῶν πεπελεκισμένων διὰ τὴν μαρτυρίαν Ἰησοῦ καὶ διὰ τὸν λόγον τοῦ θεοῦ καὶ οἵτινες οὐ προσεκύνησαν τὸ θηρίον οὐδὲ τὴν εἰκόνα αὐτοῦ καὶ οὐκ ἔλαβον τὸ χάραγμα ἐπὶ τὸ μέτωπον καὶ ἐπὶ τὴν χεῖρα αὐτῶν. καὶ ἔζησαν καὶ ἐβασίλευσαν μετὰ τοῦ Χριστοῦ χίλια ἔτη. (τὸ κρίμα= sentence, verdict; ἐδόθη= "it/he was given"; πελεκίζω= I behead; ἡ μαρτυρία= testimony; τὸ θηρίον= beast; ἡ εἰκών,-όνα= image; τὸ χάραγμα= mark; τὸ μέτωπον= forehead; βασίλευω= I reign; χίλια= thousand)

20F. READING

I. 1 Thess 3:6–7 Paul's Encouragement through Others

6 Ἄρτι δὲ ἐλθόντος Τιμοθέου πρὸς ἡμᾶς ἀφ' ὑμῶν καὶ εὐαγγελισαμένου ἡμῖν τὴν πίστιν καὶ τὴν ἀγάπην ὑμῶν καὶ ὅτι ἔχετε μνείαν ἡμῶν ἀγαθὴν πάντοτε, ἐπιποθοῦντες ἡμᾶς ἰδεῖν καθάπερ καὶ ἡμεῖς ὑμᾶς, 7 διὰ τοῦτο παρεκλήθημεν, ἀδελφοί, ἐφ' ὑμῖν ἐπὶ πάσῃ τῇ ἀνάγκῃ καὶ θλίψει ἡμῶν διὰ τῆς ὑμῶν πίστεως, (ἄρτι= now; ἡ μνεία= memory; πάντοτε= always; ἐπιποθοῦντες ἡμᾶς ἰδεῖν καθάπερ= "seeking to see us just as"; παρακαλέω= I encourage; ἡ ἀνάγκη= distress; ἡ θλίψις= affliction)

II. John 4:46-54 The Healing of the Royal Officer's Child

46 Ἦλθεν οὖν πάλιν εἰς τὴν Κανὰ τῆς Γαλιλαίας, ὅπου ἐποίησεν τὸ ὕδωρ οἶνον. καὶ ἦν τις βασιλικὸς οὗ ὁ υἱὸς ἠσθένει ἐν Καφαρναούμ. 47 οὗτος ἀκούσας ὅτι Ἰησοῦς ἥκει ἐκ τῆς Ἰουδαίας εἰς τὴν Γαλιλαίαν ἀπῆλθεν πρὸς αὐτὸν καὶ ἠρώτα ἵνα καταβῇ καὶ ἰάσηται αὐτοῦ τὸν υἱόν, ἤμελλεν γὰρ ἀποθνήσκειν. 48 εἶπεν οὖν ὁ Ἰησοῦς πρὸς αὐτόν, Ἐὰν μὴ σημεῖα καὶ τέρατα ἴδητε, οὐ μὴ πιστεύσητε. 49 λέγει πρὸς αὐτὸν ὁ βασιλικός, Κύριε, κατάβηθι πρὶν ἀποθανεῖν τὸ παιδίον μου. 50 λέγει αὐτῷ ὁ Ἰησοῦς, Πορεύου, ὁ υἱός σου ζῇ. ἐπίστευσεν ὁ ἄνθρωπος τῷ λόγῳ ὃν εἶπεν αὐτῷ ὁ Ἰησοῦς καὶ ἐπορεύετο. 51 ἤδη δὲ αὐτοῦ καταβαίνοντος οἱ δοῦλοι αὐτοῦ ὑπήντησαν αὐτῷ λέγοντες ὅτι ὁ παῖς αὐτοῦ ζῇ. 52 ἐπύθετο οὖν τὴν ὥραν παρ' αὐτῶν ἐν ᾗ κομψότερον ἔσχεν· εἶπαν οὖν αὐτῷ ὅτι Ἐχθὲς ὥραν ἑβδόμην ἀφῆκεν αὐτὸν ὁ πυρετός. 53 ἔγνω οὖν ὁ πατὴρ ὅτι [ἐν] ἐκείνῃ τῇ ὥρᾳ ἐν ᾗ εἶπεν αὐτῷ ὁ Ἰησοῦς, Ὁ υἱός σου ζῇ, καὶ ἐπίστευσεν αὐτὸς καὶ ἡ οἰκία αὐτοῦ ὅλη. 54 Τοῦτο [δὲ] πάλιν δεύτερον σημεῖον ἐποίησεν ὁ Ἰησοῦς ἐλθὼν ἐκ τῆς Ἰουδαίας εἰς τὴν Γαλιλαίαν.

Verse 46: ὁ οἶνος= wine; ὁ βασιλικός= royal officer; ἀσθενέω= I am sick
Verse 47: ἥκω= I have arrived; ἵνα καταβῇ καὶ ἰάσηται= "that he would come down and heal"; ἤμελλεν γὰρ ἀποθνήσκειν= "for he was about to die"
Verse 48: ἐὰν μὴ... ἴδητε= "unless you see"; τὸ τέρος,-ατος= wonder; οὐ μὴ πιστεύσητε= "You will never believe"
Verse 49: κατάβηθι πρὶν ἀποθανεῖν τὸ παιδίον μου= "Come before my son dies(!)"
Verse 50: Πορεύου= "Go!"
Verse 51: ὑπαντάω= I meet with; ὁ παῖς= son
Verse 52: πυνθάνομαι= I ascertain (*2nd Aorist* πυθ-); κομψότερον= "recovered, better"; ἐχθές= yesterday; ἑβδόμος,-η,-ον= seventh; ἀφῆκεν= "it left"; ὁ πυρετός= fever
Verse 54: δεύτερος,-α,-ον= second

Exercises Ch. 21

21A. Overview
21B. Vocabularies 21 and 8
21C. Review
21D. Focus
21E. Sentences
21F. Reading

21A. Overview

1. Liquid Verbs end with which Greek letters? Are Liquid Verbs NoRMaL?

2. Liquid verbs reject a σίγμα in both the Future and Aorist Tenses. True or false?

3. In the formation of the Future Tense of liquid verbs, what special phenomenon occurs? Why is this important for parsing and distinguishing forms?

4. Be sure that you can briefly describe these uses of the Nominative Case:
    a. Nominatives in Predicates that Refer Back to the Subject.

    b. Pendant Nominative.

    c. Nominative Absolute (Possibly with Implied Verbs).

    d. As Vocatives or Articular Nominatives in Apposition with Vocatives.

    e. Various Uses in the Book of Revelation.

5. What is a Left-(Dis)location Construction? Left-(Dis)locations, provide an example of them:

6. What two types of left-(dis)locations are there? What do each type "mark"?

7. As far as the use of Articles, what is the general rule for the introduction of a new Participant into a scene by them or their absence?

8. If a Participant has been introduced already, they will normally have an article. True or False?

9. To give emphasis to a Participant already on stage, will they be arthrous or anarthrous?

21B. VOCABULARIES 21 AND 8

Fill in the spaces of the crossword puzzle using Greek for the corresponding English gloss.

Across

1. down from; against
4. I judge; condemn
6. righteousness
7. above; superior to
9. I suffer
13. I send
15. around
18. first; before
19. if
20. according to
21. I kill
23. I bear; I bring
26. I lead; I bring
28. I remain
29. I cast; I throw

Down

2. I raise; bear
3. I bring to; I offer
5. already; now
8. I depart; I go away
10. I gather together
11. I rejoice
12. after
14. I sow
16. I throw out
17. then; thereafter
21. I report, declare
22. that; because
24. I raise up
25. for (postpositive)
27. with

21C. REVIEW

I. Translate these Genitive absolutes in simple sentences.

1. Matt 17:14a Καὶ ἐλθόντων πρὸς τὸν ὄχλον προσῆλθεν αὐτῷ ἄνθρωπος

2. Matt 5:1b καὶ καθίσαντος αὐτοῦ προσῆλθαν αὐτῷ οἱ μαθηταὶ αὐτοῦ·

3. Matt 8:16 Ὀψίας δὲ γενομένης προσήνεγκαν αὐτῷ δαιμονιζομένους πολλούς· καὶ ἐξέβαλεν τὰ πνεύματα λόγῳ καὶ πάντας τοὺς κακῶς ἔχοντας ἐθεράπευσεν, (ἡ ὀψία= evening; δαιμονίζομαι= I am demon possessed; κακῶς= badly, poorly)

4. Matt 8:5a Εἰσελθόντος δὲ αὐτοῦ εἰς Καφαρναοὺμ προσῆλθεν αὐτῷ ἑκατόνταρχος

    (ἑκατόνταρχος= centurion)

5. Matt 9:32 Αὐτῶν δὲ ἐξερχομένων ἰδοὺ προσήνεγκαν αὐτῷ ἄνθρωπον κωφὸν δαιμονιζόμενον.

    (κωφός= mute; dumb; δαιμονιζόμενον= "demon possessed")

6. Matt 17:24a Ἐλθόντων δὲ αὐτῶν εἰς Καφαρναοὺμ προσῆλθον οἱ τὰ δίδραχμα λαμβάνοντες τῷ Πέτρῳ (τὰ δίδραχμα= the double drachma)

7. Matt 14:15a ὀψίας δὲ γενομένης προσῆλθον αὐτῷ οἱ μαθηταὶ λέγοντες, Ἔρημός ἐστιν ὁ τόπος καὶ ἡ ὥρα ἤδη παρῆλθεν· (ἡ ὀψία= evening; ἔρημος, -ον= desolate; παρῆλθεν= "it has passed")

II. Participles Medley (or, is it Melee?).

1. Luke 4:44 καὶ ἦν κηρύσσων εἰς τὰς συναγωγὰς τῆς Ἰουδαίας.

2. Luke 19:47 Καὶ ἦν διδάσκων τὸ καθ' ἡμέραν ἐν τῷ ἱερῷ.

3. Mark 3:21a καὶ ἀκούσαντες οἱ παρ' αὐτοῦ ἐξῆλθον κρατῆσαι αὐτόν· (κρατῆσαι= "to arrest")

4. Acts 6:1a Ἐν δὲ ταῖς ἡμέραις ταύταις πληθυνόντων τῶν μαθητῶν ἐγένετο γογγυσμὸς τῶν Ἑλληνιστῶν πρὸς τοὺς Ἑβραίους (πληθύνω= I increase; ὁ γογγυσμός= complaint; ὁ Ἑλληνιστής= Greek; ὁ Ἑβραῖος= Hebrew)

5. John 1:41b Εὑρήκαμεν τὸν Μεσσίαν ὅ ἐστιν μεθερμηνευόμενον Χριστός· (μεθερμηνεύω= I translate)

6. Matt 27:33 Καὶ ἐλθόντες εἰς τόπον λεγόμενον Γολγοθᾶ, ὅ ἐστιν Κρανίου Τόπος λεγόμενος, (τὸ κρανίον= skull)

7. Luke 5:16 αὐτὸς δὲ ἦν ὑποχωρῶν ἐν ταῖς ἐρήμοις καὶ προσευχόμενος. (ὑποχωρέω= I withdraw; ἔρημος, -ον= desolate)

8. Luke 11:14 Καὶ ἦν ἐκβάλλων δαιμόνιον [καὶ αὐτὸ ἦν] κωφόν· ἐγένετο δὲ τοῦ δαιμονίου ἐξελθόντος ἐλάλησεν ὁ κωφὸς καὶ ἐθαύμασαν οἱ ὄχλοι. (κωφός,-ή,-όν= mute)

9. Luke 9:53 καὶ οὐκ ἐδέξαντο αὐτόν, ὅτι τὸ πρόσωπον αὐτοῦ ἦν πορευόμενον εἰς Ἰερουσαλήμ. (δέχομαι= I receive)

10. Luke 9:37 Ἐγένετο δὲ τῇ ἑξῆς ἡμέρᾳ κατελθόντων αὐτῶν ἀπὸ τοῦ ὄρους συνήντησεν αὐτῷ ὄχλος πολύς. (ἑξῆς= next; κατέρχομαι= I go down; συναντάω= I met with)

11. Luke 23:15 ἀνέπεμψεν γὰρ αὐτὸν πρὸς ἡμᾶς, καὶ ἰδοὺ οὐδὲν ἄξιον θανάτου ἐστὶν πεπραγμένον αὐτῷ· (ἀναπέμπω= I send back; ἄξιος,-α,-ον= worthy; πράσσω= I do)

12. Luke 23:55 Κατακολουθήσασαι δὲ αἱ γυναῖκες, αἵτινες ἦσαν συνεληλυθυῖαι ἐκ τῆς Γαλιλαίας αὐτῷ, ἐθεάσαντο τὸ μνημεῖον. . . (κατακολουθέω= I follow behind; συνέρχομαι= I come along with [*with dative*]; θεάομαι= I behold)

III. Various Pronouns.

1. 1 Cor 11:13a ἐν ὑμῖν αὐτοῖς κρίνατε· (κρίνατε= "Judge!")

2. 2 Cor 12:18b οὐ τῷ αὐτῷ πνεύματι περιεπατήσαμεν;

3. Luke 6:33b καὶ οἱ ἁμαρτωλοὶ τὸ αὐτὸ ποιοῦσιν. (ὁ ἁμαρτωλός= sinner)

4. Rev 12:13 Καὶ ὅτε εἶδεν ὁ δράκων ὅτι ἐβλήθη εἰς τὴν γῆν, ἐδίωξεν τὴν γυναῖκα ἥτις ἔτεκεν τὸν ἄρσενα. (ὁ δράκων= dragon; τίκτω= I bear [*2nd Aor.* τεκ-]; ὁ ἄρσην= male child)

5. Rom 10:12 οὐ γάρ ἐστιν διαστολὴ Ἰουδαίου τε καὶ Ἕλληνος, ὁ γὰρ αὐτὸς κύριος πάντων, (ἡ διαστολή= distinction)

6. John 7:16 ἀπεκρίθη οὖν αὐτοῖς [ὁ] Ἰησοῦς καὶ εἶπεν, Ἡ ἐμὴ διδαχὴ οὐκ ἔστιν ἐμὴ ἀλλὰ τοῦ πέμψαντός με· (ἡ διδαχή= teaching)

7. Rom 8:16 αὐτὸ τὸ πνεῦμα συμμαρτυρεῖ τῷ πνεύματι ἡμῶν ὅτι ἐσμὲν τέκνα θεοῦ.

8. Heb 13:7a Μνημονεύετε τῶν ἡγουμένων ὑμῶν, οἵτινες ἐλάλησαν ὑμῖν τὸν λόγον τοῦ θεοῦ, (Μνημονεύετε= "Remember!" [w/gen d.o.]; ὁ ἡγούμενος= leader)

9. Luke 10:21 Ἐν αὐτῇ τῇ ὥρᾳ ἠγαλλιάσατο [ἐν] τῷ πνεύματι τῷ ἁγίῳ καὶ εἶπεν, (ἀγαλλιάω= I rejoice)

10. Rom 6:2 μὴ γένοιτο. οἵτινες ἀπεθάνομεν τῇ ἁμαρτίᾳ, πῶς ἔτι ζήσομεν ἐν αὐτῇ; (μὴ γένοιτο= "May it not be!")

11. Matt 2:6 Καὶ σύ Βηθλέεμ, γῆ Ἰούδα, οὐδαμῶς ἐλαχίστη εἶ ἐν τοῖς ἡγεμόσιν Ἰούδα· ἐκ σοῦ γὰρ ἐξελεύσεται ἡγούμενος, ὅστις ποιμανεῖ τὸν λαόν μου τὸν Ἰσραήλ. (οὐδαμῶς= by no means; ἐλάχιστος,-η,-ον= least; ὁ ἡγεμών= chief town; ὁ ἡγούμενος= leader; ποιμαίνω= I shepherd)

12. Matt 7:24 Πᾶς οὖν ὅστις ἀκούει μου τοὺς λόγους τούτους καὶ ποιεῖ αὐτούς, ὁμοιωθήσεται ἀνδρὶ φρονίμῳ, ὅστις ᾠκοδόμησεν αὐτοῦ τὴν οἰκίαν ἐπὶ τὴν πέτραν· (ὁμοιόω= I am like [w/dat.]; φρόνιμος,-ον= wise; οἰκοδομέω= I build)

13. John 13:35 ἐν τούτῳ γνώσονται πάντες ὅτι ἐμοὶ μαθηταί ἐστε, ἐὰν ἀγάπην ἔχητε ἐν ἀλλήλοις. (ἐὰν... ἔχητε= "if...you have")

14. Matt 26:44 αὐτοὺς πάλιν ἀπελθὼν προσηύξατο ἐκ τρίτου τὸν αὐτὸν λόγον εἰπὼν πάλιν. (ἐκ τρίτου= "a third time")

15. Matt 5:46 ἐὰν γὰρ ἀγαπήσητε τοὺς ἀγαπῶντας ὑμᾶς, τίνα μισθὸν ἔχετε; οὐχὶ καὶ οἱ τελῶναι τὸ αὐτὸ ποιοῦσιν; (ἐὰν... ἀγαπήσητε= "if you love"; ὁ μισθός= reward; ὁ τελώνης= tax collector)

21D. FOCUS

I. Parse these verbs. (Remember that participles will need Gender and Case—6 items!)

	Tense	Voice	Mood	Person or Gender	Case	Number	Lexical Form & Meaning
1. κρινεῖ							
2. ἦραν							
3. ἀπεκτάνθησαν							
4. ἀπέσταλκεν							
5. ἐλθών							
6. ἠγέρθην							
7. ἀπήγγειλεν							
8. ἀπέκτειναν							
9. ἀπεσταλμένοι							
10. ἀποκτενοῦσιν							
11. μένοντες							
12. ἤγειρεν							
13. χαίροντες							
14. ἐγείρονται							
15. ἀπέστειλεν							
16. ἀρθήσεται							
17. ἐσπαρμένον							
18. ἐχάρησαν							

II. Translate these phrases and sentences with different uses of the article.

1. Rom 2:14a τὰ τοῦ νόμου

2. Matt 2:16b πάντας τοὺς παῖδας τοὺς ἐν Βηθλέεμ

3. Matt 5:12b οὕτως γὰρ ἐδίωξαν τοὺς προφήτας τοὺς πρὸ ὑμῶν.

4. Matt 28:15a οἱ δὲ ... ἐποίησαν ὡς ἐδιδάχθησαν.

5. Matt 14:33a οἱ δὲ ἐν τῷ πλοίῳ προσεκύνησαν αὐτῷ (τὸ πλοίον= boat)

6. Matt 5:16b τὸν πατέρα ὑμῶν τὸν ἐν τοῖς οὐρανοῖς.

7. Matt 6:1b μισθὸν οὐκ ἔχετε παρὰ τῷ πατρὶ ὑμῶν τῷ ἐν τοῖς οὐρανοῖς. (ὁ μισθόν= reward)

8. Matt 13:28a ὁ δὲ ἔφη αὐτοῖς, (ἔφη= "he said")

9. Matt 16:7a οἱ δὲ διελογίζοντο ἐν ἑαυτοῖς (διαλογίζομαι= I argue)

10. Matt 7:14b ἡ ὁδὸς ἡ ἀπάγουσα εἰς τὴν ζωὴν (ἀπάγω = I lead)

11. Rom 7:10 ἐγὼ δὲ ἀπέθανον καὶ εὑρέθη μοι ἡ ἐντολὴ ἡ εἰς ζωήν, αὕτη εἰς θάνατον·

12. Matt 16:23b οὐ φρονεῖς τὰ τοῦ θεοῦ ἀλλὰ τὰ τῶν ἀνθρώπων. (φρονέω= I am mindful of)

13. Matt 15:34 καὶ λέγει αὐτοῖς ὁ Ἰησοῦς, Πόσους ἄρτους ἔχετε; οἱ δὲ εἶπαν, Ἑπτά καὶ ὀλίγα ἰχθύδια. (πόσος= how many; ὀλίγος,-η,-ον= few; τὸ ἰχθύδιον= fish)

14. Matt 21:11 οἱ δὲ ὄχλοι ἔλεγον, Οὗτός ἐστιν ὁ προφήτης Ἰησοῦς ὁ ἀπὸ Ναζαρὲθ τῆς Γαλιλαίας.

15. John 21:2 ἦσαν ὁμοῦ Σίμων Πέτρος καὶ Θωμᾶς ὁ λεγόμενος Δίδυμος καὶ Ναθαναὴλ ὁ ἀπὸ Κανὰ τῆς Γαλιλαίας καὶ οἱ τοῦ Ζεβεδαίου καὶ ἄλλοι ἐκ τῶν μαθητῶν αὐτοῦ δύο. (ὁμοῦ= together)

21E. SENTENCES

1. John 7:9 ταῦτα δὲ εἰπὼν αὐτὸς ἔμεινεν ἐν τῇ Γαλιλαίᾳ.

2. Matt 9:7 καὶ ἐγερθεὶς ἀπῆλθεν εἰς τὸν οἶκον αὐτοῦ.

3. John 16:14 ἐκεῖνος ἐμὲ δοξάσει, ὅτι ἐκ τοῦ ἐμοῦ λήμψεται καὶ ἀναγγελεῖ ὑμῖν. (ἀναγγέλλω= I declare)

4. Mark 9:4 καὶ ὤφθη αὐτοῖς Ἠλίας σὺν Μωϋσεῖ, καὶ ἦσαν συλλαλοῦντες τῷ Ἰησοῦ. (συλλαλέω= I talk with)

5. John 10:40 Καὶ ἀπῆλθεν πάλιν πέραν τοῦ Ἰορδάνου εἰς τὸν τόπον ὅπου ἦν Ἰωάννης τὸ πρῶτον βαπτίζων καὶ ἔμεινεν ἐκεῖ. (πέραν= beyond)

6. Phlm 1:21 Πεποιθὼς τῇ ὑπακοῇ σου ἔγραψά σοι, εἰδὼς ὅτι καὶ ὑπὲρ ἃ λέγω ποιήσεις. (ἡ ὑπακοή= obedience)

7. John 1:25 καὶ ἠρώτησαν αὐτὸν καὶ εἶπαν αὐτῷ, Τί οὖν βαπτίζεις εἰ σὺ οὐκ εἶ ὁ Χριστὸς οὐδὲ Ἠλίας οὐδὲ ὁ προφήτης;

8. Mark 4:10 Καὶ ὅτε ἐγένετο κατὰ μόνας, ἠρώτων αὐτὸν οἱ περὶ αὐτὸν σὺν τοῖς δώδεκα τὰς παραβολάς. (κατὰ μόνας= "alone")

9. Luke 10:7a ἐν αὐτῇ δὲ τῇ οἰκίᾳ μένετε ἐσθίοντες καὶ πίνοντες τὰ παρ' αὐτῶν· (μένετε= "Stay!")

10. Luke 13:1 Παρῆσαν δέ τινες ἐν αὐτῷ τῷ καιρῷ ἀπαγγέλλοντες αὐτῷ περὶ τῶν Γαλιλαίων ὧν τὸ αἷμα Πιλᾶτος ἔμιξεν μετὰ τῶν θυσιῶν αὐτῶν. (πάρειμι= I am present; ἔμιξεν= "he mixed"; ἡ θυσία= sacrifice)

11. Luke 1:56 Ἔμεινεν δὲ Μαριὰμ σὺν αὐτῇ ὡς μῆνας τρεῖς, καὶ ὑπέστρεψεν εἰς τὸν οἶκον αὐτῆς. (ὁ μήν, μηνός= month; ὑποστρέφω= I return)

12. Acts 19:22 ἀποστείλας δὲ εἰς τὴν Μακεδονίαν δύο τῶν διακονούντων αὐτῷ, Τιμόθεον καὶ Ἔραστον, αὐτὸς ἐπέσχεν χρόνον εἰς τὴν Ἀσίαν. (διακονέω= I serve [with dat.d.o.]; ἐπέχω= I tarry or spend time)

13. 1 Cor 3:17 εἴ τις τὸν ναὸν τοῦ θεοῦ φθείρει, φθερεῖ τοῦτον ὁ θεός· ὁ γὰρ ναὸς τοῦ θεοῦ ἅγιός ἐστιν, οἵτινές ἐστε ὑμεῖς. (φθείρω= I corrupt/spoil)

14. Rom 8:3 τὸ γὰρ ἀδύνατον τοῦ νόμου ἐν ᾧ ἠσθένει διὰ τῆς σαρκός, ὁ θεὸς τὸν ἑαυτοῦ υἱὸν πέμψας ἐν ὁμοιώματι σαρκὸς ἁμαρτίας καὶ περὶ ἁμαρτίας κατέκρινεν τὴν ἁμαρτίαν ἐν τῇ σαρκί, (τὸ ἀδύνατον= inability; ἀσθενέω= I am weak; τὸ ὁμοίωμα= likeness; κατακρίνω= I condemn)

15. Luke 4:22 Καὶ πάντες ἐμαρτύρουν αὐτῷ καὶ ἐθαύμαζον ἐπὶ τοῖς λόγοις τῆς χάριτος τοῖς ἐκπορευομένοις ἐκ τοῦ στόματος αὐτοῦ καὶ ἔλεγον, Οὐχὶ υἱός ἐστιν Ἰωσὴφ οὗτος;

16. Luke 11:52 οὐαὶ ὑμῖν τοῖς νομικοῖς, ὅτι ἤρατε τὴν κλεῖδα τῆς γνώσεως· αὐτοὶ οὐκ εἰσήλθατε καὶ τοὺς εἰσερχομένους ἐκωλύσατε. (οὐαί= woe!; ὁ νομικός= lawyer; ἡ κλείς, κλειδός= key; ἡ γνῶσις= knowledge; κωλύω= I hinder, forbid)

17. Luke 16:15 καὶ εἶπεν αὐτοῖς, Ὑμεῖς ἐστε οἱ δικαιοῦντες ἑαυτοὺς ἐνώπιον τῶν ἀνθρώπων, ὁ δὲ θεὸς γινώσκει τὰς καρδίας ὑμῶν· ὅτι τὸ ἐν ἀνθρώποις ὑψηλὸν βδέλυγμα ἐνώπιον τοῦ θεοῦ. (δικαιόω= I justify; τὸ ὑψηλόν= loftiness/arrogance; τὸ βδέλυγμα= abomination; *hint: supply* ἐστίν)

18. Jas 1:12 Μακάριος ἀνὴρ ὃς ὑπομένει πειρασμόν, ὅτι δόκιμος γενόμενος λήμψεται τὸν στέφανον τῆς ζωῆς ὃν ἐπηγγείλατο τοῖς ἀγαπῶσιν αὐτόν. (δόκιμος,-η,-ον= approved; ὁ στέφανος= crown; ὑπομένω= I endure; ὁ πειρασμός= temptation; ἐπαγγέλλω= I promise)

19. Luke 8:25 εἶπεν δὲ αὐτοῖς, Ποῦ ἡ πίστις ὑμῶν; φοβηθέντες δὲ ἐθαύμασαν λέγοντες πρὸς ἀλλήλους, Τίς ἄρα οὗτός ἐστιν ὅτι καὶ τοῖς ἀνέμοις ἐπιτάσσει καὶ τῷ ὕδατι, καὶ ὑπακούουσιν αὐτῷ; (ἄρα= therefore; ὁ ἄνεμος= wind; ἐπιτάσσω= I command [*dat.d.o.*]; ὑπακούω= I obey [*dat.d.o.*])

20. Rev 4:10-11 πεσοῦνται οἱ εἴκοσι τέσσαρες πρεσβύτεροι ἐνώπιον τοῦ καθημένου ἐπὶ τοῦ θρόνου καὶ προσκυνήσουσιν τῷ ζῶντι εἰς τοὺς αἰῶνας τῶν αἰώνων καὶ βαλοῦσιν τοὺς στεφάνους αὐτῶν ἐνώπιον τοῦ θρόνου λέγοντες, 11 Ἄξιος εἶ, ὁ κύριος καὶ ὁ θεὸς ἡμῶν, λαβεῖν τὴν δόξαν καὶ τὴν τιμὴν καὶ τὴν δύναμιν, ὅτι σὺ ἔκτισας τὰ πάντα καὶ διὰ τὸ θέλημά σου ἦσαν καὶ ἐκτίσθησαν. (εἴκοσι= twenty; ὁ στέφανος= crown; λαβεῖν= "to receive"; κτίζω= I create)

21F. READING

I. Deut 6:4-9 (LXX) The Shema: "Hear, O Israel!"

⁴καὶ ταῦτα τὰ δικαιώματα καὶ τὰ κρίματα ὅσα ἐνετείλατο κύριος τοῖς υἱοῖς Ισραηλ ἐν τῇ ἐρήμῳ ἐξελθόντων αὐτῶν ἐκ γῆς Αἰγύπτου. ἄκουε Ισραηλ κύριος ὁ θεὸς ἡμῶν κύριος εἷς ἐστιν ⁵ καὶ ἀγαπήσεις κύριον τὸν θεόν σου ἐξ ὅλης τῆς καρδίας σου καὶ ἐξ ὅλης τῆς ψυχῆς σου καὶ ἐξ ὅλης τῆς δυνάμεώς σου ⁶ καὶ ἔσται τὰ ῥήματα ταῦτα ὅσα ἐγὼ ἐντέλλομαί σοι σήμερον ἐν τῇ καρδίᾳ σου καὶ ἐν τῇ ψυχῇ σου ⁷ καὶ προβιβάσεις αὐτὰ τοὺς υἱούς σου καὶ λαλήσεις ἐν αὐτοῖς καθήμενος ἐν οἴκῳ καὶ πορευόμενος ἐν ὁδῷ καὶ κοιταζόμενος καὶ διανιστάμενος ⁸ καὶ ἀφάψεις αὐτὰ εἰς σημεῖον ἐπὶ τῆς χειρός σου καὶ ἔσται ἀσάλευτον πρὸ ὀφθαλμῶν σου ⁹ καὶ γράψετε αὐτὰ ἐπὶ τὰς φλιὰς τῶν οἰκιῶν ὑμῶν καὶ τῶν πυλῶν ὑμῶν

verse 4: τὸ δικαίωμα= regulation
τὸ κρίμα= commandment
ὅσος,-η,-ον= however so many
ἐντέλλομαι= I command
ἄκουε= "Hear!" (a command)

verse 6: ὅσος,-η,-ον= however so many
ἐντέλλομαι= I command
σήμερον= today

verse 7: προβιβάζω= I persuade; I teach
κάθημαι= I sit
κοιτάζω= I go to sleep
διανιστάμενος= "waking up"

verse 8: ἀφάπτω= I fasten upon
ἀσάλευτος,-ον= immovable

verse 9: ἡ φλιά = doorpost
ἡ πύλη= gate

II. Luke 7:16-20 Is Jesus the One Who is to Come?

16 ἔλαβεν δὲ φόβος πάντας καὶ ἐδόξαζον τὸν θεὸν λέγοντες ὅτι Προφήτης μέγας ἠγέρθη ἐν ἡμῖν καὶ ὅτι Ἐπεσκέψατο ὁ θεὸς τὸν λαὸν αὐτοῦ. 17 καὶ ἐξῆλθεν ὁ λόγος οὗτος ἐν ὅλῃ τῇ Ἰουδαίᾳ περὶ αὐτοῦ καὶ πάσῃ τῇ περιχώρῳ. 18 Καὶ ἀπήγγειλαν Ἰωάννῃ οἱ μαθηταὶ αὐτοῦ περὶ πάντων τούτων. καὶ προσκαλεσάμενος δύο τινὰς τῶν μαθητῶν αὐτοῦ ὁ Ἰωάννης 19 ἔπεμψεν πρὸς τὸν κύριον λέγων, Σὺ εἶ ὁ ἐρχόμενος ἢ ἄλλον προσδοκῶμεν; 20 παραγενόμενοι δὲ πρὸς αὐτὸν οἱ ἄνδρες εἶπαν, Ἰωάννης ὁ βαπτιστὴς ἀπέστειλεν ἡμᾶς πρὸς σὲ λέγων, Σὺ εἶ ὁ ἐρχόμενος ἢ ἄλλον προσδοκῶμεν; (ἐπισκέπτομαι= I visit; ἡ περίχωρος= surrounding region; προσκαλέω= I summon, call on; προσδοκέω= I await; παραγίνομαι= I am present)

EXERCISES CH. 22

22A. OVERVIEW
22B. VOCABULARIES 22, 9, AND 2
22C. REVIEW
22D. FOCUS
22E. SENTENCES
22F. READING

22A. OVERVIEW

1. What is the basic idea behind the Subjunctive Mood?

2. Put the Active and Middle and/or Passive Subjunctive endings below:

Active				Middle or Middle/Passive		
	sg.	pl.			sg.	pl.
1				1		
2				2		
3				3		

3. Which Tenses are found in the Subjunctive Mood?

4. To form the Aorist Subjunctive a totally different set of endings is used. True or false?

5. To negate the Subjunctive Mood which negative word is used?

6. List and describe the Independent Uses of the Subjunctive Mood:

7. List and describe the Dependent Uses of the Subjunctive Mood:

8. What are adverbs? How do they function in the sentence?

9. Emphasize negation, how might one do this in Greek?

22B. Vocabularies 22, 9, and 2

Fill in the spaces of the crossword puzzle using Greek for the corresponding English gloss.

Across

1. David
5. James
6. house
8. Peter
11. Abraham
12. Paul
14. people
15. Christ, Messiah
20. if
21. Jerusalem
24. slave; servant
25. in order that; that
27. here
29. crowd
30. new
32. season; opportunity
34. she
36. place
38. we
40. outside
41. third thing
43. immediately
44. little; few
45. worthy

Down

2. bread; loaf
3. second woman
4. death
7. Israel
9. who, which
10. and I
13. like
16. you (sg.)
17. eye
18. you (pl.)
19. Pharisee
22. and not; neither…not
23. they (masculine)
26. Pilate
28. small, little
31. sinful
33. nothing
35. desolate
37. in order that, how
39. work; activity
42. I

22C. Review

I. Participle Functions.

Fill in the appropriate participle for the meaning conveyed by the sentences below. A participle form <u>may be used more than once</u>. All forms below will be used. Watch for subject, tense, and construction agreement!

a. βαπτίζοντος
b. βαπτίζοντες
c. βαπτιζόντων
d. βεβαπτισμένος
e. βαπτιζόμενοι
f. βαπτιζομένων
g. βαπτίσαντος
h. βαπτίσαντες
i. βαπτισάντων
j. βαπτισθέντες
k. βαπτισθέντων
l. βεβαπτισμένοι

1. The ones that have been baptized testified.
   οἱ _____ ἐμαρτύρησαν.

2. After being baptized, they testified.
   _____ ἐμαρτύρησαν.

3. After the disciples had been baptized, the crowd departed.
   _____ μαθητῶν ὁ ὄχλος ἀπῆλθεν.

4. They were baptizing.
   ἦσαν _____.

5. The ones that were being baptized testified.
   οἱ _____ ἐμαρτύρησαν.

6. While being baptized, they testified.
   _____ ἐμαρτύρησαν.

7. After he had baptized, the crowd departed.
   _____ αὐτοῦ ὁ ὄχλος ἀπῆλθεν.

8. While baptizing, they testified.
   _____ ἐμαρτύρησαν.

9. The ones that were baptizing testified.
   οἱ _____ ἐμαρτύρησαν.

10. The disciple is baptized. (i.e., in a state of baptism)
    ὁ μαθητής ἐστιν _____.

11. While the disciples were being baptized, the crowd departed.
    _____ μαθητῶν ὁ ὄχλος ἀπῆλθεν.

12. The ones that baptized testified.

οἱ _____ ἐμαρτύρησαν.

13. While he was baptizing, the crowd departed.

_____ αὐτοῦ ὁ ὄχλος ἀπῆλθεν.

14. After having baptized, they testified.

_____ ἐμαρτύρησαν.

15. While the disciples were baptizing, the crowd departed.

_____ μαθητῶν ὁ ὄχλος ἀπῆλθεν.

16. After the disciples (had) baptized, the crowd departed.

_____ μαθητῶν ὁ ὄχλος ἀπῆλθεν.

II. Uses of the Article.

1. Matt 27:4b οἱ δὲ εἶπαν, Τί πρὸς ἡμᾶς;

2. Matt 27:21b οἱ δὲ εἶπαν, Τὸν Βαραββᾶν.

3. Matt 26:66b οἱ δὲ ἀποκριθέντες εἶπαν, Ἔνοχος θανάτου ἐστίν. (ἔνοχος,-ον= liable to)

4. Matt 2:5 οἱ δὲ εἶπαν αὐτῷ, Ἐν Βηθλέεμ τῆς Ἰουδαίας· οὕτως γὰρ γέγραπται διὰ τοῦ προφήτου·

5. Matt 14:17 οἱ δὲ λέγουσιν αὐτῷ, Οὐκ ἔχομεν ὧδε εἰ μὴ πέντε ἄρτους καὶ δύο ἰχθύας. (ὧδε= here; εἰ μὴ= except; ὁ ἰχθύς= fish)

6. Matt 16:14 οἱ δὲ εἶπαν, Οἱ μὲν Ἰωάννην τὸν βαπτιστήν, ἄλλοι δὲ Ἠλίαν, ἕτεροι δὲ Ἰερεμίαν ἢ ἕνα τῶν προφητῶν. (οἱ μὲν= "some"[hint: supply λέγουσιν]; ἢ= or)

7. Matt 26:57 Οἱ δὲ κρατήσαντες τὸν Ἰησοῦν ἀπήγαγον πρὸς Καϊάφαν τὸν ἀρχιερέα, ὅπου οἱ γραμματεῖς καὶ οἱ πρεσβύτεροι συνήχθησαν. (κρατέω= I sieze; ἀπάγω= I lead away)

8. Rom 8:5 οἱ γὰρ κατὰ σάρκα ὄντες τὰ τῆς σαρκὸς φρονοῦσιν, οἱ δὲ κατὰ πνεῦμα τὰ τοῦ πνεύματος. (φρονέω= I am mindful of)

9. 1 Cor 15:23 ἕκαστος δὲ ἐν τῷ ἰδίῳ τάγματι· ἀπαρχὴ Χριστός, ἔπειτα οἱ τοῦ Χριστοῦ ἐν τῇ παρουσίᾳ αὐτοῦ, (τὸ τάγμα= order; ἔπειτα= next; ἡ παρουσία= coming)

10. Matt 25:46 καὶ ἀπελεύσονται οὗτοι εἰς κόλασιν αἰώνιον, οἱ δὲ δίκαιοι εἰς ζωὴν αἰώνιον. (ἡ κόλασις= punishment)

11. Luke 5:33 Οἱ δὲ εἶπαν πρὸς αὐτόν, Οἱ μαθηταὶ Ἰωάννου νηστεύουσιν πυκνὰ καὶ δεήσεις ποιοῦνται ὁμοίως καὶ οἱ τῶν Φαρισαίων, οἱ δὲ σοὶ ἐσθίουσιν καὶ πίνουσιν. (πυκνά= often; ἡ δέησις= prayer; οἱ δὲ σοὶ= "The ones *belonging* to you" [dative of possession])

III. Parse these verbs.

	Tense	Voice	Mood	Person or Gender	Case	Number	Lexical Form
1. μεμαρτυρημένων							
2. ἤχθη							
3. ᾔτηκα							
4. ἀκολουθοῦντας							
5. ἀνέβαινεν							
6. ἀπαγγελοῦμεν							
7. δίδαχθεν							
8. ἦν							

22D. Focus

These sentences contain the various uses of the Subjunctive Mood.

I. Translate the Sentences.

II. Parse the Subjunctive Mood verbs and indicate their grammatical use/function (purpose, etc.):

1. John 8:51b θάνατον οὐ μὴ θεωρήσῃ εἰς τὸν αἰῶνα.

2. Mark 6:12b Καὶ ἐξελθόντες ἐκήρυξαν ἵνα μετανοῶσιν, (μετανοέω= I repent)

3. Rom 3:8b Ποιήσωμεν τὰ κακὰ, ἵνα ἔλθῃ τὰ ἀγαθά;

4. τί φάγωμεν ἢ τί πίωμεν; (cf. Matt 6:25)

5. Matt 21:38b ἀποκτείνωμεν αὐτὸν καὶ σχῶμεν τὴν κληρονομίαν αὐτοῦ, (ἡ κληρονομία= inheritance)

6. John 6:37b καὶ τὸν ἐρχόμενον πρὸς ἐμὲ οὐ μὴ ἐκβάλω ἔξω,

7. Rev 15:4a τίς οὐ μὴ φοβηθῇ, κύριε, καὶ δοξάσει τὸ ὄνομά σου;

8. 1 Cor 15:32c Φάγωμεν καὶ πίωμεν, αὔριον γὰρ ἀποθνῄσκομεν. (αὔριον= tomorrow)

9. Luke 3:10 Καὶ ἐπηρώτων αὐτὸν οἱ ὄχλοι λέγοντες, Τί οὖν ποιήσωμεν;

10. Luke 22:9 οἱ δὲ εἶπαν αὐτῷ, Ποῦ θέλεις ἑτοιμάσωμεν; (θέλω= I want)

11. Rom 6:15 Τί οὖν; ἁμαρτήσωμεν, ὅτι οὐκ ἐσμὲν ὑπὸ νόμον ἀλλὰ ὑπὸ χάριν; (ἁμαρτάνω= I sin)

12. John 19:36 ἐγένετο γὰρ ταῦτα ἵνα ἡ γραφὴ πληρωθῇ,

13. Rom 14:9 εἰς τοῦτο γὰρ Χριστὸς ἀπέθανεν καὶ ἔζησεν, ἵνα καὶ νεκρῶν καὶ ζώντων κυριεύσῃ. (κυριεύω= I rule over [gen.d.o.])

14. 1 John 3:11 αὕτη ἐστὶν ἡ ἀγγελία ἣν ἠκούσατε ἀπ' ἀρχῆς, ἵνα ἀγαπῶμεν ἀλλήλους. (ἡ ἀγγελία= message)

15. Rev 8:6b ἑπτὰ ἄγγελοι οἱ ἔχοντες τὰς ἑπτὰ σάλπιγγας ἡτοίμασαν αὐτοὺς ἵνα σαλπίσωσιν. (ἡ σάλπιγξ,-ιγγος= trumpet; σαλπίζω= I sound the trumpet)

16. Matt 12:14 ἐξελθόντες δὲ οἱ Φαρισαῖοι συμβούλιον ἔλαβον κατ' αὐτοῦ ὅπως αὐτὸν ἀπολέσωσιν. (τὸ συμβούλιον= held a meeting; ἀπολλυμι= I destroy [2nd Aor. ἀπολε-])

17. Matt 8:17 ὅπως πληρωθῇ τὸ ῥηθὲν διὰ Ἠσαΐου τοῦ προφήτου λέγοντος, Αὐτὸς τὰς ἀσθενείας ἡμῶν ἔλαβεν καὶ τὰς νόσους ἐβάστασεν. (τὸ ῥηθὲν= "that which was spoken"; ἡ ἀσθενεία= weakness; ἡ νόσος= illness; βάσταζω= I take up, carry)

18. Matt 23:8 ὑμεῖς δὲ μὴ κληθῆτε, Ῥαββί· εἷς γάρ ἐστιν ὑμῶν ὁ διδάσκαλος, πάντες δὲ ὑμεῖς ἀδελφοί ἐστε. (μὴ κληθῆτε= "Don't be called…!")

22E. Sentences

1. 1 John 5:3 αὕτη γάρ ἐστιν ἡ ἀγάπη τοῦ θεοῦ, ἵνα τὰς ἐντολὰς αὐτοῦ τηρῶμεν, καὶ αἱ ἐντολαὶ αὐτοῦ βαρεῖαι οὐκ εἰσίν. (βαρύς,-εῖα,-ύ= difficult)

2. Rev 6:3 Καὶ ὅτε ἤνοιξεν τὴν σφραγῖδα τὴν δευτέραν, ἤκουσα τοῦ δευτέρου ζῴου λέγοντος, Ἔρχου. (ἡ σφραγίς,-ῖδος= seal; τὸ ζῷον= living creature; Ἔρχου= "Come!")

3. Mark 12:21 καὶ ὁ δεύτερος ἔλαβεν αὐτήν καὶ ἀπέθανεν μὴ καταλιπὼν σπέρμα· (καταλείπω= I leave)

4. Luke 24:21a ἡμεῖς δὲ ἠλπίζομεν ὅτι αὐτός ἐστιν ὁ μέλλων λυτροῦσθαι τὸν Ἰσραήλ· (ἐλπίζω= I hope; μέλλω= I am about to; λυτρόυσθαι= "to redeem")

5. John 8:51 ἀμὴν ἀμὴν λέγω ὑμῖν, ἐάν τις τὸν ἐμὸν λόγον τηρήσῃ, θάνατον οὐ μὴ θεωρήσῃ εἰς τὸν αἰῶνα.

6. John 12:21 οὗτοι οὖν προσῆλθον Φιλίππῳ τῷ ἀπὸ Βηθσαϊδὰ τῆς Γαλιλαίας, καὶ ἠρώτων αὐτὸν λέγοντες, Κύριε, θέλομεν τὸν Ἰησοῦν ἰδεῖν. (θέλω= I want; ἰδεῖν= "to see")

7. John 14:3b καὶ παραλήμψομαι ὑμᾶς πρὸς ἐμαυτόν, ἵνα ὅπου εἰμὶ ἐγὼ καὶ ὑμεῖς ἦτε.

8. John 8:18 ἐγώ εἰμι ὁ μαρτυρῶν περὶ ἐμαυτοῦ καὶ μαρτυρεῖ περὶ ἐμοῦ ὁ πέμψας με πατήρ.

9. John 11:15 καὶ χαίρω δι' ὑμᾶς ἵνα πιστεύσητε, ὅτι οὐκ ἤμην ἐκεῖ· ἀλλὰ ἄγωμεν πρὸς αὐτόν.

10. Luke 1:15 ἔσται γὰρ μέγας ἐνώπιον [τοῦ] κυρίου, καὶ οἶνον καὶ σίκερα οὐ μὴ πίῃ, καὶ πνεύματος ἁγίου πλησθήσεται ἔτι ἐκ κοιλίας μητρὸς αὐτοῦ, (ὁ οἶνος= wine; τὸ σίκερα= alcohol; πλησθήσεται= "he will be full"; ἡ κοιλία= womb)

11. Luke 2:15 Καὶ ἐγένετο ὡς ἀπῆλθον ἀπ' αὐτῶν εἰς τὸν οὐρανὸν οἱ ἄγγελοι, οἱ ποιμένες ἐλάλουν πρὸς ἀλλήλους, Διέλθωμεν δὴ ἕως Βηθλέεμ καὶ ἴδωμεν τὸ ῥῆμα τοῦτο τὸ γεγονὸς ὃ ὁ κύριος ἐγνώρισεν ἡμῖν. (ὁ ποιμήν,-ένος= shepherd; γνωρίζω= I make known)

12. Acts 2:37 Ἀκούσαντες δὲ κατενύγησαν τὴν καρδίαν εἶπόν τε πρὸς τὸν Πέτρον καὶ τοὺς λοιποὺς ἀποστόλους, Τί ποιήσωμεν, ἄνδρες ἀδελφοί; (κατενύγησαν τὴν καρδίαν= "they were cut to heart")

13. John 14:10 οὐ πιστεύεις ὅτι ἐγὼ ἐν τῷ πατρὶ καὶ ὁ πατὴρ ἐν ἐμοί ἐστιν; τὰ ῥήματα ἃ ἐγὼ λέγω ὑμῖν ἀπ' ἐμαυτοῦ οὐ λαλῶ, ὁ δὲ πατὴρ ἐν ἐμοὶ μένων ποιεῖ τὰ ἔργα αὐτοῦ.

14. 1 Pet 3:18 ὅτι καὶ Χριστὸς ἅπαξ περὶ ἁμαρτιῶν ἔπαθεν, δίκαιος ὑπὲρ ἀδίκων, ἵνα ὑμᾶς προσαγάγῃ τῷ θεῷ θανατωθεὶς μὲν σαρκὶ ζῳοποιηθεὶς δὲ πνεύματι· (ἅπαξ= once; θανατόω= I kill; ἄδικος,-ον= unrighteous; προσάγω= I lead to; θανατόω= I kill; ζῳοποιέω= I make alive)

15. 1 Cor 14:21-22 ἐν τῷ νόμῳ γέγραπται ὅτι Ἐν ἑτερογλώσσοις καὶ ἐν χείλεσιν ἑτέρων λαλήσω τῷ λαῷ τούτῳ καὶ οὐδ' οὕτως εἰσακούσονταί μου, λέγει κύριος. 22 ὥστε αἱ γλῶσσαι εἰς σημεῖόν εἰσιν οὐ τοῖς πιστεύουσιν ἀλλὰ τοῖς ἀπίστοις, ἡ δὲ προφητεία οὐ τοῖς ἀπίστοις ἀλλὰ τοῖς πιστεύουσιν. (ἑτερόγλωσσος,-ον= other tongue; τὸ χεῖλος,-ους= lips; εἰσακούω= I listen, obey [*with genitive*]; ὥστε= so then; ἡ γλῶσσα=tongue; ὁ ἄπιστος= unbeliever; ἡ προφητεία= prophecy)

16. John 5:37-38 καὶ ὁ πέμψας με πατὴρ ἐκεῖνος μεμαρτύρηκεν περὶ ἐμοῦ. οὔτε φωνὴν αὐτοῦ πώποτε ἀκηκόατε οὔτε εἶδος αὐτοῦ ἑωράκατε, 38 καὶ τὸν λόγον αὐτοῦ οὐκ ἔχετε ἐν ὑμῖν μένοντα, ὅτι ὃν ἀπέστειλεν ἐκεῖνος, τούτῳ ὑμεῖς οὐ πιστεύετε. (πώποτε= ever; τὸ εἶδος= image)

17. 1 Cor 1:21-24 ἐπειδὴ γὰρ ἐν τῇ σοφίᾳ τοῦ θεοῦ οὐκ ἔγνω ὁ κόσμος διὰ τῆς σοφίας τὸν θεόν, εὐδόκησεν ὁ θεὸς διὰ τῆς μωρίας τοῦ κηρύγματος σῶσαι τοὺς πιστεύοντας· 22 ἐπειδὴ καὶ Ἰουδαῖοι σημεῖα αἰτοῦσιν καὶ Ἕλληνες σοφίαν ζητοῦσιν, 23 ἡμεῖς δὲ κηρύσσομεν Χριστὸν ἐσταυρωμένον, Ἰουδαίοις μὲν σκάνδαλον, ἔθνεσιν δὲ μωρίαν, 24 αὐτοῖς δὲ τοῖς κλητοῖς, Ἰουδαίοις τε καὶ Ἕλλησιν, Χριστὸν θεοῦ δύναμιν καὶ θεοῦ σοφίαν·

Verse 21: ἐπειδὴ= since; εὐδοκέω= I am pleased; ἡ μωρία= foolishness; τὸ κήρυγμα= proclamation; σῶσαι= "to save"
Verse 22: ἐπειδὴ= since; Ἕλληνες= "Greeks";
Verse 23: σταυρόω= I crucify; τὸ σκάνδαλον= offense, scandal; ἡ μωρία= foolishness
Verse 24: κλητός,-ή,-όν= called;

18. 1 Cor 1:27-31 ἀλλὰ τὰ μωρὰ τοῦ κόσμου ἐξελέξατο ὁ θεός, ἵνα καταισχύνῃ τοὺς σοφούς, καὶ τὰ ἀσθενῆ τοῦ κόσμου ἐξελέξατο ὁ θεός, ἵνα καταισχύνῃ τὰ ἰσχυρά, 28 καὶ τὰ ἀγενῆ τοῦ κόσμου καὶ τὰ ἐξουθενημένα ἐξελέξατο ὁ θεός, τὰ μὴ ὄντα, ἵνα τὰ ὄντα καταργήσῃ, 29 ὅπως μὴ καυχήσηται πᾶσα σὰρξ ἐνώπιον τοῦ θεοῦ. 30 ἐξ αὐτοῦ δὲ ὑμεῖς ἐστε ἐν Χριστῷ Ἰησοῦ, ὃς ἐγενήθη σοφία ἡμῖν ἀπὸ θεοῦ, δικαιοσύνη τε καὶ ἁγιασμὸς καὶ ἀπολύτρωσις, 31 ἵνα καθὼς γέγραπται, Ὁ καυχώμενος ἐν κυρίῳ καυχάσθω.

<u>Verse 27:</u> μωρός,-ά,-όν= foolish; ἐκλέγομαι= I choose; καταισχύνω= I shame; ἰσχυρός,-ά,-όν= strong
<u>Verse 28:</u> ἀγενής,-ές= low-born; ἐξουθενέω= I despise; καταργέω= I abolish
<u>Verse 29:</u> ὁ ἁγιασμός= sanctification; ἡ ἀπολύτρωσις= redemption
<u>Verse 30:</u> καυχάομαι= I boast; καυχάσθω= "let him boast"

22F. READING

All of 2 John. Use your GNT.

<u>Verse 1</u>: ἐκλεκτός,-ή,-όν= called; ἡ κυρία= lady
<u>Verse 3</u>: τὸ ἔλεος= mercy
<u>Verse 4</u>: λίαν= very; ὁ πλάνος= deceiver; ὁμολογέω= I testify
<u>Verse 8</u>: βλέπετε= "watch!"; ἵνα μὴ ἀπολέσητε ἅ εἰργασάμεθα ἀλλὰ μισθὸν πλήρη ἀπολάβητε= "in order that you not destroy which things we worked for, but might receive a full reward."
<u>Verse 9</u>: ἡ διδαχή= teaching
<u>Verse 10</u>: μὴ λαμβάνετε. . .χαίρειν αὐτῷ μὴ λέγετε.= "Don't receive. . .don't speak to greet him."
<u>Verse 11</u>: λέγω χαίρειν= "Speak a greeting"; κοινωνέω= I join with (dat. d.o.)
<u>Verse 12</u>: γράφειν= "to write"; βουλέομαι= I desire; διὰ χάρτου καὶ μέλανος= "through paper and ink"; ἐλπίζω= I hope; γενέσθαι= "to come"; λαλῆσαι= "to speak"
<u>Verse 13</u>: ἀσπάζομαι= I greet

Exercises Ch. 23

23A. Overview
23B. Vocabularies 23, 10, and 3
23C. Review
23D. Focus
23E. Sentences
23F. Reading

23A. Overview

1. Define "infinitive." Give some English examples of infinitives.

2. Give the infinitive endings below:

   Present A =   **Aorist A =**   **2nd Aorist A =**

   Present M/P =   **Aorist M =**   **Aorist P =**

3. Infinitives can be augmented. True or false?

4. What are the Four Categories of the basic functions of the Greek infinitive?

5. For each adverbial meaning, briefly explain what the Greek infinitive construction(s) could look like:

   purpose:

   result:

   substantiation ("because"):

   time ("after, before, while"):

6. Which prepositions are most commonly used with the Infinitive?

7. Briefly describe these Special Uses of the Accusative Case:
   a. Double Accusative

   b. Cognate Accusative

   c. Accusative of Extension of Time/Space

   d. Accusative of Respect or Reference

   e. Accusative of Manner

   f. Accusative in Oaths

23B. Vocabularies 23, 10, and 3

Fill in the spaces of the crossword puzzle using Greek for the corresponding English gloss.

Across
3. I come, I go
5. I persuade
7. I cry, I weep
8. no, not
9. I send
11. it is necessary to
17. on
19. I find, I discover
21. I wonder, I am amazed
22. I baptize
24. I sit, am sitting
25. I cry out, I call out
27. I draw near, I approach
29. before; in front of
30. I say, I speak
33. I save; I heal
34. I open
35. I heal; I serve
37. I make ready, I prepare
38. I preach, I proclaim

Down
1. I will, wish, want to
2. I go
4. in
6. I announce the good news
10. I see
12. I pursue; I persecute
13. I am going to; am about to
14. I write
15. I am able to
16. I begin to; I am
18. from
20. I sit; I seat; I stay
23. I pray
26. I know
28. I teach
29. along
30. I loosen, untie
31. so that, that; therefore
32. I glorify, I honor
36. I have, I hold; 37. to

23C. REVIEW

Translate these sentences with Subjunctives and identify the specific Subjunctive Construction. Be able to parse each Subjunctive verb form.

1. Acts 8:15 οἵτινες καταβάντες προσηύξαντο περὶ αὐτῶν ὅπως λάβωσιν πνεῦμα ἅγιον·

2. Luke 8:22c Διέλθωμεν εἰς τὸ πέραν τῆς λίμνης, καὶ ἀνήχθησαν. (πέραν= near; ἡ λίμνη= lake; ἀνάγω= I go up; I put out to sea)

3. John 11:16 εἶπεν οὖν Θωμᾶς ὁ λεγόμενος Δίδυμος τοῖς συμμαθηταῖς, Ἄγωμεν καὶ ἡμεῖς ἵνα ἀποθάνωμεν μετ' αὐτοῦ. (ὁ συμμαθητής= fellow disciple)

4. Heb 4:11a σπουδάσωμεν οὖν εἰσελθεῖν εἰς ἐκείνην τὴν κατάπαυσιν, (σπουδάζω= I hasten; εἰσελθεῖν= "to enter"; ἡ κατάπαυσις= rest)

5. John 6:5b Πόθεν ἀγοράσωμεν ἄρτους ἵνα φάγωσιν οὗτοι; (πόθεν= where?; ἀγοράζω= I buy)

6. John 8:12b οὐ μὴ περιπατήσῃ ἐν τῇ σκοτίᾳ, ἀλλ' ἕξει τὸ φῶς τῆς ζωῆς. (ἡ σκοτία= darkness)

7. Heb 3:8 μὴ σκληρύνητε τὰς καρδίας ὑμῶν. . . (σκληρύνω= I harden)

8. John 2:25a οὐ χρείαν εἶχεν ἵνα τις μαρτυρήσῃ περὶ τοῦ ἀνθρώπου·

9. 1 John 5:13a Ταῦτα ἔγραψα ὑμῖν ἵνα εἰδῆτε ὅτι ζωὴν ἔχετε αἰώνιον,

10. Luke 1:15b καὶ οἶνον καὶ σίκερα οὐ μὴ πίῃ. (ὁ οἶνος= wine; τὸ σίκερα= alcohol)

11. Matt 24:35 ὁ οὐρανὸς καὶ ἡ γῆ παρελεύσεται, οἱ δὲ λόγοι μου οὐ μὴ παρέλθωσιν.
    (παρέρχομαι= I pass away)

12. 1 Cor 9:15b οὐκ ἔγραψα δὲ ταῦτα, ἵνα οὕτως γένηται ἐν ἐμοί·

13. Acts 27:42a τῶν δὲ στρατιωτῶν βουλὴ ἐγένετο ἵνα τοὺς δεσμώτας ἀποκτείνωσιν, (ὁ στρατιωτός= soldier; ἡ βουλή= plan; ὁ δεσμώτης= prisoner)

14. 2 John 1:6b αὕτη ἡ ἐντολή ἐστιν, καθὼς ἠκούσατε ἀπ' ἀρχῆς, ἵνα ἐν αὐτῇ περιπατῆτε.

15. Matt 16:20 τότε διεστείλατο τοῖς μαθηταῖς ἵνα μηδενὶ εἴπωσιν ὅτι αὐτός ἐστιν ὁ Χριστός.
    (διαστέλλομαι= I order, command)

23D. FOCUS

I. Parse these Infinitives.

	Tense	Voice	Mood	Lexical Form & Meaning
1. ἀποστέλλεσθαι				
2. ἔρχεσθαι				
3. βληθῆναι				
4. βλέψαι				
5. ἀποθανεῖν				
6. ἀγαπᾶν				
7. διδάσκειν				
8. ἰδεῖν				
9. καλέσαι				
10. ἀποκριθῆναι				

II. Translate these sentences with Infinitives working with verbs.

1. Matt 10:34b οὐκ ἦλθον βαλεῖν εἰρήνην ἀλλὰ μάχαιραν. (ἡ μάχαιρα= sword)

2. Matt 10:35a ἦλθον γὰρ διχάσαι ἄνθρωπον κατὰ τοῦ πατρὸς αὐτοῦ. (διχάζω= I divide)

3. Matt 11:7a Τί ἐξήλθατε εἰς τὴν ἔρημον θεάσασθαι; (θεάομαι= I see)

4. John 12:39a διὰ τοῦτο οὐκ ἠδύναντο πιστεύειν.

5. 1 Thess 3:4b προελέγομεν ὑμῖν ὅτι μέλλομεν θλίβεσθαι, (θλίβω= I afflict)

6. Matt 11:8 ἀλλὰ τί ἐξήλθατε ἰδεῖν;

7. John 10:16b κἀκεῖνα δεῖ με ἀγαγεῖν καὶ τῆς φωνῆς μου ἀκούσουσιν,

8. John 13:5b καὶ ἤρξατο νίπτειν τοὺς πόδας τῶν μαθητῶν (νίπτω= I wash)

9. John 13:33b Ὅπου ἐγὼ ὑπάγω ὑμεῖς οὐ δύνασθε ἐλθεῖν

10. John 10:35b καὶ οὐ δύναται λυθῆναι ἡ γραφή

11. John 19:7b καὶ κατὰ τὸν νόμον ὀφείλει ἀποθανεῖν (ὀφείλω=I ought)

12. John 8:40a νῦν δὲ ζητεῖτέ με ἀποκτεῖναι

13. Luke 1:22a ἐξελθὼν δὲ οὐκ ἐδύνατο λαλῆσαι αὐτοῖς

14. Luke 8:37a καὶ ἠρώτησεν αὐτὸν ἅπαν τὸ πλῆθος . . . ἀπελθεῖν ἀπ' αὐτῶν, (ἅπαν= whole; τὸ πλῆθος= multitude)

15. Acts 20:35c αὐτὸς εἶπεν, Μακάριόν ἐστιν μᾶλλον διδόναι ἢ λαμβάνειν. (μᾶλλον= more; διδόναι= "to give"; ἢ= than)

16. Matt 13:3 καὶ ἐλάλησεν αὐτοῖς πολλὰ ἐν παραβολαῖς λέγων, Ἰδοὺ ἐξῆλθεν ὁ σπείρων τοῦ σπείρειν.

III. Translate these Infinitives with prepositions and conjunctions.

1. Luke 3:21 Ἐγένετο δὲ ἐν τῷ βαπτισθῆναι ἅπαντα τὸν λαὸν. . . (ἅπαντα= all)

2. Luke 14:1a Καὶ ἐγένετο ἐν τῷ ἐλθεῖν αὐτὸν εἰς οἶκόν τινος

3. Rom 4:18b εἰς τὸ γενέσθαι αὐτὸν πατέρα πολλῶν ἐθνῶν. . .

4. 1 Cor 10:6b εἰς τὸ μὴ εἶναι ἡμᾶς ἐπιθυμητὰς κακῶν, . . . (ὁ ἐπιθυμητής= one desirous)

5. Matt 13:6b καὶ διὰ τὸ μὴ ἔχειν ῥίζαν ἐξηράνθη. (ἡ ῥίζα= root; ἐξηράνθη= "it dried up")

6. Luke 2:27 καὶ ἐν τῷ εἰσαγαγεῖν τοὺς γονεῖς τὸ παιδίον Ἰησοῦν. . .

7. Matt 6:8b οἶδεν γὰρ ὁ πατὴρ ὑμῶν ὧν χρείαν ἔχετε πρὸ τοῦ ὑμᾶς αἰτῆσαι αὐτόν.

8. Luke 5:12a Καὶ ἐγένετο ἐν τῷ εἶναι αὐτὸν ἐν μιᾷ τῶν πόλεων. . .

9. 1 Pet 1:21b ὥστε τὴν πίστιν ὑμῶν καὶ ἐλπίδα εἶναι εἰς θεόν.

10. 2 Cor 1:4b εἰς τὸ δύνασθαι ἡμᾶς παρακαλεῖν τοὺς ἐν πάσῃ θλίψει. . .

11. Luke 22:15b ἐπεθύμησα τοῦτο τὸ πάσχα φαγεῖν μεθ' ὑμῶν πρὸ τοῦ με παθεῖν· (ἐπιθυμέω= I desire; τὸ πάσχα= Passover)

12. Acts 1:3b παρέστησεν ἑαυτὸν ζῶντα μετὰ τὸ παθεῖν αὐτὸν ἐν πολλοῖς τεκμηρίοις,

(παρέστησεν= "he presented"; τὸ τεκμήριον= proof)

13. Mark 16:19 Ὁ μὲν οὖν κύριος Ἰησοῦς μετὰ τὸ λαλῆσαι αὐτοῖς ἀνελήμφθη εἰς τὸν οὐρανὸν καὶ ἐκάθισεν ἐκ δεξιῶν τοῦ θεοῦ.

14. Matt 27:14 καὶ οὐκ ἀπεκρίθη αὐτῷ πρὸς οὐδὲ ἓν ῥῆμα, ὥστε θαυμάζειν τὸν ἡγεμόνα λίαν. (ὁ ἡγεμών,-όνος= leader; λίαν= very)

15. Matt 5:28 ἐγὼ δὲ λέγω ὑμῖν ὅτι πᾶς ὁ βλέπων γυναῖκα πρὸς τὸ ἐπιθυμῆσαι αὐτὴν ἤδη ἐμοίχευσεν αὐτὴν ἐν τῇ καρδίᾳ αὐτοῦ. (ἐπιθυμέω= I desire; μοιχεύω= to commit adultry with)

16. Matt 10:1 Καὶ προσκαλεσάμενος τοὺς δώδεκα μαθητὰς αὐτοῦ ἔδωκεν αὐτοῖς ἐξουσίαν πνευμάτων ἀκαθάρτων ὥστε ἐκβάλλειν αὐτὰ καὶ θεραπεύειν πᾶσαν νόσον καὶ πᾶσαν μαλακίαν. (ἔδωκεν= "he gave"; ἀκάθαρτος,-ον= unclean; ἡ νόσος=illness; ἡ μαλακία= infirmity)

23E. SENTENCES

1. Luke 15:1 Ἦσαν δὲ αὐτῷ ἐγγίζοντες πάντες οἱ τελῶναι καὶ οἱ ἁμαρτωλοὶ ἀκούειν αὐτοῦ. (ὁ τελώνης= tax collector; ὁ ἁμαρτωλός= sinner)

2. 2 Cor 2:3a καὶ ἔγραψα τοῦτο αὐτό, ἵνα μὴ ἐλθὼν λύπην σχῶ ἀφ' ὧν ἔδει με χαίρειν (ἡ λύπη= grief)

3. Luke 12:12 τὸ γὰρ ἅγιον πνεῦμα διδάξει ὑμᾶς ἐν αὐτῇ τῇ ὥρᾳ ἃ δεῖ εἰπεῖν.

4. Matt 12:22 Τότε προσηνέχθη αὐτῷ δαιμονιζόμενος τυφλὸς καὶ κωφός, καὶ ἐθεράπευσεν αὐτόν, ὥστε τὸν κωφὸν λαλεῖν καὶ βλέπειν. (κωφός,-ή,-όν= mute)

5. John 5:30 Οὐ δύναμαι ἐγὼ ποιεῖν ἀπ' ἐμαυτοῦ οὐδέν· καθὼς ἀκούω κρίνω, καὶ ἡ κρίσις ἡ ἐμὴ δικαία ἐστίν, ὅτι οὐ ζητῶ τὸ θέλημα τὸ ἐμὸν ἀλλὰ τὸ θέλημα τοῦ πέμψαντός με.

6. Rom 7:11-12 ἡ γὰρ ἁμαρτία ἀφορμὴν λαβοῦσα διὰ τῆς ἐντολῆς ἐξηπάτησέν με καὶ δι' αὐτῆς ἀπέκτεινεν. 12 ὥστε ὁ μὲν νόμος ἅγιος καὶ ἡ ἐντολὴ ἁγία καὶ δικαία καὶ ἀγαθή. (ἡ ἀφορμή= opportunity; ἐξαπατάω= I deceive)

7. Mark 6:34 καὶ ἐξελθὼν εἶδεν πολὺν ὄχλον καὶ ἐσπλαγχνίσθη ἐπ' αὐτούς, ὅτι ἦσαν ὡς πρόβατα μὴ ἔχοντα ποιμένα, καὶ ἤρξατο διδάσκειν αὐτοὺς πολλά. (ἐσπλαγχνίσθη= "he had compassion"; τὸ πρόβατον= sheep; ὁ ποιμήν,-ένος= shepherd)

8. John 4:9a λέγει οὖν αὐτῷ ἡ γυνὴ ἡ Σαμαρῖτις, Πῶς σὺ Ἰουδαῖος ὢν παρ' ἐμοῦ πεῖν αἰτεῖς γυναικὸς Σαμαρίτιδος οὔσης;

9. 1 John 4:20 ἐάν τις εἴπῃ ὅτι Ἀγαπῶ τὸν θεόν καὶ τὸν ἀδελφὸν αὐτοῦ μισῇ, ψεύστης ἐστίν· ὁ γὰρ μὴ ἀγαπῶν τὸν ἀδελφὸν αὐτοῦ ὃν ἑώρακεν, τὸν θεὸν ὃν οὐχ ἑώρακεν οὐ δύναται ἀγαπᾶν. (μισέω= I hate; ὁ ψεύστης= liar)

10. Luke 1:76 Καὶ σὺ δέ, παιδίον, προφήτης ὑψίστου κληθήσῃ· προπορεύσῃ γὰρ ἐνώπιον κυρίου ἑτοιμάσαι ὁδοὺς αὐτοῦ, (ὑψίστος,-η,-ον= most high; προπορεύομαι= I go forth)

11. Luke 2:4 Ἀνέβη δὲ καὶ Ἰωσὴφ ἀπὸ τῆς Γαλιλαίας ἐκ πόλεως Ναζαρὲθ εἰς τὴν Ἰουδαίαν εἰς πόλιν Δαυὶδ ἥτις καλεῖται Βηθλέεμ, διὰ τὸ εἶναι αὐτὸν ἐξ οἴκου καὶ πατριᾶς Δαυίδ, (ἡ πατριά= family)

12. Rom 8:18 Λογίζομαι γὰρ ὅτι οὐκ ἄξια τὰ παθήματα τοῦ νῦν καιροῦ πρὸς τὴν μέλλουσαν δόξαν ἀποκαλυφθῆναι εἰς ἡμᾶς. (λογίζομαι= I consider; τὰ παθήματα=sufferings; μέλλουσαν= "coming" [*adjectival participle*]; ἀποκαλυφθῆναι= "to be revealed")

13. 1 Cor 9:5 μὴ οὐκ ἔχομεν ἐξουσίαν ἀδελφὴν γυναῖκα περιάγειν ὡς καὶ οἱ λοιποὶ ἀπόστολοι καὶ οἱ ἀδελφοὶ τοῦ κυρίου καὶ Κηφᾶς; (περιάγω = I take along)

14. Matt 16:22 καὶ προσλαβόμενος αὐτὸν ὁ Πέτρος ἤρξατο ἐπιτιμᾶν αὐτῷ λέγων, Ἵλεώς σοι, κύριε· οὐ μὴ ἔσται σοι τοῦτο. (προσλαμβάνω= I take; ἐπιτιμάω= I rebuke; Ἵλεώς σοι= "God forbid!")

15. Mark 7:15 οὐδέν ἐστιν ἔξωθεν τοῦ ἀνθρώπου εἰσπορευόμενον εἰς αὐτὸν ὃ δύναται κοινῶσαι αὐτόν, ἀλλὰ τὰ ἐκ τοῦ ἀνθρώπου ἐκπορευόμενά ἐστιν τὰ κοινοῦντα τὸν ἄνθρωπον. (ἔξωθεν= outside; κοινόω= I defile)

16. Luke 24:44 Εἶπεν δὲ πρὸς αὐτούς, Οὗτοι οἱ λόγοι μου οὓς ἐλάλησα πρὸς ὑμᾶς ἔτι ὢν σὺν ὑμῖν, ὅτι δεῖ πληρωθῆναι πάντα τὰ γεγραμμένα ἐν τῷ νόμῳ Μωϋσέως καὶ τοῖς προφήταις καὶ ψαλμοῖς περὶ ἐμοῦ.

17. Luke 5:17 Καὶ ἐγένετο ἐν μιᾷ τῶν ἡμερῶν καὶ αὐτὸς ἦν διδάσκων, καὶ ἦσαν καθήμενοι Φαρισαῖοι καὶ νομοδιδάσκαλοι οἳ ἦσαν ἐληλυθότες ἐκ πάσης κώμης τῆς Γαλιλαίας καὶ Ἰουδαίας καὶ Ἰερουσαλήμ· καὶ δύναμις κυρίου ἦν εἰς τὸ ἰᾶσθαι αὐτόν. (ἡ κώμη= village; ἰάομαι= I heal)

18. 1 Thess 4:1 Λοιπὸν οὖν, ἀδελφοί, ἐρωτῶμεν ὑμᾶς καὶ παρακαλοῦμεν ἐν κυρίῳ Ἰησοῦ, ἵνα καθὼς παρελάβετε παρ' ἡμῶν τὸ πῶς δεῖ ὑμᾶς περιπατεῖν καὶ ἀρέσκειν θεῷ, καθὼς καὶ περιπατεῖτε, ἵνα περισσεύητε μᾶλλον. (ἀρέσκω= I please; περισσεύω= I abound; μᾶλλον= more)

19. Acts 3:12 ἰδὼν δὲ ὁ Πέτρος ἀπεκρίνατο πρὸς τὸν λαόν, Ἄνδρες Ἰσραηλῖται, τί θαυμάζετε ἐπὶ τούτῳ ἢ ἡμῖν τί ἀτενίζετε ὡς ἰδίᾳ δυνάμει ἢ εὐσεβείᾳ πεποιηκόσιν τοῦ περιπατεῖν αὐτόν; (ἤ= or; ἀτενίζω= I look; ἡ εὐσέβεια= godliness)

20. Acts 10:47 Μήτι τὸ ὕδωρ δύναται κωλῦσαί τις τοῦ μὴ βαπτισθῆναι τούτους, οἵτινες τὸ πνεῦμα τὸ ἅγιον ἔλαβον ὡς καὶ ἡμεῖς; (κωλύω= I prevent; τοῦ= "that")

21. Matt 8:28 Καὶ ἐλθόντος αὐτοῦ εἰς τὸ πέραν εἰς τὴν χώραν τῶν Γαδαρηνῶν ὑπήντησαν αὐτῷ δύο δαιμονιζόμενοι ἐκ τῶν μνημείων ἐξερχόμενοι, χαλεποὶ λίαν, ὥστε μὴ ἰσχύειν τινὰ παρελθεῖν διὰ τῆς ὁδοῦ ἐκείνης. (ὑπαντάω= I meet [*dat. d.o.*]; τὸ μνημεῖον= tomb; χαλεπός, ή, όν= strong; λίαν= very; ἰσχύω= I am able)

22. John 1:48 λέγει αὐτῷ Ναθαναήλ, Πόθεν με γινώσκεις; ἀπεκρίθη Ἰησοῦς καὶ εἶπεν αὐτῷ, Πρὸ τοῦ σε Φίλιππον φωνῆσαι ὄντα ὑπὸ τὴν συκῆν εἶδόν σε. (πόθεν= from where; φωνέω= I call; ἡ συκῆ= fig tree)

23. Luke 12:1 Ἐν οἷς ἐπισυναχθεισῶν τῶν μυριάδων τοῦ ὄχλου, ὥστε καταπατεῖν ἀλλήλους, ἤρξατο λέγειν πρὸς τοὺς μαθητὰς αὐτοῦ πρῶτον, Προσέχετε ἑαυτοῖς ἀπὸ τῆς ζύμης, ἥτις ἐστὶν ὑπόκρισις, τῶν Φαρισαίων. (καταπατέω= I trample; Προσέχετε= "Watch out!"; ἡ ζύμη= yeast; ἐπισυνάγω= I gather together; ἡ μυριάς, -αδος= thousand)

24. 2 Thess 2:11-12 καὶ διὰ τοῦτο πέμπει αὐτοῖς ὁ θεὸς ἐνέργειαν πλάνης εἰς τὸ πιστεῦσαι αὐτοὺς τῷ ψεύδει, 12 ἵνα κριθῶσιν πάντες οἱ μὴ πιστεύσαντες τῇ ἀληθείᾳ ἀλλὰ εὐδοκήσαντες τῇ ἀδικίᾳ. (ἡ ἐνέργεια= working; ἡ πλάνη= deception; τὸ ψεῦδος,-ους= lie; εὐδοκέω= I am pleased with; ἡ ἀδίκια= unrighteousness)

23F. READING

I. Acts 16:16-21 Paul and the Demon-Possessed Woman Slave.

16 Ἐγένετο δὲ πορευομένων ἡμῶν εἰς τὴν προσευχὴν παιδίσκην τινὰ ἔχουσαν πνεῦμα πύθωνα ὑπαντῆσαι ἡμῖν, ἥτις ἐργασίαν πολλὴν παρεῖχεν τοῖς κυρίοις αὐτῆς μαντευομένη. 17 αὕτη κατακολουθοῦσα τῷ Παύλῳ καὶ ἡμῖν ἔκραζεν λέγουσα, Οὗτοι οἱ ἄνθρωποι δοῦλοι τοῦ θεοῦ τοῦ ὑψίστου εἰσίν, οἵτινες καταγγέλλουσιν ὑμῖν ὁδὸν σωτηρίας. 18 τοῦτο δὲ ἐποίει ἐπὶ πολλὰς ἡμέρας. διαπονηθεὶς δὲ Παῦλος καὶ ἐπιστρέψας τῷ πνεύματι εἶπεν, Παραγγέλλω σοι ἐν ὀνόματι Ἰησοῦ Χριστοῦ ἐξελθεῖν ἀπ' αὐτῆς· καὶ ἐξῆλθεν αὐτῇ τῇ ὥρᾳ. 19 ἰδόντες δὲ οἱ κύριοι αὐτῆς ὅτι ἐξῆλθεν ἡ ἐλπὶς τῆς ἐργασίας αὐτῶν, ἐπιλαβόμενοι τὸν Παῦλον καὶ τὸν Σιλᾶν εἵλκυσαν εἰς τὴν ἀγορὰν ἐπὶ τοὺς ἄρχοντας 20 καὶ προσαγαγόντες αὐτοὺς τοῖς στρατηγοῖς εἶπαν, Οὗτοι οἱ ἄνθρωποι ἐκταράσσουσιν ἡμῶν τὴν πόλιν, Ἰουδαῖοι ὑπάρχοντες, 21 καὶ καταγγέλλουσιν ἔθη ἃ οὐκ ἔξεστιν ἡμῖν παραδέχεσθαι οὐδὲ ποιεῖν Ῥωμαίοις οὖσιν.

verse 16: *hint: supply a "that" after ἐγένετο and take this to begin an infinitive clause with παιδίσκην as the subject*; ἡ προσευχή= prayer; ἡ παιδίσκη= young girl; ὁ πύθων= Python (snake at the Delphic Oracle), i.e., "a fortune-telling spirit"; ὑπαντάω= I meet (dat. d.o.); ἡ ἐργασία= business; παρέχω= I supply; μαντεύομαι= I tell fortunes, predict the future
verse 17: κατακολουθέω= I follow after; ὕψιστος,-η,-ον= most high; καταγγέλλω= I announce
verse 18: διαπονέομαι= I disturb; ἐπιστρέφω= I turn; παραγγέλλω= I command
verse 19: ἡ ἐργασία= business; ἐπιλαμβάνω= I take hold of; ἕλκω= I drag; ἡ ἀγορά= market
verse 20: προσάγω= I lead to; ὁ στρατηγός= soldier; ἐκταράσσω= I stir up
verse 21: τὸ ἔθος,-ους= custom; ἔξεστιν= "are lawful"; παραδέχομαι= I receive; Ῥωμαῖος,-η,-ον= Roman

II. Read directly from the GNT: Rom 8:1-18.

verse 1: τὸ κατάκριμα judgment
verse 2: ἐλευθερόω= I set free
verse 3: τὸ ἀδύνατον= inability; ἀσθενέω= I am weak; τὸ ὁμοίωμα= likeness; κατακρίνω= I condemn
verse 4: τὸ δικαίωμα,-ματος= righteous requirement
verse 5: φρονέω= I think about
verse 6: τὸ φρόνημα= thought, purpose
verse 7: διότι= wherefore; ἡ ἔχθρα= enmity; ὑποτάσσομαι= I submit
verse 8: ἀρέσκω= I am pleasing
verse 9: εἴπερ= if; οἰκέω= I dwell
verse 11: οἰκέω= I dwell; ζωοποιέω= I make alive; θνητός,-ή,-όν= mortal; ἐνοικέω= I indwell
verse 12: ὁ ὀφειλέτης= debtor
verse 13: ἡ πρᾶξις= deed; θανατόω= I kill
verse 15: ἡ δουλεία= servitude; ἡ υἱοθεσία= sonship
verse 16: συμμαρτυρέω= I testify with
verse 17: ὁ κληρονόμος= heir; ὁ συγκληρονόμος= co-heir; εἴπερ= if
verse 18: Λογίζομαι= I consider; τὸ πάθημα= suffering; ἀποκαλύπτω= I reveal

Exercises Ch. 24

24A. Overview
24B. Vocabularies 24, 11, and 4
24C. Review
24D. Focus
24E. Sentences
24F. Reading

24A. Overview

1. Μι Verbs are verbs that are always in the first person: "me this, me that." True or false?

2. The two very important characteristics of Μι Verbs are that in the 1st Principal Part a _____ _____ is present and that basically Μι Verbs are _____ verbs.

3. Give the actual stems for these Μι Verbs:

Lexical Form	True Stem
ἀφίημι	
παραδίδωμι	
ἀνίστημι	
τίθημι	
φημί	

4. Μι Verbs are formed basically using the same Participle, Infinitive and Subjunctive endings as the Ω- Conjugation. True or false?

5. Briefly Describe these Uses of the Optative Mood.

   a. Futuristic/Potential:

   b. Volitive:

   c. Deliberative:

6. Briefly explain what Apollonius' Canon and its Corollary are?

7. Briefly explain what Colwell's Rule is?

8. Briefly explain what Granville Sharp's Rule is?

24B. Vocabularies 24, 11, and 4

Fill in the spaces of the crossword puzzle using Greek for the corresponding English gloss.

Across

2. parable
5. and, but
10. I hand over; I betray
12. I go down
14. I know, I understand
17. I place near; I stand before; I stand with
19. I cause to stand
20. I drink
21. I set, I place
22. until
23. I die
26. therefore (postpositive)
27. Judea
29. church, assembly
31. day
35. John
36. righteousness
38. I raise up
39. I know about, I understand

Down

1. life
3. I take; I receive
4. I say
5. I give
6. I deliver; I pay
7. but
8. kingdom, reign
9. I see; I understand
11. Herod
13. I eat
15. commandment
16. I take along
17. I fall
18. disciple
24. prophet
25. and; even, also
28. truth
30. I go up
32. I destroy
33. I become; I come; I happen
34. I send off; I forgive
37. peace

24C. Review

I. Translate these sentences that may contain infinitives with prepositions and conjunctions and parse each Infinitive form.

1. Heb 10:26b μετὰ τὸ λαβεῖν τὴν ἐπίγνωσιν τῆς ἀληθείας...

2. Luke 2:27b καὶ ἐν τῷ εἰσαγαγεῖν τοὺς γονεῖς τὸ παιδίον Ἰησοῦν... (εἰσάγω= I lead in; ὁ γονεύς,-έως= parent)

3. Luke 1:21b καὶ ἐθαύμαζον ἐν τῷ χρονίζειν ἐν τῷ ναῷ αὐτόν. (χρονίζω= I delay)

4. Matt 15:30c-31a καὶ ἐθεράπευσεν αὐτούς· 31 ὥστε τὸν ὄχλον θαυμάσαι

5. Luke 9:36a καὶ ἐν τῷ γενέσθαι τὴν φωνὴν εὑρέθη Ἰησοῦς μόνος.

6. Acts 19:21b Μετὰ τὸ γενέσθαι με ἐκεῖ δεῖ με καὶ Ῥώμην ἰδεῖν.

7. 2 Cor 1:4b εἰς τὸ δύνασθαι ἡμᾶς παρακαλεῖν τοὺς ἐν πάσῃ θλίψει...

8. Luke 14:1a Καὶ ἐγένετο ἐν τῷ ἐλθεῖν αὐτὸν εἰς οἶκόν τινος τῶν ἀρχόντων...

9. Gal 2:12a πρὸ τοῦ γὰρ ἐλθεῖν τινας ἀπὸ Ἰακώβου μετὰ τῶν ἐθνῶν συνήσθιεν·

10. Matt 19:5b-6a καὶ ἔσονται οἱ δύο εἰς σάρκα μίαν. 6 ὥστε οὐκέτι εἰσὶν δύο ἀλλὰ σὰρξ μία.

11. Luke 17:14b καὶ ἐγένετο ἐν τῷ ὑπάγειν αὐτοὺς ἐκαθαρίσθησαν.

12. Gal 3:23a πρὸ τοῦ δὲ ἐλθεῖν τὴν πίστιν ὑπὸ νόμον ἐφρουρούμεθα (φρουρέω= I am kept)

13. Mark 14:28 ἀλλὰ μετὰ τὸ ἐγερθῆναί με προάξω ὑμᾶς εἰς τὴν Γαλιλαίαν.

14. Καὶ ἐγένετο ἐν τῷ αὐτὸν πορεύεσθαι εἰς Ἰερουσαλήμ... (cf. Luke 17:11)

15. Acts 1:3a παρέστησεν ἑαυτὸν ζῶντα μετὰ τὸ παθεῖν αὐτὸν ἐν πολλοῖς τεκμηρίοις, (τὸ τεκμήριον= proof)

II. Translate these Infinitives working with verbs and <u>parse</u> each infinitive.

1. Matt 11:9a ἀλλὰ τί ἐξήλθατε ἰδεῖν;

2. Luke 13:26a τότε ἄρξεσθε λέγειν...,

3. Luke 10:1c ἤμελλεν αὐτὸς ἔρχεσθαι.

4. Matt 9:13b οὐ γὰρ ἦλθον καλέσαι δικαίους ἀλλὰ ἁμαρτωλούς.

5. Matt 13:3b ἰδοὺ ἐξῆλθεν ὁ σπείρων τοῦ σπείρειν.

6. Matt 8:29b ἦλθες ὧδε πρὸ καιροῦ βασανίσαι ἡμᾶς; (ὧδε= here; βασανίζω= I torment)

7. John 15:5b χωρὶς ἐμοῦ οὐ δύνασθε ποιεῖν οὐδέν. (χωρὶς=without; *with genitive*)

8. Luke 24:44b ὅτι δεῖ πληρωθῆναι πάντα τὰ γεγραμμένα ἐν τῷ νόμῳ Μωϋσέως...

9. John 16:12 Ἔτι πολλὰ ἔχω ὑμῖν λέγειν, ἀλλ' οὐ δύνασθε βαστάζειν ἄρτι· (βαστάζω= I endure; ἄρτι= now)

10. Matt 5:17 Μὴ νομίσητε ὅτι ἦλθον καταλῦσαι τὸν νόμον ἢ τοὺς προφήτας· οὐκ ἦλθον καταλῦσαι ἀλλὰ πληρῶσαι. (Μὴ νομίσητε= "Don't think!"; καταλύω= I destroy)

11. John 12:33 τοῦτο δὲ ἔλεγεν σημαίνων ποίῳ θανάτῳ ἤμελλεν ἀποθνήσκειν. (ποῖος= what kind)

24D. FOCUS

I. Parse these verbs with Μι Verbs mixed in.

PARSING LEGEND							
Tense	**Voice**			**Mood**		**Person**	**Number**
P=Present **I**=Imperfect **F**=Future **A**=Aorist **R**=Perfect **L**=Pluperfect	**A**=Active **P**=Passive **M**=Middle **M/P**=Middle/Passive **D**= MiDDle-Formed (Deponent)			**I**= Indicative **S**= Subjunctive **P**= Participle **M**= Imperative* **N**= Infinitive *not learned yet*		**1**= First **2**= Second **3**= Third	**S**= Singular **P**= Plural
	Tense	Voice	Mood	Person or Gender	Case	Number	Lexical Form & Meaning
1. ἠθέλησα							
2. ἔγνω							
3. ἀπεσταλμένος							
4. ἐστάθην							
5. ἀπαγγείλαντες							
6. μενεῖς							
7. γένησθε							
8. τεθείκατε							
9. ἐπέμφθησαν							
10. ἔλθῃ							
11. ἀναστάς							
12. ὦσιν							
13. δίδωσιν							
14. θεῖναι							
15. ἑστῶτας							
16. σεσωσμένοι							
17. δούς							
18. θήσετε							
19. ἔδωκας							
20. ἀναστῆναι							

II. Translate these short sentences with Μι Verbs and parse all verb forms.

1. Lev 4:20d (LXX) καὶ ἀφεθήσεται αὐτοῖς ἡ ἁμαρτία

2. Deut 15:2b (LXX) καὶ οὕτως...ἀφήσεις πᾶν χρέος (τὸ χρέος,-ους= debt)

3. 1 Sam 2:30c (LXX) καὶ νῦν φησιν κύριος...

4. 3 Macc 1:14a (LXX) καί τις ἀπρονοήτως ἔφη... (ἀπρονοήτως= thoughtlessly)

5. Gen 18:8c (LXX) αὐτὸς δὲ παρειστήκει αὐτοῖς ὑπὸ τὸ δένδρον (τὸ δένδρον= tree; *note that* παρίστημι *in the Perfect and Pluperfect tenses means "I stand beside/with" and takes the dative case*)

6. 1 Sam 4:20b (LXX) καὶ εἶπον αὐτῇ αἱ γυναῖκες αἱ παρεστηκυῖαι αὐτῇ

24E. Sentences

1. John 13:34 ἐντολὴν καινὴν δίδωμι ὑμῖν, ἵνα ἀγαπᾶτε ἀλλήλους, καθὼς ἠγάπησα ὑμᾶς ἵνα καὶ ὑμεῖς ἀγαπᾶτε ἀλλήλους.

2. Acts 9:13 ἀπεκρίθη δὲ Ἀνανίας, Κύριε, ἤκουσα ἀπὸ πολλῶν περὶ τοῦ ἀνδρὸς τούτου ὅσα κακὰ τοῖς ἁγίοις σου ἐποίησεν ἐν Ἰερουσαλήμ· (Ἀνανίας= Ananias; ὅσος,-η,-ον= how much)

3. Exod 24:13 (LXX) καὶ ἀναστὰς Μωυσῆς καὶ Ἰησοῦς ὁ παρεστηκὼς αὐτῷ ἀνέβησαν εἰς τὸ ὄρος τοῦ θεοῦ.

4. Matt 17:12 λέγω δὲ ὑμῖν ὅτι Ἡλίας ἤδη ἦλθεν, καὶ οὐκ ἐπέγνωσαν αὐτὸν ἀλλὰ ἐποίησαν ἐν αὐτῷ ὅσα ἠθέλησαν· οὕτως καὶ ὁ υἱὸς τοῦ ἀνθρώπου μέλλει πάσχειν ὑπ' αὐτῶν.

5. Dan 7:9a (LXX) ἐθεώρουν ἕως ὅτε θρόνοι ἐτέθησαν καὶ παλαιὸς ἡμερῶν ἐκάθητο... (παλαιός,-ά,-όν= ancient)

6. John 17:19 καὶ ὑπὲρ αὐτῶν [ἐγὼ] ἁγιάζω ἐμαυτόν, ἵνα ὦσιν καὶ αὐτοὶ ἡγιασμένοι ἐν ἀληθείᾳ. (ἁγιάζω= I sanctify, consecrate)

7. Mark 6:24 καὶ ἐξελθοῦσα εἶπεν τῇ μητρὶ αὐτῆς, Τί αἰτήσωμαι; ἡ δὲ εἶπεν, Τὴν κεφαλὴν Ἰωάννου τοῦ βαπτίζοντος.

8. John 6:52 Ἐμάχοντο οὖν πρὸς ἀλλήλους οἱ Ἰουδαῖοι λέγοντες, Πῶς δύναται οὗτος ἡμῖν δοῦναι τὴν σάρκα [αὐτοῦ] φαγεῖν; (μάχομαι= I fight)

9. Gen 24:47a (LXX) καὶ ἠρώτησα αὐτὴν καὶ εἶπα, Τίνος εἶ θυγάτηρ ἡ δὲ ἔφη θυγάτηρ Βαθουηλ εἰμὶ τοῦ υἱοῦ Ναχωρ...(ἡ θυγάτηρ= daughter; *also, there are two proper names to sound out*)

10. John 5:36b τὰ γὰρ ἔργα ἃ δέδωκέν μοι ὁ πατὴρ ἵνα τελειώσω αὐτά, αὐτὰ τὰ ἔργα ἃ ποιῶ μαρτυρεῖ περὶ ἐμοῦ ὅτι ὁ πατήρ με ἀπέσταλκεν· (τελειόω= I fulfill, finish)

11. Gen 15:18 (LXX) ἐν τῇ ἡμέρᾳ ἐκείνῃ διέθετο κύριος τῷ Αβραμ διαθήκην λέγων, Τῷ σπέρματί σου δώσω τὴν γῆν ταύτην ἀπὸ τοῦ ποταμοῦ Αἰγύπτου ἕως τοῦ ποταμοῦ τοῦ μεγάλου ποταμοῦ Εὐφράτου. (διατίθημι= I establish; ἡ διαθήκη= covenant; ὁ ποταμός= river)

12. John 6:37-38 Πᾶν ὃ δίδωσίν μοι ὁ πατὴρ πρὸς ἐμὲ ἥξει, καὶ τὸν ἐρχόμενον πρὸς ἐμὲ οὐ μὴ ἐκβάλω ἔξω, 38 ὅτι καταβέβηκα ἀπὸ τοῦ οὐρανοῦ οὐχ ἵνα ποιῶ τὸ θέλημα τὸ ἐμὸν ἀλλὰ τὸ θέλημα τοῦ πέμψαντός με. (ἥκω= I arrive; ἔξω= out)

13. Josh 8:28 (LXX) καὶ ἐνεπύρισεν Ἰησοῦς τὴν πόλιν ἐν πυρί. <u>χῶμα ἀοίκητον</u> εἰς τὸν αἰῶνα ἔθηκεν αὐτὴν ἕως τῆς ἡμέρας ταύτης. (ἐνπυρίζω= I burn up; χῶμα ἀοίκητον= "an uninhabitable mound")

14. Matt 21:23 Καὶ ἐλθόντος αὐτοῦ εἰς τὸ ἱερὸν προσῆλθον αὐτῷ διδάσκοντι οἱ ἀρχιερεῖς καὶ οἱ πρεσβύτεροι τοῦ λαοῦ λέγοντες, Ἐν ποίᾳ ἐξουσίᾳ ταῦτα ποιεῖς; καὶ τίς σοι ἔδωκεν τὴν ἐξουσίαν ταύτην; (ποῖος,-α,-ον= what sort of)

15. Luke 21:5-6 Καί τινων λεγόντων περὶ τοῦ ἱεροῦ ὅτι λίθοις καλοῖς καὶ ἀναθήμασιν κεκόσμηται εἶπεν, 6 Ταῦτα ἃ θεωρεῖτε, ἐλεύσονται ἡμέραι ἐν αἷς οὐκ ἀφεθήσεται λίθος ἐπὶ λίθῳ ὃς οὐ καταλυθήσεται. (τὸ ἀνάθημα= offering; κοσμέω= I adorn; καταλύω= I destroy)

16. Eph 1:22-23 καὶ πάντα ὑπέταξεν ὑπὸ τοὺς πόδας αὐτοῦ καὶ αὐτὸν ἔδωκεν κεφαλὴν ὑπὲρ πάντα τῇ ἐκκλησίᾳ, 23 ἥτις ἐστὶν τὸ σῶμα αὐτοῦ, τὸ πλήρωμα τοῦ τὰ πάντα ἐν πᾶσιν πληρουμένου. (ὑποτάσσω= I subject; I subordinate; τὸ πλήρωμα= fullness)

17. John 4:23 ἀλλὰ ἔρχεται ὥρα καὶ νῦν ἐστιν, ὅτε οἱ ἀληθινοὶ προσκυνηταὶ προσκυνήσουσιν τῷ πατρὶ ἐν πνεύματι καὶ ἀληθείᾳ· καὶ γὰρ ὁ πατὴρ τοιούτους ζητεῖ τοὺς προσκυνοῦντας αὐτόν. (ὁ προσκυνητής= worshiper; ἀληθινός,-ά,-όν= true; τοιούτους= "such kind of")

18. Matt 25:20 καὶ προσελθὼν ὁ τὰ πέντε τάλαντα λαβὼν προσήνεγκεν ἄλλα πέντε τάλαντα λέγων, Κύριε, πέντε τάλαντά μοι παρέδωκας· ἴδε ἄλλα πέντε τάλαντα ἐκέρδησα. (ἴδε= "Look!"; κερδαίνω= I acquire)

19. Luke 5:18 καὶ ἰδοὺ ἄνδρες φέροντες ἐπὶ κλίνης ἄνθρωπον ὃς ἦν παραλελυμένος καὶ ἐζήτουν αὐτὸν εἰσενεγκεῖν καὶ θεῖναι [αὐτὸν] ἐνώπιον αὐτοῦ. (ἡ κλίνη= couch; παραλελυμένος= "paralyzed")

20. Mark 15:15 ὁ δὲ Πιλᾶτος βουλόμενος τῷ ὄχλῳ τὸ ἱκανὸν ποιῆσαι ἀπέλυσεν αὐτοῖς τὸν Βαραββᾶν, καὶ παρέδωκεν τὸν Ἰησοῦν φραγελλώσας ἵνα σταυρωθῇ. (βούλομαι= I want; τὸ ἱκανόν= favor; φραγελλόω= I scourge; σταυρόω= I crucify)

21. Gen 13:14-16a (LXX) ὁ δὲ θεὸς εἶπεν τῷ Ἀβραμ... <u>Ἀναβλέψας</u> τοῖς ὀφθαλμοῖς σου <u>ἰδὲ</u> ἀπὸ τοῦ τόπου οὗ νῦν σὺ εἶ <u>πρὸς βορρᾶν καὶ λίβα καὶ ἀνατολὰς</u> καὶ θάλασσαν 15 ὅτι πᾶσαν τὴν γῆν ἣν σὺ ὁρᾷς σοὶ δώσω αὐτὴν καὶ τῷ σπέρματί σου ἕως τοῦ αἰῶνος 6 καὶ ποιήσω τὸ σπέρμα σου ὡς τὴν <u>ἄμμον</u> τῆς γῆς. (ἀναβλέπω= I look up; ἰδέ= "Look!"; πρὸς βορρᾶν καὶ λίβα καὶ ἀνατολάς= "to the North, the Southwest, the East..."; ἡ ἄμμος= sand)

22. Acts 3:22-23 Μωϋσῆς μὲν εἶπεν ὅτι Προφήτην ὑμῖν ἀναστήσει κύριος ὁ θεὸς ὑμῶν ἐκ τῶν ἀδελφῶν ὑμῶν ὡς ἐμέ· αὐτοῦ ἀκούσεσθε κατὰ πάντα <u>ὅσα ἂν</u> λαλήσῃ πρὸς ὑμᾶς. 23 ἔσται δὲ πᾶσα ψυχὴ ἥτις <u>ἐὰν μὴ ἀκούσῃ</u> τοῦ προφήτου ἐκείνου <u>ἐξολεθρευθήσεται</u> ἐκ τοῦ λαοῦ. (ὅσα ἂν= "however much"; ἐὰν μὴ ἀκούσῃ= "does not listen"; ἐξολεθρεύω= I destroy thoroughly)

23. John 13:19-22 ἀπ' ἄρτι λέγω ὑμῖν <u>πρὸ τοῦ γενέσθαι</u>, ἵνα πιστεύσητε <u>ὅταν γένηται</u> ὅτι ἐγώ εἰμι. 20 ἀμὴν ἀμὴν λέγω ὑμῖν, ὁ λαμβάνων <u>ἄν τινα</u> πέμψω ἐμὲ λαμβάνει, ὁ δὲ ἐμὲ λαμβάνων λαμβάνει τὸν πέμψαντά με. 21 Ταῦτα εἰπὼν [ὁ] Ἰησοῦς <u>ἐταράχθη</u> τῷ πνεύματι καὶ ἐμαρτύρησεν καὶ εἶπεν, Ἀμὴν ἀμὴν λέγω ὑμῖν ὅτι εἷς ἐξ ὑμῶν παραδώσει με. 22 ἔβλεπον εἰς ἀλλήλους οἱ μαθηταὶ <u>ἀπορούμενοι</u> περὶ τίνος λέγει. (ἄρτι= now; πρὸ τοῦ γενέσθαι= "before it happens"; ὅταν γένηται= "when it happens"; ἄν τινα= "whatever"; ταράσσω= I stir up; I disturb; ἀπορέω= I am at a loss; I am perplexed)

24. John 12:47-49 καὶ <u>ἐάν</u> τίς μου ἀκούσῃ τῶν ῥημάτων καὶ μὴ <u>φυλάξῃ</u>, ἐγὼ οὐ κρίνω αὐτόν· οὐ γὰρ ἦλθον ἵνα κρίνω τὸν κόσμον, ἀλλ' ἵνα σώσω τὸν κόσμον. 48 ὁ ἀθετῶν ἐμὲ καὶ μὴ λαμβάνων τὰ ῥήματά μου ἔχει τὸν κρίνοντα αὐτόν· ὁ λόγος ὃν ἐλάλησα ἐκεῖνος κρινεῖ αὐτὸν ἐν τῇ ἐσχάτῃ ἡμέρᾳ. 49 ὅτι ἐγὼ ἐξ ἐμαυτοῦ οὐκ ἐλάλησα, ἀλλ' ὁ πέμψας με πατὴρ αὐτός μοι ἐντολὴν δέδωκεν τί εἴπω καὶ τί λαλήσω. (ἐάν= if; φυλάσσω= I keep; ἀθετέω= I reject)

24F. Reading

1 Cor 1:1-20 Paul's Initial Preaching at Corinth.

Verses 1-9
κλητός,-ή,-όν= called
ἁγιάζω= I sanctify
ἐπικαλέω= I call upon
εὐχαριστέω= I give thanks
πάντοτε= always
πλουτίζω= I make rich
ἡ γνῶσις,-εως= knowledge
τὸ μαρτύριον= testimony
βεβαιόω= I confirm
ὥστε= so that
ὑστερεῖσθαι= "you are not lacking"
ἀπεκδέχομαι= I eagerly await
ἡ ἀποκάλυψις, -εως= revelation
ἀνέγκλητος,-ον= blameless
ἡ κοκνωνία= fellowship

Verses 10-20
τὸ σχίσμα= division
καταρτίζω= I repair; I perfect
ὁ νοῦς, νοός= mind
δηλόω= I reveal, show
ἔρις, -ιδος= contention
μερίζω= I divide
σταυρόω= I crucify; ὁ σταυρός= cross
ἤ= or
κενόω= I make useless
ἡ μωρία= foolishness
ἡ σύνεσις,-εως= understanding
συνετός,-ή,-όν= wise, intelligent
ἀθετέω= I make invalid
ὁ συζητητής= disputer
μωραίνω= I make foolish

EXERCISES CH. 25

25A. OVERVIEW
25B. VOCABULARIES 25, 12, AND 5
25C. REVIEW
25D. FOCUS
25E. SENTENCES
25F. READING

25A. OVERVIEW

1. What two inferential conjunctions are found in this chapter? What does each signify?

2. Describe the basic functions of εἴτε and ἤ.

3. The Imperative Mood is a mood of command. True or false?

4. Place the Endings of the Imperative Mood below.

PRESENT A

	sg.	pl.
2		
3		

PRESENT M/P

	sg.	pl.
2		
3		

AORIST A

	sg.	pl.
2		
3		

AORIST M

	sg.	pl.
2		
3		

AORIST P

	sg.	pl.
2		
3		

5. Describe the basic significance behind the Present and Aorist Tense Imperatives.

6. What does Mitigation and Potency mean? What are some ways to mitigate a command or to increase its potency?

7. Periphrastic Participles may be used with Non-Indicative Moods. True or False.

8. What are the basic endings to form the comparative and superlative degrees of the adjective?

25B. Vocabularies 25, 12, and 5

Fill in the spaces of the crossword puzzle using Greek for the corresponding English gloss.

Across

1. teacher
5. heaven
6. wherefore
9. God; god
11. rather; more
14. ruler
16. therefore
18. father
20. no one (feminine)
22. that
24. fire
25. water
26. great, large
28. I am
29. larger, greater
31. person
34. foot
35. much, many
37. child
38. demon
40. brother
41. every, all

Down

2. man; husband
3. messenger
4. Lord
7. law
8. whole, entire
10. good news, gospel
12. this
13. world
14. I greet; I embrace
15. whether
17. road
19. Simon
21. Christ
23. light
25. son
27. I receive; I take
30. one
31. age
32. more, greater
33. apostle
36. word, message
39. Jesus

25C. REVIEW

I. Translate these short sentences/clauses with Μι Verbs. Be sure you can parse every Μι Verb.

1. Matt 5:25c μήποτέ σε παραδῷ ὁ ἀντίδικος τῷ κριτῇ (μήποτε= lest; ὁ ἀντίδικος=adversary; ὁ κριτής= judge)

2. Matt 10:21a παραδώσει δὲ ἀδελφὸς ἀδελφὸν εἰς θάνατον

3. Acts 2:32a τοῦτον τὸν Ἰησοῦν ἀνέστησεν ὁ θεός

4. Acts 8:27a καὶ ἀναστὰς ἐπορεύθη·

5. Matt 15:24b τὰ πρόβατα τὰ ἀπολωλότα οἴκου Ἰσραήλ.

6. Matt 26:52c πάντες γὰρ οἱ λαβόντες μάχαιραν ἐν μαχαίρῃ ἀπολοῦνται. (ἡ μάχαιρα=sword)

7. Matt 6:4b καὶ ὁ πατήρ σου ὁ βλέπων ἐν τῷ κρυπτῷ ἀποδώσει σοι. (τὸ κρυπτόν= secret)

8. Luke 9:42c καὶ ἰάσατο τὸν παῖδα καὶ ἀπέδωκεν αὐτὸν τῷ πατρὶ αὐτοῦ. (ἰάομαι= I heal)

9. Mark 15:47 ἡ δὲ Μαρία ἡ Μαγδαληνὴ καὶ Μαρία ἡ Ἰωσῆτος ἐθεώρουν ποῦ τέθειται.

10. John 2:10a καὶ λέγει αὐτῷ, Πᾶς ἄνθρωπος πρῶτον τὸν καλὸν οἶνον τίθησιν (ὁ οἶνος= wine)

II. Translate these sentences with Infinitives.

1. Acts 8:6b . . . ἐν τῷ ἀκούειν αὐτοὺς καὶ βλέπειν τὰ σημεῖα ἃ ἐποίει·

2. Matt 13:30b καὶ δήσατε αὐτὰ εἰς δέσμας πρὸς τὸ κατακαῦσαι αὐτά, (δέω= I bind; ἡ δέσμη= bonds; κατακαίω= I burn)

3. Acts 11:25 ἐξῆλθεν δὲ εἰς Ταρσὸν ἀναζητῆσαι Σαῦλον (ἀναζητέω= I look for)

4. John 16:19a ἔγνω [ὁ] Ἰησοῦς ὅτι ἤθελον αὐτὸν ἐρωτᾶν...

5. ἔπεμψα τινα εἰς τὸ γνῶναι τὴν πίστιν ὑμῶν, (cf. 1 Thess 3:5b)

6. Rev 19:10a καὶ ἔπεσα ἔμπροσθεν τῶν ποδῶν αὐτοῦ προσκυνῆσαι αὐτῷ. (ἔμπροσθεν= before)

7. Matt 14:23a καὶ ἀπολύσας τοὺς ὄχλους ἀνέβη εἰς τὸ ὄρος κατ' ἰδίαν προσεύξασθαι.

8. Luke 17:14b καὶ ἐγένετο ἐν τῷ ὑπάγειν αὐτοὺς ἐκαθαρίσθησαν.

9. Luke 11:27a Ἐγένετο δὲ ἐν τῷ λέγειν αὐτὸν ταῦτα...

10. Luke 19:11a Ἀκουόντων δὲ αὐτῶν ταῦτα προσθεὶς εἶπεν παραβολὴν διὰ τὸ ἐγγὺς εἶναι Ἰερουσαλὴμ αὐτὸν (προστίθημι= I add to; ἐγγύς= near)

11. Luke 1:22a ἐξελθὼν δὲ οὐκ ἐδύνατο λαλῆσαι αὐτοῖς, καὶ ἐπέγνωσαν ὅτι ὀπτασίαν ἑώρακεν ἐν τῷ ναῷ· (ἡ ὀπτασία= vision)

12. Acts 13:47b Τέθεικά σε εἰς φῶς ἐθνῶν τοῦ εἶναί σε εἰς σωτηρίαν ἕως ἐσχάτου τῆς γῆς.

13. Luke 18:10 Ἄνθρωποι δύο ἀνέβησαν εἰς τὸ ἱερὸν προσεύξασθαι, ὁ εἷς Φαρισαῖος καὶ ὁ ἕτερος τελώνης. (ὁ τελώνης= tax collector)

14. Mark 1:34b καὶ δαιμόνια πολλὰ ἐξέβαλεν καὶ οὐκ ἤφιεν λαλεῖν τὰ δαιμόνια, ὅτι ᾔδεισαν αὐτόν.

15. Mark 1:45a ὁ δὲ ἐξελθὼν ἤρξατο κηρύσσειν πολλὰ καὶ διαφημίζειν τὸν λόγον, ὥστε μηκέτι αὐτὸν δύνασθαι φανερῶς εἰς πόλιν εἰσελθεῖν, (διαφημίζω= I spread; μηκέτι= no longer; φανερῶς= openly)

16. Acts 7:4 τότε ἐξελθὼν ἐκ γῆς Χαλδαίων κατῴκησεν ἐν Χαρράν. κἀκεῖθεν μετὰ τὸ ἀποθανεῖν τὸν πατέρα αὐτοῦ μετῴκισεν αὐτὸν εἰς τὴν γῆν ταύτην εἰς ἣν ὑμεῖς νῦν κατοικεῖτε, (κατοικέω= I dwell; κἀκεῖθεν= "and from there"; μετοικίζω= I cause to migrate)

25D. Focus

I. Translate these short sentences with Imperatives. Be sure you can parse every verb.

1. Luke 24:29b Μεῖνον μεθ' ἡμῶν, ὅτι πρὸς ἑσπέραν ἐστὶν (ἑσπέραν= evening)

2. Rev 19:9a Καὶ λέγει μοι, Γράψον·

3. Phil 2:2a πληρώσατέ μου τὴν χαρὰν

4. Luke 6:42c ἔκβαλε πρῶτον τὴν δοκὸν ἐκ τοῦ ὀφθαλμοῦ σοῦ, (ἡ δοκός= plank)

5. Luke 24:39a ἴδετε τὰς χεῖράς μου καὶ τοὺς πόδας μου ὅτι ἐγώ εἰμι αὐτός·

6. Acts 2:22a Ἄνδρες Ἰσραηλῖται, ἀκούσατε τοὺς λόγους τούτους·

7. John 15:4a μείνατε ἐν ἐμοί, κἀγὼ ἐν ὑμῖν.

8. Mark 10:21b καὶ δὸς [τοῖς] πτωχοῖς, καὶ ἕξεις θησαυρὸν ἐν οὐρανῷ, (ὁ πτωχός= poor; ὁ θησαυρός= treasure)

9. Matt 8:13b Ὕπαγε, ὡς ἐπίστευσας γενηθήτω σοι.

10. Gal 1:9b εἴ τις ὑμᾶς εὐαγγελίζεται παρ' ὃ παρελάβετε, ἀνάθεμα ἔστω. (ἀνάθεμα= accursed)

11. Luke 6:35a ἀγαπᾶτε τοὺς ἐχθροὺς ὑμῶν (ὁ ἐχθρός= enemy)

12. 1 Cor 10:24 μηδεὶς τὸ ἑαυτοῦ ζητείτω, ἀλλὰ τὸ τοῦ ἑτέρου,

13. 2 Cor 13:11 Λοιπόν, ἀδελφοί, χαίρετε, καταρτίζεσθε, παρακαλεῖσθε, τὸ αὐτὸ φρονεῖτε, εἰρηνεύετε, καὶ ὁ θεὸς τῆς ἀγάπης καὶ εἰρήνης ἔσται μεθ' ὑμῶν. (καταρτίζω= I perfect; φρονέω= I think; εἰρηνεύω= I have peace)

II. Translate these sentences with Comparative and Superlative Forms.

1. John 1:50c μείζω τούτων ὄψῃ. (μείζω= *neut. acc/nom pl. of* μείζων)

2. Matt 20:31b οἱ δὲ μεῖζον ἔκραξαν λέγοντες,

3. Matt 22:27 ὕστερον δὲ πάντων ἀπέθανεν ἡ γυνή. (ὕστερον= later)

4. John 5:20b καὶ μείζονα τούτων δείξει αὐτῷ ἔργα, (δείκνυμι= I show)

5. Luke 21:3 ἡ χήρα αὕτη ἡ πτωχὴ πλεῖον πάντων ἔβαλεν· (ἡ χήρα=widow; πτωχός,-ή,-όν=poor)

6. John 5:36a ἐγὼ δὲ ἔχω τὴν μαρτυρίαν μείζω τοῦ Ἰωάννου· (μείζω= acc. fem. sg.)

7. Matt 2:6a Καὶ σὺ Βηθλέεμ, γῆ Ἰούδα, οὐδαμῶς ἐλαχίστη εἶ ἐν τοῖς ἡγεμόσιν Ἰούδα· (οὐδαμῶς=in no way; ἐλάχιστος,-η,-ον= least; ὁ ἡγεμών,-όνος=leader)

8. Matt 21:8 ὁ δὲ πλεῖστος ὄχλος ἔστρωσαν ἑαυτῶν τὰ ἱμάτια ἐν τῇ ὁδῷ, (πλεῖστος,-η,-ον= most; very large; στρώννυμι=I spread out)

9. John 4:41 καὶ πολλῷ πλείους ἐπίστευσαν διὰ τὸν λόγον αὐτοῦ, (πολλῷ= "by much")

10. Rom 13:11b νῦν γὰρ ἐγγύτερον ἡμῶν ἡ σωτηρία ἢ ὅτε ἐπιστεύσαμεν.

11. John 4:12a μὴ σὺ μείζων εἶ τοῦ πατρὸς ἡμῶν Ἰακώβ;

12. Matt 20:10 καὶ ἐλθόντες οἱ πρῶτοι ἐνόμισαν ὅτι πλεῖον λήμψονται· (νομίζω= I think, suppose)

13. John 14:28b πορεύομαι πρὸς τὸν πατέρα, ὅτι ὁ πατὴρ μείζων μού ἐστιν.

14. Οὐκ ἔστιν δοῦλος μείζων τοῦ κυρίου αὐτοῦ. (cf. John 15:20b)

15. Luke 20:47b οὗτοι λήμψονται περισσότερον κρίμα. (περισσός,-ή,-όν= abundant)

16. Heb 11:4a Πίστει πλείονα θυσίαν Ἄβελ παρὰ Κάϊν προσήνεγκεν τῷ θεῷ, δι' ἧς ἐμαρτυρήθη εἶναι δίκαιος, (ἡ θυσία= sacrifice; παρά= than)

17. Luke 16:10 ὁ πιστὸς ἐν ἐλαχίστῳ καὶ ἐν πολλῷ πιστός ἐστιν, καὶ ὁ ἐν ἐλαχίστῳ ἄδικος καὶ ἐν πολλῷ ἄδικός ἐστιν. (ἐλάχιστος,-η,-ον= least; ἄδικος,-ον= unrighteous)

25E. SENTENCES

1. Eph 6:2 τίμα τὸν πατέρα σου καὶ τὴν μητέρα, ἥτις ἐστὶν ἐντολὴ πρώτη ἐν ἐπαγγελίᾳ (τιμάω= I honor)

2. Mark 11:24 πάντα ὅσα προσεύχεσθε καὶ αἰτεῖσθε, πιστεύετε ὅτι ἐλάβετε, καὶ ἔσται ὑμῖν. (ὅσος,-η,-ον= however much)

3. 1 Cor 15:11 εἴτε οὖν ἐγὼ εἴτε ἐκεῖνοι, οὕτως κηρύσσομεν καὶ οὕτως ἐπιστεύσατε.

4. Matt 6:25b οὐχὶ ἡ ψυχὴ πλεῖόν ἐστιν τῆς τροφῆς καὶ τὸ σῶμα τοῦ ἐνδύματος; (τὸ ἔνδυμα,-ματος= clothing)

5. John 17:11b Πάτερ ἅγιε, τήρησον αὐτοὺς ἐν τῷ ὀνόματί σου ᾧ δέδωκάς μοι, ἵνα ὦσιν ἓν καθὼς ἡμεῖς.

6. Rom 3:4a μὴ γένοιτο· γινέσθω δὲ ὁ θεὸς ἀληθής, πᾶς δὲ ἄνθρωπος ψεύστης, (ὁ ψεύστης= a liar; μὴ γένοιτο= "may it not be!")

7. 1 Cor 16:19 Ἀσπάζονται ὑμᾶς αἱ ἐκκλησίαι τῆς Ἀσίας. ἀσπάζεται ὑμᾶς ἐν κυρίῳ πολλὰ Ἀκύλας καὶ Πρίσκα σὺν τῇ κατ' οἶκον αὐτῶν ἐκκλησίᾳ.

8. Matt 4:3 Καὶ προσελθὼν ὁ πειράζων εἶπεν αὐτῷ, Εἰ υἱὸς εἶ τοῦ θεοῦ, εἰπὲ ἵνα οἱ λίθοι οὗτοι ἄρτοι γένωνται. (πειράζω= I tempt)

9. John 7:4 οὐδεὶς γάρ τι ἐν κρυπτῷ ποιεῖ καὶ ζητεῖ αὐτὸς ἐν παρρησίᾳ εἶναι. εἰ ταῦτα ποιεῖς, φανέρωσον σεαυτὸν τῷ κόσμῳ. (κρυπτός,-ή,-όν= secret; ἡ παρρησία= boldness; φανερόω= I manifest)

10. 1 Cor 15:10 χάριτι δὲ θεοῦ εἰμι ὅ εἰμι, καὶ ἡ χάρις αὐτοῦ ἡ εἰς ἐμὲ οὐ κενὴ ἐγενήθη, ἀλλὰ περισσότερον αὐτῶν πάντων ἐκοπίασα, οὐκ ἐγὼ δὲ ἀλλὰ ἡ χάρις τοῦ θεοῦ [ἡ] σὺν ἐμοί. (κενός,-ή,-όν= empty, vain; περισσότερον= more; κοπιάω= I labor, work)

11. John 7:52 ἀπεκρίθησαν καὶ εἶπαν αὐτῷ, Μὴ καὶ σὺ ἐκ τῆς Γαλιλαίας εἶ; ἐραύνησον καὶ ἴδε ὅτι ἐκ τῆς Γαλιλαίας προφήτης οὐκ ἐγείρεται. (ἐραυνάω= I search; I examine)

12. Prov 24:12 (LXX) ἐὰν δὲ εἴπῃς, Οὐκ οἶδα τοῦτον· γίνωσκε ὅτι κύριος καρδίας πάντων γινώσκει καὶ ... αὐτὸς οἶδεν πάντα ὃς ἀποδίδωσιν ἑκάστῳ κατὰ τὰ ἔργα αὐτοῦ. (ἐάν= if)

13. Exod 32:32-33 (LXX) καὶ νῦν εἰ μὲν ἀφεῖς αὐτοῖς τὴν ἁμαρτίαν, ἄφες. εἰ δὲ μή ἐξάλειψόν με ἐκ τῆς βίβλου σου ἧς ἔγραψας 33 καὶ εἶπεν κύριος πρὸς Μωυσῆν εἴ τις ἡμάρτηκεν ἐνώπιόν μου ἐξαλείψω αὐτὸν ἐκ τῆς βίβλου μου. (ἐξαλείφω= I wipe away, blot out)

14. Acts 16:15a ὡς δὲ ἐβαπτίσθη καὶ ὁ οἶκος αὐτῆς, παρεκάλεσεν λέγουσα, Εἰ κεκρίκατέ με πιστὴν τῷ κυρίῳ εἶναι, εἰσελθόντες εἰς τὸν οἶκόν μου μένετε·

15. Luke 13:31 Ἐν αὐτῇ τῇ ὥρᾳ προσῆλθάν τινες Φαρισαῖοι λέγοντες αὐτῷ, Ἔξελθε καὶ πορεύου ἐντεῦθεν, ὅτι Ἡρῴδης θέλει σε ἀποκτεῖναι. (ἐντεῦθεν= from here)

16. John 13:16 ἀμὴν ἀμὴν λέγω ὑμῖν, οὐκ ἔστιν δοῦλος μείζων τοῦ κυρίου αὐτοῦ οὐδὲ ἀπόστολος μείζων τοῦ πέμψαντος αὐτόν.

17. Matt 12:45 τότε πορεύεται καὶ παραλαμβάνει μεθ' ἑαυτοῦ ἑπτὰ ἕτερα πνεύματα πονηρότερα ἑαυτοῦ καὶ εἰσελθόντα κατοικεῖ ἐκεῖ· καὶ γίνεται τὰ ἔσχατα τοῦ ἀνθρώπου ἐκείνου χείρονα τῶν πρώτων. οὕτως ἔσται καὶ τῇ γενεᾷ ταύτῃ τῇ πονηρᾷ. (κατοικέω= I dwell; χείρονα= worse)

18. Matt 5:16 οὕτως λαμψάτω τὸ φῶς ὑμῶν ἔμπροσθεν τῶν ἀνθρώπων, ὅπως ἴδωσιν ὑμῶν τὰ καλὰ ἔργα καὶ δοξάσωσιν τὸν πατέρα ὑμῶν τὸν ἐν τοῖς οὐρανοῖς. (λάμπω= I shine; ἔμπροσθεν= before)

19. John 4:45 ὅτε οὖν ἦλθεν εἰς τὴν Γαλιλαίαν, ἐδέξαντο αὐτὸν οἱ Γαλιλαῖοι πάντα ἑωρακότες ὅσα ἐποίησεν ἐν Ἱεροσολύμοις ἐν τῇ ἑορτῇ, καὶ αὐτοὶ γὰρ ἦλθον εἰς τὴν ἑορτήν. (ὅσος,-η,-ον= however much; ἡ ἑορτή= feast)

20. John 15:20 μνημονεύετε τοῦ λόγου οὗ ἐγὼ εἶπον ὑμῖν, Οὐκ ἔστιν δοῦλος μείζων τοῦ κυρίου αὐτοῦ. εἰ ἐμὲ ἐδίωξαν, καὶ ὑμᾶς διώξουσιν· εἰ τὸν λόγον μου ἐτήρησαν, καὶ τὸν ὑμέτερον τηρήσουσιν. (μνημονεύω= I remember [*takes genitive direct object*]; ὑμέτερον,-α,-ον= yours)

21. Prov 23:25 εὐφραινέσθω ὁ πατὴρ καὶ ἡ μήτηρ ἐπὶ σοί καὶ χαιρέτω ἡ τεκοῦσά σε 26 δός μοι, υἱέ, σὴν καρδίαν. οἱ δὲ σοὶ ὀφθαλμοὶ ἐμὰς ὁδοὺς τηρείτωσαν. (εὐφραίνω= I am glad; τίκτω= I bear [*2nd Aor.* τεκ-]; σός,-ή,-όν= your [sg.])

22. Mark 15:32 ὁ Χριστὸς ὁ βασιλεὺς Ἰσραὴλ καταβάτω νῦν ἀπὸ τοῦ σταυροῦ, ἵνα ἴδωμεν καὶ πιστεύσωμεν. καὶ οἱ συνεσταυρωμένοι σὺν αὐτῷ ὠνείδιζον αὐτόν. (ὁ σταυρός= cross; ὀνειδίζω= I ridicule)

23. Matt 7:13-14 Εἰσέλθατε διὰ τῆς στενῆς πύλης· ὅτι πλατεῖα ἡ πύλη καὶ εὐρύχωρος ἡ ὁδὸς ἡ ἀπάγουσα εἰς τὴν ἀπώλειαν καὶ πολλοί εἰσιν οἱ εἰσερχόμενοι δι' αὐτῆς· 14 τί στενὴ ἡ πύλη καὶ τεθλιμμένη ἡ ὁδὸς ἡ ἀπάγουσα εἰς τὴν ζωήν καὶ ὀλίγοι εἰσὶν οἱ εὑρίσκοντες αὐτήν. (στενός,-ή,-όν= narrow; ἡ πύλη= gate; πλατύς,-εῖα,-ύ= wide; εὐρύχωρος,-ον=broad; ἀπάγω= I lead way to ἡ ἀπώλεια= destruction; θλίβω= I press)

24. Judg 17:9-10 (LXX) καὶ εἶπεν αὐτῷ Μιχαιας πόθεν ἔρχῃ καὶ εἶπεν πρὸς αὐτόν, Λευίτης εἰμὶ ἀπὸ Βαιθλεεμ Ιουδα καὶ ἐγὼ πορεύομαι <u>παροικῆσαι ἐν ᾧ ἐὰν εὕρω τόπῳ</u> 10 καὶ εἶπεν αὐτῷ Μιχαιας, Κάθου μετ' ἐμοῦ καὶ γίνου μοι εἰς πατέρα καὶ εἰς <u>ἱερέα</u>. καὶ ἐγὼ δώσω σοι δέκα <u>ἀργυρίου</u> εἰς ἡμέραν καὶ <u>στολὴν</u> ἱματίων καὶ τὰ πρὸς ζωήν σου. καὶ ἐπορεύθη ὁ Λευίτης. (Μιχαιας= Micah; πόθεν=from where?; παροικῆσαι ἐν ᾧ ἐὰν εὕρω τόπῳ= "to live wherever I can find a place"; ἱερεύς,-έως= priest; τὸ ἀργύριον= silver; ἡ στολή= garment)

25. Matt 10:41-42 ὁ δεχόμενος προφήτην εἰς ὄνομα προφήτου μισθὸν προφήτου λήμψεται, καὶ ὁ δεχόμενος δίκαιον εἰς ὄνομα δικαίου μισθὸν δικαίου λήμψεται. 42 καὶ ὃς ἂν ποτίσῃ ἕνα τῶν μικρῶν τούτων ποτήριον ψυχροῦ μόνον εἰς ὄνομα μαθητοῦ, ἀμὴν λέγω ὑμῖν, οὐ μὴ ἀπολέσῃ τὸν μισθὸν αὐτοῦ. (ὁ μισθός= reward; τὸ ποτήριον= cup; ὁ ψυχρός= cold water; ἀπόλλυμι= I ruin; *in middle* I lose; ποτίζω= I give (someone something) to drink)

25F. Reading

I. John 18:19-23 Jesus Questioned.

19 Ὁ οὖν ἀρχιερεὺς ἠρώτησεν τὸν Ἰησοῦν περὶ τῶν μαθητῶν αὐτοῦ καὶ περὶ τῆς διδαχῆς αὐτοῦ.

20 ἀπεκρίθη αὐτῷ Ἰησοῦς, Ἐγὼ παρρησίᾳ λελάληκα τῷ κόσμῳ, ἐγὼ πάντοτε ἐδίδαξα ἐν συναγωγῇ καὶ ἐν τῷ ἱερῷ, ὅπου πάντες οἱ Ἰουδαῖοι συνέρχονται, καὶ ἐν κρυπτῷ ἐλάλησα οὐδέν.

21 τί με ἐρωτᾷς; ἐρώτησον τοὺς ἀκηκοότας τί ἐλάλησα αὐτοῖς· ἴδε οὗτοι οἴδασιν ἃ εἶπον ἐγώ.

22 ταῦτα δὲ αὐτοῦ εἰπόντος εἷς παρεστηκὼς τῶν ὑπηρετῶν ἔδωκεν ῥάπισμα τῷ Ἰησοῦ εἰπών, Οὕτως ἀποκρίνῃ τῷ ἀρχιερεῖ; 23 ἀπεκρίθη αὐτῷ Ἰησοῦς, Εἰ κακῶς ἐλάλησα, μαρτύρησον περὶ τοῦ κακοῦ· εἰ δὲ καλῶς, τί με δέρεις;

> Verse 19: ἡ διδαχή = teaching
> Verse 20: ἡ παρρησία = boldness; *with dative* "in public"; πάντοτε = always; κρυπτός,-ή,-όν = secret
> Verse 22: ὁ ὑπηρέτης = official; τὸ ῥάπισμα = blow
> Verse 23: δέρω = I beat

II. Eph 4:17–32 The Believers' New Walk

Verse 17: μαρτύρομαι = I testify
μηκέτι = no longer
ἡ ματαιότης, -ητος = futility
ὁ νοῦς, τοῦ νοός = mind

Verse 18: σκοτόομαι = I am darkened
ἡ διανοία = understanding
ἀπαλλοτριοομαι = I am alienated
ἡ ἄγνοια = ignorance
ἡ πώρωσις, -εως = stubbornness

Verse 19: ἀπαλγέω = I am unfeeling
ἡ ἀσέλγεια = sensuality
ἡ ἐργασία = practice
ἡ ἀκαθαρσία = impurity
ἡ πλεονεξία = greed

Verse 20: μανθάνω = I learn (2 Aor. stem -μαθ-)

Verse 22: ἀποτίθημι = I throw off
πρότερος, -α, -ον = former
ἡ ἀναστροφή = lifestyle
παλαιός, -ά, -όν = old
φθείρω = I destroy
ἡ ἐπιθυμία = desire
ἡ ἀπάτη = deception

Verse 23: ἀνανεόω = I am renewed
ὁ νοῦς, τοῦ νοός = mind

Verse 24: ἐνδύω = I dress; I put on
κτίζω = I create
ἡ ὁσιότης, -ητος = holiness

Verse 25: ἀποτίθημι = I put away
τὸ ψεῦδος = falsehood
ὁ πλησίον = neighbor
τὸ μέλος, μέλους = member

Verse 26: ὀργίζω = I am angry
ἁμαρτάνω = I sin
ὁ ἥλιος = sun
ἐπιδύω = I go down
ὁ παροργισμός = anger

Verse 27: ὁ διάβολος = devil

Verse 28: κλέπτω = I steal
κοπιάω = I labor
ἐργάζομαι = I work
ἡ χείρ, χειρός = hand
μεταδίδωμι = I give

Verse 29: σαπρός, -ά, -όν = rotten
ἡ οἰκοδομή = building up

Verse 30: λυπέω = I grieve
σφραγίζω = I seal up
ἡ ἀπολύτρωσις, -εως = redemption

Verse 31: ἡ πικρία = bitterness
ὁ θυμός = rage
ἡ ὀργή = anger
ἡ κραυγή = shouting
ἡ βλασφημία = blaspheming
ἡ κακία = malice

Verse 32: χρηστός, -ή, -όν = kind
εὔσπλαγχνος, -ον = compassionate
χαρίζομαι = I give freely; I forgive

Exercises Ch. 26

26A. Overview
26B. Vocabularies 26, 13, and 6
26C. Final Review of Non-Indicative Moods
26D. Focus
26E. Sentences
26F. Reading

26A. Overview

1. Define what a condition is: Give an example of a condition in English.

2. The protasis is the _____. The apodosis is the _____.

3. A conditional sentence always begins with the protasis. True or false?

4. The particle ἄν is used in a sentence to indicate possibility or some contingency and is found in some form in most types of conditions. True or false?

5. The Greek New Testament utilizes nine types of conditions. List the name of each below and then provide their basic construction.

		Name	Protasis	Apodosis
Future:	a.			
	b.			
	c.			
Present:	d.			
	e.			
	f.			
Past:	g.			
	h.			
	i.			

6. Create English examples of each type of condition.

		NAME	PROTASIS	APODOSIS
Future:	a.			
	b.			
	c.			
Present:	d.			
	e.			
	f.			
Past:	g.			
	h.			
	i.			

7. Describe what an Exception Clause is. What are three constructions to form them?

8. Briefly describe Qualitative Emphasis. How is it different than Quantitative Emphasis?

26B. Vocabularies 26, 13, and 6

Fill in the spaces of the crossword puzzle using Greek for the corresponding English gloss.

Across

2. I go into, I enter
4. where(ever)
6. from, out of
7. of such a kind (feminine)
8. grace
12. blood
14. particle of potential circumstance
15. name
16. woman; wife
18. seed; offspring
19. I release; I send away
22. I come/go to
25. mother
26. hope
27. except; if not
28. through
29. into
30. night
33. until
34. word
35. I pass through
36. I go away; I depart

Down

1. under
2. in, among
3. however so many
4. how much, as much as
5. when(ever)
6. I go out
9. from
10. who(ever)
11. will
13. I answer
17. by (means of)
18. body
20. towards; with
21. flesh
23. with
24. hand
26. unless; if not
28. on account of
29. before, in front of
31. spirit
32. mouth

26C. Final Review of Non-Indicative Moods

I. Translate these short sentences with Imperatives. Be sure you can parse each Imperative form.

1. John 16:24b αἰτεῖτε καὶ λήμψεσθε, ἵνα ἡ χαρὰ ὑμῶν ᾖ πεπληρωμένη.

2. Luke 7:22b Πορευθέντες ἀπαγγείλατε Ἰωάννῃ ἃ εἴδετε καὶ ἠκούσατε·

3. John 8:38b καὶ ὑμεῖς οὖν ἃ ἠκούσατε παρὰ τοῦ πατρὸς ποιεῖτε.

4. Col 4:17b Βλέπε τὴν διακονίαν ἣν παρέλαβες ἐν κυρίῳ, ἵνα αὐτὴν πληροῖς. (ἡ διακονία= ministry)

5. Rev 21:5b καὶ λέγει, Γράψον, ὅτι οὗτοι οἱ λόγοι πιστοὶ καὶ ἀληθινοί εἰσιν. (ἀληθινός,-ή,-όν= true)

6. Luke 23:14a εἶπεν πρὸς αὐτούς, Προσηνέγκατέ μοι τὸν ἄνθρωπον τοῦτον

7. Luke 6:23a χάρητε ἐν ἐκείνῃ τῇ ἡμέρᾳ καὶ σκιρτήσατε, ἰδοὺ γὰρ ὁ μισθὸς ὑμῶν πολὺς ἐν τῷ οὐρανῷ· (σκιρτάω= I leap for joy; ὁ μισθός= reward)

8. Luke 11:1c Κύριε, δίδαξον ἡμᾶς προσεύχεσθαι, καθὼς καὶ Ἰωάννης ἐδίδαξεν τοὺς μαθητὰς αὐτοῦ.

9. Luke 8:54b ἐφώνησεν λέγων, Ἡ παῖς, ἔγειρε. (φωνέω= I call; ὁ παῖς= child)

10. Acts 10:26 ὁ δὲ Πέτρος ἤγειρεν αὐτὸν λέγων, Ἀνάστηθι· καὶ ἐγὼ αὐτὸς ἄνθρωπός εἰμι.

11. Jas 1:13a μηδεὶς πειραζόμενος λεγέτω ὅτι Ἀπὸ θεοῦ πειράζομαι· (πειράζω= I tempt)

12. John 16:24 ἕως ἄρτι οὐκ ᾐτήσατε οὐδὲν ἐν τῷ ὀνόματί μου· αἰτεῖτε καὶ λήμψεσθε, ἵνα ἡ χαρὰ ὑμῶν ᾖ πεπληρωμένη.

13. 1 Cor 10:31 εἴτε οὖν ἐσθίετε εἴτε πίνετε εἴτε τι ποιεῖτε, πάντα εἰς δόξαν θεοῦ ποιεῖτε.

II. Translate these clauses/sentences with Infinitives. Also identify the Infinitive construction.

1. 1 Cor 10:7b Ἐκάθισεν ὁ λαὸς φαγεῖν καὶ πεῖν

2. 1 Cor 1:4b εἰς τὸ δύνασθαι ἡμᾶς παρακαλεῖν τοὺς ἐν πάσῃ θλίψει...

3. Acts 5:40b παρήγγειλαν μὴ λαλεῖν ἐπὶ τῷ ὀνόματι τοῦ Ἰησοῦ (παραγγέλλω = I command)

4. Matt 11:14 καὶ εἰ θέλετε δέξασθαι, αὐτός ἐστιν Ἠλίας ὁ μέλλων ἔρχεσθαι.

5. Acts 4:20 οὐ δυνάμεθα γὰρ ἡμεῖς ἃ εἴδαμεν καὶ ἠκούσαμεν μὴ λαλεῖν.

6. Matt 3:13 Τότε παραγίνεται ὁ Ἰησοῦς ἀπὸ τῆς Γαλιλαίας ἐπὶ τὸν Ἰορδάνην πρὸς τὸν Ἰωάννην τοῦ βαπτισθῆναι ὑπ' αὐτοῦ. (παραγίνομαι = I go along)

7. Mark 15:5 ὁ δὲ Ἰησοῦς οὐκέτι οὐδὲν ἀπεκρίθη, ὥστε θαυμάζειν τὸν Πιλᾶτον.

8. 2 Thess 2:10b τὴν ἀγάπην τῆς ἀληθείας οὐκ ἐδέξαντο εἰς τὸ σωθῆναι αὐτούς.

9. Matt 6:8b οἶδεν γὰρ ὁ πατὴρ ὑμῶν ὧν χρείαν ἔχετε πρὸ τοῦ ὑμᾶς αἰτῆσαι αὐτόν.

10. Acts 23:15b ἡμεῖς δὲ πρὸ τοῦ ἐγγίσαι αὐτὸν ἕτοιμοί ἐσμεν τοῦ ἀνελεῖν αὐτόν. (ἕτοιμος,-η,-ον = ready; ἀνελεῖν = "to kill" from ἀναιρέω)

11. Luke 22:15 ἐπιθυμίᾳ ἐπεθύμησα τοῦτο τὸ πάσχα φαγεῖν μεθ' ὑμῶν πρὸ τοῦ με παθεῖν· (ἡ ἐπιθυμία= desire (*what use of the dative case here?*); ἐπιθυμέω= I desire; τὸ πάσχα= passover)

12. Matt 17:16 καὶ προσήνεγκα αὐτὸν τοῖς μαθηταῖς σου, καὶ οὐκ ἠδυνήθησαν αὐτὸν θεραπεῦσαι.

13. Luke 10:38a Ἐν δὲ τῷ πορεύεσθαι αὐτοὺς αὐτὸς εἰσῆλθεν εἰς κώμην τινά· (ἡ κώμη= village)

14. 1 Cor 15:9b οὐκ εἰμὶ ἱκανὸς καλεῖσθαι ἀπόστολος, διότι ἐδίωξα τὴν ἐκκλησίαν τοῦ θεοῦ·

15. Heb 9:14c καθαριεῖ τὴν συνείδησιν ἡμῶν ἀπὸ νεκρῶν ἔργων εἰς τὸ λατρεύειν θεῷ ζῶντι. (ἡ συνείδησις= conscience; λατρεύω= I serve; καθαπιεῖ= "he will cleanse")

16. Luke 18:35 Ἐγένετο δὲ ἐν τῷ ἐγγίζειν αὐτὸν εἰς Ἰεριχὼ τυφλός τις ἐκάθητο παρὰ τὴν ὁδὸν ἐπαιτῶν. (ἐπαιτέω= I beg)

17. Rom 4:18 ὃς παρ' ἐλπίδα ἐπ' ἐλπίδι ἐπίστευσεν εἰς τὸ γενέσθαι αὐτὸν πατέρα πολλῶν ἐθνῶν κατὰ τὸ εἰρημένον· Οὕτως ἔσται τὸ σπέρμα σου. (ὃς= "He"; *hint:* εἰρημένον= *is from* λέγω)

18. Gal 2:17 εἰ δὲ ζητοῦντες δικαιωθῆναι ἐν Χριστῷ εὑρέθημεν καὶ αὐτοὶ ἁμαρτωλοί, ἆρα Χριστὸς ἁμαρτίας διάκονος; μὴ γένοιτο. (ὁ διάκονος= servant; μὴ γένοιτο= "No way!")

19. 1 Thess 4:9 Περὶ δὲ τῆς φιλαδελφίας οὐ χρείαν ἔχετε γράφειν ὑμῖν, αὐτοὶ γὰρ ὑμεῖς θεοδίδακτοί ἐστε εἰς τὸ ἀγαπᾶν ἀλλήλους, (ἡ φιλαδελφία= brotherly love; θεοδίδακτος,-ον= taught of God)

20. 2 Cor 7:3 πρὸς κατάκρισιν οὐ λέγω· προείρηκα γὰρ ὅτι ἐν ταῖς καρδίαις ἡμῶν ἐστε εἰς τὸ συναποθανεῖν καὶ συζῆν. (ἡ κατάκρισις= condemnation; προλέγω=I speak before;I warn; συναποθνήσκω= I die with; συζάω= I live with)

III. Translate these sentences with Subjunctives (Conditions included). Identify the construction.

1. 1 Cor 15:32c Φάγωμεν καὶ πίωμεν, αὔριον γὰρ ἀποθνήσκομεν. (αὔριον= tomorrow)

2. Mark 6:12 Καὶ ἐξελθόντες ἐκήρυξαν ἵνα μετανοῶσιν, (μετανοέω= I repent)

3. John 8:51b θάνατον οὐ μὴ θεωρήσῃ εἰς τὸν αἰῶνα.

4. John 6:37b καὶ τὸν ἐρχόμενον πρὸς ἐμὲ οὐ μὴ ἐκβάλω ἔξω,

5. Rom 3:8b Ποιήσωμεν τὰ κακά, ἵνα ἔλθῃ τὰ ἀγαθά;

6. Luke 22:9 οἱ δὲ εἶπαν αὐτῷ· ποῦ θέλεις ἑτοιμάσωμεν;

7. John 8:54b Ἐὰν ἐγὼ δοξάσω ἐμαυτόν, ἡ δόξα μου οὐδέν ἐστιν·

8. 1 John 3:11 αὕτη ἐστὶν ἡ ἀγγελία ἣν ἠκούσατε ἀπ' ἀρχῆς, ἵνα ἀγαπῶμεν ἀλλήλους,

9. 1 Pet 3:14b τὸν δὲ φόβον αὐτῶν μὴ φοβηθῆτε μηδὲ ταραχθῆτε, (ταράσσω= I frighten)

10. Matt 1:20b Ἰωσὴφ υἱὸς Δαυίδ, μὴ φοβηθῇς παραλαβεῖν Μαρίαν τὴν γυναῖκά σου·
    (παραλαμβάνω= I accept)

11. Luke 3:10 Καὶ ἐπηρώτων αὐτὸν οἱ ὄχλοι λέγοντες, Τί οὖν ποιήσωμεν;

12. Rom 6:15 Τί οὖν; ἁμαρτήσωμεν, ὅτι οὐκ ἐσμὲν ὑπὸ νόμον ἀλλὰ ὑπὸ χάριν; (ἁμαρτάνω= I sin)

13. Matt 12:50 ὅστις γὰρ ἂν ποιήσῃ τὸ θέλημα τοῦ πατρός μου τοῦ ἐν οὐρανοῖς αὐτός μου ἀδελφὸς καὶ ἀδελφὴ καὶ μήτηρ ἐστίν.

14. John 15:7 ἐὰν μείνητε ἐν ἐμοὶ καὶ τὰ ῥήματά μου ἐν ὑμῖν μείνῃ, ὃ ἐὰν θέλητε αἰτήσασθε, καὶ γενήσεται ὑμῖν.

15. Matt 6:25b μὴ μεριμνᾶτε τῇ ψυχῇ ὑμῶν τί φάγητε [ἢ τί πίητε], (μὴ μεριμνᾶτε = "Don't worry")

16. Heb 10:35 Μὴ ἀποβάλητε οὖν τὴν παρρησίαν ὑμῶν, ἥτις ἔχει μεγάλην μισθαποδοσίαν.
    (ἀποβάλλω= I cast away; ἡ παρρησία= boldness; ἡ μισθαποδοσίαν= reward)

17. Rom 14:9 εἰς τοῦτο γὰρ Χριστὸς ἀπέθανεν καὶ ἔζησεν, ἵνα καὶ νεκρῶν καὶ ζώντων κυριεύσῃ. (κυριεύω= I rule [gen.d.o.])

18. Matt 5:47 καὶ ἐὰν ἀσπάσησθε τοὺς ἀδελφοὺς ὑμῶν μόνον, τί περισσὸν ποιεῖτε; οὐχὶ καὶ οἱ ἐθνικοὶ τὸ αὐτὸ ποιοῦσιν; (περισσόν= more; οἱ ἐθνικοί= "gentiles")

19. Matt 10:5 Τούτους τοὺς δώδεκα ἀπέστειλεν ὁ Ἰησοῦς παραγγείλας αὐτοῖς λέγων· εἰς ὁδὸν ἐθνῶν μὴ ἀπέλθητε καὶ εἰς πόλιν Σαμαριτῶν μὴ εἰσέλθητε· (παραγγέλλω= I command)

20. John 8:31 Ἔλεγεν οὖν ὁ Ἰησοῦς πρὸς τοὺς πεπιστευκότας αὐτῷ Ἰουδαίους, Ἐὰν ὑμεῖς μείνητε ἐν τῷ λόγῳ τῷ ἐμῷ, ἀληθῶς μαθηταί μού ἐστε (ἀληθῶς= truly)

IV. Translate these sentences with Comparative and Superlative forms.

1. John 19:11b διὰ τοῦτο ὁ παραδούς μέ σοι μείζονα ἁμαρτίαν ἔχει.

2. Mark 12:31b μείζων τούτων ἄλλη ἐντολὴ οὐκ ἔστιν.

3. 1 Cor 1:25a ὅτι τὸ μωρὸν τοῦ θεοῦ σοφώτερον τῶν ἀνθρώπων ἐστίν (τὸ μωρόν= foolishness)

4. Mark 4:1b καὶ συνάγεται πρὸς αὐτὸν ὄχλος πλεῖστος, (πλεῖστος,-η,-ον= most; very great)

5. 1 Cor 15:9a Ἐγὼ γάρ εἰμι ὁ ἐλάχιστος τῶν ἀποστόλων (ἐλάχιστος,-η,-ον= least)

6. Matt 18:1b Τίς ἄρα μείζων ἐστὶν ἐν τῇ βασιλείᾳ τῶν οὐρανῶν;

7. John 8:53 μείζων εἶ τοῦ πατρὸς ἡμῶν Ἀβραάμ, ὅστις ἀπέθανεν;

8. Jas 3:1 Μὴ πολλοὶ διδάσκαλοι γίνεσθε, ἀδελφοί μου, εἰδότες ὅτι μεῖζον κρίμα λημψόμεθα.
    (τὸ κρίμα= judgment)

9. John 7:31b Ὁ Χριστὸς ὅταν ἔλθῃ μὴ πλείονα σημεῖα ποιήσει ὧν οὗτος ἐποίησεν;

10. Matt 21:36 πάλιν ἀπέστειλεν ἄλλους δούλους πλείονας τῶν πρώτων, καὶ ἐποίησαν αὐτοῖς ὡσαύτως. (ὡσαύτως= likewise)

11. John 4:1b ἤκουσαν οἱ Φαρισαῖοι ὅτι Ἰησοῦς πλείονας μαθητὰς ποιεῖ καὶ βαπτίζει ἢ Ἰωάννης

12. John 15:13 μείζονα ταύτης ἀγάπην οὐδεὶς ἔχει, ἵνα τις τὴν ψυχὴν αὐτοῦ θῇ ὑπὲρ τῶν φίλων αὐτοῦ.

13. 3 John 1:4 μειζοτέραν τούτων οὐκ ἔχω χαράν, ἵνα ἀκούω τὰ ἐμὰ τέκνα ἐν τῇ ἀληθείᾳ περιπατοῦντα.

14. Luke 1:32 οὗτος ἔσται μέγας καὶ υἱὸς ὑψίστου κληθήσεται καὶ δώσει αὐτῷ κύριος ὁ θεὸς τὸν θρόνον Δαυὶδ τοῦ πατρὸς αὐτοῦ, (ὑψίστος,-η,-ον= highest; most high)

15. Matt 5:19 ὃς ἐὰν οὖν λύσῃ μίαν τῶν ἐντολῶν τούτων τῶν ἐλαχίστων καὶ διδάξῃ οὕτως τοὺς ἀνθρώπους, ἐλάχιστος κληθήσεται ἐν τῇ βασιλείᾳ τῶν οὐρανῶν· (ἐλάχιστος,-η,-ον= least)

26D. Focus

I. Special Pronouns from this Chapter.

1. Mark 6:56b καὶ ὅσοι ἂν ἥψαντο αὐτοῦ ἐσῴζοντο. (ἅπτομαι= I touch [*takes genitive d.o.*])

2. Mark 6:30b ἀπήγγειλαν αὐτῷ πάντα ὅσα ἐποίησαν καὶ ὅσα ἐδίδαξαν.

3. Rom 8:14 ὅσοι γὰρ πνεύματι θεοῦ ἄγονται, οὗτοι υἱοὶ θεοῦ εἰσιν.

4. Mark 4:33a Καὶ τοιαύταις παραβολαῖς πολλαῖς ἐλάλει αὐτοῖς τὸν λόγον.

5. John 8:5 ἐν δὲ τῷ νόμῳ ἡμῖν Μωϋσῆς ἐνετείλατο τὰς τοιαύτας λιθάζειν, σὺ οὖν τί λέγεις;
(ἐντέλλομαι= I command; λιθάζω= I stone)

6. Luke 9:9 εἶπεν δὲ Ἡρῴδης, Ἰωάννην ἐγὼ ἀπεκεφάλισα· τίς δέ ἐστιν οὗτος περὶ οὗ ἀκούω τοιαῦτα; καὶ ἐζήτει ἰδεῖν αὐτόν. (ἀποκεφαλίζω= I behead)

II. Translate and classify these conditional sentences.

1. John 14:3a καὶ ἐὰν πορευθῶ, καὶ ἑτοιμάσω τόπον ὑμῖν,

2. Rom 8:9b εἰ δέ τις πνεῦμα Χριστοῦ οὐκ ἔχει, οὗτος οὐκ ἔστιν αὐτοῦ.

3. Luke 16:30b ἀλλ' ἐάν τις ἀπὸ νεκρῶν πορευθῇ πρὸς αὐτούς, μετανοήσουσιν. (μετανοέω= I repent)

4. Rom 6:8 εἰ δὲ ἀπεθάνομεν σὺν Χριστῷ, πιστεύομεν ὅτι καὶ συζήσομεν αὐτῷ, (συζάω= I live with [*dat.d.o.*])

5. Rom 8:31 Τί οὖν ἐροῦμεν πρὸς ταῦτα; εἰ ὁ θεὸς ὑπὲρ ἡμῶν, τίς καθ' ἡμῶν;

6. Luke 4:7 σὺ οὖν ἐὰν προσκυνήσῃς ἐνώπιον ἐμοῦ, ἔσται σοῦ πᾶσα.

7. John 14:7 εἰ ἐγνώκατέ με, καὶ τὸν πατέρα μου γνώσεσθε·

8. John 8:51 ἀμὴν ἀμὴν λέγω ὑμῖν, ἐάν τις τὸν ἐμὸν λόγον τηρήσῃ, θάνατον οὐ μὴ θεωρήσῃ εἰς τὸν αἰῶνα.

9. John 11:32b Κύριε, εἰ ἦς ὧδε, οὐκ ἄν μου ἀπέθανεν ὁ ἀδελφός. (ὧδε= here)

10. Rev 2:16a μετανόησον οὖν· εἰ δὲ μή, ἔρχομαί σοι ταχύ (μετανοέω= I repent; ταχύ= soon)

11. John 9:41b Εἰ τυφλοὶ ἦτε, οὐκ ἂν εἴχετε ἁμαρτίαν·

12. Gal 1:10b εἰ ἔτι ἀνθρώποις ἤρεσκον, Χριστοῦ δοῦλος οὐκ ἂν ἤμην. (ἀρέσκω= I please [dat.d.o.])

13. John 8:19b εἰ ἐμὲ ᾔδειτε, καὶ τὸν πατέρα μου ἂν ᾔδειτε.

14. Col 2:20 Εἰ ἀπεθάνετε σὺν Χριστῷ ἀπὸ τῶν στοιχείων τοῦ κόσμου, τί ὡς ζῶντες ἐν κόσμῳ δογματίζεσθε; (τὸ στοιχεῖον= elemental principle; δογματίζω= I submit to ordinances)

15. John 8:24 εἶπον οὖν ὑμῖν ὅτι ἀποθανεῖσθε ἐν ταῖς ἁμαρτίαις ὑμῶν· ἐὰν γὰρ μὴ πιστεύσητε ὅτι ἐγώ εἰμι, ἀποθανεῖσθε ἐν ταῖς ἁμαρτίαις ὑμῶν.

16. Matt 5:46 ἐὰν γὰρ ἀγαπήσητε τοὺς ἀγαπῶντας ὑμᾶς, τίνα μισθὸν ἔχετε; οὐχὶ καὶ οἱ τελῶναι τὸ αὐτὸ ποιοῦσιν; (ὁ μισθός= reward; ὁ τελώνης= tax collector)

17. Rom 4:2 εἰ γὰρ Ἀβραὰμ ἐξ ἔργων ἐδικαιώθη, ἔχει καύχημα, ἀλλ' οὐ πρὸς θεόν. (τὸ καύχημα= boast)

18. Heb 4:8 εἰ γὰρ αὐτοὺς Ἰησοῦς κατέπαυσεν, οὐκ ἂν περὶ ἄλλης ἐλάλει μετὰ ταῦτα ἡμέρας. (καταπαύω= I give rest; ἄλλης *is modifying* ἡμέρας)

III. More Conditions: Are you able to identify which type of condition?

1. John 8:28b Ὅταν ὑψώσητε τὸν υἱὸν τοῦ ἀνθρώπου, τότε γνώσεσθε ὅτι ἐγώ εἰμι, (ὑψόω= I lift up)

2. John 8:39b Εἰ τέκνα τοῦ Ἀβραάμ ἐστε, τὰ ἔργα τοῦ Ἀβραάμ ἐποιεῖτε·

3. John 8:42b εἶπεν αὐτοῖς ὁ Ἰησοῦς, Εἰ ὁ θεὸς πατὴρ ὑμῶν ἦν, ἠγαπᾶτε ἂν ἐμέ,

4. John 3:12b πῶς ἐὰν εἴπω ὑμῖν τὰ ἐπουράνια πιστεύσετε; (ἐπουράνιος,-ον= heavenly)

5. John 5:31 ἐὰν ἐγὼ μαρτυρῶ περὶ ἐμαυτοῦ, ἡ μαρτυρία μου οὐκ ἔστιν ἀληθής· (ἡ μαρτυρία= testimony)

6. Rom 7:16 εἰ δὲ ὃ οὐ θέλω τοῦτο ποιῶ, σύμφημι τῷ νόμῳ ὅτι καλός. (σύμφημι= I assent)

7. Rom 3:5a εἰ δὲ ἡ ἀδικία ἡμῶν θεοῦ δικαιοσύνην συνίστησιν, τί ἐροῦμεν; (ἡ ἀδικία= unrighteousness; συνίστημι= I commend)

8. Matt 26:35 λέγει αὐτῷ ὁ Πέτρος, Κἂν δέῃ με σὺν σοὶ ἀποθανεῖν, οὐ μή σε ἀπαρνήσομαι. ὁμοίως καὶ πάντες οἱ μαθηταὶ εἶπαν. (κἄν= καὶ ἄν; ἀπαρνέομαι= I deny; ὁμοίως= likewise)

9. John 7:17 ἐάν τις θέλῃ τὸ θέλημα αὐτοῦ ποιεῖν, γνώσεται περὶ τῆς διδαχῆς πότερον ἐκ τοῦ θεοῦ ἐστιν ἢ ἐγὼ ἀπ' ἐμαυτοῦ λαλῶ. (ἡ διδαχή= teaching; πότερον= whether)

10. Luke 22:68 ἐὰν δὲ ἐρωτήσω, οὐ μὴ ἀποκριθῆτε.

11. Rom 8:10 εἰ δὲ Χριστὸς ἐν ὑμῖν, τὸ μὲν σῶμα νεκρὸν διὰ ἁμαρτίαν τὸ δὲ πνεῦμα ζωὴ διὰ δικαιοσύνην.

12. Matt 12:24 οἱ δὲ Φαρισαῖοι ἀκούσαντες εἶπον, Οὗτος οὐκ ἐκβάλλει τὰ δαιμόνια εἰ μὴ ἐν τῷ Βεελζεβοὺλ ἄρχοντι τῶν δαιμονίων.

13. John 3:27 ἀπεκρίθη Ἰωάννης καὶ εἶπεν, Οὐ δύναται ἄνθρωπος λαμβάνειν οὐδὲ ἓν ἐὰν μὴ ᾖ δεδομένον αὐτῷ ἐκ τοῦ οὐρανοῦ.

14. John 4:48 εἶπεν οὖν ὁ Ἰησοῦς πρὸς αὐτόν, Ἐὰν μὴ σημεῖα καὶ τέρατα ἴδητε, οὐ μὴ πιστεύσητε.

15. 2 Cor 2:9 εἰς τοῦτο γὰρ καὶ ἔγραψα, ἵνα γνῶ τὴν δοκιμὴν ὑμῶν, εἰ εἰς πάντα ὑπήκοοί ἐστε.
    (ἡ δοκιμή= character; ὑπήκοος,-ον= obedient)

16. Heb 8:4a εἰ μὲν οὖν ἦν ἐπὶ γῆς, οὐδ᾽ ἂν ἦν ἱερεύς, (ὁ ἱερεύς,-έως= priest)

17. Heb 8:7 Εἰ γὰρ ἡ πρώτη ἐκείνη ἦν ἄμεμπτος, οὐκ ἂν δευτέρας ἐζητεῖτο τόπος. (ἄμεμπτος,-ον= blameless)

18. Gal 3:21b εἰ γὰρ ἐδόθη νόμος ὁ δυνάμενος ζῳοποιῆσαι, ὄντως ἐκ νόμου ἂν ἦν ἡ δικαιοσύνη·
    (ζῳοποιέω= I make alive; ὄντως= truly)

19. 1 Cor 11:31-32 εἰ δὲ ἑαυτοὺς διεκρίνομεν, οὐκ ἂν ἐκρινόμεθα· 32 κρινόμενοι δὲ ὑπὸ [τοῦ] κυρίου παιδευόμεθα, ἵνα μὴ σὺν τῷ κόσμῳ κατακριθῶμεν. (διακρίνω= I judge; παιδεύω= I instruct; κατακρίνω= I condemn)

26E. SENTENCES

1. Heb 5:5a καὶ ὁ Χριστὸς οὐχ ἑαυτὸν ἐδόξασεν γενηθῆναι ἀρχιερέα

2. John 6:28 εἶπον οὖν πρὸς αὐτόν, Τί ποιῶμεν ἵνα ἐργαζώμεθα τὰ ἔργα τοῦ θεοῦ; (ἐργάζομαι= I do)

3. Matt 24:34 ἀμὴν λέγω ὑμῖν ὅτι οὐ μὴ παρέλθῃ ἡ γενεὰ αὕτη ἕως ἂν πάντα ταῦτα γένηται.

4. 1 Tim 1:15b Χριστὸς Ἰησοῦς ἦλθεν εἰς τὸν κόσμον ἁμαρτωλοὺς σῶσαι, ὧν πρῶτός εἰμι ἐγώ.

5. Luke 12:5b φοβήθητε τὸν μετὰ τὸ ἀποκτεῖναι ἔχοντα ἐξουσίαν ἐμβαλεῖν εἰς τὴν γέενναν. (ἡ γέεννα= hell)

6. John 9:41 εἶπεν αὐτοῖς ὁ Ἰησοῦς, Εἰ τυφλοὶ ἦτε, οὐκ ἂν εἴχετε ἁμαρτίαν· νῦν δὲ λέγετε ὅτι Βλέπομεν, ἡ ἁμαρτία ὑμῶν μένει.

7. Matt 23:39 λέγω γὰρ ὑμῖν, οὐ μή με ἴδητε ἀπ' ἄρτι ἕως ἂν εἴπητε, Εὐλογημένος ὁ ἐρχόμενος ἐν ὀνόματι κυρίου. (ἄρτι= now; εὐλογέω= I bless)

8. John 4:25 λέγει αὐτῷ ἡ γυνή, Οἶδα ὅτι Μεσσίας ἔρχεται ὁ λεγόμενος Χριστός· ὅταν ἔλθῃ ἐκεῖνος, ἀναγγελεῖ ἡμῖν ἅπαντα. (ἅπαντα= all)

9. 1 Cor 15:32 εἰ κατὰ ἄνθρωπον ἐθηριομάχησα ἐν Ἐφέσῳ, τί μοι τὸ ὄφελος; εἰ νεκροὶ οὐκ ἐγείρονται, Φάγωμεν καὶ πίωμεν, αὔριον γὰρ ἀποθνῄσκομεν. (θηριομαχέω= I fight beasts; τὸ ὄφελος,-ους= benefit; αὔριον= tomorrow)

10. Mark 2:27-28 καὶ ἔλεγεν αὐτοῖς, Τὸ σάββατον διὰ τὸν ἄνθρωπον ἐγένετο καὶ οὐχ ὁ ἄνθρωπος διὰ τὸ σάββατον· 28 ὥστε κύριός ἐστιν ὁ υἱὸς τοῦ ἀνθρώπου καὶ τοῦ σαββάτου.

11. Rev 22:8 Κἀγὼ Ἰωάννης ὁ ἀκούων καὶ βλέπων ταῦτα. καὶ ὅτε ἤκουσα καὶ ἔβλεψα, ἔπεσα προσκυνῆσαι ἔμπροσθεν τῶν ποδῶν τοῦ ἀγγέλου τοῦ δεικνύοντός μοι ταῦτα. (ἔμπροσθεν= before; δείκνυμι= I show)

12. Acts 13:48 ἀκούοντα δὲ τὰ ἔθνη ἔχαιρον καὶ ἐδόξαζον τὸν λόγον τοῦ κυρίου καὶ ἐπίστευσαν ὅσοι ἦσαν τεταγμένοι εἰς ζωὴν αἰώνιον· (τάσσω= I appoint)

13. John 8:28 εἶπεν οὖν [αὐτοῖς] ὁ Ἰησοῦς, Ὅταν ὑψώσητε τὸν υἱὸν τοῦ ἀνθρώπου, τότε γνώσεσθε ὅτι ἐγώ εἰμι, καὶ ἀπ' ἐμαυτοῦ ποιῶ οὐδέν, ἀλλὰ καθὼς ἐδίδαξέν με ὁ πατὴρ ταῦτα λαλῶ. (ὑψόω= I lift up)

14. Mark 12:26 περὶ δὲ τῶν νεκρῶν ὅτι ἐγείρονται οὐκ ἀνέγνωτε ἐν τῇ βίβλῳ Μωϋσέως ἐπὶ τοῦ βάτου πῶς εἶπεν αὐτῷ ὁ θεὸς λέγων· Ἐγὼ ὁ θεὸς Ἀβραὰμ καὶ [ὁ] θεὸς Ἰσαὰκ καὶ [ὁ] θεὸς Ἰακώβ; (ἀναγινώσκω= I read; ἡ βίβλος= book; ἡ βατος= thorn bush)

15. Matt 21:25 τὸ βάπτισμα τὸ Ἰωάννου πόθεν ἦν; ἐξ οὐρανοῦ ἢ ἐξ ἀνθρώπων; οἱ δὲ διελογίζοντο ἐν ἑαυτοῖς λέγοντες, Ἐὰν εἴπωμεν, Ἐξ οὐρανοῦ, ἐρεῖ ἡμῖν, Διὰ τί οὖν οὐκ ἐπιστεύσατε αὐτῷ; (τὸ βάπτισμα= baptism; πόθεν= from where; διαλογίζομαι= I debate)

16. John 8:42 εἶπεν αὐτοῖς ὁ Ἰησοῦς, Εἰ ὁ θεὸς πατὴρ ὑμῶν ἦν ἠγαπᾶτε ἂν ἐμέ, ἐγὼ γὰρ ἐκ τοῦ θεοῦ ἐξῆλθον καὶ ἥκω· οὐδὲ γὰρ ἀπ' ἐμαυτοῦ ἐλήλυθα, ἀλλ' ἐκεῖνός με ἀπέστειλεν. (ἥκω= I have arrived)

17. Matt 18:19 Πάλιν [ἀμὴν] λέγω ὑμῖν ὅτι ἐὰν δύο συμφωνήσωσιν ἐξ ὑμῶν ἐπὶ τῆς γῆς περὶ παντὸς πράγματος οὗ ἐὰν αἰτήσωνται, γενήσεται αὐτοῖς παρὰ τοῦ πατρός μου τοῦ ἐν οὐρανοῖς. (συμφωνέω= I agree; τὸ πρᾶγμα= business, matter)

18. 2 Cor 1:9 ἀλλὰ αὐτοὶ ἐν ἑαυτοῖς τὸ ἀπόκριμα τοῦ θανάτου ἐσχήκαμεν, ἵνα μὴ πεποιθότες ὦμεν ἐφ' ἑαυτοῖς ἀλλ' ἐπὶ τῷ θεῷ τῷ ἐγείροντι τοὺς νεκρούς· (τὸ ἀπόκριμα= answer)

19. Rom 11:13-14 Ὑμῖν δὲ λέγω τοῖς ἔθνεσιν· ἐφ' ὅσον μὲν οὖν εἰμι ἐγὼ ἐθνῶν ἀπόστολος, τὴν διακονίαν μου δοξάζω, 14 εἴ πως παραζηλώσω μου τὴν σάρκα καὶ σώσω τινὰς ἐξ αὐτῶν. (ἡ διακονία= ministry; πως= somehow; παραζηλόω= I make jealous)

20. 2 Chr 30:6a (LXX) καὶ ἐπορεύθησαν οἱ τρέχοντες σὺν ταῖς ἐπιστολαῖς παρὰ τοῦ βασιλέως καὶ τῶν ἀρχόντων εἰς πάντα Ἰσραηλ καὶ Ἰουδαν κατὰ τὸ πρόσταγμα τοῦ βασιλέως λέγοντες, Υἱοὶ Ἰσραηλ, ἐπιστρέψατε πρὸς θεὸν Ἀβρααμ καὶ Ἰσαακ καὶ Ἰσραηλ. (τρέχω= I run; ἡ ἐπιστολή= letter; τὸ πρόσταγμα= command)

21. 1 Cor 2:11-12 τίς γὰρ οἶδεν ἀνθρώπων τὰ τοῦ ἀνθρώπου εἰ μὴ τὸ πνεῦμα τοῦ ἀνθρώπου τὸ ἐν αὐτῷ; οὕτως καὶ τὰ τοῦ θεοῦ οὐδεὶς ἔγνωκεν εἰ μὴ τὸ πνεῦμα τοῦ θεοῦ. 12 ἡμεῖς δὲ οὐ τὸ πνεῦμα τοῦ κόσμου ἐλάβομεν ἀλλὰ τὸ πνεῦμα τὸ ἐκ τοῦ θεοῦ, ἵνα εἰδῶμεν τὰ ὑπὸ τοῦ θεοῦ χαρισθέντα ἡμῖν· (χαρίζομαι= I give freely)

22. Rev 2:10 μηδὲν φοβοῦ ἃ μέλλεις πάσχειν. ἰδοὺ μέλλει βάλλειν ὁ διάβολος ἐξ ὑμῶν εἰς φυλακὴν ἵνα πειρασθῆτε καὶ ἕξετε θλῖψιν ἡμερῶν δέκα. γίνου πιστὸς ἄχρι θανάτου, καὶ δώσω σοι τὸν στέφανον τῆς ζωῆς. (ἄχρι= until; ὁ στέφανος= crown; *before* ἐξ ὑμῶν *supply* τινας; πειράζω= I tempt)

23. John 9:16 ἔλεγον οὖν ἐκ τῶν Φαρισαίων τινές, Οὐκ ἔστιν οὗτος παρὰ θεοῦ ὁ ἄνθρωπος, ὅτι τὸ σάββατον οὐ τηρεῖ. ἄλλοι [δὲ] ἔλεγον, Πῶς δύναται ἄνθρωπος ἁμαρτωλὸς τοιαῦτα σημεῖα ποιεῖν; καὶ σχίσμα ἦν ἐν αὐτοῖς.

24. Mark 8:34 Καὶ προσκαλεσάμενος τὸν ὄχλον σὺν τοῖς μαθηταῖς αὐτοῦ εἶπεν αὐτοῖς, Εἴ τις θέλει ὀπίσω μου ἀκολουθεῖν, ἀπαρνησάσθω ἑαυτὸν καὶ ἀράτω τὸν σταυρὸν αὐτοῦ καὶ ἀκολουθείτω μοι. (ὀπίσω= after; ἀπαρνέομαι= I deny; ὁ σταυρός= cross)

26F. Reading

I. Gen 17:1-8 (LXX) God's Covenant with Abraham.

1 ἐγένετο δὲ Αβραμ ἐτῶν ἐνενήκοντα ἐννέα καὶ ὤφθη κύριος τῷ Ἀβραμ καὶ εἶπεν αὐτῷ, Ἐγώ εἰμι ὁ θεός σου. εὐαρέστει ἐναντίον ἐμοῦ καὶ γίνου ἄμεμπτος. 2 καὶ θήσομαι τὴν διαθήκην μου ἀνὰ μέσον ἐμοῦ καὶ ἀνὰ μέσον σοῦ καὶ πληθυνῶ σε σφόδρα. 3 καὶ ἔπεσεν Ἀβραμ ἐπὶ πρόσωπον αὐτοῦ καὶ ἐλάλησεν αὐτῷ ὁ θεὸς λέγων, 4 Καὶ ἐγὼ ἰδοὺ ἡ διαθήκη μου μετὰ σοῦ. καὶ ἔσῃ πατὴρ πλήθους ἐθνῶν. 5 καὶ οὐ κληθήσεται ἔτι τὸ ὄνομά σου Ἀβραμ ἀλλ' ἔσται τὸ ὄνομά σου Ἀβρααμ, ὅτι πατέρα πολλῶν ἐθνῶν τέθεικά σε. 6 καὶ αὐξανῶ σε σφόδρα σφόδρα καὶ θήσω σε εἰς ἔθνη καὶ βασιλεῖς ἐκ σοῦ ἐξελεύσονται. 7 καὶ στήσω τὴν διαθήκην μου ἀνὰ μέσον ἐμοῦ καὶ ἀνὰ μέσον σοῦ καὶ ἀνὰ μέσον τοῦ σπέρματός σου μετὰ σὲ εἰς γενεὰς αὐτῶν εἰς διαθήκην αἰώνιον εἶναί σου θεὸς καὶ τοῦ σπέρματός σου μετὰ σέ. 8 καὶ δώσω σοι καὶ τῷ σπέρματί σου μετὰ σὲ τὴν γῆν ἣν παροικεῖς πᾶσαν τὴν γῆν Χανααν εἰς κατάσχεσιν αἰώνιον καὶ ἔσομαι αὐτοῖς θεός.

> Verse 1: ἐτῶν ἐνενήκοντα ἐννέα= "ninety-nine years old" εὐαρεστέω= I am pleasing; ἐναντίον= before (*with genitive*); ἄμεμπτος,-ον= blameless
> Verse 2: ἡ διαθήκη= covenant; ἀνὰ μέσος= in the midst of; πληθύνω= I multiply; σφόδρα= exceedingly
> Verse 4: τὸ πλῆθος,-ους= multitude
> Verse 6: αὐξάνω= I increase, make grow
> > Verse 8: παροικέω= I dwell as an alien; ἡ κατάσχεσις= possession

II. 1 Cor 3:16-23 The True Temple and What is Truly Ours.

Verse 16: οἰκέω= I dwell;
Verse 17: φθείρω= I ruin, corrupt
Verse 18: ἐξαπατάω= I deceive; μωρός,-ή,-όν= foolish
Verse 19: ἡ μωρία= foolishness' δράσσομαι= I catch; ἡ πανουργία= craftiness
Verse 20: ὁ διαλογισμός= thought, reasoning; μάταιος,-α,-ον= empty, futile
Verse 21: ὥστε= so then; καυχάζομαι= I boast
Verse 22: ἐνεστῶτα= "things that exist presently"; μέλλοντα= "things that are future"

III. Other Suggested Readings: (You will need a Greek Lexicon).

Matt 24:40-46	John 5:1-34
Acts 4:1-5	John 12:12-50
Acts 12:6-19	1 Cor 10:14-21
Acts 21:15-22	Eph 4:1-12
Rom 10:1-10	Luke 4:10-20
Rom 5:1-11	All of 3 John

EXERCISES CH. 27

27A. PERFORM A WORD STUDY
27B. READING GUIDES
  I. Reading Guide to the Apocryphal "Story of Susanna" from the LXX
  II. Reading Guide to the Apocryphal "Bel and the Dragon" from the LXX

27A. PERFORM A WORD STUDY

A. **Review Word Study Procedures:** Follow the guidelines in CHAPTER 27.4 of the Grammar and/or provided by your instructor.

B. **Choose a Word to Perform a Word Study:**

1. εὐσέβεια and related forms (hint: look for a cognate verb form and other forms)
2. παρρησία and related forms (hint: look for a cognate verb form)
3. **Or**, any other word that has a frequency of less than 30 times or so (otherwise the assignment may take significantly longer). Check your word with your instructor.

27B. READING

I. <u>Reading Guide to the Apocryphal "Bel and the Dragon" from the Septuagint (LXX).</u>

<u>Bel (Βηλ) and the Dragon 1:1-10</u>

1:1 καὶ ὁ βασιλεὺς Ἀστυάγης προσετέθη πρὸς τοὺς πατέρας αὐτοῦ. καὶ παρέλαβεν Κῦρος ὁ Πέρσης τὴν βασιλείαν αὐτοῦ.
2 καὶ ἦν Δανιηλ συμβιωτὴς τοῦ βασιλέως καὶ ἔνδοξος ὑπὲρ πάντας τοὺς φίλους αὐτοῦ. 3 καὶ ἦν εἴδωλον τοῖς Βαβυλωνίοις ᾧ ὄνομα Βηλ. καὶ ἐδαπανῶντο εἰς αὐτὸν ἑκάστης ἡμέρας σεμιδάλεως ἀρτάβαι δώδεκα καὶ πρόβατα τεσσαράκοντα καὶ οἴνου μετρηταὶ ἕξ.
4 καὶ ὁ βασιλεὺς ἐσέβετο αὐτὸν καὶ ἐπορεύετο καθ᾽ ἑκάστην ἡμέραν προσκυνεῖν αὐτῷ. Δανιηλ δὲ προσεκύνει τῷ θεῷ αὐτοῦ 5 καὶ εἶπεν αὐτῷ ὁ βασιλεύς, Διὰ τί οὐ προσκυνεῖς τῷ Βηλ; ὁ δὲ εἶπεν ὅτι Οὐ σέβομαι εἴδωλα χειροποίητα, ἀλλὰ τὸν

ὁ βασιλεύς= king; προσετέθη= Aor.P. Ind. 3-sg. of προστίθημι "I add to, proceed; I bury"
παρέλαβεν= Aor.A.Ind.3-sg. of παραλαμβάνω "I accept, receive";
ὁ συμβιωτής= companion; ἔνδοξος,ον= honored, respected;

ἐδαπανῶντο= Imp.M/P.Ind. 3-pl. of δαπανάω "I spend"; ἕκαστος,η,ον= each;
ἡ σεμίδαλις= fine wheat flour; ἡ ἀρτάβη= Persian measurement, i.e., bushel; τὸ πρόβατον=sheep; τεσσαράκοντα= forty;
ὁ οἶνος=wine; ἡ μετρητή= measure; ἕξ= six;
ἐσέβετο= Imp.D.Ind.3-sg. of σέβομαι "I worship"; ἐπορεύετο= Imp.D.Ind.3-sg. of πορεύομαι; προσκυνεῖν= "to worship"
ἕκαστος= each; προσεκύνει= Imp.A.Ind.3-sg.of προσκυνέω (w/ dat.); Διὰ τι= why?
τὸ εἴδωλον= idol; χειρο-ποίητος, ον= hand

ζῶντα θεὸν τὸν κτίσαντα τὸν οὐρανὸν καὶ τὴν γῆν καὶ ἔχοντα πάσης σαρκὸς κυριείαν. 6 καὶ εἶπεν αὐτῷ ὁ βασιλεύς, Οὐ δοκεῖ σοι Βηλ εἶναι ζῶν θεός; ἢ οὐχ ὁρᾷς ὅσα ἐσθίει καὶ πίνει καθ' ἑκάστην ἡμέραν; 7 καὶ εἶπεν Δανιηλ γελάσας, Μὴ πλανῶ, βασιλεῦ· οὗτος γὰρ ἔσωθεν μέν ἐστι πηλός, ἔξωθεν δὲ χαλκός. καὶ οὐ βέβρωκεν οὐδὲ πέπωκεν πώποτε.

8 καὶ θυμωθεὶς ὁ βασιλεὺς ἐκάλεσεν τοὺς ἱερεῖς αὐτοῦ καὶ εἶπεν αὐτοῖς, Ἐὰν μὴ εἴπητέ μοι τίς ὁ κατέσθων τὴν δαπάνην ταύτην ἀποθανεῖσθε. ἐὰν δὲ δείξητε ὅτι Βηλ κατεσθίει αὐτά ἀποθανεῖται Δανιηλ, ὅτι ἐβλασφήμησεν εἰς τὸν Βηλ. 9 καὶ εἶπεν Δανιηλ τῷ βασιλεῖ, Γινέσθω κατὰ τὸ ῥῆμά σου. καὶ ἦσαν ἱερεῖς τοῦ Βηλ ἑβδομήκοντα ἐκτὸς γυναικῶν καὶ τέκνων. 10 καὶ ἦλθεν ὁ βασιλεὺς μετὰ Δανιηλ εἰς τὸν οἶκον τοῦ Βηλ.

Bel and the Dragon 1:11-20
11 καὶ εἶπαν οἱ ἱερεῖς τοῦ Βηλ Ἰδοὺ ἡμεῖς ἀποτρέχομεν ἔξω. σὺ δέ, βασιλεῦ, παράθες τὰ βρώματα καὶ τὸν οἶνον κεράσας θὲς καὶ ἀπόκλεισον τὴν θύραν καὶ σφράγισον τῷ δακτυλίῳ σου. καὶ ἐλθὼν πρωὶ ἐὰν μὴ εὕρῃς πάντα βεβρωμένα ὑπὸ τοῦ Βηλ ἀποθανούμεθα ἢ Δανιηλ ὁ ψευδόμενος καθ' ἡμῶν. 12 αὐτοὶ δὲ κατεφρόνουν, ὅτι πεποιήκεισαν ὑπὸ τὴν τράπεζαν κεκρυμμένην εἴσοδον καὶ δι' αὐτῆς εἰσεπορεύοντο διόλου καὶ ἀνήλουν αὐτά.

13 καὶ ἐγένετο ὡς ἐξῆλθοσαν ἐκεῖνοι καὶ ὁ βασιλεὺς παρέθηκεν τὰ βρώματα τῷ Βηλ.
14 καὶ ἐπέταξεν Δανιηλ τοῖς παιδαρίοις αὐτοῦ καὶ ἤνεγκαν τέφραν καὶ κατέσησαν ὅλον τὸν ναὸν ἐνώπιον τοῦ βασιλέως μόνου. καὶ ἐξελθόντες ἔκλεισαν τὴν θύραν καὶ ἐσφραγίσαντο ἐν τῷ δακτυλίῳ τοῦ βασιλέως καὶ ἀπῆλθον. 15 οἱ δὲ ἱερεῖς ἦλθον τὴν νύκτα κατὰ τὸ ἔθος αὐτῶν καὶ αἱ

made; **ζῶντα**="living"; **τὸν κτίσαντα**= "who created"; **ἡ γῆ**= earth; **ἔχοντα**= "having"; **ἡ κυριεία**= lordship (w/gen."over"); **δοκεῖ σοι**=impersonal construction, lit."it seems to you", i.e., "you think..."; **εἶναι**= "to be"; **ζῶν**= "living"; **ὁράω**= "I see/know" **ἐσθίω**= "I eat"; **πίνω**= "I drink"; **γελάσας**= "laughing"; **πλανῶ** is from **πλανάω**, "I mislead/deceive", but is a Pres.M/P. Imperative, 2-sg.= "Be mislead!" **ἔσωθεν**= "inside"; **ὁ πηλός**= clay; **ὁ χαλκός**= bronze; **βέβρωκεν**= Per.A.Ind.3-sg. of **βιβρώσκω** "I eat"; **πέπωκεν**= Per.A.Ind.3-sg. of **πίνω**; **πώποτε**=ever; **θυμωθείς**= "enraged"; **ἐκάλεσεν**= Aor.A.Ind. 3-sg. of **καλέω**; **ὁ ἱερεύς**= priest; **εἴπητε**= "you tell"; **ὁ κατέσθων**= "the one eating up"; **ἡ δαπάνη**= expenditure; **ἀποθανεῖσθε**= "You will die"; **δείξητε**= "you demonstrate"; **ἐβλασφήμησεν**= Aor.A.Ind.3-sg. of **βλασφημέω**; **Γινέσθω**= "Let it be..." **ἑβδομήκοντα**= "seventy"; **ἐκτός** w/gen. ="outside of", i.e., "excluding"

ἀποτρέχω= I depart, return; **παράθες...θές...ἀπόκλεισον...σφράγισον**= a series of 2nd sg. commands "set...place... shut...seal"; **βρῶμα**= food; **οἶνος**= wine **κεράσας**= "after having mixed"; **θύρα**= door; **δακτυλίος**=ring; **ἐλθὼν πρωί**= "After coming early"; **βεβρωμένα**= "having been eaten" **ἀποθανούμεθα**= "we will die"; **ὁ ψευδόμενος**= "the one lying"; **κατεφρόνουν**= Imp.A.Ind.3-pl. of **καταφρονέω** "I despise; disregard"; **πεποιήκεισαν**= "They had made" (Pluperfect of **ποιέω**); **ἡ τράπεζα**= table; **κεκρυμμένην**= "hidden"; **εἴσοδος**= entry; **διόλου**= regularly; **ἀνήλουν**=Imp.A.Ind.3-pl. of **ἀναλίσκω** "I consume"

ἐξῆλθοσαν=Aor.A.Ind.3-pl. of **ἐξέρχομαι** **παρέθηκεν**= Aor.A.Ind.3-sg. of **παρατίθημι** "I place"; **ἐπέταξεν**= Aor.A.Ind.3-sg. of **ἐπιτάσσω** "I command"; **τὸ παιδάριον**= servant; **ἤνεγκαν**=Aor.A.Ind.3-pl. of **φέρω** "I bring"; **ἡ τέφρα**=ashes; **κατέσησαν**= "They scattered"; **ναός**= temple; **ἐξελθόντες**= "Going out"; **κλείω**= I shut **τὸ ἔθος**= custom **κατέφαγον**=Aor.A.Ind.3-pl. of **κατ-εσθίω** "I eat; devour"; **ἐκπίνω**= I drink;

γυναῖκες καὶ τὰ τέκνα αὐτῶν καὶ κατέφαγον πάντα καὶ ἐξέπιον. 16 καὶ ὤρθρισεν ὁ βασιλεὺς τὸ πρωὶ καὶ Δανιηλ μετ' αὐτοῦ. 17 καὶ εἶπεν ὁ βασιλεύς Σῶοι αἱ σφραγῖδες, Δανιηλ; ὁ δὲ εἶπεν Σῶοι, βασιλεῦ. 18 καὶ ἐγένετο [ἅμα τῷ ἀνοῖξαι τὰς θύρας] ἐπιβλέψας ὁ βασιλεὺς ἐπὶ τὴν τράπεζαν ἐβόησεν φωνῇ μεγάλῃ Μέγας εἶ Βηλ καὶ οὐκ ἔστιν παρὰ σοὶ δόλος οὐδὲ εἷς. 19 καὶ ἐγέλασεν Δανιηλ καὶ ἐκράτησεν τὸν βασιλέα [τοῦ μὴ εἰσελθεῖν αὐτὸν ἔσω]. καὶ εἶπεν Ἰδὲ δὴ τὸ ἔδαφος καὶ γνῶθι τίνος τὰ ἴχνη ταῦτα. 20 καὶ εἶπεν ὁ βασιλεύς Ὁρῶ τὰ ἴχνη ἀνδρῶν καὶ γυναικῶν καὶ παιδίων.

ὀρθρίζω= I wake up early; **πρωὶ**=early
σῶος,α,ον= whole; unbroken
[...]="just as the doors opened"
ἐπιβλέψας= "gazing at"
βοάω= I shout
ὁ δόλος= deceitfulness; guile
γελάω= I laugh; **κρατέω**= I hold; restrain
[...]= "in order that he not enter inside"
δὴ= indeed; **τὸ ἔδαφος**= floor; **γνῶθι**= "take notice of ...!"; **τὸ ἴχνος**= foot print
ὁράω= I see

Bel and the Dragon 1:21-31

21 καὶ ὀργισθεὶς ὁ βασιλεὺς τότε συνέλαβεν τοὺς ἱερεῖς καὶ τὰς γυναῖκας καὶ τὰ τέκνα αὐτῶν. καὶ ἔδειξαν αὐτῷ τὰς κρυπτὰς θύρας δι' ὧν εἰσεπορεύοντο καὶ ἐδαπάνων τὰ ἐπὶ τῇ τραπέζῃ. 22 καὶ ἀπέκτεινεν αὐτοὺς ὁ βασιλεύς. καὶ ἔδωκεν τὸν Βηλ ἔκδοτον τῷ Δανιηλ καὶ κατέστρεφεν αὐτὸν καὶ τὸ ἱερὸν αὐτοῦ.
23 καὶ ἦν δράκων μέγας καὶ ἐσέβοντο αὐτὸν οἱ Βαβυλώνιοι. 24 καὶ εἶπεν ὁ βασιλεὺς τῷ Δανιηλ Οὐ δύνασαι εἰπεῖν ὅτι οὐκ ἔστιν οὗτος θεὸς ζῶν. καὶ προσκύνησον αὐτῷ.
25 καὶ εἶπεν Δανιηλ Κυρίῳ τῷ θεῷ μου προσκυνήσω ὅτι οὗτός ἐστιν θεὸς ζῶν. σὺ δέ, βασιλεῦ, δός μοι ἐξουσίαν καὶ ἀποκτενῶ τὸν δράκοντα ἄνευ μαχαίρας καὶ ῥάβδου. 26 καὶ εἶπεν ὁ βασιλεύς Δίδωμί σοι. 27 καὶ ἔλαβεν Δανιηλ πίσσαν καὶ στῆρ καὶ τρίχας καὶ ἥψησεν ἐπὶ τὸ αὐτὸ καὶ ἐποίησεν μάζας. καὶ ἔδωκεν εἰς τὸ στόμα τοῦ δράκοντος καὶ φαγὼν διερράγη ὁ δράκων. καὶ εἶπεν Ἴδετε τὰ σεβάσματα ὑμῶν. 28 καὶ ἐγένετο ὡς ἤκουσαν οἱ Βαβυλώνιοι ἠγανάκτησαν λίαν. καὶ συνεστράφησαν ἐπὶ τὸν βασιλέα καὶ εἶπαν Ἰουδαῖος γέγονεν ὁ βασιλεύς· τὸν Βηλ κατέσπασεν καὶ τὸν δράκοντα ἀπέκτεινεν καὶ τοὺς ἱερεῖς κατέσφαξεν. 29 καὶ εἶπαν ἐλθόντες πρὸς τὸν

ὀργισθεὶς= "enraged"; **συνλαμβάνω**= I seize; **ὁ ἱερεύς**= preist
δείκνυμι= I show; **κρυπτός,α,ον**= secret
ἡ θύρα= door; **δαπανάω**= I spend; use up
ἡ τραπέζη= table;
ἀποκτείνω= I kill

ἔδωκεν= "He gave"; **ἔκδοτος,ον**= "captive"
καταστρέφω= I destroy; **τὸ ἱερὸν**= temple
ὁ δράκων,-οντος= dragon; **σέβομαι**= I worship
εἰπεῖν= Aor.A.Inf. of **λέγω** "I say"
ζῶν= "living"; **καί**= here as "therefore";
προσκύνησον= "(You sg.) Worship...!" w/dat. from **προσκυνέω**; Notice emphatic position of **Κυρίῳ**
δός= "(You sg.) give...!"
ἄνευ= preposition w/ gen. "without";
ἡ μάχαιρα= sword; **ὁ ῥάβδος**= club
πίσσαν καὶ στῆρ καὶ τρίχας= "pitch, fat, and hair"; **ἕψω**= I boil; **ἐπὶ τὸ αὐτο**= "together" **ἡ μάζα**= cake or patty
τὸ στόμα= mouth; **φαγών**= "after eating"
διερράγη=Aor.P.Ind.3-sg. of **διαρήγνυμι** "I burst open"; **Ἴδετε**= "(You pl.) Look at...!"
τὸ σέβασμα= object of worship;
ἀγανακτέω=I am indignant; **λίαν**= very
συστρέφω= I turn against; conspire;
γέγονεν= Perf.A.Ind.3-sg. of **γίνομαι**
κατασπάω= I destroy; **κατασπάζω**= I slaughter;
ἐλθόντες="After going"

βασιλέα Παράδος ἡμῖν τὸν Δανιηλ· εἰ δὲ μή, ἀποκτενοῦμέν σε καὶ τὸν οἶκόν σου. 30 καὶ εἶδεν ὁ βασιλεὺς ὅτι ἐπείγουσιν αὐτὸν σφόδρα καὶ ἀναγκασθεὶς παρέδωκεν αὐτοῖς τὸν Δανιηλ. 31 οἱ δὲ ἐνέβαλον αὐτὸν εἰς τὸν λάκκον τῶν λεόντων. καὶ ἦν ἐκεῖ ἡμέρας ἕξ.

παράδος= "(You sg.) hand over...!" of **παραδίδωμι**;
ἐπείγω= I press- translate as an imperfect;
σφόδρα= very, exceedingly; **ἀναγκασθείς**= "Since he was forced to..." **παρέδωκεν**= "he handed over";
ἐνβάλλω= I throw in; **ὁ λάκκος**= den;
ὁ λέων,-οντος= lion; **ἕξ**= six;

Bel and the Dragon 1:32-42

32 ἦσαν δὲ ἐν τῷ λάκκῳ ἑπτὰ λέοντες. καὶ ἐδίδετο αὐτοῖς τὴν ἡμέραν δύο σώματα καὶ δύο πρόβατα. τότε δὲ οὐκ ἐδόθη αὐτοῖς ἵνα καταφάγωσιν τὸν Δανιηλ. 33 καὶ ἦν Αμβακουμ ὁ προφήτης ἐν τῇ Ἰουδαίᾳ. καὶ αὐτὸς ἥψησεν ἕψεμα καὶ ἐνέθρυψεν ἄρτους εἰς σκάφην καὶ ἐπορεύετο εἰς τὸ πεδίον ἀπενέγκαι τοῖς θερισταῖς. 34 καὶ εἶπεν ἄγγελος κυρίου τῷ Αμβακουμ Ἀπένεγκε τὸ ἄριστον ὃ ἔχεις εἰς Βαβυλῶνα τῷ Δανιηλ εἰς τὸν λάκκον τῶν λεόντων. 35 καὶ εἶπεν Αμβακουμ Κύριε, Βαβυλῶνα οὐχ ἑώρακα καὶ τὸν λάκκον οὐ γινώσκω. 36 καὶ ἐπελάβετο ὁ ἄγγελος κυρίου τῆς κορυφῆς αὐτοῦ καὶ βαστάσας τῆς κόμης τῆς κεφαλῆς αὐτοῦ ἔθηκεν αὐτὸν εἰς Βαβυλῶνα ἐπάνω τοῦ λάκκου ἐν τῷ ῥοίζῳ τοῦ πνεύματος αὐτοῦ. 37 καὶ ἐβόησεν Αμβακουμ λέγων Δανιηλ, Δανιηλ, λαβὲ τὸ ἄριστον ὃ ἀπέστειλέν σοι ὁ θεός. 38 καὶ εἶπεν Δανιηλ ἐμνήσθης γάρ μου, ὁ θεός, καὶ οὐκ ἐγκατέλιπες τοὺς ἀγαπῶντάς σε. 39 καὶ ἀναστὰς Δανιηλ ἔφαγεν. ὁ δὲ ἄγγελος τοῦ θεοῦ ἀπεκατέστησεν τὸν Αμβακουμ παραχρῆμα εἰς τὸν τόπον αὐτοῦ. 40 ὁ δὲ βασιλεὺς ἦλθεν τῇ ἡμέρᾳ τῇ ἑβδόμῃ πενθῆσαι τὸν Δανιηλ. καὶ ἦλθεν ἐπὶ τὸν λάκκον καὶ ἐνέβλεψεν καὶ ἰδοὺ Δανιηλ καθήμενος 41 καὶ ἀναβοήσας φωνῇ μεγάλῃ εἶπεν Μέγας εἶ, κύριε, ὁ θεὸς τοῦ Δανιηλ, καὶ οὐκ ἔστιν πλὴν σοῦ ἄλλος. 42 καὶ ἀνέσπασεν αὐτόν. τοὺς δὲ αἰτίους τῆς ἀπωλείας αὐτοῦ ἐνέβαλεν εἰς τὸν λάκκον. καὶ κατεβρώθησαν παραχρῆμα ἐνώπιον αὐτοῦ.

ὁ λάκκος= den; **ὁ λέων,-οντος**= lion
ἑπτά= seven
δίδωμι= I give; **τὸ πρόβατον**=sheep
ἐδόθη= "It was given"
καταφάγωσιν=Aor.A.Subj.3-pl. of **καταεσθίω** "I eat up"; **Αμβακουμ**=Habakkuk
ἕψω= I boil;
τὸ ἕψεμα= pottage; **ἐντρύπτω**= I break in
ὁ ἄρτος= bread; **ἡ σκάφη**= bowl
τὸ πεδίον= field; **ἀπενέγκαι**= "to take (it)"
ὁ θεριστής= harvester;
Ἀπένεγκε= "Take...!"; **τὸ ἄριστον**=meal
ἑώρακα=Perf.A.Ind.1-sg of **ὁράω**
ἐπιλαμβάνω= I grab, take hold of w/gen.
ἡ κορυφή= top; head; **βαστάσας**="seizing"
ἡ κόμη= (long) hair; **ἡ κεφαλή**=head
ἔθηκεν= Aor.A.Ind.3-sg. of **τίθημι** "I set"
ἐπάνω= up above; **ὁ ῥοῖζος**= rushing
βοάω= I cry out, shout; right over the den,
λέγων="saying"; **λαβέ**= "take...!
ἐμνήσθης= "You (sg.) remembered" w/gen.
ἐγκαταλείπω= I forsake; **τοὺς ἀγαπῶντάς**= "the ones loving"; **ἀναστάς**= "standing"
ἔφαγεν=Aor.A.Ind.3-sg of **ἐσθίω** "I eat"
ἀποκαθίστημι=I return;
παραχρῆμα=immediately; **ὁ τόπος**= place
ἑβδόμος,η,ον= seventh; **πενθῆσαι**="to mourn"
ἐμβλέπω= I look in;
καθήμενος καὶ ἀναβοήσας= "sitting and shouting upwards"; **φωνῇ μεγάλῃ** is a dative of manner; **πλήν** w/gen.=except
ἀνασπάω= I pull up (and out); **ὁ αἴτιος**= cause, i.e., the men who almost caused his death; **ἡ ἀπώλεια**= destruction; **ἐμβάλλω**= I cast in;
κατεβρώθησαν= "They were devoured";
παραχρῆμα= immediately; **ἐνώπιον** w/gen.=before

II. Reading Guide to the Apocryphal "Story of Susanna" from the Septuagint (LXX).

The Story of Susanna 1:1-13

1 καὶ ἦν ἀνὴρ οἰκῶν ἐν Βαβυλῶνι καὶ ὄνομα αὐτῷ Ἰωακιμ. 2 καὶ ἔλαβεν γυναῖκα ᾗ ὄνομα Σουσαννα, θυγάτηρ Χελκιου, καλὴ σφόδρα καὶ φοβουμένη τὸν κύριον. 3 καὶ οἱ γονεῖς αὐτῆς δίκαιοι καὶ ἐδίδαξαν τὴν θυγατέρα αὐτῶν κατὰ τὸν νόμον Μωυσῆ. 4 καὶ ἦν Ιωακιμ πλούσιος σφόδρα καὶ ἦν αὐτῷ παράδεισος γειτνιῶν τῷ οἴκῳ αὐτοῦ. καὶ πρὸς αὐτὸν προσήγοντο οἱ Ιουδαῖοι [διὰ τὸ εἶναι αὐτὸν ἐνδοξότερον πάντων]. 5 καὶ ἀπεδείχθησαν δύο πρεσβύτεροι ἐκ τοῦ λαοῦ κριταὶ ἐν τῷ ἐνιαυτῷ ἐκείνῳ περὶ ὧν ἐλάλησεν ὁ δεσπότης ὅτι Ἐξῆλθεν ἀνομία ἐκ Βαβυλῶνος ἐκ πρεσβυτέρων κριτῶν οἳ ἐδόκουν κυβερνᾶν τὸν λαόν. 6 οὗτοι προσεκαρτέρουν ἐν τῇ οἰκίᾳ Ιωακιμ καὶ ἤρχοντο πρὸς αὐτοὺς πάντες οἱ κρινόμενοι. 7 καὶ ἐγένετο ἡνίκα ἀπέτρεχεν ὁ λαὸς μέσον ἡμέρας εἰσεπορεύετο Σουσαννα καὶ περιεπάτει ἐν τῷ παραδείσῳ τοῦ ἀνδρὸς αὐτῆς. 8 καὶ ἐθεώρουν αὐτὴν οἱ δύο πρεσβύτεροι καθ᾽ ἡμέραν [εἰσπορευομένην καὶ περιπατοῦσαν] καὶ ἐγένοντο ἐν ἐπιθυμίᾳ αὐτῆς. 9 καὶ διέστρεψαν τὸν ἑαυτῶν νοῦν καὶ ἐξέκλιναν τοὺς ὀφθαλμοὺς αὐτῶν [τοῦ μὴ βλέπειν] εἰς τὸν οὐρανὸν {μηδὲ μνημονεύειν} κριμάτων δικαίων. 10 καὶ ἦσαν ἀμφότεροι κατανενυγμένοι περὶ αὐτῆς καὶ οὐκ ἀνήγγειλαν ἀλλήλοις τὴν ὀδύνην αὐτῶν, 11 ὅτι ᾐσχύνοντο ἀναγγεῖλαι τὴν ἐπιθυμίαν αὐτῶν, ὅτι ἤθελον συγγενέσθαι αὐτῇ. 12 καὶ παρετηροῦσαν φιλοτίμως καθ᾽ ἡμέραν ὁρᾶν αὐτήν. 13 καὶ εἶπαν ἕτερος τῷ ἑτέρῳ Πορευθῶμεν δὴ εἰς οἶκον, ὅτι ἀρίστου ὥρα ἐστίν. καὶ [ἐξελθόντες διεχωρίσθησαν] ἀπ᾽ ἀλλήλων.

ἦν...οἰκῶν= periphrastic, "was living" from οἰκέω "I live, inhabit"; **Ἰωακιμ**=Joakim **Χελκιος**=Hilkiah; **καλός,η,ον**= beautiful **ἡ θυγάτηρ**= daughter; **σφόδρα**= very **φοβουμένη**= "fearing"; **ὁ γονεύς**= parent;

Μωυσῆ= genitive, "of Moses" **πλούσιος,α,ον**= rich; **παράδεισος**= garden **γειτνιῶν**= "adjoined" (**γειτνιάω**) **προσάγω**= I come to [...]= "because he was most honored than all"; **ἀπεδείχθησαν**=Aor.P.Ind.3-pl. of **ἀποδεικνύω** "I appoint" **ὁ κριτής**= judge; **ὁ ἐνιαυτός**= year **ὁ δεσπότης**= Lord, lord; **ἡ ἀνομία**=lawlessness; **δοκέω**= I seem, appear; **κυβερνᾶν**= "to rule"

προσκαρτερέω=I endure; reside at **οἱ κρινόμενοι**= "those having legal cases" **ἡνίκα**= when; **ἀποτρέχω**= I depart **μέσον**= "middle", accusative of time **περιπατέω**= I walk **θεωρέω**= I behold, see;

[...]= "entering and walking", modifying **αὐτήν**; **ἡ ἐπιθυμία**= desire, lust after (w/gen.) **διαστρέφω**= I depart; pervert, distort; **ὁ νοῦς**= mind;

ἐκκλίνω= I turn away; [...]= "in order not to look" {...}= "nor to remember (w/gen.)"; **κρίμα**= judgment; **ἀμφότεροι**= both

κατανύσσω= I am deeply moved sometimes to the point of remorse; **ἡ ὀδύνη**= affliction, pain; **ἀναγγέλλω**= I announce **αἰσχύνω**= I am ashamed; **ἀναγγεῖλαι**= "to announce"; **θέλω**= I want; **συγγενέσθαι**= "to be with (lie w/)"; **παρατηρέω**= I attempt, try; **φιλοτίμως**=eagerly; **ὁρᾶν**= "to see" **ἕτερος**= another, i.e., "One to the other" **Πορευθῶμεν...εἰς οἶκον**= "Let us go home"; **ὁ ἄριστος**= lunch [...]= "Going out they departed"; **δή**= indeed

Susanna 1:14-24

14 καὶ ἀνακάμψαντες ἦλθον ἐπὶ τὸ αὐτὸ καὶ ἀνετάζοντες ἀλλήλους τὴν αἰτίαν ὡμολόγησαν τὴν ἐπιθυμίαν αὐτῶν. καὶ τότε κοινῇ συνετάξαντο καιρόν, ὅτε αὐτὴν δυνήσονται εὑρεῖν μόνην. 15 καὶ ἐγένετο [ἐν τῷ παρατηρεῖν αὐτοὺς] ἡμέραν εὔθετον εἰσῆλθέν ποτε καθὼς ἐχθὲς καὶ τρίτης ἡμέρας μετὰ δύο μόνων κορασίων καὶ ἐπεθύμησε λούσασθαι ἐν τῷ παραδείσῳ, ὅτι καῦμα ἦν. 16 καὶ οὐκ ἦν οὐδεὶς ἐκεῖ πλὴν οἱ δύο πρεσβύτεροι [κεκρυμμένοι καὶ παρατηροῦντες] αὐτήν. 17 καὶ εἶπεν τοῖς κορασίοις Ἐνέγκατε δή μοι ἔλαιον καὶ σμῆγμα καὶ τὰς θύρας τοῦ παραδείσου κλείσατε ὅπως λούσωμαι. 18 καὶ ἐποίησαν καθὼς εἶπεν καὶ ἀπέκλεισαν τὰς θύρας τοῦ παραδείσου καὶ ἐξῆλθαν κατὰ τὰς πλαγίας θύρας [ἐνέγκαι τὰ προστεταγμένα] αὐταῖς. καὶ οὐκ εἴδοσαν τοὺς πρεσβυτέρους, ὅτι ἦσαν κεκρυμμένοι. 19 καὶ ἐγέν-ετο ὡς ἐξήλθοσαν τὰ κοράσια καὶ ἀνέστησαν οἱ δύο πρεσβῦται καὶ ἐπέδραμον αὐτῇ. 20 καὶ εἶπον Ἰδοὺ αἱ θύραι τοῦ παραδείσου κέκλεινται καὶ οὐδεὶς θεωρεῖ ἡμᾶς καὶ ἐν ἐπιθυμίᾳ σού ἐσμεν. διὸ συγκατάθου ἡμῖν καὶ γενοῦ μεθ' ἡμῶν. 21 εἰ δὲ μή, καταμαρτυρήσομέν σου ὅτι ἦν μετὰ σοῦ νεανίσκος καὶ διὰ τοῦτο ἐξαπέστειλας τὰ κοράσια ἀπὸ σοῦ. 22 καὶ ἀνεστέναξεν Σουσαννα καὶ εἶπεν Στενά μοι πάντοθεν· ἐάν τε γὰρ τοῦτο πράξω, θάνατός μοί ἐστιν· ἐάν τε μὴ πράξω οὐκ ἐκφεύξ-ομαι τὰς χεῖρας ὑμῶν. 23 αἱρετόν μοί ἐστιν μὴ πράξασαν ἐμπεσεῖν εἰς τὰς χεῖρας ὑμῶν ἢ ἁμαρτεῖν ἐνώπιον κυρίου. 24 καὶ ἀνεβόησεν φωνῇ μεγάλῃ Σουσαννα· ἐβόησαν δὲ καὶ οἱ δύο πρεσβῦται κατέναντι αὐτῆς.

ἀνακάμψαντες="When they turned back"
ἀνετάζοντες= "As they were pressing for";
ἡ αἰτία= reason, cause; **ὁμολογέω**= I confess; **ἡ ἐπιθυμία**= desire, lust
κοινῇ= "in common" (dative of manner)
συντάσσω= I command, arrange; **ὁ καιρός**= time; **εὑρεῖν**= "to find"
[...]= "While they were watching for...";
εὔθετος,ον= right; opportune; **πότε**= once
ἐχθές= yesterday; **τὸ κοράσιον**= maid
ἐπιθυμέω=I desire; **λούσασθαι**="to bathe"
παράδεισος=garden; **τὸ καῦμα**=heat; hot
πλήν=except
[...]= "hiding themselves and awaiting..."

Ἐνέγκατε= "Bring (you pl.)...!
τὸ ἔλαιον= oill; **τὸ σμῆγμα**=ointment
ἡ θύρα=door
κλείσατε= "shut..!"; **λούσωμαι**= "I may bathe"
ἀποκλείω= I shut;

πλάγιος,α,ον= side; [...]= "to bring the things commanded (w/dat.)"
εἴδοσαν=**εἴδαν**=**εἴδον**
ἦσαν κεκρυμμένοι="were hiding themselves"
ἀνίστημι= I stand up; **ὁ πρεσβύτης**=elder
ἐπιτρέχω= I run to (**δραμ**-2nd Aor.stem)
κέκλεινται=Perf.M/P.Ind.3-pl. of **κλείω**
σού=emphatic and objective genitive "desiring you" (this means **σού** is the direct object of the verbal idea in the noun)

συγκατάθου...γενοῦ="Give consent...be (lie)!"
καταμαρτυρέω= I testify against (w/gen.);
ὁ νεανίσκος= young man; **ἐξαποστέλλω**= I send out; **ἀναστενάζω**= I groan out loud;
τὸ στενός= in pl. distress; **πάντοθεν**=from all sides; **πράσσω**= I do; **μοί**=dative of possesion;
ἐκφεύγω= I escape;
αἱρετόν= the best choice; **μὴ πράξασαν**= "not doing (fem.sg.acc.)"; **ἐμπεσεῖν**= "to fall into"; **ἤ**= than; **ἁμαρτεῖν**= to sin;
ἀναβοάω= I cry out; raise a shout
βοάω= I shout; **κατέναντι** (w/gen.)= against

Susanna 1:25-38

25 καὶ δραμὼν ὁ εἷς ἤνοιξεν τὰς θύρας τοῦ παραδείσου. 26 ὡς δὲ ἤκουσαν τὴν κραυγὴν ἐν τῷ παραδείσῳ οἱ ἐκ τῆς οἰκίας εἰσεπήδησαν διὰ τῆς πλαγίας θύρας [ἰδεῖν τὸ συμβεβηκὸς] αὐτῇ. 27 ἡνίκα δὲ εἶπαν οἱ πρεσβῦται τοὺς λόγους αὐτῶν κατῃσχύνθησαν οἱ δοῦλοι σφόδρα, ὅτι πώποτε οὐκ ἐρρέθη λόγος τοιοῦτος περὶ Σουσάννης 28 καὶ ἐγένετο τῇ ἐπαύριον ὡς συνῆλθεν ὁ λαὸς πρὸς τὸν ἄνδρα αὐτῆς Ιωακιμ ἦλθον οἱ δύο πρεσβῦται πλήρεις τῆς ἀνόμου ἐννοίας κατὰ Σουσάννης τοῦ θανατῶσαι αὐτήν. 29 καὶ εἶπαν ἔμπροσθεν τοῦ λαοῦ Ἀποστείλατε ἐπὶ Σουσανναν, θυγατέρα Χελκιου, ἥ ἐστιν γυνὴ Ιωακιμ. οἱ δὲ ἀπέστειλαν 30 καὶ ἦλθεν αὐτὴ καὶ οἱ γονεῖς αὐτῆς καὶ τὰ τέκνα αὐτῆς καὶ πάντες οἱ συγγενεῖς αὐτῆς. 31 ἡ δὲ Σουσαννα ἦν τρυφερὰ σφόδρα καὶ καλὴ τῷ εἴδει. 32 οἱ δὲ παράνομοι ἐκέλευσαν ἀποκαλυφθῆναι αὐτήν - ἦν γὰρ κατακεκαλυμμένη - ὅπως ἐμπλησθῶσιν τοῦ κάλλους αὐτῆς. 33 ἔκλαιον δὲ οἱ παρ' αὐτῆς καὶ πάντες οἱ ἰδόντες αὐτήν.

34 ἀναστάντες δὲ οἱ δύο πρεσβῦται ἐν μέσῳ τῷ λαῷ ἔθηκαν τὰς χεῖρας ἐπὶ τὴν κεφαλὴν αὐτῆς. 35 ἡ δὲ κλαίουσα ἀνέβλεψεν εἰς τὸν οὐρανόν, ὅτι ἦν ἡ καρδία αὐτῆς πεποιθυῖα ἐπὶ τῷ κυρίῳ. 36 εἶπαν δὲ οἱ πρεσβῦται [Περιπατούντων ἡμῶν ἐν τῷ παραδείσῳ μόνων] εἰσῆλθεν αὕτη μετὰ δύο παιδισκῶν καὶ ἀπέκλεισεν τὰς θύρας τοῦ παραδείσου καὶ ἀπέλυσεν τὰς παιδίσκας. 37 καὶ ἦλθεν πρὸς αὐτὴν νεανίσκος ὃς ἦν κεκρυμμένος καὶ ἀνέπεσε μετ' αὐτῆς. 38 ἡμεῖς δὲ ὄντες ἐν τῇ γωνίᾳ τοῦ παραδείσου ἰδόντες τὴν ἀνομίαν ἐδράμομεν ἐπ' αὐτούς. (To be continued...)

ἡ θύρα=door; παράδεισος=garden; ἡ κραυγή= shout(ing)

εἰσπηδάω= I run in; πλάγιος,α,ον= side
[...]= "to see what had happened..."
ἡνίκα= when

καταισχύνω= I am deeply ashamed; σφόδρα=very; πώποτε= ever
ἐρρέθη= "was spoken"; τοιοῦτος=such a (indicating quality); τῇ ἐπαύριον= next day
ὁ λαός= people
πλήρης,-ες= full (3rd.decl.adj.)
ἄνομος,-ον= lawless (dual termination adj.)
ἡ ἔννοια= plan; thought; τοῦ θανατῶσαι= "in order to kill"; ἔμπροσθεν= in the presence of
Ἀποστείλατε= "Send...!";
ἡ θυγάτηρ=daughter;
ὁ γονεύς= parent
ὁ συγγενεύς= relatives
τρυφερός,α,ον=refined; delicate;
καλος,η,ον=beautiful; τὸ εἶδος= appearance
παράνομος,ον=lawless; κελεύω= I command
ἀποκαλυφθῆναι= "to be unveiled"
κατακεκαλυμμένη= "veiled";
ἐμπλησθῶσιν= "they might be filled with (w/gen.)" from ἐμπίμπλημι; τὸ κάλλος= beauty
κλαίω= I weep; ἰδόντες= "seeing"
ἀνίστημι= I standing up; μέσος,η,ον= middle;
ἔθηκαν= "they set"
ἀναβλέπω= I look up
πείθω= I trust

[...] is a genitive absolute= "while we were walking..."; ἡ παιδίσκη= maid
ἀποκλείω= I shut; ἀπολύω= I dismiss

ὁ νεανίσκος= young man; ἀναπίπτω= I recline (lie); (πεσ- 2nd Aor. stem)
ἡ γωνία= corner; ἡ ἀνομία= lawlessness
ἰδόντες= "seeing"
τρέχω= I run (δραμ- 2nd Aor.stem)

Susanna 1:39-51

39 καὶ ἰδόντες συγγινομένους αὐτούς, ἐκείνου μὲν οὐκ ἠδυνήθημεν ἐγκρατεῖς γενέσθαι [διὰ τὸ ἰσχύειν αὐτὸν ὑπὲρ ἡμᾶς καὶ ἀνοίξαντα τὰς θύρας ἐκπεπηδηκέναι.] 40 ταύτης δὲ ἐπιλαβ-όμενοι ἐπηρωτῶμεν τίς ἦν ὁ νεανίσκος. 41 καὶ οὐκ ἠθέλ-ησεν ἀναγγεῖλαι ἡμῖν· ταῦτα μαρτυρ-οῦμεν.* καὶ ἐπίστευσεν αὐτοῖς ἡ συναγωγὴ ὡς πρεσβυτέροις τοῦ λαοῦ καὶ κριταῖς. καὶ κατέκριναν αὐτὴν ἀπο-θανεῖν. 42 ἀνεβόησεν δὲ φωνῇ μεγάλῃ Σουσαννα καὶ εἶπεν Ὁ θεὸς ὁ αἰώνιος, ὁ τῶν κρυπτῶν γνώστης, ὁ εἰδὼς τὰ πάντα πρὶν γενέσεως αὐτῶν, 43 σὺ ἐπίστασαι ὅτι ψευδῆ μου κατεμαρτύρησαν. καὶ ἰδοὺ ἀποθνήσκω μὴ ποιήσασα μηδὲν ὧν οὗτοι ἐπονηρεύσαντο κατ' ἐμοῦ. 44 καὶ εἰσήκουσεν κύριος τῆς φωνῆς αὐτῆς. 45 καὶ [ἀπαγομένης αὐτῆς ἀπολέσθαι] ἐξήγειρεν ὁ θεὸς τὸ πνεῦμα τὸ ἅγιον παιδαρίου νεωτέρου ᾧ ὄνομα Δανιηλ. 46 καὶ ἐβόησεν φωνῇ μεγάλῃ Καθαρὸς ἐγὼ ἀπὸ τοῦ αἵματος ταύτης. 47 ἐπέστρεψεν δὲ πᾶς ὁ λαὸς πρὸς αὐτὸν καὶ εἶπαν Τίς ὁ λόγος οὗτος ὃν σὺ λελάληκας. 48 ὁ δὲ στὰς ἐν μέσῳ αὐτῶν εἶπεν Οὕτως μωροί οἱ υἱοὶ Ισραηλ οὐκ ἀνακρίναντες οὐδὲ τὸ σαφὲς ἐπιγνόντες κατεκρίνατε θυγατέρα Ισραηλ. 49 ἀναστρέψατε εἰς τὸ κριτήριον. ψευδῆ γὰρ οὗτοι κατεμαρτύρ-ησαν αὐτῆς. 50 καὶ ἀνέστρεψεν πᾶς ὁ λαὸς μετὰ σπουδῆς. καὶ εἶπαν αὐτῷ οἱ πρεσβύτεροι Δεῦρο κάθισον ἐν μέσῳ ἡμῶν καὶ ἀνάγγειλον ἡμῖν, ὅτι σοὶ δέδωκεν ὁ θεὸς τὸ πρεσβεῖον. 51 καὶ εἶπεν πρὸς αὐτοὺς Δανιηλ Διαχωρίσατε αὐτοὺς ἀπ' ἀλλήλων μακρὰν καὶ ἀνακρινῶ αὐτούς.

συγγίνομαι= I embrace; γενέσθαι= "to be"
ὁ ἐγκρατής = holder; grabber w/gen.
[...]= "because he overpowered us and after opening the doors he ran away."
ἐπιλαμβάνω= I capture (w/gen.); ἐπερωτάω= I question; ὁ νεανίσκος= young man
ἀναγγεῖλαι= "to tell"
μαρτυρέω= I testify; *= This is the end of a quotation.
ὡς= "as", introduces an appositional clause;
ὁ κριτής= judge
κατακρίνω= I condemn; ἀποθανεῖν=to kill
ἀναβοάω= I cry out;
κρυπτός,η,ον= secret; ὁ γνώστης= knower
ὁ εἰδώς= "who knows"; πρίν= before (w/gen.); ἡ γένεσις= origin, beginning
ἐπίσταμαι= I know; ψευδῆ= Acc-Pl.-Neu of ψευδής,-ες "false", i.e., "false things"
καταμαρτυρέω= I testify against (person in gen.);
ὧν= περὶ ὧν; πονηρεύω= I plan evil
εἰσακούω= I hear (w/gen.)
[...]= "As she was being led to destruction"
ἐξεγείρω= I raise up; stir up;
ὁ παιδάριος= boy; lad; νεώτερος,α,ον= young;
καθαρός,α,ον= clean
ἐπιστρέφω= I turn

ὁ δε= "and he"; στὰς= "standing";
ἐν μέσῳ= "in the midst of"

ἀνακρίνω= I cross examine; τὸ σαφὲς= the certainty; ἐπιγινώσκω= I know; ἀναστρέψατε= "Return...!"
τὸ κριτήριον= court (session);

ἡ σπουδή= eagerness
Δεῦρο κάθισον...ἀνάγγειλον= "Come, sit...tell!"
δίδωμι= I give; τὸ πρεσβεῖον= eldership, i.e., the status of elder;
Διαχωρίσατε= "(You pl.) Seperate...!"
μακράν= far (adverb)

Susanna 1:52-64

52 ὡς δὲ διεχωρίσθησαν εἷς ἀπὸ τοῦ ἑνός ἐκάλεσεν τὸν ἕνα αὐτῶν καὶ εἶπεν πρὸς αὐτόν Πεπαλαιωμένε, ἡμερῶν κακῶν νῦν ἥκασιν αἱ ἁμαρτίαι σου ἃς ἐποίεις τὸ πρότερον 53 κρίνων κρίσεις ἀδίκους καὶ τοὺς μὲν ἀθῴους κατακρίνων, ἀπολύων δὲ τοὺς αἰτίους, λέγοντος τοῦ κυρίου Ἀθῷον καὶ δίκαιον οὐκ ἀποκτενεῖς. 54 νῦν οὖν ταύτην εἴπερ εἶδες, εἰπόν ὑπὸ τί δένδρον εἶδες αὐτοὺς ὁμιλοῦντας ἀλλήλοις; ὁ δὲ εἶπεν Ὑπὸ σχῖνον. 55 εἶπεν δὲ Δανιηλ Ὀρθῶς, ἔψευσαι εἰς τὴν σεαυτοῦ κεφαλήν· ἤδη γὰρ ἄγγελος τοῦ θεοῦ λαβὼν φάσιν παρὰ τοῦ θεοῦ σχίσει σε μέσον. 56 καὶ μεταστήσας αὐτὸν ἐκέλευσεν προσαγαγεῖν τὸν ἕτερον. καὶ εἶπεν αὐτῷ Σπέρμα Χανααν καὶ οὐκ Ιουδα, τὸ κάλλος ἐξηπάτησέν σε καὶ ἡ ἐπιθυμία διέστρεψεν τὴν καρδίαν σου. 57 οὕτως ἐποιεῖτε θυγατράσιν Ισραηλ καὶ ἐκεῖναι φοβούμεναι ὡμίλουν ὑμῖν· ἀλλ' οὐ θυγάτηρ Ιουδα ὑπέμεινεν τὴν ἀνομίαν ὑμῶν. 58 νῦν οὖν λέγε μοι ὑπὸ τί δένδρον κατέλαβες αὐτοὺς ὁμιλοῦντας ἀλλήλοις; ὁ δὲ εἶπεν Ὑπὸ πρῖνον. 59 εἶπεν δὲ αὐτῷ Δανιηλ Ὀρθῶς ἔψευσαι καὶ σὺ εἰς τὴν σεαυτοῦ κεφαλήν. μένει γὰρ ὁ ἄγγελος τοῦ θεοῦ τὴν ῥομφαίαν ἔχων πρίσαι σε μέσον ὅπως ἐξολεθρεύσῃ ὑμᾶς. 60 καὶ ἀνεβόησεν πᾶσα ἡ συναγωγὴ φωνῇ μεγάλῃ καὶ εὐλόγησαν τῷ θεῷ τῷ σῴζοντι τοὺς ἐλπίζοντας ἐπ' αὐτόν.

διαχωρίζω = I divide, seperate
παλαιόω = I am old (here a vocative participle);
ἥκασιν = Pres.A.Ind.3-pl. of **ἥκω** "I have arrived";
τὸ πρότερον = formerly
ἡ κρίσις = judgement; **ἄδικος,-ον** = unrighteous;
ἀθῷος,-ον = innocent
ἀπολύω = I release; **ὁ αἴτιος** = cause; guilty
ἀποκτείνω = I kill; **εἴπερ** = if; **εἰπόν** = "Say!"
δένδρον = tree; **ὁμιλέω** = I am intimate w/
ἡ σχῖνος = mastic tree; **ὀρθῶς** = alright,
ἔψευσαι = Perf.D.Ind.2-sg of **ψεύδομαι** "I tell a lie"; **ἡ κεφαλή** = head; **φάσιν** = Pres.A.Ind. 3-sg of **φημί** "I say"; **σχίζω** = I divide; cut
μεθίστημι = I put aside; **κελεύω** = I command
προσαγαγεῖν = "to lead in"; **τὸ κάλλος** = beauty;
ἐξαπατάω = I beguile; **ἡ ἐπιθυμία** = desire, lust;
ἀποστρέφω = I turn astray
ἡ θυγάτηρ = daughter;

ὑπομένω = I endure; **ἡ ἀνομία** = lawlessness
λέγε = "Tell...!"; **καταλαμβάνω** = I capture, catch;
ἡ πρῖνος = evergreen oak;
ἡ ῥομφαία = sword; **πρίσαι** = "to split" from **πρίω**;
ἐξολεθρεύσῃ = "He might destroy"
ἀναβοάω = I shout; cry out; **εὐλογέω** = I bless (w/dat.)
ἐλπίζω = I hope;

61 καὶ ἀνέστησαν ἐπὶ τοὺς δύο πρεσβύτας ὅτι συνέστησεν αὐτοὺς Δανιηλ ἐκ τοῦ στόματος αὐτῶν ψευδο-μαρτυρήσαντας. καὶ ἐποίησαν αὐτοῖς ὃν τρόπον ἐπονηρεύσαντο τῷ πλησίον. 62 [ποιῆσαι κατὰ τὸν νόμον Μωυσῆ] καὶ ἀπέκτειναν αὐτοὺς καὶ ἐσώθη αἷμα ἀναίτιον ἐν τῇ ἡμέρᾳ ἐκείνῃ.

63 Χελκιας δὲ καὶ ἡ γυνὴ αὐτοῦ ᾔνεσαν τὸν θεὸν περὶ τῆς θυγατρὸς αὐτῶν Σουσαννας μετὰ Ιωακιμ τοῦ ἀνδρὸς αὐτῆς καὶ τῶν συγγενῶν πάντων, ὅτι οὐχ εὑρέθη ἐν αὐτῇ ἄσχημον πρᾶγμα. 64 καὶ Δανιηλ ἐγένετο μέγας ἐνώπιον τοῦ λαοῦ ἀπὸ τῆς ἡμέρας ἐκείνης καὶ ἐπέκεινα.   THE END

ἀνίστημι= I stand up; take action
συνίστημι= I commend; prove
ὃν τρόπον= "in the manner which; just as"
πονηρεύω= I plan evil; **πλησίον**= neighbor
[...]= (?) a difficult clause in this context;
ποιῆσαι= "to do"; **ἀναίτιος,-ον**= innocent

αἰνέω= I praise;
ὁ συγγενεύς= relative
εὑρέθη= Aor.P.Ind.3-sg of **εὑρίσκω**
ἄσχημος,-ον= shameful; **τὸ πρᾶγμα**= deed
ἐπέκεινα= further on; afterward

APPENDICES §§0-30

§§0-4 Article and First, Second, Third Declensions, and Vocative Forms
    §0 Forms of the Article (τὸ Ἄρθρον) 565
    §1 First Declension or "A" Class Declension (Πρῶτη Κλίσις) 565
    §2 Second Declension or "O" Class Declension (Δευτέρη Κλίσις) 565
    §3 Third Declension (Τρίτη Κλίσις) Consonant and Vowel Stem 565
    §4 Formation of the Vocative Case (Κλητική Πτῶσις) 566

§§5-9 Adjectives Formations (Ἐπίθετα)
    §5 First and Second Declension Adjectives 566
    §6 Pure Third Declension Adjectives 566
    §7 Mixed Declension: First and Third Declension Adjectives (πᾶς, πᾶσα, πᾶν and εἷς, μία, ἕν) 566
    §8 Slightly Irregular Adjective Formations (μέγας, μεγάλη, μέγα and πολύς, πολλή, πολύ) 566
    §9 Numerals 567

§10 Pronouns (Ἀντωνυμίαι) 567
§11 Prepositions (Προθέσεις) 568

§§12-14 Forms of the Indicative Mood (ἡ Ὁριστική Ἔγκλισις)
    §12 Paradigm Verb Πιστεύω in the Indicative Mood 569
    §13 Indicative Mood Formation Sheet 569
    §14 Indicative Mood Principal Parts Easy Identification 570

§§15-19 Forms of the Non-Indicative Moods
    §15 Participle Forms (ἡ Μετοχή) 571
    §16 Infinitive Forms (ἡ Ἀπαρέμφατος Ἔγκλισις) 572
    §17 Subjunctive Forms (ἡ Ὑποτακτική Ἔγκλισις) 572
    §18 Imperative Forms (ἡ Προστατική Ἔγκλισις) 572
    §19 Optative Forms (ἡ Εὐκτική Ἔγκλισις) 572

§§20-23 Special Verbs Formations
    §20 Forms of Εἰμί and Οἶδα 572
    §21 Contract Verb Forms 573
    §22 Liquid Verb Forms 577
    §23 Mi Verb Forms 577

§24 Synopsis of Rules for the Greek Accent (ὁ Τόνος) 580

§§25-27 Principal Parts of Verbs
    §25 Principal Parts of Verbs in Chapters 2-15 582
    §26 Principal Parts of Verbs in Chapters 16-21 583
    §27 Principal Parts of Verbs in Chapters 22-26 584

§§28-30 Pronunciation and Transliteration Conventions
    §28 Erasmian Pronunciation Convention 585
    §29 Transliteration Convention 586
    §30 The Pronunciation of Koine Greek 586

§0 The Forms of the Article (τὸ Ἄρθρον)

	F	M	N		F	M	N
sg. nom.	ἡ	ὁ	τό	pl. nom.	αἱ	οἱ	τά
gen.	τῆς	τοῦ	τοῦ	gen.	τῶν	τῶν	τῶν
dat.	τῇ	τῷ	τῷ	dat.	ταῖς	τοῖς	τοῖς
acc.	τήν	τόν	τό	acc.	τάς	τούς	τά

§1 First Declension or "A" Class Declension (Πρώτη Κλίσις)

	Regular Stem	ε, ι, ρ Stems	σ, ξ, ζ, ψ Stems	Masculine Stems	Regular Stems	ε, ι, ρ Stems	σ, ξ, ζ, ψ Stems	Masculine Stems
sg. nom.	-η	-α	-α	-ης	ἐντολή	ἡμέρα	δόξα	μαθητής
gen.	-ης	-ας*	-ης	-ου	ἐντολῆς	ἡμέρας	δόξης	μαθητοῦ
dat.	-ῃ	-ᾳ	-ῃ	-ῃ	ἐντολῇ	ἡμέρᾳ	δόξῃ	μαθητῇ
acc.	-ην	-αν	-αν	-ην	ἐντολήν	ἡμέραν	δόξαν	μαθητήν
pl. nom.	-αι				ἐντολαί	ἡμέραι	δόξαι	μαθηταί
gen.	-ων				ἐντολῶν	ἡμερῶν	δόξων	μαθητῶν
dat.	-αις				ἐντολαῖς	ἡμέραις	δόξαις	μαθηταῖς
acc.	-ας*				ἐντολάς	ἡμέρας	δόξας	μαθητάς

§2 Second Declension or "O" Class Declension (Δευτέρη Κλίσις)

	Masculine		Neuter	Examples:	Masculine	Neuter
sg. nom.	-ος		-ον*		λόγος	τέκνον
gen.	-ου	→	-ου		λόγου	τέκνου
dat.	-ῳ	→	-ῳ		λόγῳ	τέκνῳ
acc.	-ον		-ον*		λόγον	τέκνον
pl. nom.	-οι		-α*		λόγοι	τέκνα
gen.	-ων	→	-ων		λόγων	τέκνων
dat.	-οις	→	-οις		λόγοις	τέκνοις
acc.	-ους		-α*		λόγους	τέκνα

§3 Third Declension (Τρίτη Κλίσις)

	Pure Endings			Consonant Stems		Vowel Stems		
	Masc./Fem.		Neuter	Masc./Fem.	Neuter	Masculine	Feminine	Neuter
sg. nom.	-ς		- or -ς	ἀνήρ	ῥῆμα	βασιλεύς	πίστις	ἔθνος
gen.	-ος	→	-ος	ἀνδρός	ῥήματος	βασιλέως	πίστεως	ἔθνους
dat.	-ι	→	-ι	ἀνδρί	ῥήματι	βασιλεῖ	πίστει	ἔθνει
acc.	-α or ν		- or -ς	ἄνδρα	ῥῆμα	βασιλέα	πίστιν	ἔθνος
pl. nom.	-ες		-α	ἄνδρες	ῥήματα	βασιλεῖς	πίστεις	ἔθνη
gen.	-ων	→	-ων	ἀνδρῶν	ῥημάτων	βασιλέων	πίστεων	ἐθνῶν
dat.	-σι(ν)	→	-σι(ν)	ἀνδράσι	ῥήμασιν	βασιλεῦσιν	πίστεσιν	ἔθνεσιν
acc.	-ας		-α	ἄνδρας	ῥήματα	βασιλεῖς	πίστεις	ἔθνη
Stems:				ἀνδρ-	ῥήματ-	βασιλεύ/ἐ-	πίστι/ε-	ἐθνε-

§4 Formation of the Vocative Case (Κλητική Πτῶσις)

The vocative in the plural for all genders are the same as the nominative endings. In the singular, the vocative form is different.

FEMININE SG.			MASCULINE SG.			NEUTER SG.	
1st decl.	2nd decl.	3rd decl.	1st decl.	2nd decl.	3rd decl.	2nd decl.	3rd decl.
-α or -η	-ε	none	-α or -η	-ε	none	-ον	-ν or none

Note: In the singular, for 3rd declension nouns with the final syllable ἦτα, the final vowel will change to ἒ ψιλόν. Thus, πατήρ "father," μήτηρ "mother," θυγάτηρ "daughter," and ἀνήρ "husband" become in the vocative singular πάτερ, μῆτερ, θύγατερ, and ἄνερ (notice, too, the change of accents). For vowel stem 3rd Declension, the pure stem is seen after removing the final σίγμα; thus, βασιλεύς becomes βασιλεῦ to form the vocative (notice the change in accent).

§5 First and Second Declension Adjectives

For example, ὅλος, -η, -ον *whole, entire*. These use First/Second Declension Endings. See APPENDIX §1 and APPENDIX §2.

§6 Pure Third Declension Adjectives

	Consonant Stem			Vowel Stem (contracted form shown with →)		
	Masc./Fem.	Neuter		Masc./Fem.		Neuter
sg. nom.	μείζων	μεῖζον	sg. nom.	ἀληθέ + ς	→ἀληθής	ἀληθές
gen.	μείζονος	μείζονος	gen.	ἀληθέ + ος	→ἀληθοῦς	ἀληθοῦς
dat.	μείζονι	μείζονι	dat.	ἀληθέ + ι	→ἀληθεῖ	ἀληθεῖ
acc.	μείζονα	μεῖζον	acc.	ἀληθέ + α	→ἀληθῆ	ἀληθές
pl. nom.	μείζονες	μείζονα	**pl.** nom.	ἀληθέ + ες	→ἀληθεῖς	ἀληθέ + α → ἀληθῆ
gen.	μειζόνων	μειζόνων	gen.	ἀληθέ + ων	→ἀληθῶν	ἀληθῶν
dat.	μείζοσι(ν)	μείζοσι(ν)	dat.	ἀληθέ + σι(ν) → ἀληθέσι(ν)		ἀληθέσι(ν)
acc.	μείζονας	μείζονα	acc.	ἀληθέ + ες	→ἀληθεῖς	ἀληθέ + α → ἀληθῆ

§7 Mixed Declension: Third and First Declension Adjectives

	πᾶς, πᾶσα, πᾶν *every, all*			εἷς, μία, ἕν *one*		
Gender:	Masculine	Feminine	Neuter	Masculine	Feminine	Neuter
Declension:	3rd	1st	3rd	3rd	1st	3rd
sg. nom.	πᾶς	πᾶσα	πᾶν	εἷς	μία	ἕν
gen.	παντός	πάσης	παντός	ἑνός	μιᾶς	ἑνός
dat.	παντί	πάσῃ	παντί	ἑνί	μιᾷ	ἑνί
acc.	πάντα	πᾶσαν	πᾶν	ἕνα	μίαν	ἕν
pl. nom.	πάντες	πᾶσαι	πάντα	The same endings are also used for οὐδείς, οὐδεμία, οὐδέν and μηδείς, μηδεμία, μηδέν. There are no plural forms, since *one* cannot be plural.		
gen.	πάντων	πασῶν	πάντων			
dat.	πᾶσι(ν)	πάσαις	πᾶσι(ν)			
acc.	πάντας	πάσας	πάντα			

§8 Slightly Irregular Adjective Formations (see especially *)

	μέγας, μεγάλη, μέγα *great*			πολύς, πολλή, πολύ *much, many*		
	Masculine	Feminine	Neuter	Masculine	Feminine	Neuter
sg. nom.	μέγας*	μεγάλη	μέγα*	πολύς*	πολλή	πολύ*
gen.	μεγάλου	μεγάλης	μεγάλου	πολλοῦ	πολλῆς	πολλοῦ
dat.	μεγάλῳ	μεγάλῃ	μεγάλῳ	πολλῷ	πολλῇ	πολλῷ
acc.	μέγαν*	μεγάλην	μέγα*	πολύν*	πολλήν	πολύ*
pl. nom.	μεγάλοι	μεγάλαι	μεγάλα	πολλοί	πολλαί	πολλά
gen.	μεγάλων	μεγάλων	μεγάλων	πολλῶν	πολλῶν	πολλῶν
dat.	μεγάλοις	μεγάλαις	μεγάλοις	πολλοῖς	πολλοῖς	πολλοῖς
acc.	μεγάλους	μεγάλας	μεγάλα	πολλούς	πολλάς	πολλά

§9 Numerals

1. 3rd Declension Plural: τρεῖς, τρία and τέσσαρες, τέσσαρα. See APPENDIX §6 for 3rd declension endings.
2. Non-Declinable: δυό (δυσί *dat. pl.*), ἑπτά, δώδεκα

You should recognize all the letters below but the numbers 6 (F a *digamma*, ϛ a later form called *stigma*), 90 (Ϙ a *kōppa*), and 900 (ϡ a *sampi*). If the number appears written out in the GNT, it is included in the table below.	GREEK ALPHABET FOR NUMBERS AND WRITTEN OUT							
	1	Α	εἷς, μία, ἕν	10	Ι	δέκα	100	Ρ	
	2	Β	δύο	20	Κ		200	Σ	διακόσιοι, -αι, -α
	3	Γ	τρεῖς, τρία	30	Λ	τριάκοντα	300	Τ	
	4	Δ	τέσσαρες	40	Μ	τεσσαράκοντα	400	Υ	
	5	Ε	πέντε	50	Ν	πεντήκοντα	500	Φ	
	6	F, ϛ	ἕξ	60	Ξ	ἑξήκοντα	600	Χ	
	7	Ζ	ἑπτά	70	Ο		700	Ψ	
	8	Η	ὀκτώ	80	Π		800	Ω	
	9	Θ		90	Ϙ		900	ϡ	

Additional numbers occurring in the GNT are written out as follows:

11 = ἕνδεκα, 12 = δώδεκα, 14 = δεκατέσσαρες, 24 = εἰκοσιτέσσαρες
1000 = ἡ χιλιάς, -άδος, 1000s = χίλιοι, -αι, -α
4000 = τετρακισχίλιοι, 5000 = πεντακισχίλιοι, 6000 = ἑξακόσιοι

§10 Pronouns (Ἀντωνυμίαι) (Frequency in the GNT)

1 Personal (8468)						2 Possessive (116)			
	1ˢᵗ (1804)	2ⁿᵈ (1067)	3ʳᵈ (5597) M	F	N	1ˢᵗ	"my, our"		
sg. nom.	ἐγώ	σύ	αὐτός	αὐτή	αὐτό		M	F	N
gen.	ἐμοῦ, μου	σοῦ, σου	αὐτοῦ	αὐτῆς	αὐτοῦ	sg. (73) nom.	ἐμός	ἐμή	ἐμόν
dat.	ἐμοί, μοι	σοί, σοι	αὐτῷ	αὐτῇ	αὐτῷ	pl. (7) nom.	ἡμέτερος	-α	-ον
acc.	ἐμέ, με	σέ, σε	αὐτόν	αὐτήν	αὐτό				
pl. nom.	ἡμεῖς	ὑμεῖς	αὐτοί	αὐταί	αὐτά	"your"			
gen.	ἡμῶν	ὑμῶν	αὐτῶν	αὐτῶν	αὐτῶν	2ⁿᵈ		M	F	N
dat.	ἡμῖν	ὑμῖν	αὐτοῖς	αὐταῖς	αὐτοῖς	sg. (25) nom.	σός	σή	σον
acc.	ἡμᾶς	ὑμᾶς	αὐτούς	αὐτάς	αὐτά	pl. (11) nom.	ὑμέτερος	-α	-ον

3 Relative (1406)			4 Indefinite Relative (144)			5 Interrogative (579)		6 Indefinite (510)	
	M	F	N	M	F	N	M/F	N	M/F	N
sg. nom.	ὅς	ἥ	ὅ	ὅστις	ἥτις	ὅτι	τίς	τί	τις	τι
gen.	οὗ	ἧς	οὗ	οὗτινος	ἧστινος	ὅστινος	τίνος	τίνος	τινός	τινός
dat.	ᾧ	ᾗ	ᾧ	ᾧτινι	ᾗτινι	ᾧτινι	τίνι	τίνι	τινί	τινί
acc.	ὅν	ἥν	ὅ	ὅντινα	ἥντινα	ὅτι	τίνα	τί	τινά	τι
pl. nom.	οἵ	αἵ	ἅ	οἵτινες	αἵτινες	ἅτινα	τίνες	τίνα	τινές	τινά
gen.	ὧν	ὧν	ὧν	ὧντινων	ὧντινων	ὧντινων	τίνων	τίνων	τινῶν	τινῶν
dat.	οἷς	αἷς	οἷς	οἷστισι	αἷστισιν	οἷστισιν	τίσι	τίσι	τισί	τισί
acc.	οὕς	ἅς	ἅ	οὕστινας	ἅστινας	ἅτινα	τίνας	τινα	τινάς	τινά

7 Demonstrative (1662) "this, these" (1387)			"that, those" (265)			"this, such and such" (10)			
	M	F	N	M	F	N	M	F	N
sg. nom.	οὗτος	αὕτη	τοῦτο	ἐκεῖνος	ἐκείνη	ἐκεῖνο	ὅδε	ἥδε	τόδε
gen.	τούτου	ταύτης	τούτου	ἐκείνου	ἐκείνης	ἐκείνου	τοῦδε	τῆσδε	τοῦδε
dat.	τούτῳ	ταύτῃ	τούτῳ	ἐκείνῳ	ἐκείνῃ	ἐκείνῳ	τῷδε	τῇδε	τῷδε
acc.	τοῦτον	ταύτην	τοῦτο	ἐκεῖνον	ἐκείνην	ἐκεῖνο	τόνδε	τήνδε	τόδε
pl. nom.	οὗτοι	αὗται	ταῦτα	ἐκεῖνοι	ἐκεῖναι	ἐκεῖνα	αἵδε	αἵδε	τάδε
gen.	τούτων	τούτων	τούτων	ἐκείνων	ἐκείνων	ἐκείνων	τῶνδε	τῶνδε	τῶνδε
dat.	τούτοις	ταύταις	τούτοις	ἐκείνοις	ἐκείναις	ἐκείνοις	τοῖσδε	ταῖσδε	τοῖσδε
acc.	τούτους	ταύτας	ταῦτα	ἐκείνους	ἐκείνας	ἐκεῖνα	τούσδε	τάσδε	τάδε

APPENDICES

8 Reflexive Personal (399)								9 Reciprocal (100)			
	1st "myself" (37)		2nd "yourself" (43)		3rd "himself; herself" (319)			ἀλλήλων, -οις, etc.			
	M	F	M	F	M	F	N	(plural only)			
sg. gen.	ἐμαυτοῦ	ἐμαυτῆς	σεαυτοῦ	σεαυῆς	ἑαυτοῦ	ἑαυτῆς	ἑαυτοῦ		M	F	N
dat.	ἐμαυτῷ	ἐμαυτῇ	σεαυτῷ	σεαυτῇ	ἑαυτῷ	ἑαυτῇ	ἑαυτῷ				
acc.	ἐμαυτόν	ἐμαυτήν	σεαυτόν	σεαυτήν	ἑαυτόν	ἑαυτήν	ἑαυτό	pl. gen.	-ων	-ων	-ων
	M	F	N					dat.	-οις	-αις	-οις
pl. gen.	ἑαυτῶν	ἑαυτῶν	ἑαυτῶν	Note: Plural forms are the same for 1st, 2nd, and 3rd persons.				acc.	-ους	-ας	-α
dat.	ἑαυτοῖς	ἑαυταῖς	ἑαυτοῖς								
acc.	ἑαυτούς	ἑαυτάς	ἑαυτά								

§11 PREPOSITIONS (Προθέσεις) (Frequency in the GNT)

A. Proper Prepositions: These take substantive objects in specific cases to form prepositional phrases. For a spatial representation of prepositional meanings, see Wallace 358.

	GENITIVE	DATIVE	ACCUSATIVE
ἐκ	out of, from (914)		
ἀπό	from (646)		
ἐνώπιον	before, in front of (94)		
πρό	before (47)		
ἄρχι(ς)	as far as, until (49)		
ἀντί	in stead of (22)		
ἐν		in (2752)	
σύν		with (128)	
εἰς			into (1767)
πρός			towards, with (700)
ἀνά			each, in the midst (13)
διά	through (387)		on account of (280)
κατά	against (74)		according to (399)
μετά	with (366)		after (105)
περί	about (294)		around (39)
ὑπό	by (169)		under (51)
ὑπέρ	in behalf of (130)		above (19)
ἐπί	on, over (220)	at, on the basis of (187)	on, to, against (483)
παρά	from (82)	beside (53)	alongside (59)

B. Improper Prepositions: These improper prepositions also typically use only the genitive case for their object. In this handbook, two such prepositions are presented: ἕως (CH.11). There are about two dozen such words.

    ἕως (in ch.11)   *until, as far as, up to; while (conj.)*
    ἀντί (compounded)   *instead of, for*
    ἕνεκα or ἕνεκεν   *on account of*
    χωρίς   *without, apart from*
    πέραν   *beyond*

C. Basic Function and Uses of Prepositions: Prepositions form prepositional phrases (which are qualifying expressions) that indicate certain relationships between verbs or nouns within a sentence. Additionally, prepositions may be used to form words. There are four basic uses:

1. <u>Adjectival</u>. when the prepositional phrase modifies a noun or substantive.
2. <u>Adverbial</u>. (*more common*); when the prepositional phrase modifies the action of the verb.
3. <u>Compounded</u>. (*most common*); when prepositional forms help to form words.
4. <u>Conjunctions</u>. (*not common*); prepositions may be used as conjunctions or in special constructions to form subordinate clauses.

§12 Paradigm Verb Πιστεύω in the Indicative Mood

		1st	2nd	3rd	4th	5th	6th
Primary A Endings	sg. 1	**Present A** πιστεύω	**Future A** πιστεύσω				
	2	πιστεύεις	πιστεύσεις				
	3	πιστεύει	πιστεύσει				
	pl. 1	πιστεύομεν	πιστεύσομεν				
	2	πιστεύετε	πιστεύσετε				
	3	πιστεύουσι(ν)	πιστεύσουσι(ν)				
Primary M/P Endings	sg. 1	**Present M/P** πιστεύομαι	**Future M** πιστεύσομαι			**Perfect M/P** πεπίστευμαι	**Future P** πιστευθήσομαι
	2	πιστεύῃ	πιστεύσῃ			πεπίστευσαι	πιστευθήσῃ
	3	πιστεύεται	πιστεύσεται			πεπίστευται	πιστευθήσεται
	pl. 1	πιστευόμεθα	πιστευσόμεθα			πεπιστεύμεθα	πιστευθησόμεθα
	2	πιστεύεσθε	πιστεύσεσθε			πεπίστευσθε	πιστευθήσεσθε
	3	πιστεύονται	πιστεύσονται			πεπίστευνται	πιστευθήσονται
Secondary A Endings	sg. 1	**Imperfect A** ἐπίστευον		**Aorist A** ἐπίστευσα	**Perfect A** πεπίστευκα		**Aorist P** ἐπιστεύθην
	2	ἐπίστευες		ἐπίστευσας	πεπίστευκας		ἐπιστεύθης
	3	ἐπίστευε(ν)		ἐπίστευσε(ν)	πεπίστευκε(ν)		ἐπιστεύθη
	pl. 1	ἐπιστεύομεν		ἐπιστεύσαμεν	πεπιστεύκαμεν		ἐπιστεύθημεν
	2	ἐπιστεύετε		ἐπιστεύσατε	πεπιστεύκατε		ἐπιστεύθητε
	3	ἐπίστευον		ἐπίστευσαν	πεπιστεύκασι(ν)		ἐπιστεύθησαν
					Pluperfect A ἐπεπιστεύκειν		
					ἐπεπιστεύκεις		
					ἐπεπιστεύκει		
					ἐπεπιστεύκειμεν		
					ἐπεπιστεύκειτε		
					ἐπεπιστεύκεισι(ν)		
Secondary M/P Endings	sg. 1	**Imperfect M/P** ἐπιστευόμην		**Aorist M** ἐπιστευσάμην		**Pluperfect M/P** ἐπεπιστεύμην	
	2	ἐπιστεύῃ		ἐπιστεύσω		ἐπεπίστευσο	
	3	ἐπιστεύετο		ἐπιστεύσατο		ἐπεπίστευτο	
	pl. 1	ἐπιστευόμεθα		ἐπιστευσάμεθα		ἐπεπιστεύμεθα	
	2	ἐπιστεύεσθε		ἐπιστεύσασθε		ἐπεπίστευσθε	
	3	ἐπιστεύοντο		ἐπιστεύσαντο		ἐπεπίστευντο	

§13 Indicative Mood Formation Sheet by Principal Parts

Easy Identification	**Present A**			**Imperfect A**		
1 Present A M/P	verb stem +	-ω	-ομεν	"ε" + verb stem +	-ον	-ομεν
Imperfect A M/P		-εις	-ετε		-ες	-ετε
Present: no augment, no stem change, no σίγμα, no κάππα		-ει	-ουσι(ν)		-ε(ν)	-ον
	Present M/P			**Imperfect M/P**		
Imperfect: augment, no σίγμα, no stem change	verb stem +	-ομαι	-όμεθα	"ε" + verb stem +	-όμην	-όμεθα
		-ῃ	-εσθε		-ου	-εσθε
		-εται	-ονται		-ετο	-οντο
2 Future A M	**Future A**					
no augment + σίγμα	verb stem + σ +	-ω	-ομεν			
		-εις	-ετε			
		-ει	-ουσι(ν)			

		Future M			
		verb stem + σ +	-ομαι	-όμεθα	
			-η	-εσθε	
			-εται	-ονται	
3 Aorist A M *1st Aorist: augment* *σίγμα–ἄλφα* *2nd Aorist: augment* *different stem*		**1st Aorist A**		**2nd Aorist A**	
		"ε" + verb stem + σ + -α	-αμεν	"ε" + changed stem + -ον	-ομεν
			-ας -ατε		-ες -ετε
			-ε(ν) -αν		-ε(ν) -ον
		1st Aorist M		**2nd Aorist M**	
		"ε" + verb stem + σ + -άμην	-άμεθα	"ε" + changed stem + -όμην	-όμεθα
			-ω -ασθε		-ου -εσθε
			-ατο -αντο		-ετο -οντο
4 Perfect/Pluperfect A *Perfect: reduplication* *κάππα–ἄλφα* *Pluperfect: "ε" + redupli-* *cation; ἒ ψιλόν–ἰῶτα*		**Perfect A**		**Pluperfect A**	
		redup. + verb stem + κ + -α	-αμεν	"ε" + redup. + verb stem + κ + -ειν	-ειμεν
			-ας -ατε		-εις -ειτε
			-ε(ν) -αν	note: the augment is optional -ει	-εισιν
5 Perfect/Pluperfect M/P *reduplication, no κάππα* *no coupling vowel*		**Perfect M/P**		**Pluperfect M/P**	
		redup. + verb stem + -μαι	-μεθα	"ε" + redup. + verb stem + -μην	-μεθα
			-σαι -σθε		-σο -σθε
			-ται -νται	note: the augment is optional -το	-ντο
6 Future P & Aorist P *θῆτα–ἦτα, Fut P also has* *σίγμα; Aor P has augment*		**Future P**		**Aorist P**	
		verb stem + θησ + -ομαι	-όμεθα	"ε" + verb stem + θη + -ν	-μεν
			-η -εσθε		-ς -τε
			-εται -ονται		- -σαν

§14 Indicative Mood Principal Parts Easy Identification

1 Present A & M/P **Imperfect A & M/P**	**Easy Identification Markers:** The Present Tense has no augment, no reduplication, no stem changes, no stem indicator, and uses the Primary Endings. The Imperfect Tense has an augment, no stem indicator, and uses the Secondary Endings. The Present Tense and the Imperfect Tense are placed together because they *always share the same verb stem*. Remember, *verb stems may change between Principal Parts, but never within the same Principal Part.*
2 Future A & M	**Easy Identification Markers:** The Future Tense has no augment, but does have a stem indicator, a σίγμα (σ). The Future Tense like the Present Tense uses the Primary Endings. The only difference between the Present and the Future is the Future's σίγμα (σ). Only the Active and Middle Voices of the Future are found here. *For the Passive Voice, one goes the 6th Principal Part (see below). Note: Verbs may have a different verb stem in the Future Tense*, e.g., λέγω in the Present, but ἐρῶ in the Future; ἐσθίω is Present, but in the Future is φάγομαι.
3 Aorist A & M	**Easy Identification Markers:** The 1st Aorist has an augment, a stem indicator, a σίγμα (σ), and uses the Secondary Endings. The 2nd Aorist also has an augment, but uses a different stem, and likewise uses the Secondary Endings. What makes the 1st Aorist easy to spot is the σίγμα–ἄλφα (σα) along with the augment. What makes the 2nd Aorist easy to spot is the (usually) obvious stem change along with the augment. Although the 1st and 2nd Aorists are formed differently, they are translated the same and have the same Verbal Aspect.
4 Perfect A **Pluperfect A**	**Easy Identification Markers:** The Perfect Tense (Active Voice) has reduplication, the κάππα (κ) stem indicator plus the Secondary Active Endings. The Pluperfect has reduplication with an augment (which is optional) and also uses the Secondary Active Endings. Occasionally, when a verb stem begins with a vowel, the reduplication will look like an augment and might be confused with the Aorist Tense. But, look for the distinctive κάππα–ἄλφα (κα) endings, which distinguish of the Active Voice of the Perfect Tense. *Note:* There is a 2nd Perfect that drops the κάππα. This 2nd Perfect can still be identified by the reduplication and Secondary Endings.

5 Perfect M/P **Pluperfect M/P**	**Easy Identification Markers:** The Perfect M/P Tense has reduplication and uses the PRIMARY M/P ENDINGS. The Pluperfect M/P has reduplication with an augment (optional) and uses the SECONDARY M/P ENDINGS. What is unique about the Perfect and Pluperfect M/P (even in the Participle) is the *lack of coupling vowel before the endings*. Noticing this, along with the reduplication, makes parsing the Perfect M/P a breeze.	
6 Aorist P **Future P**	**Easy Identification Markers:** These are perhaps the easiest forms to parse. The give away is the ϑῆτα–ῆτα (ϑη). The Future Passive has the same easy identification markers as the Future Middle, i.e., the σίγμα (σ) stem indicator and the PRIMARY M/P ENDINGS. The Aorist Passive has the easy identification markers as the 1st Aorist (augment, endings), but has no σίγμα (σ). The Aorist Passive uses the SECONDARY ACTIVE ENDINGS.	

	PRIMARY ENDINGS		Tenses →	Coupling Vowel		SECONDARY ENDINGS		Tenses →	Coupling Vowel
A	-ω	-ομεν	PRESENT →	-	**A**	-ν	-μεν	Imperfect →	ο, ε
	-εις	-ετε	FUTURE →	-		-ς	-τε	Aorist →	α
	-ει	-ουσι(ν)				-	-ν or (σαν)	Perfect →	α
								Pluperfect →	ει
M/P	-μαι	-μεθα	PRESENT →	ο, ε	**M/P**	-μην	-μεθα	Aorist Pass →	η
	-σαι	-σθε	FUTURE →	ο, ε		-σο	-σθε	Same Tenses as above,
	-ται	-νται	PERFECT →	none		-το	-ντο	except for the Perfect M/P.

§15 PARTICIPLE FORMS (ἡ Μετοχή)

PRESENT	**ACTIVE**			**MIDDLE/PASSIVE**
	Masculine	**Feminine**	**Neuter**	**M,-F,-N**
sg. nom.	πιστεύων	πιστεύουσα	πίστευον	πιστευόμενος,-η,-ον
gen.	πιστεύοντος	πιστευούσης	πιστεύοντος	πιστευομένου,-ης,-ου
dat.	πιστεύοντι	πιστευούσῃ	πιστεύοντι	πιστευομένῳ,-η,-ῳ
acc.	πιστεύοντα	πιστεύουσαν	πίστευον	πιστευόμενον,-ην,-ον
pl. nom.	πιστεύοντες	πιστεύουσαι	πιστεύοντα	πιστευόμενοι,-αι,-α
gen.	πιστευόντων	πιστευουσῶν	πιστευόντων	πιστευομένων
dat.	πιστεύουσι(ν)	πιστευούσαις	πιστεύουσι(ν)	πιστευομένοις,-αις,-οις
acc.	πιστεύοντας	πιστευούσας	πιστεύοντα	πιστευομένους,-ας,-α

AORIST	**ACTIVE**			**MIDDLE**
	Masculine	**Feminine**	**Neuter**	**M,-F,-N**
sg. nom.	πιστεύσας	πιστεύσασα	πίστευσαν	πιστευσάμενος,-η,-ον
gen.	πιστεύσαντος	πιστευσάσης	πιστεύσαντος	πιστευσαμένου,-ης,-ου
dat.	πιστεύσαντι	πιστευσάσῃ	πιστεύσαντι	πιστευσαμένῳ,-η,-ῳ
acc.	πιστεύσαντα	πιστεύσασαν	πίστευσαν	πιστευσάμενον,-ην,-ον
pl. nom.	πιστεύσαντες	πιστεύσασαι	πιστεύσαντα	πιστευσάμενοι,-αι,-α
gen.	πιστευσάντων	πιστευσάσων	πιστευσάντων	πιστευσαμένων
dat.	πιστεύσασι(ν)	πιστευσάσαις	πιστεύσασι(ν)	πιστευσαμένοις,-αις,-οις
acc.	πιστεύσαντας	πιστευσάσας	πιστεύσαντα	πιστευσαμένους,-ας,-α

	PASSIVE		
	Masculine	**Feminine**	**Neuter**
sg. nom.	πιστευθείς	πιστευθεῖσα	πιστευθέν
gen.	πιστευθέντος	πιστευθείσης	πιστευθέντος
dat.	πιστευθέντι	πιστευθείσῃ	πιστευθέντι
acc.	πιστευθέντα	πιστευθεῖσαν	πιστευθέν
pl. nom.	πιστευθέντες	πιστευθεῖσαι	πιστευθέντα
gen.	πιστευθέντων	πιστευθεισῶν	πιστευθέντων
dat.	πιστευθεῖσι(ν)	πιστευθείσαις	πιστευθεῖσι(ν)
acc.	πιστευθέντας	πιστευθείσας	πιστευθέντα

APPENDICES

	Perfect	**Active**			**Middle/Passive**
		Masculine	Feminine	Neuter	M,-F,-N
sg.	nom.	πεπιστευκώς	πεπιστευκυῖα	πεπιστευκός	πεπιστευμένος,-η,-ον
	gen.	πεπιστευκότος	πεπιστευκυίας	πεπιστευκότος	πεπιστευμένου,-ης,-ου
	dat.	πεπιστευκότι	πεπιστευκυίᾳ	πεπιστευκότι	πεπιστευμένῳ,-η,-ῳ
	acc.	πεπιστευκότα	πεπιστευκυῖαν	πεπιστευκός	πεπιστευμένον,-ην,-ον
pl.	nom.	πεπιστευκότες	πεπιστευκυῖαι	πεπιστευκότα	πεπιστευμένοι,-αι,-α
	gen.	πεπιστευκότων	πεπιστευκυιῶν	πεπιστευκότων	πεπιστευμένων,-ων,-ων
	dat.	πεπιστευκόσι(ν)	πεπιστευκυίαις	πεπιστευκόσι(ν)	πεπιστευμένοις,-αις,-οις
	acc.	πεπιστευκότας	πεπιστευκυίας	πεπιστευκότα	πεπιστευμένους,-ας,-α

§16 Infinitive Forms (ἡ Ἀπαρέμφατος Ἔγκλισις)

	Present		**Aorist**		**Perfect**
A	πιστεύειν	A	πιστεύσαι	A	πεπιστευκέναι
M/P	πιστεύεσθαι	M	πιστεύσασθαι	M/P	πεπιστεύσθαι
		P	πιστευθῆναι		

§17 Subjunctive Forms (ἡ Ὑποτακτική Ἔγκλισις)

		Present A	**Present M/P**	**1st Aorist A**	**1st Aorist M**	**Aorist P**
sg.	1	πιστεύω	πιστεύωμαι	πιστεύσω	πιστεύσωμαι	πιστευθῶ
	2	πιστεύῃς	πιστεύῃ	πιστεύσῃς	πιστεύσῃ	πιστευθῇς
	3	πιστεύῃ	πιστεύηται	πιστεύσῃ	πιστεύσηται	πιστευθῇ
pl.	1	πιστεύωμεν	πιστευώμεθα	πιστεύσωμεν	πιστευσώμεθα	πιστευθῶμεν
	2	πιστεύητε	πιστεύησθε	πιστεύσητε	πιστεύσησθε	πιοστευθῆτε
	3	πιστεύωσιν	πιστεύωνται	πιστεύσωσι	πιστεύσωνται	πιστευθῶσι(ν)

§18 Imperative Forms (ἡ Προστατική Ἔγκλισις)

		Present A	**Present M/P**	**Aorist A**	**Aorist M**	**Aorist P**
sg.	2	πίστευε	πιστεύου	πίστευσον	πίστευσαι	πιστεύθητι
	3	πιστευέτω	πιστευέσθω	πιστευσάτω	πιστευσάσθω	πιστευθήτω
pl.	2	πιστεύετε	πιστεύεσθε	πιστεύσατε	πιστεύσασθε	πιστεύθητε
	3	πιστευέτωσαν	πιστευέσθωσαν	πιστευσάτωσαν	πιστευσάσθωσαν	πιστευθήτωσαν

§19 Optative Forms (ἡ Εὐκτική Ἔγκλισις)

		Present A	**Present M/P**	**1st Aorist A**	**1st Aorist M**	**Aorist P**
sg.	1	πιστεύοιμι	πιστευοίμην	πιστεύσαιμι	πιστευσαίμην	πιστευθείην
	2	πιστεύοις	πιστεύοιο	πιστεύσαις	πιστεύσαιο	πιστευθείης
	3	πιστεύοι	πιστεύοιτο	πίστευσαι	πιστεύσαιτο	πιστευθείη
pl.	1	πιστεύοιμεν	πιστευοίμεθα	πιστεύσαιμεν	πιστευσαίμεθα	πιστευθείημεν
	2	πιστεύοιτε	πιστεύοισθε	πιστεύσαιτε	πιστεύσαισθε	πιοστευθείητε
	3	πιστεύοιεν	πιστεύοιντο	πιστεύσαιεν	πιστεύσαιντο	πιστευθείησαν

§20 Forms of Εἰμί and Οἶδα

		Indicative					**Indicative**	
		Present	**Imperfect**	**Future**			**Perfect**	**Pluperfect**
sg.	1	εἰμί	ἤμην	ἔσομαι	sg.	1	οἶδα	ᾔδειν
	2	εἶ	ἦς	ἔσῃ		2	οἶδας	ᾔδεις
	3	ἐστί(ν)	ἦν	ἔσται		3	οἶδε(ν)	ᾔδει
pl.	1	ἐσμέν	ἦμεν, ἤμεθα	ἐσόμεθα	pl.	1	οἴδαμεν	ᾔδειμεν
	2	ἐστέ	ἦτε	ἔσεσθε		2	οἴδατε	ᾔδειτε
	3	εἰσί(ν)	ἦσαν	ἔσονται		3	οἴδασι(ν)	ᾔδεισαν

SUBJUNCTIVE
sg. 1 ὦ
    2 ᾖς
    3 ᾖ
pl. 1 ὦμεν
    2 ἦτε
    3 ὦσι(ν)

IMPERATIVE
sg. 2 ἴσθι
    3 ἔστω
pl. 2 ἔστε
    3 ἔστωσαν

INFINITIVE
εἶναι

PARTICIPLE

	M	F	N
sg. nom.	ὤν	οὖσα	ὄν
gen.	ὄντος	οὔσης	ὄντος
dat.	ὄντι	οὔσῃ	ὄντι
acc.	ὄντα	οὖσαν	ὄν
pl. nom.	ὄντες	οὖσαι	ὄντα
gen.	ὄντων	οὐσῶν	ὄντων
dat.	οὖσι(ν)	οὔσαις	οὖσι(ν)
acc.	ὄντας	οὔσας	ὄντα

SUBJUNCTIVE
sg. 1 εἰδῶ
    2 εἰδῇς
    3 εἰδῇ
pl. 1 εἰδῶμεν
    2 εἰδῆτε
    3 εἰδῶσι(ν)

IMPERATIVE
sg. 2 ἴσθι
    3 ἴστω
pl. 2 ἴσθε
    3 ἴστωσαν

INFINITIVE
εἰδέναι

PARTICIPLE

	M	F	N
sg. nom.	εἰδώς	εἰδυῖα	εἰδός
gen.	εἰδόντος	εἰδυίας	εἰδόντος
dat.	εἰδόντι	εἰδυίᾳ	εἰδόντι
acc.	εἰδόντα	εἰδυῖαν	εἰδός
pl. nom.	εἰδόντες	εἰδυῖαι	εἰδόντα
gen.	εἰδόντων	εἰδυιῶν	εἰδόντων
dat.	εἰδούσι(ν)	εἰδυίαις	εἰδούσι(ν)
acc.	εἰδόντας	εἰδυίας	εἰδόντα

§21 Contract Verb Forms

Contract Verbs have regular endings outside the First Principal Part, since the lengthened contract vowel "will put on display" the endings.

	First	**Second**	**Third**	**Fourth**	**Fifth**	**Sixth**
Ἔ ψιλόν	λαλέω*	λαλήσω	ἐλάλησα	λελάληκα	λελάλημαι	ἐλαλήθην
Ἄλφα	ἀγαπάω*	ἀγαπήσω	ἠγάπησα	ἠγάπηκα	ἠγάπημαι	ἠγαπήθην
Ὄ μικρόν	πληρόω*	πληρώσω	ἐπλήρωσα	πεπλήρωκα	πεπλήρωμαι	ἐπληρώθην

It is only with the First Principal Part (Present and Imperfect Tenses) that there will likely be difficulty in parsing. So, students should understand the principles of this Contraction Chart.

CONTRACTION CHART

Contract Vowel +	Initial Vowel or Monophthong of Ending						
	ε	ει	η	ῃ	ο	ου	ω
-ε	ει	ει	η	ῃ	ου	ου	ω
-α	α	ᾳ	α	ᾳ	ω	ω	ω
-ο	ου	οι	ω	οι	ου	ου	ω

Ἔ ψιλόν Contract: δοκέω *I seem* (pre-contracted forms)

INDICATIVE MOOD

		Present A		Present M/P	
sg.	1	δοκῶ	(δοκέω)	δοκοῦμαι	(δοκέομαι)
	2	δοκεῖς	(δοκέεις)	δοκῇ	(δοκέῃ)
	3	δοκεῖ	(δοκέει)	δοκεῖται	(δοκέεται)
pl.	1	δοκοῦμεν	(δοκέομεν)	δοκούμεθα	(δοκεόμεθα)
	2	δοκεῖτε	(δοκέετε)	δοκεῖσθε	(δοκέεσθε)
	3	δοκοῦσι(ν)	(δοκέουσιν)	δοκοῦνται	(δοκέονται)

INDICATIVE MOOD

		Imperfect A		Imperfect M/P	
sg.	1	ἐδόκουν	(ἐδόκεον)	ἐδοκούμην	(ἐδοκεόμην)
	2	ἐδόκεις	(ἐδόκεες)	ἐδοκοῦ	(ἐδοκέου)
	3	ἐδόκει	(ἐδόκεε)	ἐδόκειτο	(ἐδοκέετο)
pl.	1	ἐδοκοῦμεν	(ἐδοκέομεν)	ἐδοκούμεθα	(ἐδοκεόμεθα)
	2	ἐδοκεῖτε	(ἐδοκέετε)	ἐδοκεῖσθε	(ἐδοκέεσθε)
	3	ἐδόκουν	(ἐδόκεον)	ἐδοκοῦντο	(ἐδοκέοντο)

SUBJUNCTIVE MOOD

		Present A		Present M/P	
sg.	1	δοκῶ	(δοκέω)	δοκῶμαι	(δοκέωμαι)
	2	δοκῇς	(δοκέῃς)	δοκῇ	(δοκέῃ)
	3	δοκῇ	(δοκέῃ)	δοκῆται	(δοκέηται)
pl.	1	δοκῶμεν	(δοκέωμεν)	δοκώμεθα	(δοκεώμεθα)
	2	δοκῆτε	(δοκέητε)	δοκῆσθε	(δοκέησθε)
	3	δοκῶσι(ν)	(δοκέωσιν)	δοκῶνται	(δοκέωνται)

IMPERATIVE MOOD

		Present A		Present M/P	
sg.	2	δόκει	(δόκεε)	δοκοῦ	(δοκέου)
	3	δοκείτω	(δοκεέτω)	δοκείσθω	(δοκεέσθω)
pl.	2	δοκεῖτε	(δοκέετε)	δοκεῖσθε	(δοκέεσθε)
	3	δόκείτωσαν	(δοκεέτωσαν)	δοκείσθωσαν	(δοκεέσθωσαν)

OPTATIVE MOOD

		Present A		Present M/P	
sg.	1	δοκοῖμι	(δοκέοιμι)	δοκοίμην	(δοκεοίμην)
	2	δοκοῖς	(δοκέοις)	δοκοῖο	(δοκέοιο)
	3	δοκοῖ	(δοκέοι)	δοκοῖτο	(δοκέοιτο)
pl.	1	δοκοῖμεν	(δοκέοιμεν)	δοκοίμεθα	(δοκεοίμεθα)
	2	δοκοῖτε	(δοκέοιτε)	δοκοῖσθε	(δοκέοισθε)
	3	δοκοῖεν	(δοκέοιεν)	δοκοῖντο	(δοκέοιντο)

INFINITIVE

Present A	Present M/P
δοκεῖν (δοκέειν)	δοκεῖσθαι (δοκέεσθαι)

PARTICIPLE

Present A (nom., gen.,)			Present M/P
Masculine (sg.)	**Feminine (sg.)**	**Neuter (sg.)**	**Masc., Fem., Neut., (sg.)**
δοκῶν, δοκοῦντος...	δοκοῦσα, δοκούσης...	δοκοῦν, δοκοῦντος...	δοκούμεν-ος, -η, -ον

Ἄλφα Contract: ἀγαπάω *I love* (pre-contracted forms)

INDICATIVE MOOD

		PRESENT A		PRESENT M/P	
sg.	1	ἀγαπῶ	(ἀγαπάω)	ἀγαπῶμαι	(ἀγαπάομαι)
	2	ἀγαπᾷς	(ἀγαπάεις)	ἀγαπᾷ	(ἀγαπάῃ)
	3	ἀγαπᾷ	(ἀγαπάει)	ἀγαπᾶται	(ἀγαπάεται)
pl.	1	ἀγαπῶμεν	(ἀγαπάομεν)	ἀγαπώμεθα	(ἀγαπαόμεθα)
	2	ἀγαπᾶτε	(ἀγαπάετε)	ἀγαπᾶσθε	(ἀγαπάεσθε)
	3	ἀγαπῶσι(ν)	(ἀγαπάουσιν)	ἀγαπῶνται	(ἀγαπάονται)

INDICATIVE MOOD

		IMPERFECT A		IMPERFECT M/P	
sg.	1	ἠγάπων	(ἠγάπαον)	ἠγαπώμην	(ἠγαπαόμην)
	2	ἠγάπας	(ἠγάπαες)	ἠγαπῶ	(ἠγαπάου)
	3	ἠγάπα	(ἠγάπαε)	ἠγαπᾶτο	(ἠγαπάετο)
pl.	1	ἠγαπῶμεν	(ἠγαπάομεν)	ἠγαπώμεθα	(ἠγαπαόμεθα)
	2	ἠγαπᾶτε	(ἠγαπάετε)	ἠγαπᾶσθε	(ἠγαπάεσθε)
	3	ἠγάπων	(ἠγάπαον)	ἠγαπῶντο	(ἠγαπάοντο)

SUBJUNCTIVE MOOD

		PRESENT A		PRESENT M/P	
sg.	1	ἀγαπῶ	(ἀγαπάω)	ἀγαπῶμαι	(ἀγαπάωμαι)
	2	ἀγαπᾷς	(ἀγαπάῃς)	ἀγαπᾷ	(ἀγαπάῃ)
	3	ἀγαπᾷ	(ἀγαπάῃ)	ἀγαπᾶται	(ἀγαπάηται)
pl.	1	ἀγαπῶμεν	(ἀγαπάωμεν)	ἀγαπώμεθα	(ἀγαπαώμεθα)
	2	ἀγαπᾶτε	(ἀγαπάητε)	ἀγαπᾶσθε	(ἀγαπάησθε)
	3	ἀγαπῶσι(ν)	(ἀγαπάωσιν)	ἀγαπῶνται	(ἀγαπάωνται)

IMPERATIVE MOOD

		PRESENT A		PRESENT M/P	
sg.	2	ἀγάπα	(ἀγαπάε)	ἀγαπῶ	(ἀγαπάου)
	3	ἀγαπάτω	(ἀγαπαέτω)	ἀγαπάσθω	(ἀγαπαέσθω)
pl.	2	ἀγαπᾶτε	(ἀγαπάετε)	ἀγαπᾶσθε	(ἀγαπάεσθε)
	3	ἀγαπάτωσαν	(ἀγαπαέτωσαν)	ἀγαπάσθωσαν	(ἀγαπαέσθωσαν)

OPTATIVE MOOD

		PRESENT A		PRESENT M/P	
sg.	1	ἀγαπῷμι	(ἀγαπάοιμι)	ἀγαπῴμην	(ἀγαπαοίμην)
	2	ἀγαπῷς	(ἀγαπάοις)	ἀγαπῷο	(ἀγαπάοιο)
	3	ἀγαπῷ	(ἀγαπάοι)	ἀγαπῷτο	(ἀγαπάοιτο)
pl.	1	ἀγαπῷμεν	(ἀγαπάοιμεν)	ἀγαπῴμεθα	(ἀγαπαοίμεθα)
	2	ἀγαπῷτε	(ἀγαπάοιτε)	ἀγαπῷσθε	(ἀγαπάοισθε)
	3	ἀγαπῷεν	(ἀγαπάοιεν)	ἀγαπῷντο	(ἀγαπάοιντο)

INFINITIVE

PRESENT A	PRESENT M/P
ἀγαπᾶν (ἀγαπάεεν)	ἀγαπᾶσθαι (ἀγαπάεσθαι)

PARTICIPLE

PRESENT A			PRESENT M/P
(nom., gen., ...)			
Masculine (sg.)	**Feminine (sg.)**	**Neuter (sg.)**	**Masc., Fem., Neut., (sg.)**
ἀγαπῶν, ἀγαπῶντος...	ἀγαπῶσα, ἀγαπώσης...	ἀγαπῶν, ἀγαποῦντος...	ἀγαπώμεν-ος, -η, -ον

APPENDICES   293

῟Ο μικρόν Contract: πληρόω *I fulfill* (pre-contracted forms)

INDICATIVE MOOD

		PRESENT A		PRESENT M/P	
sg.	1	πληρῶ	(πληρόω)	πληροῦμαι	(πληρόομαι)
	2	πληροῖς	(πληρόεις)	πληροῖ	(πληρόῃ)
	3	πληροῖ	(πληρόει)	πληροῦται	(πληρόεται)
pl.	1	πληροῦμεν	(πληρόομεν)	πληρούμεθα	(πληροόμεθα)
	2	πληροῦτε	(πληρόετε)	πληροῦσθε	(πληρόεσθε)
	3	πληροῦσιν	(πληρόουσιν)	πληροῦνται	(πληρόονται)

INDICATIVE MOOD

		IMPERFECT A		IMPERFECT M/P	
sg.	1	ἐπλήρουν	(ἐπλήροον)	ἐπληρούμην	(ἐπληροόμην)
	2	ἐπλήρους	(ἐπλήροες)	ἐπληροῦ	(ἐπληρόου)
	3	ἐπλήρου	(ἐπλήροε)	ἐπληροῦτο	(ἐπληρόετο)
pl.	1	ἐπληροῦμεν	(ἐπληρόομεν)	ἐπληρούμεθα	(ἐπληροόμεθα)
	2	ἐπληροῦτε	(ἐπληρόετε)	ἐπληροῦσθε	(ἐπληρόεσθε)
	3	ἐπλήρουν	(ἐπλήροον)	ἐπληροῦντο	(ἐπληρόοντο)

SUBJUNCTIVE MOOD

		PRESENT A		PRESENT M/P	
sg.	1	πληρῶ	(πληρόω)	πληρῶμαι	(πληρόωμαι)
	2	πληροῖς	(πληρόῃς)	πληροῖ	(πληρόῃ)
	3	πληροῖ	(πληρόῃ)	πληρῶται	(πληρόηται)
pl.	1	πληρῶμεν	(πληρόωμεν)	πληρώμεθα	(πληροώμεθα)
	2	πληρῶτε	(πληρόητε)	πληρῶσθε	(πληρόησθε)
	3	πληρῶσιν	(πληρόωσιν)	πληρῶνται	(πληρόωνται)

IMPERATIVE MOOD

		PRESENT A		PRESENT M/P	
sg.	2	πλήρου	(πλήροε)	πληροῦ	(πληρόου)
	3	πληρούτω	(πληροέτω)	πληρούσθω	(πληροέσθω)
pl.	2	πληροῦτε	(πληρόετε)	πληροῦσθε	(πληρόεσθε)
	3	πληρούτωσαν	(πληροέτωσαν)	πληρούσθωσαν	(πληροέσθωσαν)

OPTATIVE MOOD

		PRESENT A		PRESENT M/P	
sg.	1	πληροῖμι	(πληρόοιμι)	πληροίμην	(πληροοίμην)
	2	πληροῖς	(πληρόοις)	πληροῖο	(πληρόοιο)
	3	πληροῖ	(πληρόοι)	πληροῖτο	(πληρόοιτο)
pl.	1	πληροῖμεν	(πληρόοιμεν)	πληροίμεθα	(πληροοίμεθα)
	2	πληροῖτε	(πληρόοιτε)	πληροῖσθε	(πληρόοισθε)
	3	πληροῖεν	(πληρόοιεν)	πληροῦντο	(πληρόοιντο)

INFINITIVE

PRESENT A	PRESENT M/P
πληροῦν (πληρόεεν)	πληροῦσθαι (πληρόεσθαι)

PARTICIPLE

PRESENT A (nom., gen., ...)			PRESENT M/P
Masculine (sg.)	**Feminine (sg.)**	**Neuter (sg.)**	**Masc., Fem., Neut., (sg.)**
πληρῶν, πληροῦντος...	πληροῦσα, πληρούσης...	πληροῦν, πληροῦντος...	πληρούμεν-ος, -η, -ον

§22 Liquid Verb Forms

Liquid verbs have stems ending in λ, μ, ν, or ρ, which reject the σίγμα of the Future and Aorist endings. Therefore, they are difficult in the Future and Aorist Indicative and in the Aorist Non-Indicative Moods. Here is the verb ἐγείρω *I raise*.

INDICATIVE

	Present Active sg.	pl.	Future Active sg.	pl.	Future Middle sg.	pl.
1	ἐγείρω	ἐγείρομεν	ἐγερῶ	ἐγεροῦμεν	ἐγεροῦμαι	ἐγερούμεθα
2	ἐγείρεις	ἐγείρετε	ἐγερεῖς	ἐγερεῖτε	ἐγερῇ	ἐγερεῖσθε
3	ἐγείρει	ἐγείρουσιν	ἐγερεῖ	ἐγεροῦσιν	ἐγερεῖται	ἐγεροῦνται

INDICATIVE

	Aorist Active sg.	pl.	Aorist Middle sg.	pl.
1	ἤγειρα	ἠγείραμεν	ἠγειράμην	ἠγειράμεθα
2	ἤγειρας	ἠγείρατε	ἠγείρω	ἠγείρασθε
3	ἤγειρε(ν)	ἤγειραν	ἠγείρατο	ἠγείραντο

SUBJUNCTIVE

	Aorist Active sg.	pl.	Aorist Middle sg.	pl.
1	ἐγείρω	ἐγείρωμεν	ἐγείρωμαι	ἐγειρώμεθα
2	ἐγείρῃς	ἐγείρητε	ἐγείρῃ	ἐγείρησθε
3	ἐγείρῃ	ἐγείρωσι(ν)	ἐγείρηται	ἐγείρωνται

IMPERATIVE

	Aorist Active sg.	pl.	Aorist Middle sg.	pl.
2	ἔγειρον	ἐγείρατε	ἔγειραι	ἐγείρασθε
3	ἐγειράτω	ἐγειράτωσαν	ἐγειράσθω	ἐγειράσθωσαν

PARTICIPLE

Aorist Active
Masculine, Feminine, Neuter
ἔγειρας, ἐγείρασα, ἔγειραν

INFINITIVE

Aorist Active	Aorist Middle
ἔγειραι	ἐγείρασθαι

§23 Μι Verb Forms

INDICATIVE MOOD of Μι Verbs

	Present A			Present M/P		
sg. 1	δίδωμι	τίθημι	ἵστημι	δίδομαι	τίθεμαι	ἵσταμαι
2	δίδως	τίθης	ἵστης	δίδοσαι	τίθεσαι	ἵστασαι
3	δίδωσι(ν)	τίθησι(ν)	ἵστησι(ν)	δίδοται	τίθεται	ἵσταται
pl. 1	δίδομεν	τίθεμεν	ἵσταμεν	διδόμεθα	τιθέμεθα	ἱστάμεθα
2	δίδοτε	τίθετε	ἵστατε	δίδοσθε	τίθεσθε	ἵστασθε
3	διδόασι(ν)	τιθέασι(ν)	ἱστᾶσι(ν)	δίδονται	τίθενται	ἵστανται
	Imperfect A			Imperfect M/P		
sg. 1	ἐδίδουν	ἐτίθην	ἵστην	ἐδιδόμην	ἐτιθέμην	ἱστάμην
2	ἐδίδους	ἐτίθεις	ἵστης	ἐδίδοσο	ἐτίθεσο	ἵστασο
3	ἐδίδου	ἐτίθει	ἵστη	ἐδίδοτο	ἐτίθετο	ἵστατο

pl.	1	ἐδίδομεν	ἐτίθεμεν	ἵσταμεν	ἐδιδόμεθα	ἐτιθέμεθα	ἱστάμεθα
	2	ἐδίδοτε	ἐτίθετε	ἵστατε	ἐδίδοσθε	ἐτίθεσθε	ἵστασθε
	3	ἐδίδοσαν	ἐτίθεσαν	ἵστασαν	ἐδίδοντο	ἐτίθεντο	ἵσταντο

		AORIST A						AORIST M		
		δίδωμι		τίθημι		ἵστημι		δίδωμι	τίθημι	ἵστημι
		1st Aor	2nd Aor	1st Aor	2nd Aor	1st Aor	2nd Aor			
sg.	1	ἔδωκα	ἔδων	ἔθηκα	ἔθην	ἔστησα	ἔστην	ἐδόμην	ἐθέμην	ἐστάμην
	2	ἔδωκας	ἔδως	ἔθηκας	ἔθης	ἔστησας	ἔστης	ἔδου	ἔθου	ἔστω
	3	ἔδωκε(ν)	ἔδω	ἔθηκε(ν)	ἔθη	ἔστησε(ν)	ἔστη	ἔδοτο	ἔθετο	ἔστατο
pl.	1	ἐδώκαμεν	ἔδομεν	ἐθήκαμεν	ἔθεμεν	ἐστήσαμεν	ἔστημεν	ἐδόμεθα	ἐθέμεθα	ἐστάμεθα
	2	ἐδώκατε	ἔδοτε	ἐθήκατε	ἔθετε	ἐστήσατε	ἔστητε	ἔδοσθε	ἔθεσθε	ἔστασθε
	3	ἔδωκαν	ἔδοσαν	ἔθηκαν	ἔθεασαν	ἔστησαν	ἔστησαν	ἔδοντο	ἔθεντο	ἔσταντο

SUMMARY OF Μι VERBS IN THE INDICATIVE MOOD

Stem	FIRST	SECOND	THIRD	FOURTH	FIFTH	SIXTH
δο	δίδωμι	δώσω	ἔδωκα	δέδωκα	δέδομαι	ἐδόθην
θε	τίθημι	θήσω	ἔθηκα	τέθεικα	τεθεῖμαι	ἐτέθην
ε	ἀφ-ίημι	ἀφ-ήσω	ἀφ-ῆκα	ἀφ-εῖκα	ἀφ-εῖμαι	ἀφ-είθην
στα	ἵστημι	στήσω	ἔστησα (1st A)	ἕστηκα	ἕσταμαι	ἐστάθην
			ἔστην (2nd A)			

Notes: -*false reduplication* -*no false reduplication* -*no false reduplication* -*regular reduplication* -*no false reduplication*
-*some new endings* -*regular endings* -*some kappa endings* -*regular endings* -*regular endings*

PARTICIPLES OF Μι VERBS

		PRESENT A	1ST AORIST A	2ND AORIST A
		nom., gen….	nom., gen…	nom., gen….
δίδωμι	masc.	διδούς, διδόντος...		δούς, δόντος...
	fem.	διδοῦσα, διδούσης...		δοῦσα, δούσης...
	neut.	διδόν, διδόντος...		δόν, δόντος...
τίθημι	masc.	τιθείς, τιθέντος...	θήκας, θηκάντος...	θείς, θέντος...
	fem.	τιθεῖσα, τιθείσης...	θηκᾶσα, θηκάσης...	θεῖσα, θείσης...
	neut.	τιθέν, τιθέντος...	θήκαν, θηκάντος...	θέν, θέντος...
ἵστημι	masc.	ἱστάς, ἱστάντος...	στήσας, στήσαντος...	στάς, στάντος...
	fem.	ἱστᾶσα, ἱστάσης...	στησᾶσα, στησάσης...	στᾶσα, στάσης...
	neut.	ἱστάν, ἱστάντος...	στήσαν, στήσαντος...	στάν, στάντος...

		PRESENT M/P	1ST AORIST M	2ND AORIST M
		nom., gen….	nom., gen….	nom., gen….
δίδωμι	masc.	διδόμενος, διδομένου...		δόμενος, δομένου...
	fem.	διδομένη, διδομένης...		δομένη, δομένης...
	neut.	διδόμενον, διδομένου...		δόμενον, δομένου...
τίθημι	masc.	τιθέμενος, τιθεμένου...	θηκάμενος, θηκαμένου...	θέμενος, θεμένου...
	fem.	τιθεμένη, τιθεμένης...	θηκαμένη, θηκαμένης...	θεμένη, θεμένης...
	neut.	τιθέμενον, τιθεμένου...	θηκάμενον, θηκαμένου...	θέμενον, θεμένου...
ἵστημι	masc.	ἱστάμενος, ἱσταμένου...	στησάμενος, στησαμένου...	στάμενος, σταμένου...
	fem.	ἱσταμένη, ἱσταμένης...	στησαμένη, στησαμένης...	σταμένη, σταμένης...
	neut.	ἱστάμενον, ἱσταμένου...	στησάμενον, στησαμένου...	στάμενον, σταμένου...

		(1ST) AORIST P	PERFECT A	PERFECT M/P
		nom., gen….	nom., gen….	nom., gen….
δίδωμι	masc.	δοθείς, δοθέντος...	δεδωκώς, δεδωκότος...	δεδομένος, δεδομένου...
	fem.	δοθεῖσα, δοθείσης...	δεδωκυῖα, δεδωκυίας...	δεδομένη, δεδομένης...
	neut.	δοθέν, δοθέντος...	δεδωκός, δεδωκότος...	δεδομένον, δεδομένου...

τίθημι	masc.	τεθείς, τεθέντος...	τεθεικώς, τεθεικότος...	τεθειμένος, τεθειμένου...
	fem.	τεθεῖσα, τεθείσης...	τεθεικυῖα, τεθεικυίας...	τεθειμένη, τεθειμένης...
	neut.	τεθέν, τεθέντος...	τεθεικός, τεθεικότος...	τεθειμένον, τεθειμένου...
ἵστημι	masc.	σταθείς, σταθέντος...	ἑστηκώς, ἑστηκότος...	
	fem.	σταθεῖσα, σταθείσης...	ἑστηκυῖα, ἑστηκυίας...	
	neut.	σταθέν, σταθέντος...	ἑστηκός, ἑστηκότος...	

SUBJUNCTIVE MOOD OF Μι VERBS

SUBJUNCTIVE FORMS OF τίθημι

		ACTIVE SUBJUNCTIVE			MIDDLE/PASSIVE SUBJUNCTIVE	
		PRESENT A	AORIST A	AORIST P	PRESENT M/P	AORIST M
sg.	1	τιθῶ	θῶ	τεθῶ	τιθῶμαι	θῶμαι
	2	τιθῆς	θῇς	τεθῇς	τιθῇ	θῇ
	3	τιθῇ	θῇ	τεθῇ	τιθῆται	θῆται
pl.	1	τιθῶμεν	θῶμεν	τεθῶμεν	τιθώμεθα	θώμεθα
	2	τιθῆτε	θῆτε	τεθῆτε	τιθῆσθε	θῆσθε
	3	τιθῶσι(ν)	θῶσι(ν)	τεθῶσι(ν)	τιθῶνται	θῶνται

SUBJUNCTIVE FORMS OF δίδωμι

		ACTIVE SUBJUNCTIVE			MIDDLE/PASSIVE SUBJUNCTIVE	
		PRESENT A	AORIST A	AORIST P	PRESENT M/P	AORIST M
sg.	1	διδῶ	δῶ	δοθῶ	διδῶμαι	δῶμαι
	2	διδῷς	δῷς	δοθῇς	διδῷ	δῷ
	3	διδῷ	δῷ	δοθῇ	διδῶται	δῶται
pl.	1	διδῶμεν	δῶμεν	δοθῶμεν	διδώμεθα	δώμεθα
	2	διδῶτε	δῶτε	δοθῆτε	διδῶσθε	δῶσθε
	3	διδῶσι(ν)	δῶσι(ν)	δοθῶσι(ν)	διδῶνται	δῶνται

SUBJUNCTIVE FORMS OF ἵστημι

		ACTIVE SUBJUNCTIVE				MIDDLE/PASSIVE SUBJUNCTIVE		
		PRES A	1ST AOR A	2ND AOR A	1ST AOR P	PRES M/P	1ST AOR M	2ND AOR M
sg.	1	ἱστῶ	στήσω	στῶ	σταθῶ	ἱστῶμαι	στήσωμαι	στῶμαι
	2	ἱστῆς	στήσῃς	στῇς	σταθῇς	ἱστῇ	στήσῃ	στῇ
	3	ἱστῇ	στήσῃ	στῇ	σταθῇ	ἱστῆται	στήσηται	στῆται
pl.	1	ἱστῶμεν	στήσωμεν	στῶμεν	σταθῶμεν	ἱστώμεθα	στησώμεθα	στώμεθα
	2	ἱστῆτε	στήσητε	στῆτε	σταθῆτε	ἱστῆσθε	στήσησθε	στῆσθε
	3	ἱστῶσι(ν)	στήσωσι(ν)	στῶσι(ν)	σταθῶσι(ν)	ἱστῶνται	στήωντο	στῶνται

IMPERATIVE MOOD OF Μι VERBS

		δίδωμι		τίθημι		ἵστημι	
		sg.	pl.	sg.	pl.	sg.	pl.
PRESENT A	2	δίδου	δίδοτε	τίθει	τίθετε	ἵστη	ἵστατε
	3	διδότω	διδότωσαν	τιθέτω	τιθέτωσαν	ἱστάτω	ἱστάτωσαν
PRESENT M/P	2	δίδοσο	δίδοσθω	τίθεσο	τίθεσθε	ἵστασο	ἵστασθε
	3	διδόσθω	διδόσθωσαν	τιθέσθω	τιθέσθωσαν	ἱστάσθω	ἱστάσθωσαν
AORIST A	2	δός	δότε	θές	θέτε	στῆσον	στήσατε
	3	δότω	δότωσαν	θέτω	θέτωσαν	στησάτω	στησάτωσαν
AORIST M	2	δοῦ	δόσθε	θοῦ	θέσθε	στῆθι*	στῆτε*
	3	δόσθω	δόσθωσαν	θέσθω	θέσθωσαν	στήτω*	στήτωσαν*
AORIST P	2	δόθητι	δόθητε	τέθητι	τέθητε	στάθητι	στάθητε
	3	δοθήτω	δοθήτωσαν	τεθήτω	τεθήτωναν	σταθήτω	σταθήτωσαν

* 2nd Aorist Active forms of ἵστημι

PRESENT TENSE OPTATIVE MOOD

	FOR Δίδωμι				FOR ἵστημι	FOR τίθημι
	PRESENT A		**PRESENT M/P**		**PRESENT A**	**PRESENT A**
sg. 1	διδοίην	(διδοοίην)	διδοίμην	(διδοοίμην)	ἱσταίην	τιθείην
2	διδοίης	(διδοοίης)	διδοῖο	(διδόοιο)	ἱσταίης	τιθείης
3	διδοίη	(διδοοίη)	διδοῖτο	(διδόοιτο)	ἱσταίη	τιθείη
pl. 1	διδοῖμεν	(διδόοιμεν)	διδοίμεθα	(διδοοίμεθα)	ἱσταῖμεν	τιθεῖ-μεν
2	διδοῖτε	(διδόοιτε)	διδοῖσθε	(διδόοισθε)	ἱσταῖτε	τιθεῖ-τε
3	διδοῖεν	(διδόοιεν)	διδοῖντο	(διδόοιντο)	ἱσταῖεν	τιθεῖε-ν

INFINITIVES OF Μι VERBS

Μι VERB	PRESENT A	PRESENT M/P	AORIST A	AORIST M	AORIST P
δίδωμι	διδόναι	δίδοσθαι	δοῦναι	δόσθαι	δοθῆναι
τίθημι	τιθέναι	τίθεσθαι	θεῖναι	θέσθαι	τεθῆναι
ἀφίημι	ἀφιέναι	ἀφίεσθαι	ἀφεῖναι	ἀφέσθαι	-
ἵστημι	ἱστάναι	ἵστασθαι	στῆσαι (1st A) στῆναι (2nd A)	-	σταθῆναι

§24 SYNOPSIS OF RULES FOR THE GREEK ACCENT (ὁ Τόνος)

Resources: For a comprehensive treatment of Greek accents, see D. A. Carson, *A Student's Manual of New Testament Greek Accents* (Grand Rapids: Baker, 1996). I have primarily drawn explanations and examples from M. A. North and A. E. Hillard, *Greek Prose Composition* (Durango, CO: Hollowbrook, 1993). The synopsis of the Heavy and Light Ultima Rules is from W. H. Harper and R. F. Weidner, *An Introductory New Testament Greek Method*, 7th ed. (New York: Scribners, 1895), 399.

A. **There are three accents:** acute (´), grave (`), and circumflex (˜).

B. **Names of Accent Positions:** Before proceeding, one must learn the names of the last three syllables of words. The last syllable is called the *ultima*, the one just before the ultima is the *penult*, and the one before the penult is the *antepenult*. Thus,

	antepenult	penult	ultima
ποταμός river	πο-	-τα-	-μός

C. **Restricted Location of Accents:** The acute accent (´) may be found on any of these syllables. The circumflex (˜) may be found <u>only</u> on heavy vowels, monophthongs, and diphthongs and <u>only</u> in the last two syllables (penult and ultima). The grave (`) may be found <u>only</u> on the last syllable (ultima).

D. **What Determines Accent Location:** Where the accents fall depends on the type of word and weight of the last syllable.

E. **Weight of Syllables:** Since the placement of accents depends on the respective weight of syllables (particularly the ultima), it is important to understand the weight of these vowels, monophthongs, and diphthongs.

ALWAYS LIGHT	ALWAYS HEAVY	LIGHT OR HEAVY
Vowels	**Vowels**	**Vowels**
ἒ ψιλόν ε and ὂ μικρόν ο	ἦτα η and ὦ μέγα ω	ἄλφα α, ἰῶτα ι, and ὖ ψιλόν υ
Mono- & Di-phthongs	**Mono- & Di-phthongs**	
ἄλφα-ἰῶτα -αι (except dative plural –αις)	all others	
ὂ μικρόν-ἰῶτα -οι (except dative plural –οις)	–αις and –οις forms	
Exception: -αι and -οι are considered heavy in the Optative Mood, which is rare in the Greek NT.		

F. **The Heavy Ultima Rule:** A word with a *heavy ultima*, if accented
   1. on the penult, has an acute accent; (ἀνθρώπου)
   2. on the ultima, has either a circumflex or an acute. (ἀκολουθεῖν; γυνή)

G. **The Light Ultima Rule:** A word with a *light ultima*, if accented
   1. on the antepenult, has an acute accent; (συνείδησις; διάκονος)
   2. on a light penult, has an acute accent; (εἰρημένον)
   3. on a heavy penult, has a circumflex accent; (ἀγαπᾶτε; μεῖζον)
   4. on the ultima, has an acute accent. (ἐθνικοί)

H. **The Grave Rule:** If a word is to be accented with an acute on the ultima, and that word is followed by another non-enclitic word (for enclitics, see below), then the acute is changed to a grave. For example, αὐτοὶ οὐκ; but note that this does not apply with an intervening punctuation mark: αὐτόν. εἶπον...
I. **Verb Accent Rules:** In verbs the accent normally tries to go as far towards the front of the verb as possible (i.e., away from the ultima) according to the rules of F. and G. above. This is called *recessive accentuation*. Here are the basic verb recessive accent rules:
  1. A verb form with a *heavy ultima* will generally be accented on the penult with an acute accent (πιστεύω).
  2. A verb form with a *light ultima* will generally be accented on the antepenult with an acute accent (πιστεύομεν); or if the verb only has only two syllables, a light ultima and a heavy penult, then it will be accented with a circumflex on the penult (ἦλθον).

  Note, however, that there are additional rules and exceptions for accenting verbs. These are:
  3. *Contracted syllables* retain their accented status, but must finally conform to the Light or Heavy Ultima Rules.
      a. For example, φιλέ+ω contracts to φιλῶ. For example, φιλε+έτω contracts to φιλείτω. This can be stated thus: when the first of the two contracting syllables is to be accented, a circumflex results; but when the second, then an acute. If neither contracted syllables would have received the accent, then the accent is an acute: φίλε+ε→ φίλει.
      b. The following verb forms are considered to be "contracted" forms (and thus has a circumflex):
          i. The subjunctive of all Aorist Passives: λυθῶ
          ii. The Subjunctive and Optative Present and 2nd Aorist Tenses for Μι Verbs (excluding verbs ending in -νυμι): τιθῶ and τιθεῖμεν (from τίθημι).
  4. The 2nd Aorist is accented on the ultima in the Active Infinitive (λαβεῖν) and Participle (λαβών) and 2nd singular Imperative (λαβοῦ) and on the penult in the Middle Infinitive forms (λαβέσθαι).
  5. An *acute* accent is found on the *ultima* in
      a. the following 2nd Aorists in the Imperative: εἰπέ, ἐλθέ, εὑρέ, ἰδέ, λαβέ.
      b. all active participles of Μι Verbs and all other participles ending in -ως or -εις: τιθείς, λυθείς, λελυκώς.
  6. The **recessive accent** is **retained** ("held back") on the penult in the following verb forms:
      a. 1st Aorist Active Infinitive (καταλῦσαι)
      b. all infinitives ending in -ναι (λελυκέναι)
      c. all Infinitives and Participles of the Perfect Middle/Passive (λελυμένος; ἀπολελύσθαι)
  7. In **Compound Verbs** the accent may not go back
      a. beyond the augment (παρέσχον, κατῆγον)
      b. beyond the last syllable of the preposition (ἀπόδος, ἐπίσχες)
      c. beyond the verbal part in Mi Verb Infinitives and Participles (ἀποδούς, ἀποδόσθαι)
      d. beyond the verbal part of 2nd singular Middle Imperatives on Mi Verbs compounded with a preposition of <u>one</u> syllable (προθοῦ; <u>but</u> μετάθου).
J. **Noun and Adjective Accent Rules:** Generally, in nouns accents are **retained** on the lexical form, but necessarily change when the form changes (e.g., the weight of the ultima).
  1. The accent on a noun must be observed in its nominative form. Patterns exist, however.
      a. Nouns with these nominative case endings have an acute on the ultima: -εύς, -ώ, -άς, -ίς (βασιλεύς). The same is true for adjectives that have these nominative singular endings: -ρός, -νός, -ής, -ύς, -ικός, -τός.
      b. These nouns and adjectives have an acute on the penult: most nouns ending in -ια and -τωρ (ῥήτωρ).
      c. The accent is **recessive** in the following words: neuter nouns ending in -μα and -ος (γράμμα→γράμμασιν), comparatives and superlatives (πονηρός,-ά,-όν → πονηρότερος,-α,-ον), and adjectives ending in -ιμος (φρόνιμος).
  2. In the First and Second Declension words with acute ultima, all genitives and datives receive a circumflex (ὁδός→ὁδοῦ, ὁδῷ).
  3. The genitive plural of all First Declension words have a circumflex on the ultima: -ῶν.
  4. The genitives and datives of Third Declension monosyllabic words (excluding participles) are accented on the ultima (χείρ→ χειρός, χείρες, χειρῶν)
  5. In words like πόλις and πῆχυς. the endings -εως, -εων are treated as one syllable.
K. **Proclitics** ("leaning forward") are words that have no accent and should be pronounced as if part of the next word. These include ἐν, ἐκ, ἐξ, ὡς, εἰ, οὐ, οὐκ, οὐχ and some forms of the definite article, namely, ὁ, ἡ, οἱ, αἱ. These may take an accent if followed by an **enclitic**.
L. **Enclitics** ("leaning on") are words that lose their own accent and should be pronounced with the preceding word. These include some forms of the 1st and 2nd personal pronoun (μου, μοι, με, σου, σοι, σε), the indefinite pronoun (τις, τι), the

indefinite adverbs (που, ποτε, πω, πως), the particles γε, τε, τοι, περ and the indicative forms of εἰμί and φημί (except 2nd singular εἶ and φῆς). Words before enclitics either (1) retain an acute in the ultima (rather than switching to a grave), (2) add an acute to the ultima, if accented on the penult or antepenult, or (3) if a proclitic, receive an acute accent. (There are some exceptions to these rules!)

§25 Principal Parts of Verbs in Chapters 1-15

Regular Verbs throughout the Principal Parts (if they exist in the GNT)

Chapter	First	Second	Third	Fourth	Fifth	Sixth
3	βαπτίζω	βαπτίσω	ἐβάπτισα	-	βεβάπτισμαι	ἐβαπτίσθην
3	βλέπω	βλέψω	ἔβλεψα	-	-	-
3	γράφω	γράψω	ἔγραψα	γέγραφα	γέγραμμαι	ἐγράφην
3	διδάσκω	διδάξω	ἐδίδαξα	-	-	ἐδιδάχθην
10	διώκω	διώξω	ἐδίωξα	-	δεδίωγμαι	ἐδιώχθην
3	δοξάζω	δοξάσω	ἐδόξασα	-	δεδόξασμαι	ἐδοξάσθην
10	ἑτοιμάζω	-	ἡτοίμασα	ἡτοίμακα	ἡτοίμασμαι	ἡτοιμάσθην
3	εὐαγγελίζω	-	εὐηγγέλισα	-	εὐηγγέλισμαι	εὐηγγελίσθην
10	θαυμάζω	-	ἐθαύμασα	-	-	ἐθαυμάσθην
10	θεραπεύω	θεραπεύσω	ἐθεράπευσα	-	τεθεράπευμαι	ἐθεραπεύθην
10	καθίζω	καθίσω	ἐκάθισα	κεκάθικα	-	-
10	κηρύσσω	-	ἐκήρυξα	-	-	ἐκηρύχθην
10	κράζω	κράξω	ἔκραξα	κέκραγα	-	-
10	λύω	(λύσω)	ἔλυσα	(λέλυκα)	λέλυμαι	ἐλύθην
6	ἀπολυω (P, F, A, - Rp, Ap)					
3	πέμπω	πέμψω	ἔπεμψα	-	-	ἐπέμφθην
7	πιστεύω	πιστεύσω	ἐπίστευσα	πεπίστευκα	πεπίστευμαι	ἐπιστεύθην
3	σῴζω	σώσω	ἔσωσα	σέσωκα	σέσω(σ)μαι	ἐσώθην

Almost Regular Except for One Form

Chapter	First	Second	Third	Fourth	Fifth	Sixth
7	ἀκούω	ἀκούσω (ἀκούσομαι)	ἤκουσα	ἀκήκοα	-	ἠκούσθην
10	ἀνοίγω	ἀνοίξω	ἤνοιξα (ἀνέῳξα) (ἠνέῳξα)	ἀνέῳγα	ἀνέῳγμαι (ἠνέῳγμαι)	ἠνοίχθην (ἀνεῴχθην) (ἠνεῴχθην)
10	ἐγγίζω	ἐγγίω	ἤγγισα	ἤγγικα	-	-
10	κλαίω	κλαύσω	ἔκλαυσα	-	-	-
10	πείθω	πείσω	ἔπεισα	πέποιθα	πέπεισμαι	ἐπείσθην

Middle-Formed Verbs (See also under 2nd Aorist)

Chapter	First	Second	Third	Fourth	Fifth	Sixth
6	ἀποκρίνομαι	-	ἀπεκρινάμην	-	-	ἀπεκρίθην
3	πορεύομαι	πορεύσομαι	-	-	πεπόρευμαι	ἐπορεύθην
3	προσεύχομαι	προσεύξομαι	προσηυξάμην	-	-	-

Special Verbs

Chapter			
5	εἰμί (Present)	ἤμην (Imperfect)	ἔσομαι (Future)
10	οἶδα (Perfect, but Present meaning); ᾔδειν (Pluperfect, but Aorist meaning)		

2ND AORIST VERBS

Chapter	First	Second	Third	Fourth	Fifth	Sixth
8	ἄγω	ἄξω	ἤγαγον	-	(ἦγμαι)	ἤχθην
8	συνάγω (P, F, A, -, Rp, Ap)					
8	ὑπάγω (P, -, -, -, -, -)					
11	ἀναβαίνω	ἀναβήσομαι	ἀνέβην	ἀναβέβηκα	-	-
11	καταβαίνω (P, F, A, R, -, -)					
11	ἀποθνῄσκω	ἀποθανοῦμαι	ἀπέθανον	-	-	-
8	βάλλω	βαλῶ	ἔβαλον	βέβληκα	βέβλημαι	ἐβλήθην
8	ἐκβάλλω (P, R, A, R, -, Ap)					
11	γίνομαι	γενήσομαι	ἐγενόμην	γέγονα	γεγένημαι	ἐγενήθην
11	γινώσκω	γνώσομαι	ἔγνων	ἔγνωκα	ἔγνωσμαι	ἐγνώσθην
11	ἐπιγινώσκω (R, F, A, R, - Ap)					
3	ἔρχομαι	ἐλεύσομαι	ἦλθον	ἐλήλυθα	-	-
3	ἀπέρχομαι (P, F, A, R, -, -)					
3	διέρχομαι (P, F, A, R, -, -)					
3	εἰσέρχομαι (P, F, A, R, -, -)					
3	ἐξέρχομαι (P, F, A, R, -, -)					
3	προσέρχομαι (P, -, A, R, -, -)					
11	ἐσθίω	φάγομαι	ἔφαγον	-	-	-
3	εὑρίσκω	εὑρήσω	εὗρον (εὗρα)	εὕρηκα	-	εὑρέθην
3	ἔχω	ἕξω	ἔσχον	ἔσχηκα	-	-
11	λαμβάνω	λήμψομαι	ἔλαβον	εἴληφα	-	ἐλήμφθην
11	παραλαμβάνω (P, F, A, -, -, παρελήμφθην)					
3	λέγω	ἐρῶ	εἶπον // εἶπα	εἴρηκα	εἴρημαι	ἐρρέθην
11	ὁράω	ὄψομαι	εἶδον εἶδα ὤψησα	ἑώρακα ἑόρακα	-	ὤφθην
8	πάσχω	-	ἔπαθον*	πέπονθα	-	-
11	πίνω	πίομαι	ἔπιον	πέπωκα	-	-
11	πίπτω	πέσομαι	ἔπεσον	πέπτωκα	-	-
8	φέρω	οἴσω	ἤνεγκα	(ἐνήνοχα)		ἠνέχθην
8	προσφέρω (P, -, A, R, -, Ap)					

§26 Principal Parts of Verbs in Chapters 16-21

Chapter	First	Second	Third	Fourth	Fifth	Sixth
17	ὑπάρχω	ὑπάρξω	ὑπῆρξα	-	-	-

Contract Verbs

Chapter	First	Second	Third	Fourth	Fifth	Sixth
20	ἀγαπάω	ἀγαπήσω	ἠγάπησα	ἠγάπηκα	ἠγάπημαι	ἠγαπήθην
20	αἰτέω	αἰτήσω	ᾔτησα	ᾔτηκα	-	-
20	ἀκολουθέω	ἀκολουθήσω	ἠκολούθησα	ἠκολούθηκα	-	-
20	γεννάω	γεννήσω	ἐγέννησα	γεγέννηκα	γεγέννημαι	ἐγεννήθην
20	δοκέω	δόξω	ἔδοξα	-	-	-
20	ἐπερωτάω	ἐπερωτήσω	ἐπηρώτησα	-	-	-
20	ἐρωτάω	ἐρωτήσω	ἠρώτησα	-	-	-
20	ζάω	ζήσω (ζήσομαι)	ἔζησα	-	-	-
20	ζητέω	ζητήσω	ἐζήτησα	-	-	ἐζητήθην

Chapter	First	Second	Third	Fourth	Fifth	Sixth
20	θεωρέω	θεωρήσω	ἐθεώρησα	-	-	-
20	καλέω	καλέσω	ἐκάλεσα	κέκληκα	κέκλημαι	ἐκλήθην
20	λαλέω	λαλήσω	ἐλάλησα	λελάληκα	λελάλημαι	ἐλαλήθην
20	μαρτυρέω	μαρτυρήσω	ἐμαρτύρησα	μεμαρτύρηκα	μεμαρτύρημαι	ἐμαρτυρήθην
20	παρακαλέω	-	παρεκάλεσα	-	παρακέκλημαι	παρεκλήθην
20	περιπατέω	περιπατήσω	περιεπάτησα	-	-	-
20	πληρόω	πληρώσω	ἐπλήρωσα	πεπλήρωκα	πεπλήρωμαι	ἐπληρώθην
20	ποιέω	ποιήσω	ἐποίησα	πεποίηκα	πεποίημαι	-
20	προσκυνέω	προσκυνήσω	προσκύνησα	-	-	-
20	τηρέω	τηρήσω	ἐτήρησα	τετήρηκα	τετήρημαι	ἐτηρήθην
20	φοβέω	-	-	-	-	ἐφοβήθην

Liquid Verbs

Chapter	First	Second	Third	Fourth	Fifth	Sixth
21	αἴρω	ἀρῶ	ἦρα	ἦρκα	ἦρμαι	ἤρθην
21	ἀπαγγέλλω	ἀπαγγελῶ	ἀπήγγειλα	-	-	ἀπηγγέλθην
21	ἀποκτείνω	ἀποκτενῶ	ἀπέκτεινα	-	-	ἀπεκτάνθην
21	ἀποστέλλω	ἀποστελῶ	ἀπέστειλα	ἀπέσταλκα	ἀπέσταλμαι	ἀπεστάλην
21	ἐγείρω	ἐγερῶ	ἤγειρα	-	ἐγήγερμαι	ἠγέρθην
21	κρίνω	κρινῶ	ἔκρινα	κέκρικα	κέκριμαι	ἐκρίθην
21	μένω	μενῶ	ἔμεινα	μεμένηκα		
21	σπείρω	-	ἔσπειρα	-	ἔσπαρμαι	ἐσπάρην
21	χαίρω	χαιρήσομαι	-	-	-	ἐχάρην

§27 Principal Parts of Verbs in Chapters 22-26

Mixed Verbs (Middle-Formed, Liquid, Irregular)

Chapter	First	Second	Third	Fourth	Fifth	Sixth
23	ἄρχομαι	ἄρξομαι	ἠρξάμην	-	-	-
25	ἀσπάζομαι	-	ἠσπασάμην	-	-	-
23	δεῖ	-	-	-	-	-
25	δέχομαι	-	ἐδεξάμην	-	δέδεγμαι	ἐδέχθην
23	δύναμαι	δύνησομαι	-	-	-	ἠδυνήθην
23	θέλω	-	ἠθέλησα	-	-	-
23	κάθημαι	καθήσομαι	καθῆκα	-	-	-
23	μέλλω	μελλήσω	-	-	-	-

Μι Verbs

Chapter	First	Second	Third	Fourth	Fifth	Sixth
24	ἀπόλλυμι	ἀπολέσω	ἀπώλεσα	ἀπολώλεκα	-	-
24		ἀπολῶ	ἀπόλωλα			
24	ἀφίημι	ἀφήσω	ἀφῆκα	-	ἀφέωμαι	ἀφέθην
24	δίδωμι	δώσω	ἔδωκα	δέδωκα	δέδομαι	ἐδόθην
24	ἀποδίδωμι (P,F,A,-,-,Ap)					
24	παραδίδωμι (P,F,A,Ra,Rp,Ap)					
24	ἵστημι	στήσω	ἔστησα (1st A) / ἔστην (2nd A)	ἕστηκα	-	ἐστάθην
24	ἀνίστημι (P,F,A,-,-,-)					
24	παρίστημι (P,F,A,Ra,-,-)					
24	τίθημι	θήσω	ἔθηκα	τέθεικα	τέθειμαι	ἐτέθην
24	φημί					

§28 ERASMIAN PRONUNCIATION CONVENTION

A. Within the majority of the academic community, the Erasmian pronunciation is still the most common (even in its various forms!), although initially the system was a joke on Erasmus that he latter learned about.[1] See the work of John Schwandt who discusses various pronunciation systems (http://www.biblicalgreek.org/links/pronunciation.php), including the various Erasmian systems. Below is a chart from my earlier *Kairos: A Beginning Greek Grammar* (2005) that presents an Erasmian pronunciation that is followed by a discussion of diphthongs. For transliteration values, which are not pronunciation neutral, since they reproduce Erasmian pronunciation, see APPENDIX §29.

| Letter Name | | Small Letters | Capital Letters | Erasmian Sound Value | | |
In English	In Greek	(Minuscules)	(Uncials)			
alpha	ἄλφα	α	A	a	as in	f<u>a</u>ther
bēta	βῆτα	β	B	b	as in	<u>b</u>ark
gamma	γάμμα	γ	Γ	g	as in	<u>g</u>et
delta	δέλτα	δ	Δ	d	as in	<u>d</u>og
epsilon	ἒ ψιλόν	ε	E	e	as in	b<u>e</u>d
zēta	ζῆτα	ζ	Z	z	as in	<u>z</u>oo
ēta	ἦτα	η	H	ey	as in	pr<u>ey</u>
thēta	θῆτα	θ	Θ	th	as in	<u>th</u>ey
iōta	ἰῶτα	ι	I	i	as in	mach<u>i</u>ne
kappa	κάππα	κ	K	k	as in	<u>k</u>een
lambda	λάμβδα	λ	Λ	l	as in	<u>l</u>og
mu	μῦ	μ	M	m	as in	<u>m</u>ouse
nu	νῦ	ν	N	n	as in	<u>n</u>ew
xi	ξῖ	ξ	Ξ	x	as in	o<u>x</u>
omicron	ὂ μικρόν	ο	O	o	as in	p<u>o</u>t
pi	πῖ	π	Π	p	as in	<u>p</u>ie
rhō	ῥῶ	ρ	P	r	as in	<u>r</u>un
sigma	σίγμα	σ, ς	Σ	s	as in	<u>s</u>nake
tau	ταῦ	τ	T	t	as in	<u>t</u>ell
upsilon	ὖ ψιλόν	υ	Υ	u	as in	<u>u</u>se
phi	φῖ	φ	Φ	ph	as in	<u>ph</u>one
chi	χῖ	χ	X	ch	as in	Ba<u>ch</u>
psi	ψῖ	ψ	Ψ	ps	as in	<u>ps</u>eudo
ōmega	ὦ μέγα	ω	Ω	o	as in	<u>o</u>bey

B. **Special Rules of Pronunciation**:
1. The letter **gamma** before another *gamma*, *kappa*, *xi*, or *chi* is to be pronounced as an *n*. Thus, γγ is *ng*, γκ is *nk*, γξ is *nx*, and γχ is *nch*.
2. When *sigma* comes at the end of a word it has a different form (-ς) which looks more like our English *s*. This is called a **final sigma**. The other *sigma* (σ) is often called a **medial sigma**.

C. **Vowels and Diphthongs**: Greek has seven vowels, nine proper diphthongs, and three improper diphthongs.
1. <u>Vowels</u>: The Greek vowels in alphabetical order are α, ε, η, ι, ο, υ, and ω. Vowels can be either light or heavy in weight. (Weight concerns how much stress is given). Epsilon (ε) and omicron (ο) are always light. *Ēta* (η) and *ōmega* (ω) are always heavy. *Alpha* (α), *iōta* (ι), and *upsilon* (υ) can be either light or heavy.
2. <u>Diphthongs</u>: A **diphthong** consists of two vowels that occur side-by-side with only one sound. Below are the **proper diphthongs** with pronunciation equivalents:

COMMON				THESE ARE RARE	
αι as in *aisle*	ει as in *eight*	οι as in *oil*	υι as in *we*	ηυ as in *feud*	
αυ as in *cow*	ευ as in *feud*	ου as in *food*		ωυ as in *food*	

---

[1] See Chrys C. Caragounis, "The Error of Erasmus and Un-Greek Pronunciations of Greek," *Filología Neotestamentaria* 8 (1995): 151–85.

3. Improper Diphthongs: The **improper diphthongs** are ᾳ, ῃ, and ῳ. Notice the small *iōta* **subscript**. These improper diphthongs arose when, at some point during the development of the language, *iōtas* dropped below the vowel they originally followed. Only these three vowels may have an *iōta* subscript. On the one hand, the *iōta* subscript *does not change* the pronunciation of *alpha* (α), *ēta* (η), and *ōmega* (ω); thus, they are called **improper diphthongs**. On the other hand, the presence or absence of the *iōta* subscript is *always* important grammatically and lexically to distinguish forms and words.

§29 Transliteration Convention

Bible reference works such as lexicons, commentaries, monographs, and theological dictionaries will not infrequently contain Greek words transliterated into English character values. Such words are conventionally placed into italics. Below are the standard transliteration values of the Greek characters. However, beware that these values generally represent each letter's sound value in the Erasmian pronunciation. Hence, this is why γ *gamma* may need to be represented as a "g" or an "n."

ʽ	= *h* (before vowels)	ζ	= *z* (or *ds*)	ν	= *n*	τ	= *t*
α	= *a*	η	= *ē*	ξ	= *x*	υ	= *y*
β	= *b*	θ	= *th*	ο	= *o*	υ	= *u* (in diphthongs)
γ	= *g*	ι	= *i*	π	= *p*	φ	= *ph*
γ	= n (before γ, κ, ξ, or χ)	κ	= *k*	ρ	= *r*	χ	= *ch*
δ	= *d*	λ	= *l*	ῥ	= *rh*	ψ	= *ps*
ε	= *e*	μ	= *m*	σ, ς	= *s*	ω	= *ō*

An initial rough breathing mark (ʽ) over vowels or a *rhō* is transliterated as an *h* (see further below in 2.8). For example, ἡμέρα is transliterated *hēmera*. Notice that the accent mark (´) over the *epsilon* is not transliterated. The word ῥῆμα is transliterated *rhēma*. Furthermore, *gamma* is transliterated *n* before *gamma*, *kappa*, *xi*, or *chi*. *Upsilon* may be transliterated as *y* unless it is a part of a diphthong in which it then is transliterated as *u* (υι is transliterated *ui*; ου is transliterated *ou*). Here are some Greek words with their transliterated forms.

ἄγγελος → *angelos*	θεός → *theos*
βαπτίζω → *baptizō*	ἱλάσθητι → *hilasthēti*
υἱός → *huios*	ψυχικός → *psychikos*
ὁμολογία → *homologia*	Χριστός → *Christos*

§30 The Pronunciation of Koine Greek
by
T. Michael W. Halcomb

In the same way that it is in our best interest to learn the grammatical and syntactical ins and outs of Koine Greek, as this book has helped us do, it is to our benefit to have some understanding of the issues surrounding the matter of pronunciation. Because the majority of English-Greek grammar books employ the so-called Erasmian Pronunciation (I say "so-called" because Erasmus himself did not adopt it), and because professors have been using such textbooks for the last several hundred years, the overwhelming majority of students have accepted this framework without much question. Indeed, many have been taught that recovering any semblance of how Koine originally sounded is beyond possibility. Such a claim, however, simply misses the mark.

The reality is that we can know how Koine sounded. There are a number of resources readily available and at our disposal that can assist us in this regard. Before I mention just a couple of those, however, it will be helpful to understand a bit about the context out of which "Erasmian" took root and grew. For me this historical data is important and should not be divorced from discussions about whether Erasmian should continue to be used. At the same time it is not the "nail in the coffin," so to speak, or the strongest bit of information we have to move away from Erasmian to the Koine Era Pronunciation (KEP).

With regard to context, the 1400s-1600s A.D. in Europe are worthy of note, especially the locales of Greece and England. Given that I cannot provide an in-depth discussion of every significant event or person worthy of mention here, I must be selective. I want to draw our attention first, then, to the fact that in the years preceding the 1400s French and Latin were prominent across Europe but French was the language of power, politics, and social prestige. There came a shift around the 1500s, however, when French began to be replaced by English.

While there were many dialects of English, a standard began to emerge as it was developed at the behest of royalty.

The chancery (the chapel of the king) consisted of scribes and writers who worked at creating an English standard among themselves. Eventually this standard began to proliferate as it was used increasingly outside of the chancery. As English replaced French as the norm and as the chancery's English standard gained momentum, other institutions, especially the academy, began to take note and follow suit. These changes happened quite organically and, relatively speaking, over a period of hundreds of years.

This move toward an English standard also played a role in what is known as The Great Vowel Shift.[2] I cannot explain the shift here at length but it is worth pointing out that basically the vowels *a*, *e*, *i*, *o*, and *u*, along with *ai*, all shifted and took on a different sound. The influence of this change is hard to overestimate because even today's English remains directly affected by it. As it was occurring across the late 1400s to mid 1600s, those living at the time were also dramatically affected by it. We need to realize that Erasmus himself lived during this period, a period when matters pertaining French, Latin, and English, especially the latter, were very socially and politically charged. The pronunciation of English was at the forefront of many debates and discussions.

But this brings us to another matter, namely, the pronunciation of Greek. Following the Turkish invasion and conquering of the Greek-speaking Byzantine Empire in A.D. 1453, for the first time a sharp distinction was beginning to be made between Ancient Greek and Modern Greek. Prior to this point no one had ever really differentiated the two in such a substantive way and in such an aggressive historical manner. In the minds of many, the political misfortunes of the Greeks confirmed that they were weak and intellectually backward; this caused non-Greeks to despise them and avoid their language. This also caused Greeks to strive to "maintain their ethnic identity," which led them to turn in upon themselves, "jealously preserving their language and culture." As one author says, "The use of the Modern Greek pronunciation for the ancient language was only part of this larger phenomenon."[3] Thus, for the Greeks, the pronunciation of the language was a matter of national pride.

Yet, here, for the first time, Ancient Greek—and for our purposes, Koine Greek—was essentially declared dead. What had existed unbroken for thousands of years despite its various permutations and changes was now considered deceased. But the question must be asked: Who declared it a dead language? And the follow-up question: Why? We cannot necessarily pin the event of rendering Koine a dead language on one person. But when we look to figures such as the Spanish humanist Antonio Nebrija, who asserted that Hebrew, Greek, and Latin had ran their courses, and who spoke of "national awakening in all parts of the West," we learn that he may have been an early catalyst for changing the pronunciation of Greek.

Nebrija knew Erasmus and, in fact, Erasmus may have first heard of the non-historical pronunciation from Nebrija. It should be pointed out here that Erasmus himself never adopted what later became known as the "Erasmian Pronunciation." In fact, Erasmus held to a Modern Greek pronunciation. What happened was that Erasmus wrote a fable about a lion and a bear using different Greek pronunciations, one which was based on Modern Greek and the other which was based on English, and this tale became widely popular.

As matters of language change were on the rise and as Greeks were ousted from their academic teaching posts in ancient literature departments and replaced by non-native Greek speakers, the historian and grammarian A. N. Jannaris notes, "The first act … was to do away with the traditional pronunciation—which reflects perhaps the least changed part of the language—and then to declare Greek a dead tongue."[4] Many jumped on the bandwagon with this thinking. Then, with enough academic elites and social powerhouses on board, the new English-based pronunciation began to spread quickly.

Friedrich Blass, a professor and author living in the 1800s, who, even in his time referred to the Greeks of his day as half-barbarians and their pronunciation as barbaric,[5] along with numerous other leading thinkers such as Martin Luther, "Philipp Melanchthon, Johann Sturm, and their many associates and followers," had "adopted Erasmus' teaching methods and textbooks as the basis of their educational reforms."[6] To be sure, Erasmus talked about pronunciation in some of his works,

---

[2] For an accessible discussion of this see Seth Lerer, *The History of the English Language*, 2nd ed. (Springfield, VA: The Teaching Company, 2008), 37-45.

[3] T. Michael W. Halcomb, "Never Trust A Greek … Professor: Revisiting the Question of How Koine Was Pronounced," paper presented at the annual meeting of the Stone-Campbell Journal Conference, Knoxville, TN, 14 March 2014.

[4] A. N. Jannaris, *An Historical Greek Grammar Chiefly of the Attic Dialect As Written and Spoken From Classical Antiquity Down to the Present Time: Founded Upon Ancient Texts, Inscriptions, Papyri and Present Popular Greek* (London: Macmillan, 1897), viii.

[5] Attributed to F. Blass in Chrys C. Caragounis, "The Error of Erasmus and Un-Greek Pronunciations of Greek," *Filología Neotestmentaria* 8 (1995), endnote 12. I was unable to gain access to the cited source firsthand.

[6] Judith R. Henderson, "Erasmian Ciceronians: Reformation Teachers of Letter-Writing," *Rhetorica* 10.3 (Summer, 1992): 274.

especially the aforementioned fable. This led people to believe that he himself was an advocate of the pronunciation that became attached to his name.

These circumstances reveal that the socio-political climate of the day was ripe for the proliferation of the Erasmian pronunciation. Thus, there was not simply one person responsible for the so-called death of Koine, but rather many in the academy. Declaring Greek dead was a socio-political move; indeed, it allowed the academy to drive a wedge between Ancient and Modern Greek. In doing so, the academics could refer to Ancient Greek as "their Greek," while the Modern Greeks could deal with Modern Greek. This division—a false historical dichotomy between Ancient and Modern Greek—has persisted even until today in the academy; the main progenitors of it have been Western colleges, universities, and seminaries.

In my opinion, it would not only be a just act but also a historically responsible one to move away from Erasmian to the Koine Era Pronunciation (KEP). And in spite of the oft-heard claim that we cannot know it, we surely can. One of the main ways that we can recover the KEP is by comparing "orthographical substitutions," that is, spelling interchanges between documents containing the same text or the same words across different documents. I prefer to call these spelling differences "interchanges" rather than "mistakes" or "errors" as some like Bart Ehrman do, because they were in fact not always errors. To arrive at such a conclusion one must force modern expectations about reading and writing back on to ancient authors and scribes. Before the rise of modernism, what was written (literary works, letters, documents, etc.) was meant to be read aloud and was composed for the ear. Thus, as long as what was on the page produced the proper sounds and words when spoken, it was considered good, acceptable, and meaningful.

To use a very simple example from English, we might say that when spoken aloud, the word "meen" in the statement "The boy is meen" produces the correct sound to hearers, although it is (mis)spelled "meen" rather than complying with our modern standard of "mean"; yet "meen" would nonetheless have been understood *by hearers*. In fact, if one were to write an entire lecture with words whose spellings were considered atypical, the audience would likely never know about the spelling interchanges. The only way they would know is to look at the manuscript. If they were to view the manuscript, they would then see the non-standard spellings rather than the well-known standard spellings. If listeners were to do this, they would realize that in English "ee" and "ea" make the same sound and are, to the ear, completely interchangeable. This is actually one way that we can reconstruct how Koine sounded, too. If we compare how words were spelled in ancient writings to a more common standard spelling, we can recover which letters sounded alike or different. For instance, one ancient work spells the number three as τρις. When we compare this with the standard spelling τρεις, we learn that Koine ι and ει were often interchanged and thus sounded exactly alike.

In addition to comparing non-standard spellings with standard spellings, we can often just compare words across a single document. For instance, in Papyrus 66 the scribe used both τρις and τρεις; even though they are spelled differently in the document, they made the same sound when read aloud and were thus considered good and acceptable. Beyond this type of analysis, many other ways to recover the KEP exist: We can read, for example, ancient texts that talked about pronunciation; we can look for rhyme and assonance in poetry (this gives us clues as to which letters and syllables sounded alike); we can use tools from the field of historical phonology/linguistics to help chart both synchronic and diachronic sound change.

At the end of the day, it is simply erroneous to claim that we cannot know how Koine sounded. The bald claim that such a task is beyond recovery finally needs to be put to rest. As scholars, researchers, teachers, and learners, our role should not be to regurgitate statements we may have read or heard along the way without checking to see whether or not they can be substantiated. Instead, if we are in the business of teaching truth and doing so in a true manner, then we will let the evidence lead us. I am convinced with regard to the pronunciation of Koine that such evidence abounds; for this reason I have left Erasmian behind and embraced the KEP.

VOCABULARY: WORDS OCCURRING 20 TIMES OR MORE

The following vocabulary includes words occurring 20 words or more, depending on which GNT one consults (UBS or SBLGNT). Occasionally, you will find a bonus word occurring 19 times. The definitions are glosses; they are not comprehensive. The chapter in which the word was formally introduced is given before the word. If a word has no chapter number, it is not formally introduced in the handbook. The gender of the noun is indicated after the noun (*m, f, n*). The genitive form of Third Declension nouns is always given. Adjectives are distinguished by their endings for each gender (e.g., ος, -η, -ον = *m, f, n*). If only two endings are given, then the first ending is both masculine and feminine; this is a dual termination adjective. All the verbs presented in this handbook are given below according to their six Principal Parts. If there is a dash (-), this indicates that this particular Principal Part is absent in the GNT. Alternative forms of a Principal Part are put into parentheses immediately after the form. For some compound verbs, the Principal Parts are not all provided, since theses forms may be readily observed on the uncompounded verb forms. Finally, frequencies are given in superscripts.

ἄλφα

2	Ἀβραάμ[78]	Abraham
7	ἀγαθός, -ή, -όν[125]	good, beneficial
20	ἀγαπάω, ἀγαπήσω, ἠγάπησα, ἠγάπηκα, ἠγάπημαι, ἠγαπήθην[143]	I love
15	ἀγάπη[116] *f*	love
14	ἀγαπητός, -η, -ον[61]	beloved, dearly loved
5	ἄγγελος[175] *m*	angel, messenger
	ἁγιάζω[28]	I sanctify, consecrate
7	ἅγιος, -α, -ον[233]	holy; devout; οἱ ἅγιοι = *saints*
	ἀγνοέω[22]	I do not know; I am ignorant
	ἀγοράζω[30]	I buy, purchase
	ἀγρός[36] *m*	field; countryside; farm
8	ἄγω, ἄξω, ἤγαγον, -, -, ἤχθην[69]	I lead; I bring, carry
	ἀδελφή[26] *f*	sister; fellow believer
5	ἀδελφός[342] *m*	brother
	ἀδικέω[28]	I wrong, treat unjustly; I harm
	ἀδικία[25] *f*	wrongdoing, injustice, unrighteousness
	Αἴγυπτος, -ου[25] *f*	Egypt
13	αἷμα, -ατος[97] *n*	blood; bloodshed
21	αἴρω, ἀρῶ, ἦρα, ἦρκα, ἦρμαι, ἤρθην[101]	I raise, lift up; I take away
20	αἰτέω, αἰτήσω, ᾔτησα, ᾔτηκα, -, -[70]	I ask, demand
	αἰτία[20] *f*	cause, reason; accusation
12	αἰών, αἰῶνος[122] *m*	age, era; life span; eternity
14	αἰώνιος, -ον[69]	eternal, long-lasting
	ἀκάθαρτος, -ον[32]	unclean(sed), impure; defiled
	ἀκοή[24] *f*	hearing; report, news
20	ἀκολουθέω, ἀκολουθήσω, ἠκολούθησα, ἠκολούθηκα, -, -[89]	I follow, obey (+ *dat.*)
7	ἀκούω, ἀκουσω (ἀκούσομαι), ἤκουσα, ἀκήκοα, -, ἠκούσθην[428]	I hear; I obey (+ *acc. or gen.*)
	ἀκροβυστία[20] *f*	uncircumcision

ἄλφα

4	ἀλήθεια[109] f	truth, reality
22	ἀληθής, -ές[26]	true, truthful
	ἀληθινός, -ή, -όν[28]	true, faithful
4	ἀλλά[638]	but (+ *correction*); yet, rather
19	ἀλλήλων[100]	one another
7	ἄλλος, -η, -ον[154]	other; another
	ἁμαρτάνω, ἁμαρτήσω, ἡμάρτησα, ἡμάρτηκα,-,-[43]	I miss the mark; I fail, go wrong, sin
15	ἁμαρτία[172] f	sin, failure; guilt
22	ἁμαρτωλός, -όν[47]	sinful; sinner (*noun*)
15	ἀμήν[128]	Amen! Certainly!
	ἀμπελών, -ῶνος[23] m	vineyard
26	ἄν[170]	*particle of potential circumstance or condition*
11	ἀναβαίνω, ἀναβήσομαι, ἀνέβην, ἀναβέβηκα,-,-[81]	I go up, ascend
	ἀναβλέπω[25]	I look up; I receive sight
	ἀναγινώσκω[32]	I read
	ἀνάγω[23]	I lead up; I carry by sea (*mid.*)
	ἀναιρέω[24]	I take up; I destroy, kill
16	ἀνάστασις, -εως[42] f	resurrection
	ἄνεμος[31] m	wind
12	ἀνήρ, ἀνδρός[216] m	man; husband
5	ἄνθρωπος[550] m	person, human; people (*pl.*)
24	ἀνίστημι[108] (P, F, A, -, -, -) (*from* ἵστημι)	I raise up; I resurrect
10	ἀνοίγω, ἀνοίξω, ἤνοιξα, ἀνέῳγα, ἀνέῳγμαι, ἠνοίχθην[77]	I open
	ἀντί[22] (*with genitive*)	over against; in place of; for
22	ἄξιος, -α, -ον[41]	worthy
21	ἀπαγγέλλω, ἀπαγγελῶ, ἀπήγγειλα, -, -, ἀπηγγέλθην[45]	I report, declare
12	ἅπας, -ασα, -αν[34]	(quite) all, every; whole
6	ἀπέρχομαι[117] (P, F, A, Ra, -, -) (*from* ἔρχομαι)	I go away, depart
	ἄπιστος, -ον[23]	unfaithful; incredible; unbeliever (*noun*)
6	ἀπό, ἀπ', ἀφ'[645] (*with genitive*)	from
24	ἀποδίδωμι[48] (P, F, A, -, -, Ap) (*from* δίδωμι)	I deliver; I pay
11	ἀποθνῄσκω, ἀποθανοῦμαι, ἀπέθανον, -, -, -[111]	I die
	ἀποκαλύπτω[26]	I uncover, reveal, disclose
6	ἀποκρίνομαι, -, ἀπεκρινάμην, -, -, ἀπεκρίθην[232]	I answer back, reply (+ *dat.*)
21	ἀποκτείνω, ἀποκτενῶ, ἀπέκτεινα, -, -, ἀπεκτάνθην[74]	I kill, slay
24	ἀπόλλυμι, ἀπολέσω (ἀπολῶ), ἀπώλεσα, ἀπολώλεκα (ἀπόλωλα), -, -[90]	I destroy (*active*); I perish (*middle*)
6	ἀπολύω[67] (P, F, A, -, Rp, Ap) (*from* λύω)	I release, send away; I pardon
21	ἀποστέλλω, ἀποστελῶ, ἀπέστειλα, ἀπέσταλκα, ἀπέσταλμαι, ἀπεστάλην[131]	I send (off)
5	ἀπόστολος[79] m	delegate, apostle
	ἅπτω[39]	I fasten; I light; I touch (mid.)
25	ἄρα[53]	therefore
	ἀργύριον[20] n	silver (coin); money
	ἀρνέομαι[33]	I deny, disown; I decline, refuse

	Greek		English
	ἀρνίον³⁰	n	little sheep; lamb
	ἄρτι³⁶		just (now); presently
9	ἄρτος¹⁷⁴	m	bread, loaf; food
17	ἀρχή⁵⁵	f	beginning; rule, power
16	ἀρχιερεύς, -έως¹²²	m	high priest, chief priest
23	ἄρχομαι, ἄρξομαι, ἠρξάμην, -, -, -⁸⁶		I begin to; I am
12	ἄρχων, ἄρχοντος³⁷	m	ruler
	ἀσθένεια²⁴	f	weakness; sickness
	ἀσθενέω³³		I am weak, feeble, sick
22	ἀσθενής, -ές²⁶		weak; sick
25	ἀσπάζομαι, -, ἠσπασάμην, -, -, -⁵⁹		I greet, welcome; I embrace
	ἀστήρ, ἀστέρος²⁴	m	(shooting) star; fire
	αὐξάνω²³		I cause to grow; I increase in power
9	αὐτός, -ή, -ό ⁵⁵⁶⁹		he, she, it
9	αὐτοί, -αί, -ά		they
24	ἀφίημι, ἀφήσω, ἀφῆκα, -, ἀφέωμαι, ἀφέθην¹⁴³		I send off, release; I permit; I forgive (+ dat.)
22	ἀχρίς⁴⁹ (with genitive)		as far as; until (conjunction)

βῆτα

	Greek		English
8	βάλλω, βαλῶ, ἔβαλον, βέβληκα, βέβλημαι, ἐβλήθην¹²²		I cast, throw; I place
3	βαπτίζω, βαπτίσω, ἐβάπτισα, -, βεβάπτισμαι, ἐβαπτίσθην⁷⁷		I soak, submerge, wash; I baptize
	βάπτισμα, -ατος¹⁹	n	baptism
	Βαρναβᾶς, -ᾶ²	m	Barnabas
4	βασιλεία¹⁶²	f	kingdom, reign
16	βασιλεύς, -έως¹¹⁵	m	king
	βασιλεύω²¹		I am king; I reign, rule
	βαστάζω²⁷		I bear, carry (away)
	βιβλίον³⁴	n	paper; document, book
	βλασφημέω³⁴		I revile sacred things, blaspheme; I slander
3	βλέπω, βλέψω, ἔβλεψα, -, -, -¹³³		I see, observe
	βούλομαι³⁷		I wish; I intend

γάμμα

	Greek		English
15	Γαλαλία⁶¹	f	Galilee
	γαμέω²⁸		I marry; I give in marriage (mid.)
8	γάρ¹⁰³⁹ (postpositive)		For, because
	γε²⁶ (postpositive)		indeed, at least; really, even
15	γενεά⁴³	f	generation; age; kind
20	γεννάω, γεννήσω, ἐγέννησα, γεγέννηκα, γεγέννημαι, ἐγεννήθην⁹⁷		I bear, give birth; I parent
	γένος, -ους²⁰	n	race; family, descendant; kind
15	γῆ ²⁵⁰	f	land; earth
11	γίνομαι, γενήσομαι, ἐγενόμην, γέγονα, γεγένημαι, ἐγενήθην⁶⁶⁷		I become, am; I come; I happen
11	γινώσκω, γνώσομαι, ἔγνων, ἔγνωκα, ἔγνωσμαι, ἐγνώσθην²²¹		I know, understand
17	γλῶσσα⁵⁰	f	language; tongue

γάμμα – δέλτα

	γνωρίζω²⁵	I make known; I know
	γνῶσις, -εως²⁹ f	inquiry; knowledge
	γονεύς, -έως²⁰ m	parent
16	γραμματεύς, -έως⁶³ m	scribe, law expert
17	γραφή⁴⁹ f	Scripture; writing
3	γράφω, γράψω, ἔγραψα, γέγραφα, γέγραμμαι, ἐγράφην¹⁹²	I write
	γρηγορέω²²	I am awake, remain alert
13	γυνή, γυναικός²¹⁶ f	woman; wife

δέλτα

5	δαιμόνιον⁶³ n	demon, spirit, inferior deity
2	Δαυίδ⁵⁹	David
4	δέ ²⁷⁷⁷ (postpositive)	*signifies a new development*; and, but, moreover, additionally
23	δεῖ¹⁰¹	it is necessary to
	δεικνύω or δείκνυμι³³	I show, point out, make known
	δέκα²⁵	ten
	δένδρον²⁵ n	tree
14	δεξιός, -ά, -όν⁵⁴	right (*vs. left*)
	δέομαι²²	I am in need (of); I ask, beg
22	δεύτερος, -α, -ον⁴³	second
25	δέχομαι, -, ἐδεξάμην, -, δέδεγμαι, ἐδέχθην⁵⁶	I receive, welcome; I take
	δέω, -, ἔδησα, δέδεκα, δέδεμαι, ἐδέθην⁴³	I bind, tie
6	διά, δι' ⁶⁶⁶ (*with genitive*)	through
	(*with accusative*)	on account of, because of
	διάβολος, -ον³⁷	slanderous; accuser, the Devil (*noun*)
	διαθήκη³³ f	will, testament; covenant
	διακονέω³⁷	I serve, administer
	διακονία³⁴ f	service, (ad)ministering
	διάκονος²⁹ m/f	servant, minister; deacon
	διδασκαλία²¹ f	teaching, instruction
5	διδάσκαλος⁵⁹ m	teacher, master
3	διδάσκω, διδάξω, ἐδίδαξα, -, -, ἐδιδάχθην⁹⁷	I teach, instruct
	διδαχή³⁰ f	teaching
24	δίδωμι, δώσω, ἔδωκα, δέδωκα, δέδομαι, ἐδόθην⁴¹⁵	I give, entrust
6	διέρχομαι⁴³ (P, F, A, R, -, -) (*from* ἔρχομαι)	I pass through/over
7	δίκαιος, -α, -ον⁷⁹	righteous, just, fair
4	δικαιοσύνη⁹¹ f	righteousness, justice
	δικαιόω³⁹	I set right; I justify, pronounce righteous
25	διό⁵³	wherefore, therefore
	διότι²³	because; wherefore
10	διώκω, διώξω, ἐδίωξα, -, δεδίωγμαι, ἐδιώχθην⁴⁵	I pursue; I persecute
20	δοκέω, δόξω, ἔδοξα, -, -, -⁶²	I think; I suppose; I seem
	δοκιμάζω²²	I examine, test, prove, approve

15	δόξα¹⁶⁵ f	glory, splendor; reputation
3	δοξάζω, δοξάσω, ἐδόξασα, -, δεδόξασμαι, ἐδοξάσθην⁶¹	I glorify, honor, esteem
	δουλεύω²⁵	I am a slave; I am subjected to
9	δοῦλος¹²⁶ m	slave; servant
23	δύναμαι, δυνήσομαι, -, -, -, ἠδυνήθην²⁰⁹	I am able to
16	δύναμις, -εως¹¹⁹ f	power; miracle
	δυνατός, -ή, -όν³²	powerful, able, capable
14	δυό (δυσί dative plural)¹³⁵	two
14	δώδεκα⁷⁵	twelve

ἒ ψιλόν

22	ἐάν ³³⁰	if, (when)ever
26	ἐάν μή ⁴⁸	unless; if not
19	ἑαυτοῦ³²¹	of himself, herself, itself
10	ἐγγίζω, ἐγγίω, ἤγγισα, ἤγγικα, -, -⁴²	I draw near, approach
	ἐγγύς³¹	near, close
21	ἐγείρω, ἐγερῶ, ἤγειρα, -, ἐγήγερμαι, ἠγέρθην¹⁴³	I raise up
	ἔγνων, ἔγνωκα, ἔγνωσμαι, ἐγνώσθην	see γινώσκω
9	ἐγώ ¹⁸⁰⁵	I
16	ἔθνος, -ους¹⁶⁰ n	nation; Gentile
8	εἰ ⁵⁰²	if, whether
26	εἰ μή ⁹²	except; if not
	εἶδον, εἶδα	see ὁράω
	εἰκών, -όνος²³ f	image, likeness; (coin) portrait
	εἴληφα	see λαμβάνω
5	εἰμί, ἔσομαι, -, -, -, -²⁴⁵⁸	I am, exist
	εἶπον, εἶπα	see λέγω
	εἴρηκα, εἴρημαι	see λέγω
4	εἰρήνη⁹¹ f	peace; well-being
6	εἰς¹⁸⁵⁷ (with accusative)	into, to; for (may express a purpose)
12	εἷς, μία, ἕν³⁴⁴	one, single
6	εἰσέρχομαι¹⁹³ (P, F, A, Ra, -, -) (from ἔρχομαι)	I go into, enter
25	εἴτε⁶⁵	whether, if; or
25	εἴτε ... εἴτε	whether ... or
6	ἐκ, ἐξ⁹¹³ (with genitive)	from, out of
7	ἕκαστος, -η, -ον⁸²	each
	ἑκατοντάρχης (or -αρχος), -ου²⁰ m	centurion
8	ἐκβάλλω⁸¹ (P, F, A, Ra, -, Ap) (from βάλλω)	I throw out
	ἐκεῖθεν²⁷	from that place; thence, thereafter
12	ἐκεῖνος, -η, -ο²⁴³	that (one); those (pl.)
4	ἐκκλησία¹¹⁴ f	assembly, church
	ἐκλέγομαι²²	I select, choose
	ἐκλεκτός, -ή, -όν²²	chosen, elect, select
	ἐκπορεύομαι³³	I come or go out

	ἐκχέω²⁷	I pour out
	ἐλεέω²⁹	I have mercy (on), show mercy
	ἔλεος, -ους²⁷ n	pity, mercy, compassion
	ἐλεύθερος, -α, -ον²³	free
	ἐλεύσομαι, ἐλήλυθα	see ἔρχομαι
	Ἕλλην, -ηνος²⁵ m	a Greek (person)
	ἐλπίζω³¹	I hope, expect
13	ἐλπίς, ἐλπίδος⁵³ f	hope
19	ἐμαυτοῦ³⁷	of myself
19	ἐμός⁶⁸	my, mine
	ἔμπροσθεν⁴⁸ (with genitive)	before, in front of, ahead of
6	ἐν ²⁷³⁷ (with dative)	in, among, with
	ἐνδύω²⁷	I dress; I put on (mid.)
	ἕνεκα or ἕνεκεν²⁶ (with genitive)	on account of, for the sake of
	ἐνεργέω²¹	I work, energize, operate
4	ἐντολή⁶⁶ f	commandment, order
6	ἐνώπιον⁹⁴ (with genitive)	before, face to face, in view of
6	ἐξέρχομαι²¹⁷ (P, F, A, Ra, -, -) (from ἔρχομαι)	I go out, exit
	ἔξεστι(ν)³⁴ (impersonal verb)	it is right, proper, permitted
15	ἐξουσία¹⁰² f	authority; power
22	ἔξω ⁶²	outside
	ἑορτή²⁵ f	feast
17	ἐπαγγελία⁵² f	promise
	ἐπεί²⁶	since, because; when
20	ἐπερωτάω¹⁵⁶ (P, F, A, -, -, -) (from ἐρωτάω)	I ask, inquire
10	ἐπί, ἐπ', ἐφ' ⁸⁸⁷ (with genitive)	on, over
	(with dative)	on, near
	(with accusative)	on, to, toward
11	ἐπιγινώσκω⁴⁴ (P, F, A, R, -, Ap) (from γινώσκω)	I know about; I understand
	ἐπίγνωσις, -εως²⁰ f	knowledge, recognition
	ἐπιθυμία³⁸ f	eager desire, passion, lust
	ἐπικαλέω³⁰	I call (upon); I invoke
	ἐπιστολή²⁴ f	letter, epistle
	ἐπιστρέφω³⁶	I turn (around)
	ἐπιτίθημι³⁹	I lay upon; I impose, inflict
	ἐπιτιμάω²⁹	I show honor to; I rebuke, warn
14	ἑπτά⁸⁸	seven
	ἐργάζομαι, -, ἠργασάμην (εἰργασάμην), -, εἴργασμαι, -⁴¹	I work, perform, accomplish
9	ἔργον¹⁶⁹ n	work, activity; accomplishment
22	ἔρημος, -ον⁴⁸	desolate; desert (noun)
3	ἔρχομαι, ἐλεύσομαι, ἦλθον, ἐλήλυθα, -, -⁶³³	I come, I go
	ἐρῶ, ἐρρέθην	see λέγω
20	ἐρωτάω, ἐρωτήσω, ἠρώτησα, -, -, -⁶³	I ask, inquire
11	ἐσθίω, φάγομαι, ἔφαγον, -, -, -¹⁵⁸	I eat, consume

	ἔσομαι	*Future of* εἰμί
	ἔστησα (*or* ἔστην), ἕστηκα, -, ἐστάθην	*see* ἵστημι
14	ἔσχατος, -η, -ον⁵²	last; end
7	ἕτερος, -α, -ον⁹⁷	different; another
7	ἔτι⁹³	yet, still
10	ἑτοιμάζω, -, ἡτοίμασα, ἡτοίμακα, ἡτοίμασμαι, ἡτοιμάσθην⁴⁰	I make ready, prepare
16	ἔτος, -ους⁴⁹ *n*	year
5	εὐαγγέλιον⁷⁵ *n*	good news, gospel
3	εὐαγγελίζομαι, -, εὐηγγέλισα, -, εὐηγγέλισμαι, εὐηγγελίσθην⁵⁴	I announce the good news
	εὐδοκέω²¹	I am well pleased or content with
22	εὐθύς/εὐθεώς⁵⁹	immediately, at once; directly
	εὐλογέω, εὐλογήσω, εὐλόγησα, εὐλόγηκα, εὐλόγημαι, -⁴¹	I speak well of, praise, bless
3	εὑρίσκω, εὑρήσω, εὗρον (*or* εὗρα), εὕρηκα, -, εὑρέθην¹⁷⁶	I find, discover
	εὐχαριστέω³⁸	I am thankful, give thanks
	ἔφη	*Imperfect 3 sg. of* φημί
	ἐφίστημι²¹	I come upon; I stand at
	ἐχθρός, -ά, -όν³²	hated; hostile; an enemy (noun)
3	ἔχω, ἕξω, ἔσχον, ἔσχηκα, -, -⁷⁰⁷	I have; I am
	ἑώρακα (*or* ἑόρακα)	*see* ὁράω
11	ἕως ¹⁴⁵ (*with genitive*)	until, as far as, up to; while (*as conj.*)
26	ἕως ἄν	until

ζῆτα

20	ζάω, ζήσω (ζήσομαι), ἔζησα, -, -, -¹⁴⁰	I live
20	ζητέω, ζητήσω, ἐζήτησα, -, -, ἐζητήθην¹¹⁷	I seek, search; I inquire
4	ζωή¹³⁵ *f*	life; existence
	ζῶον²³ *n*	living creature, animal

ἦτα

25	ἤ³⁴⁶	or; than (*with* μᾶλλον)
	ἤ … ἤ	either … or
	ἡγεμών, -όνος²⁰ *m*	leader; Roman governor
	ἡγέομαι²⁸	I lead, guide; I consider
8	ἤδη⁶⁰	already; now
	ἥκω²⁸	I have come; I am present
	Ἡλίας, -ου²⁹ *m*	Elijah
	ἥλιος³² *m*	the sun
9	ἡμεῖς⁸⁶⁵	we
4	ἡμέρα³⁸⁹ *f*	day
19	ἡμέτερος, -α, -ον⁷	our, ours
	ἤνεγκα, ἠνέχθην	*see* φέρω
	ἦρα, ἦρκα, ἦρμαι, ἤρθην	*see* αἴρω
	ᾔτησα, ᾔτηκα	*see* αἰτέω
4	Ἡρῴδης, -ου⁴³ *m*	Herod

	Ἠσαΐας, -ου²² m	Isaiah

θῆτα

15	θάλασσα⁹¹ f	lake, sea
9	θάνατος¹²⁰ m	death
10	θαυμάζω, -, ἐθαύμασα, -, -, ἐθαυμάσθην⁴³	I wonder, am amazed
	θεάομαι²²	I behold
13	θέλημα, -ατος⁶² n	will, desire
23	θέλω, -, ἠθέλησα, -, -, -²⁰⁸	I will, wish, want to
5	θεός¹³⁰⁷ m	God; god
10	θεραπεύω, θεραπεύσω, ἐθεράπευσα, -, τεθεράπευμαι, ἐθεραπεύθην⁴³	I heal; I serve
	θερίζω²¹	I reap, harvest
20	θεωρέω, θεωρήσω, ἐθεώρησα, -, -, -⁵⁸	I behold, see, view (as spectator)
18	θηρίον⁴⁶ n	wild beast
16	θλῖψις, -εως⁴⁵ f	affliction; persecution
18	θρόνος⁶² m	throne, chair, seat
	θυγάτηρ, -τρός²⁸ f	daughter
	θύρα³⁹ f	door, gate
	θυσία²⁸ f	sacrifice, offering
	θυσιαστήριον²³ n	altar, sanctuary

ἰῶτα

	Ἰακώβ²⁷ m	Jacob
2	Ἰάκωβος⁴² m	Jacob/James
	ἰάομαι²⁶	I heal, cure
	ἴδε²⁸	See! Behold! (*draws attention*)
7	ἴδιος, -α, -ον¹¹⁴	one's own
15	ἰδού²⁰⁰	Behold! Look! (*draws attention*)
	ἱερεύς, -έως³¹ m	priest, sacrificer
18	ἱερόν⁷² n	temple; holy place
2	Ἰερουσαλήμ⁷⁷/Ἱεροσόλυμα⁶³ f/m	Jerusalem
5	Ἰησοῦς⁹¹¹ m	Jesus; Joshua
	ἱκανός, -ή, -όν³⁹	sufficient, considerable; competent
18	ἱμάτιον⁶⁰ n	garment
22	ἵνα⁶⁶³	in order that; that
4	Ἰουδαία⁴³ f	Judea
7	Ἰουδαῖος, -α, -ον¹⁹⁵	Judean, Jewish; Jew
16	Ἰούδας, -α⁴⁹ m	Judas, Judah
	Ἰσαάκ²⁰ m	Isaac
2	Ἰσραήλ⁶⁸ m	Israel
24	ἵστημι, στήσω, ἔστησα (or ἔστην), ἕστηκα, -, ἐστάθην¹⁵⁴	I cause to stand; I set up (*1st Aor.*); I stand (*2nd Aor.*)
	ἰσχυρός, -ά, -όν²⁹	strong

	ἰσχύω[28]	I am strong, able
	ἰχθύς, -ύος[20] m	fish
4	Ἰωάννης, -ου[135] m	John
	Ἰωσήφ[35] m	Joseph

κάππα

9	κἀγώ[83] = καὶ ἐγώ	and I, even I
	καθαρίζω[31]	I make clean, cleanse
	καθαρός, -ά, -όν[27]	clean, pure; innocent
	καθεύδω[22]	I sleep
23	κάθημαι, καθήσομαι, καθῆκα, -, -, -[91]	I sit, am sitting
10	καθίζω, καθίσω, ἐκάθισα, κεκάθικα, -, -[46]	I sit; I seat; I stay
	καθίστημι[21]	I set down; I set in order, appoint
16	καθώς[182]	just as, corresponding to
4	καί[8984]	and; also, even
4	καί ... καί	both ... and
22	καινός, -ή, -όν[42]	new
9	καιρός[174] m	season, time; opportunity
	Καῖσαρ, -ος[29] m	Caesar
14	κακός, -η, -ον[50]	bad; evil
20	καλέω, καλέσω, ἐκάλεσα, κέκληκα, κέκλημαι, ἐκλήθην[148]	I call; I name; I invite
7	καλός, -ή, -όν[101]	good; beautiful; noble
	καλῶς[36]	well, beautifully
15	καρδία[156] f	heart
18	κάρπος[66] m	fruit, produce; profit
8	κατά, κατ', καθ'[470] (with genitive)	against; down from
	(with accusative)	according to
11	καταβαίνω[80] (P, F, A, R, -, -) (see ἀναβαίνω)	I go down, descend
	καταλείπω[24]	I leave (behind); I forsake
	καταργέω[27]	I make of no effect, nullify; I annul, abolish
	κατεργάζομαι[22]	I accomplish, bring about
	κατηγορέω[23]	I accuse
	κατοικέω, -, κατῴκησα, -, -, -[44]	I dwell in, inhabit
	καυχάομαι[37]	I boast, am proud of
	κεῖμαι[24]	I lie, recline; I am set up, established
	κέκληκα, κέκλημαι	see καλέω
	κελεύω[25]	I urge, exhort; I command
15	κεφαλή[75] f	head; superior
10	κηρύσσω, -, ἐκήρυξα, -, -, ἐκηρύχθην[61]	I proclaim, announce, preach
10	κλαίω, κλαύσω, ἔκλαυσα, -, -, -[40]	I weep (for), lament
	κοιλία[22] f	the belly; womb
	κοπιάω[23]	I work hard, toil; I grow weary
5	κόσμος[185] m	world
10	κράζω, κράξω, ἔκραξα, κέκραγα, -, -[55]	I cry out, call out

	κρατέω, κρατήσω, ἐκράτησα, κεκράτηκα, κεκράτημαι, -[47]	I am strong; I hold fast, seize
21	κρίνω, κρινῶ, ἔκρινα, κέκρικα, κέκριμαι, ἐκρίθην[115]	I judge, decide; I condemn
	κρίμα, -ατος[27] n	decision, judgment; condemnation
16	κρίσις, -εως[47] f	judging, judgment; trial
5	κύριος[714] m	Lord; master, owner
	κωλύω[23]	I hinder; I prevent, forbid
	κώμη[27] f	village

λάμβδα

20	λαλέω, λαλήσω, ἐλάλησα, λελάληκα, λελάλημαι, ἐλαλήθην[297]	I speak
11	λαμβάνω, λήμψομαι, ἔλαβον, εἴληφα, -, ἐλήμφθην[258]	I take; I receive
9	λαός[142] m	people, populace
	λατρεύω[21]	I serve; I worship
3	λέγω, ἐρῶ, εἶπον (or εἶπα), εἴρηκα, εἴρημαι, ἐρρέθην[2352]	I say, speak
	λευκός, -ή, -όν[25]	light, bright; white
18	λίθος[59] m	stone
	λογίζομαι, -, ἐλογισάμην, -, -, ἐλογίσθην[40]	I reckon, consider, think, count
5	λόγος[330] m	word, speech; matter
14	λοιπός, -ή, -όν[55]	rest; remaining
	λυπέω[26]	I grieve, become sad; I offend, insult
10	λύω, (λύσω), ἔλυσα, (λέλυκα), λέλυμαι, ἐλύθην[42]	I loosen, untie; I destroy

μῦ

	Μακεδονία[22] f	Macedonia
4	μαθητής, -οῦ[262] m	disciple, student
7	μακάριος, -α, -ον[50]	blessed, happy, favored
25	μᾶλλον[81]	rather; more
	μανθάνω[25]	I learn; I understand
	μαρτυρία[37] f	testimony, evidence
	μαρτύριον[19] n	testimony, proof
20	μαρτυρέω, μαρτυρήσω, ἐμαρτύρησα, μεμαρτύρηκα, μεμαρτύρημαι, ἐμαρτυρήθην[76]	I testify, witness
	μάρτυς, μάρτυρος[35] m	witness; martyr
13	ματήρ, μήτρος[83] f	mother
	μάχαιρα[29] f	sword, dagger
12	μέγας, μεγάλη, μέγα[243]	great, large
25	μείζων, -ον[(48)] (*comparative of μέγας*)	larger, greater
23	μέλλω, μελλήσω, -, -, -, -[109]	I am going to, am about to
	μέλος, -ους[34] n	limb, member, (body) part
15	μέν[178]	however, but; indeed
15	μὲν ... δὲ	on the one hand ... on the other hand
21	μένω, μενῶ, ἔμενα, μεμένηκα, -, -[118]	I remain, continue
16	μέρος, μέρους[42] n	part, share

14	μέσος, -η, -ον[58] (*with genitive*)	middle (of)
8	μετά, μετ', μεθ'[470] (*with genitive*)	with
	(*with accusative*)	after, behind
	μετανοέω[34]	I change my mind; I repent
	μετάνοια[22] *f*	repentance; change of mind
14	μή[1038]	no; (*also used in questions expecting a negative answer*)
22	μηδέ[56]	and not; not even; neither ... nor
22	μηδείς, μηδεμία, μηδέν[91]	no; no one; nothing
	μηκέτι[22]	no longer, no more
22	μήποτε[25]	never; lest ever; whether perhaps
	μήτε[34]	and not; neither ... nor
14	μήτι ... ;[18]	no; (*expects a negative answer*)
22	μικρός, -ά, -όν[46]	small, little
	μιμνήσκομαι[23]	I remember
	μισέω, μισήσω, ἐμίσησα, μεμίσηκα, μεμίσημαι, -[40]	I hate, despise
	μισθός[29] *m*	wages, reward
18	μνημεῖον[40] *n*	a memorial; grave, tomb
	μνημονεύω[21]	I remember; I call to mind
14	μόνος, -η, -ον[113]	only; alone (*adverb*)
	μυστήριον, -ου[28] *n*	mystery, secret
16	Μωϋσῆς, -έως[80] *m*	Moses

νῦ

	ναί[33]	yes; certainly
18	ναός[45] *m*	temple (edifice); sanctuary
7	νεκρός, -ά, -όν[128]	dead
	νέος, -α, -ον[24]	new, young
	νεφέλη[25] *f*	cloud
	νηστεύω[20]	I fast, abstain from
	νικάω[28]	I conquer, overcome
5	νόμος[194] *m*	law; the Law
	νοῦς, νοός[24] *m*	mind; understanding, way of thinking
7	νῦν[145]	now, currently
	νυνί[20]	now (*emphatic form of* νῦν)
13	νύξ, νυκτός[61] *f*	night

ξῖ

	ξύλον[20] *n*	wood, tree; post

ὂ μικρόν

5	ὁ, ἡ, τό[19796]	the (*and other significations*)
5	ὁδός[101] *f*	road, way, path
10	οἶδα, εἰδήσω, ᾔδειν, -, -, -[320]	I know, understand

15	οἰκία⁹³ f	house, dwelling; family
9	οἶκος¹¹³ m	house, dwelling; family
	οἰκοδομέω, οἰκοδομήσω, ᾠκοδόμησα, -, οἰκοδόμημαι, οἰκοδομήθην⁴⁰	I build (up); I strengthen
	οἶνος³⁴ m	wine
	οἴσω	see φέρω
22	ὀλίγος, -η, -ον⁴⁰	little, small; few
12	ὅλος, -η, -ον¹⁰⁸	whole, entire
	ὀμνύω or ὄμνυμι²⁶	I vow, take an oath, swear
22	ὅμοιος, -α, -ον⁴⁵	like, liken to (+ *dat*.)
	ὁμοίως³⁰	likewise, in the same way
	ὁμολογέω²⁶	I agree with; I confess; I promise
13	ὄνομα, -ατος²²⁹ n	name
	ὀπίσω³⁵ (*with genitive*)	behind, after
16	ὅπου⁸¹	where
26	ὅπου ἄν or ὅπου ἐάν	wherever
22	ὅπως⁵³	in order that; how
11	ὁράω, ὄψομαι, εἶδον (*or* εἶδα *or* ὤψησα), ἑώρακα (*or* ἐόρακα), -, ὤφθην⁴⁵³	I see; I perceive; I understand
	ὀργή³⁶ f	anger, wrath
16	ὄρος, -ους⁶³ n	mountain, hill
9	ὅς, ἥ, ὅ ¹⁴⁰⁷	who, which, that
26	ὅς ἄν	who(ever)
26	ὅσος, η, -ον¹¹¹	how many, as much as
26	ὅσος ἄν	however so many
19	ὅστις, ἥτις, ὅτι¹⁴⁴	who(soever), what(soever)
26	ὅταν¹²³ (*crasis of* ὅτε + ἄν)	when(ever)
16	ὅτε¹⁰²	when, after
8	ὅτι¹²⁹⁴	that; because
	οὗ²⁴	where
3	οὐ, οὐκ, οὐχ¹⁶²¹	no, not; (*also used in questions expecting a positive answer*)
15	οὐαί⁴⁶	Woe!
15	οὐδέ¹⁴³	nor; not even; neither
12	οὐδείς, οὐδεμία, οὐδέν²²⁷	no; no one; nothing
	οὐκέτι⁴⁷	no longer, no further
4	οὖν⁴⁹⁵ (*postpositive*)	therefore
	οὔπω²⁶	not yet
5	οὐρανός²⁷³ m	heaven, sky
	οὖς, ὠτός³⁶ n	ear
15	οὔτε⁸⁷	nor; not even; neither
15	οὔτε ... οὔτε	neither ... nor
12	οὗτος, αὕτη, τοῦτο¹³⁸⁷	this (one); these (pl.)
15	οὕτως²⁰⁷	thus, in this manner

14	οὐχί ... ;⁵⁴	no; (*expects a positive answer*)
	ὀφείλω³⁵	I owe; I ought
9	ὀφθαλμός¹⁰⁰ *m*	eye
9	ὄχλος¹⁷⁴ *m*	crowd, multitude (of people)
	ὄψομαι	see ὁράω

πῖ

18	παιδίον⁵² *n*	little child; young servant
	παῖς, παιδός²⁴ *m/f*	child (boy or girl); slave
7	πάλιν¹⁴¹	again
	πάντοτε⁴¹	always
10	παρά, παρ'¹⁹³ (*with genitive*)	from, alongside
	(*with dative*)	beside, near
	(*with accusative*)	at, by; out from
4	παραβολή⁵⁰ *f*	parable, illustration
24	παραδίδωμι¹¹⁹ (P, F, A, Ra, Rp, Ap) (*from* δίδωμι)	I hand over, deliver; I betray
	παραγγέλλω³²	I transmit a message; I command
	παραγίνομαι³⁷	I come, arrive
20	παρακαλέω¹⁰⁹ (P, -, A, -, Rp, Ap) (*from* καλέω)	I exhort; I encourage; I advise
	παράκλησις, -εως²⁹ *f*	encouragement, exhortation
11	παραλαμβανω⁴⁹ (P, F, A, -, -, παρελήμφθην) (*from* λαμβάνω)	I take along/with; I receive
	παράπτωμα, -ατος¹⁹ *n*	false step, transgression, trespass
	πάρειμι²⁴	I am present; I have arrived
	παρέρχομαι²⁹	I pass by, pass away; I arrive
24	παρίστημι⁴¹ (P, F, A, R, -, -) (*from* ἵστημι)	I place near; I stand before/with
	παρουσία²⁴ *f*	presence; arrival, coming
	παρρησία³¹ *f*	boldness, frankness, freedom of speech
12	πᾶς, πᾶσα, πᾶν¹²⁴³	every, all; each
8	πάσχω, -, ἔπαθον, πέπονθα, -, -⁴²	I suffer
	πάσχα²⁹ *n* (*indeclinable*)	Passover
12	πατήρ, πατρός⁴¹³ *m*	father
2	Παῦλος¹⁵⁸ *m*	Paul
10	πείθω, πείσω, ἔπεισα, πέποιθα, πέπεισμαι, ἐπείσθην⁵²	I persuade; I trust (*+ dat.*); I obey (*middle*)
	πεινάω²³	I hunger
	πειράζω³⁸	I test, tempt; I attempt
	πειρασμός²¹ *m*	testing, temptation
3	πέμπω, πέμψω, ἔπεμψα, -, -, ἐπέμφθην⁷⁹	I send, dispatch
	πέντε³⁸	five
	πέραν²³ (*with genitive*)	on the other side, beyond
8	περί ³³² (*with genitive*)	concerning; about
	(*with accusative*)	around; about
	περιβάλλω²³	I put around, clothe
20	περιπατέω, περιπατήσω, περιεπάτησα, -, -, -⁹⁵	I walk; I live, behave

	περισσεύω[39]	I abound, overflow
	περισσός, -ή, -όν[22]	abundant, remarkable; superfluous
	περιτομή[36] f	circumcision
2	Πέτρος[156] m	Peter
2	Πιλᾶτος[55] m	Pilate
	πίμπλημι[24]	I fill (up); I fulfill
11	πίνω, πίομαι, ἔπιον, πέπωκα, -, -[72]	I drink
11	πίπτω, πέσομαι, ἔπεσον, πέπτωκα, -, -[90]	I fall, collapse
7	πιστεύω, πιστεύσω, ἐπίστευσα, πεπίστευκα, πεπίστευμαι, ἐπιστεύθην[241]	I trust; I believe (+ *dat.*)
16	πίστις, -εως[242] f	faith; faithfulness
7	πιστός, -ή, -όν[67]	faithful, believing; certain
	πλανάω[39]	I lead astray
25	πλείω, -ον[(57)] (*comparative of* πολύς)	more, greater
	πληγή[22] f	blow, strike; wound
	πλῆθος, -ους[31] n	a great number, multitude; crowd
	πλήν[31] (*as preposition with genitive*)	but, except, only
20	πληρόω, πληρώσω, ἐπλήρωσα, -, πεπλήρωμαι, ἐπληρώθην[86]	I fill, fulfill
18	πλοῖον[67] n	boat
	πλούσιος, -α, -ον[28]	rich, wealthy
	πλοῦτος[22] m	wealth, riches
13	πνεῦμα, -ατος[379] n	spirit; breath; (Holy) Spirit
	πνευματικός, -ή, -όν[26]	spiritual
	πόθεν[29]	whence? from where?
20	ποιέω, ποιήσω, ἐποίησα, πεποίηκα, πεποίημαι, -[568]	I do; I make
26	ποῖος, -α, -ον[33]	of what kind? which?
16	πόλις, -εως[163] f	city
12	πολύς, πολλή, πολύ[415]	much, many
7	πονηρός, -ά, -όν[78]	wicked, evil; sick
3	πορεύομαι, πορεύσομαι, -, -, πεπόρευμαι, ἐπορεύθην[153]	I go, walk
	πορνεία[25] f	sexual immorality, prostitution
26	πόσος, -η, -ον[27]	of what quantity? how many?
	ποτέ[29]	at some time, once, ever
14	πότε[19]	when?
	ποτήριον[31] n	drinking cup
14	ποῦ[48]	where?
12	πούς, ποδός[93] m	foot
	πράσσω[39]	I do, accomplish
14	πρεσβύτερος, -α, -ον[66]	elderly, old; Elder
23	πρό[47] (*with genitive*)	before; in front of
	προάγω[20]	I lead forward, go ahead
	πρόβατον[39] n	a sheep
6	πρός[698] (*with accusative*)	towards, to; with (*may express a purpose*)
6	προσέρχομαι[85] (P, -, A, Ra, -, -) (*from* ἔρχομαι)	I come/ go to (+ *dat.*)

	προσευχή[36] *f*	prayer
3	προσεύχομαι, προσεύξομαι, προσηυξάμην, -, -, -[85]	I pray, offer prayer
	προσέχω[24]	I hold to, pay attention to
	προσκαλέω[29]	I summon, call to oneself (*mid.*)
20	προσκυνέω, προσκυνήσω, προσκύνησα, -, -, -[60]	I worship; I bow down (+ *dat.*)
8	προσφέρω[47] (P, -, A, R, -, Ap) (*from* φέρω)	I bring (to); I offer
18	πρόσωπον[76] *n*	face, appearance; presence
	προφητεία, -ας[19] *f*	prophecy; expounding Scripture
	προφητεύω[28]	I prophesy; I speak God's word(s)
4	προφήτης, -ου[144] *m*	prophet
8	πρῶτον (*adverb*)	first; before
7	πρῶτος, -η, -ον[155]	first; prominent
	πτωχός, -ή, -όν[34]	poor; beggar (*noun*)
12	πῦρ, πυρός[71] *n*	fire
	πωλέω[22]	I sell
14	πῶς[105]	how (?); in what way (?)

ῥῶ

13	ῥῆμα, -ατος[67] *n*	word, saying; thing

σίγμα

18	σάββατον[68] *n*	Sabbath; rest
13	σάρξ, σαρκός[147] *f*	flesh
	Σατανᾶς, -ᾶ[36] *m*	Satan
19	σεαυτοῦ[43]	of yourself
18	σημεῖον[77] *n*	sign, mark; miracle
	σήμερον[41]	today
12	Σίμων, -ονος[75] *m*	Simon
	σκανδαλίζω[29]	I cause to stumble, give offence
	σκεῦος, -ους[23] *n*	vessel or implement of any kind
	σκηνή, -ῆς[20] *f*	tent, tabernacle
	σκότος, -ους[31] *n*	darkness; evil world
19	σός, σή, σόν[24]	your, yours (*sg.*)
17	σοφία[51] *f*	wisdom
	σοφός, -ή, -όν[20]	skillful, wise
21	σπείρω, -, ἔσπειρα, -, ἔσπαρμαι, ἐσπάρην[52]	I sow seed; I scatter
13	σπέρμα, -ατος[43]	seed; offspring
	σταυρός[27] *m*	cross
	σταυρόω, σταυρώσω, ἐσταύρωσα, -, ἐσταύρωμαι, ἐσταυρώθην[46]	I crucify
	στέφανος[25] *m*	crown, wreath
13	στόμα, -ατος[78] *n*	mouth, opening
	στρατιώτης, -ου[26] *m*	soldier
	στρέφω[21]	I turn around/back

9	σύ [1067]	you (sg.)
6	σύν [129] (with dative)	with, along with
8	συνάγω [59] (P, F, A, -, συνῆγμαι, Ap) (from ἄγω)	I gather together
17	συναγωγή [56] f	gathering; synagogue
	συνέδριον [22] n	assembled council; the Sanhedrin
	συνείδησις, -εως [30] f	conscience; consciousness
	συνέρχομαι [30]	I come together; I go with
	συνίημι [26]	I comprehend, understand
	σχῶ	see ἔχω
3	σῴζω, σώσω, ἔσωσα, σέσωκα, σέσω(σ)μαι, ἐσώθην [106]	I save, rescue; I preserve
13	σῶμα, -ατος [142] n	body
	σωτήρ, -ῆρος [24] m	rescuer, deliverer, savior
17	σωτηρία [46] f	deliverance, salvation

ταῦ

15	τέ [213]	and; both (enclitic and postpositive)
15	τε καί...	both... and
5	τέκνον [99] n	child
	τέλειος, -α, -ον [19]	perfect, complete, mature
	τελειόω [23]	I make perfect, complete, mature
	τελέω [28]	I finish, complete, fulfill
16	τέλος, -ους [40] n	end, result, purpose
	τελώνης, -ου [21] m	tax collector
	τεσσαράκοντα [22]	forty
14	τέσσαρες, τέσσαρα [41]	four
20	τηρέω, τηρήσω, ἐτήρησα, τετήρηκα, τετήρημαι, ἐτηρήθην [71]	I keep, guard; I obey
24	τίθημι, θήσω, ἔθηκα, τέθεικα, τέθειμαι, ἐτέθην [100]	I set, put, place
	τιμάω [21]	I honor, revere; I set a price on
17	τιμή [41] f	honor, esteem; value, price
	Τιμόθεος [24] m	Timothy
14	τίς, τί [551]	Who? What? Why?
14	τις, τι [534]	someone, something
26	τοιοῦτος, τοιαύτη, τοιοῦτον [57]	such as this, of such a kind
9	τόπος [174] m	place, position
	τοσοῦτος, τοσαύτη, τοσοῦτον [20]	so great, so large; so much
8	τότε [159]	then, at that time
14	τρεῖς (m/f), τρία (n) [68]	three
	τρέχω [20]	I run; I pursue a course of action
22	τρίτος, -η, -ον [56]	third
14	τυφλός, -ή, -όν [50]	blind

ὖ ψιλόν

12	ὕδωρ, ὕδατος [76] n	water; rain

5	υἱός³⁷⁵ m	son
9	ὑμεῖς ¹⁸⁴⁰	you (pl.)
19	ὑμέτερος, -α, -ον¹¹	your (pl.)
8	ὑπάγω⁷⁹ (P, -, -, -, -, -) (from ἄγω)	I depart, go away
	ὑπακούω²¹	I listen to, obey
17	ὑπάρχω, ὑπάρξω, ὑπῆρξα, -, -, -⁶⁰	I exist
8	ὑπέρ¹⁵⁰ (with genitive)	on behalf of; over
	(with accusative)	above; over; superior to
	ὑπηρέτης, -ου²⁰ m	servant, assistant
6	ὑπό, ὑπ', ὑφ' ²²¹ (with genitive)	by (means of), with
	(with accusative)	under
	ὑπομονή³² f	patient endurance, perseverance
	ὑποστρέφω³⁵	I turn back/around, return
	ὑποτάσσω³⁸	I arrange under, put in subjection
	ὑψόω²⁰	I lift up, exalt

φῖ

	φάγομαι	future of ἐσθίω
	φαίνω³¹	I bring to light, shine; I appear
20	φανερόω, φανερώσω, ἐφανέρωσα, -, πεφανέρωμαι, ἐφανερώθην⁴⁹	I make manifest; I reveal
2	Φαρισαῖος⁹⁸ m	Pharisee
8	φέρω, οἴσω, ἤνεγκα, (ἐνήνοχα), -, ἠνέχθην⁶⁶	I bear, carry; I bring
	φεύγω, φεύξομαι, ἔφυγον, -, -, -²⁹	I flee (from); I escape
24	φημί⁶⁵	I say, declare
	φιλέω²⁵	I love; I kiss
	Φίλιππος³⁶ m	Philip
	φίλος, -η, -ον²⁹	loved, dear; friend (noun)
20	φοβέω, -, -, -, -, ἐφοβήθην⁹⁵	I fear, am afraid; I respect
18	φόβος⁴⁷ m	fear, reverence; terror
	φρονέω²⁹	I think; I am intent on
15	φυλακή⁴⁷ f	prison; guard; watch (of the night)
	φυλάσσω³¹	I guard, watch; I obey
	φυλή³¹ f	tribe, nation
	φωνέω, φωνήσω, ἐφώνησα, -, -, ἐφωνήθην⁴³	I call (out), speak
15	φωνή¹³⁹ f	voice; sound
12	φῶς, φωτός⁷² n	light; torch

χῖ

21	χαίρω, χαιρήσομαι, -, -, -, ἐχάρην⁷⁴	I rejoice, am glad; I welcome
17	χαρά⁵⁹ f	joy, delight, gladness
	χαρίζομαι²³	I forgive; I give graciously
13	χάρις, χάριτος¹⁵⁵ f	grace; favor; thankfulness
13	χείρ, χειρός¹⁷⁶ f	hand
	χήρα²⁶ f	widow

	Greek	English
	χιλίαρχος[21] m	military tribune; commander
	χιλιάς, -άδος[23] f	thousand
17	χρεία[49] f	need, what is lacking
2	Χριστός[529] m	Christ, Messiah, Anointed
18	χρόνος[53] m	time, occasion
	χώρα[28] f	country, region
	χωρίς[41] (with genitive)	without, apart from

ψῖ

| 15 | ψυχή[102] f | soul; life; mind |

ὦ μέγα

	ὦ[20]	Oh!
22	ὧδε[61]	here; thus
15	ὥρα[106] f	hour
16	ὡς[504]	as, corresponding to; while
	ὡσεί[21]	just as, like; about
	ὥσπερ[36]	just as (*more emphatic than* ὡς)
23	ὥστε[83]	so that, that; therefore
	ὤψησα, ὤφθην	*see* ὁράω

www.ingramcontent.com/pod-product-compliance
Lightning Source LLC
Chambersburg PA
CBHW081332080526
44588CB00017B/2601